# Textos de crítica musical en el periódico *El Sol* (1918-1936)

Adolfo Salazar
Textos de crítica musical en el periódico El Sol *(1918-1936)*

Antología y listado de artículos con
introducción y selección de José María
García Laborda y Josefa Ruiz Vicente

DOBLE J
ARTE/HISTORIA

Edita: Editorial Doble J, S.L.
C/ Brasil 11, 2º izda.
41013 Sevilla
www.editorialdoblej.es
info@editorialdoblej.es
ISBN: 978-84-96875-99-9

ÍNDICE

Introducción..I
Agrupaciones temáticas en la selección de textos................1
I. Críticas de conciertos. El repertorio
musical y su recepción.. 3
 1. Conciertos en la Sociedad Filarmónica
    de Madrid (1901-1936)............................... 3
 2. Conciertos en la Sociedad Nacional
    de Música de Madrid (1915-1922) 12
 3. Conciertos en la Asociación de Cultura Musical
    de Madrid (1922-1936)...............................19
 4. Conciertos con la Orquesta Sinfónica
    de Madrid (1904-1936)............................... 23
 5. Conciertos con la Orquesta Filarmónica
    de Madrid (1915-1936)............................... 37
 6. Conciertos con la Orquesta José
    Lasalle de Madrid.....................................56
 7. Conciertos con la Orquesta Clásica
    de Madrid (1929-1932).............................60
 8. Representaciones de Ópera y Zarzuela.................65

9. Conciertos en la Residencia
de Estudiantes de Madrid..................79
10. Conciertos en el Círculo
de Bellas Artes de Madrid......................86
11. Conciertos en otras Instituciones....................89
II. Críticas de publicaciones. La edición musical y
su difusión..101
1. Publicación de libros..........................101
2. La edición de partituras musicales....................110
3. Ediciones discográficas...........................115
III. Reseñas de congresos, festivales, concursos..............121
1. Congresos...................................121
2. Festivales.................................137
3. Concursos internacionales....................139
IV. Artículos de estética, historiografía y musicología........145

**Apéndice. Listado completo de los escritos musicales
firmados por Adolfo Salazar en el periódico
El Sol**..................................171
1918...175
1919......................................178
1920.....................................187
1921.................................195
1922......................................205
1923..216
1924..228
1925..237
1926..248
1927.. 256
1928.. 267
1929..281

1930	297
1931	312
1932	330
1933	348
1934	363
1935	378
1936	399

Introducción

«Hasta ahora se ha aprovechado poco y mal la posibilidad de observar, en fuentes periodísticas, la formación, solidificación y difusión de juicios y formas de recepción luego canonizadas por la historiografía, la «crítica más elevada», como se la denominaba en el siglo XIX».

(Carl Dahlhaus: *Fundamentos de la historiografía musical*, 1977)

La celebración en 2008 del cincuenta aniversario de la muerte del compositor y crítico madrileño Adolfo Salazar (1890-1958) impulsó a la Editorial Doble J a encargarnos una publicación sobre su actividad como crítico del diario *El Sol* entre 1918 y 1936. Con ello se pretendía un triple objetivo: primero, rendir homenaje a la figura del insigne crítico; segundo, iluminar aspectos fundamentales de la historia de la música española en las primeras décadas del siglo XX; tercero, prestar un material imprescindible para el estudio de las fuentes de la historiografía musical del siglo XX.

Hace apenas treinta años que se ha comenzado a valorar en España la importancia de las fuentes periodísticas como parte de la historia de la música y como elemento indispensable en el estudio de la formación de juicios y formas de recepción musical. Aunque ya existían recopilaciones y selecciones de los escritos periodísticos de Salazar, algunas del propio autor, el presente volumen ofrece por primera vez el listado completo de sus escritos y una amplia selección comentada de los mismos.

Se ha dicho, con razón, que la historia de una época está contenida de forma estricta en la prensa diaria. Esto es totalmente cierto en el caso que nos ocupa. En las primeras décadas del siglo XX, la música española ha tenido en los ensayos, recensiones y críticas de Salazar la mejor y más cualificada crónica de su devenir histórico y la más interesante enciclopedia de la música española de esa época.

La publicación que ahora ve la luz presenta una selección de los innumerables ensayos y críticas de Salazar aparecidos en *El Sol*, enmarcados en diversas secciones temáticas comentadas. Esta selección antológica nos puede dar una idea del enorme abanico de intereses que movían la pluma del insigne crítico, a la vez que permiten vislumbrar la gran trascendencia de los acontecimientos que jalonan el panorama de la música española entre 1918 y 1936, época que se ha venido en llamar la «Edad de Plata» de la cultura española.

El esplendor de la música española de estos años se manifiesta en la variedad y cantidad de eventos musicales, en el número de agrupaciones orquestales y de grupos de cámara que surgieron, en la profundidad de los debates y polémicas en torno a las distintas tendencias estéticas que fueron apareciendo y en la multitud de asociaciones y entidades musicales, sin olvidar la edición de numerosos libros, partituras y discos. De todo ello se hizo eco Salazar en *El Sol*, con una curiosidad sin límites, un bagaje intelectual inmenso y una disciplina ejemplar, que le convirtieron en el mejor cronista musical de ese periodo.

La vida y actividad de Salazar son suficientemente conocidas por todos los que se dedican a la música en España.[1] Nosotros nos contentamos en esta introducción con reflejar su perfil de crítico en *El Sol*, enmarcado en el contexto histórico en que surgió el periódico.

---

1 Sobre la personalidad de Salazar se puede consultar el artículo de Emilio Casares en *el Diccionario de la Música Española e Hispanoamericana*. Madrid, Sociedad General de Autores y Editores, 2002, vol. 9, pp. 577-584 y también: «Adolfo Salazar o el espíritu regeneracionista de la música española», *Cuadernos de Música*, nº 2, 1992, así como el escrito: «Adolfo Salazar y el Grupo de la Generación de la República», *Cuadernos de Música*, Madrid Año I, 1982. Sobre el contexto de la época que nos ocupa sigue siendo de gran interés su ensayo: «La Música hasta 1939 o la restauración musical», *Actas del Congreso Internacional «España en la Música de Occidente»*, Madrid, Ministerio de Cultura. Instituto de las Artes Escénicas y de la Música, 1987. vol. 2, pp. 261-323 y también el libro: *La Música en la Generación del 27. Homenaje a Lorca (1915/1939)*. Madrid, Ministerio de Cultura. Instituto de las Artes Escénicas y de la Música, 1986, que contiene numerosa documentación de todo el entorno de Salazar.

I EL SOL Y LA PRENSA MUSICAL DE LA ÉPOCA

El diario independiente *El Sol* fue fundado por Nicolás María de Urgoiti[2] en diciembre de 1917, y se mantuvo en circulación durante diecinueve años, hasta 1936, cuando el comienzo de la Guerra Civil abortó su continuación. El periódico recorrió un periodo lleno de vicisitudes políticas, revueltas sociales y esplendor cultural. Frente a la prensa decimonónica de opinión, dependiente de partidos, *El Sol* fue un modelo del llamado periodismo de «empresa», concebido como negocio, sostenido por el propio lector, con una variedad temática de carácter enciclopédico orientada a satisfacer una demanda creciente de información en la nueva España industrializada y urbana.

Gracias al empeño de su primer director, Félix Lorenzo, y a la calidad de sus corresponsales y colaboradores, *El Sol* gozó de alta estima en toda Europa. Su labor en el campo de la música fue fundamental[3], ya que aportó por primera vez una visión amplia y crítica de los principales acontecimientos musicales dentro y fuera de España.

El esfuerzo de Salazar como crítico y cronista musical en *El Sol*, es comparable al de otros destacados colaboradores de revistas y periódicos europeos de la época. Críticos de lujo,[4] de los que sin

---

2 El periodista y empresario vasco Nicolás María de Urgoiti (1869-1951) fue un gran impulsor de la industria papelera en España y gran mecenas del periodismo en nuestro país. Además de *El Sol*, fundó en 1920 el diario vespertino *La Voz* (del que fue crítico musical Juan José Mantecón) y la Agencia de Noticias *Febus* (que publicó en *El Sol* muchas noticias musicales). Durante la Segunda República Urgoiti perdió el control de sus tres empresas periodísticas, y, a partir de marzo de 1931, tuvo que abandonar la presidencia de las mismas, por la orientación monárquica de muchos accionistas y el giro republicacno que tomó el periódico. El propio Ortega y Gasset dejó de escribir en *El Sol* y el cambio en la dirección y en la redacción afectó al número de lectores y de suscripciones. Después de Felix Lorenzo, que abandonó el periódico con Urgoiti, los sucesivos directores fueron Manuel Aznar y Fernando García Vela.
3 *El Sol* organizó y propició incluso grandes acontecimientos musicales, como por ejemplo la serie de tres conciertos en el Monumental Cinema de Madrid en febrero de 1927 con la Orquesta Sinfónica de Arbós, para conmemorar el primer centenario de la muerte de Beethoven
4 Comentando una colección de críticas del escritor norteamericano Paul Rosenfeld, aparecidas en 1932, escribía Salazar: *Paul Rosenfeld es un ejemplo de lo que podría llamarse el «crítico de lujo», ejemplar desconocido en nuestros países (y no porque no haya críticos que escriban gratis). Aquellos de nuestros lectores aficionados a la crítica musical de otros países sabrán lo que quiero decir al llamar a este escritor «crítico de lujo». Forma, lenguaje, manera de expresar sus ideas, parsimonia, alto estilo, magnífica impresión, brevedad sentenciosa, desdén bien administrado, un cierto toque a la crítica, que frecuentemente afecta la forma de unas notitas en un pentagrama («musical quotation» por nombre). Todo ello da a esas críticas anglosajonas un aire inconfundible de cosa «gentlemanlike», de «cosa bien»* (El Sol, 7-8-1932).

duda aprendió el madrileño, como Paul Bekker en el *Frankfurter Zeitung* y el *Berliner Allgemeine Zeitung*, Paul Rosenfeld en las revistas norteamericanas *The Dial* y *The Seven Arts* o Georges Jean-Aubry en *The Chesterian* londinense. Pero, en España, a diferencia de Europa, Salazar tuvo que llevar a cabo la labor preliminar de orientar a un público poco educado por el sendero de la gran cultura europea. Ello a pesar de que *El Sol* no iba dirigido a las capas populares, sino a las élites y grupos más representativos de la sociedad de entonces, como nos demuestran algunos datos estadísticos de la época.

En 1920, sólo cuatro periódicos españoles pasaban de los 100.000 ejemplares diarios para una población aproximada de 21 millones: *ABC, El Debate, El Liberal* y *La Vanguardia*. *El Sol* tuvo durante los años de la dictadura de Primo de Rivera una tirada de 80.000 ejemplares. En 1930 alcanzó su cota más alta: 95.444. Con la crisis de 1931, a la llegada de la República, perdió muchos lectores y la tirada cayó vertiginosamente.[5]

El Sol surgió en un momento en que la prensa musical española comienza su periodo de esplendor, debido la calidad y cantidad de los textos musicales publicados y a la preparación de los jóvenes críticos que coincidieron entonces en los periódicos madrileños. Frente al interés casi exclusivo por la ópera romántica alemana e italiana de los críticos definales del XIX, estos jóvenes se decantaron por reseñar la música instrumental y el sinfonismo moderno. Sus antecedentes eran Cecilio de Roda y Manuel Manrique de Lara, que en la década de 1890 comenzaron a valorar las nuevas tendencias del panorama europeo, especialmente la música de Strauss y Debussy (sin abandonar al omnipresente Wagner).

Los nueva crítica musical que aparece a partir de 1915, especialmente la de Salazar y Juan José Mantecón y, en menor medida, la de Julio Gómez, se centraba en las polémicas en torno al nacionalismo (defendido a capa y espada por el compositor y críticos leonés Rogelio del Villar), en la valoración de las vanguardias de Debussy a Schoenberg, y en las propuestas del neoclasicismo recogidas por

---

5 Ver: Maria Cruz Seoane y María Dolores Saiz: *Historia del Periodismo en España 3. El Siglo XX: 1898-1936*. Alianza Editorial. Madrid, 1996.

Manuel de Falla. *El Sol* les ofreció desde el principio un generoso espacio para realizar sus crónicas. Joaquín Fesser[6] (que precedió a Salazar en las tareas críticas de *El Sol* hasta abril de 1918, en que falleció), escribía, bajo el epígrafe *Revista de Música*, textos de hasta cuatro columnas de gran formato, que ocupaban toda la parte inferior del periódico. Además se anunciaban de forma más breve las actuaciones de ópera bajo el epígrafe *Teatro Real* y otros avisos de acontecimientos musicales bajo el epígrafe de *Conciertos*. La mayoría de estos textos aparecían en la página 6 o 7 del periódico, en la sección dedicada a espectáculos. También había noticias breves de conciertos bajo el título de *Gacetilla Musical* y *La vida Musical*. Los escritos más amplios reservados a la *Revista de Música* fueron sustituidos por los *Folletones* musicales de Salazar, cuando murió Fesser.

Algunos críticos musicales ejercieron de corresponsales para *El Sol* desde Barcelona, como Joaquín Montaner. Corpus Barga escribía desde París, al igual que C. Rivas Cherif. A veces, el compositor Rodolfo Halffter suplió a Salazar en algunas crónicas musicales y, en verano, cuando este último se ausentaba de España para asistir a eventos musicales en el extranjero, la crítica musical quedaba en manos de otros colegas, como Juan del Brezo (Juan José Mantecón). También José Ortega y Gasset, Ramiro de Maetzu, Gómez de la Serna o Salvador de Madariaga se sirvieron del periódico para reflejar sus pensamientos en torno a especiales acontecimientos musicales del momento.Muchos artículos, necrológicas y pequeños anuncios aparecieron sin firma (como ocurría, por ejemplo, en la sección de discos, que tuvo una relevancia especial en los últimos años del periódico).

El primer texto de Fesser apareció el 4 de diciembre de 1918. Sus críticas, como buen wagnerianista, se orientaban preferentemente a reseñar la actividad operística en el *Teatro Real*. Con la llegada de Salazar se notó inmediatamente un cambio de orientación y de

---

6 Joaquín Fesser había compartido con Salazar sus labores de crítico musical en la *Revista Musical Hispanoamericana*, publicando diversos artículos sobre el wagnerianismo y la música nueva. Todavía en 1917 escribían ambos diversos artículos en la prestigiosa *Revista*, y de ahí pasaron sucesivamente a escribir en *El Sol*. Fesser era más conservador que Salazar y más cercano a las posturas de Rogelio del Villar.

interés hacia la música sinfónica y de cámara y hacia otros acontecimientos de la vida musical madrileña, especialmente hacia los conciertos organizados por la Sociedad Nacional de Música (que Salazar gestionaba) y hacia los conciertos relacionados con las tendencias vanguardistas europeas.

II LOS ESCRITOS MUSICALES DE ADOLFO SALAZAR EN *EL SOL*. CRÍTICA «FORMALISTA» Y CRÍTICA «SIGNIFICATIVA»

Salazar comenzó a trabajar en *El Sol* en abril de 1918.[7] Tenía veintiocho años, y ya poseía una amplia experiencia como escritor, comentador y articulista. Sus conocimientos de idiomas y sus constantes viajes como delegado a congresos y encuentros internacionales le ayudaron a darse a conocer y, con treinta años, sus artículos eran ya traducidos en las principales revistas internacionales: *The Chesterian,* de Londres, la *Revue Musial,* de París, o el *Courriere Musicale* de Estados Unidos. Sus inquietudes de aperturismo hacia Europa y su interés por la renovación del panorama musical español provenían de sus años de crítico en la *Revista Musical Hispanoamericana*, a partir de 1914, y de su experiencia como animador de la vida musical madrileña desde 1915, cuando fue gestor de la Sociedad Nacional de Música. En 1935 recordaba Salazar esas inquietudes que habían de motivar la orientación de la mayoría de sus escritos en *El Sol*:

«…En el mes de febrero de 1915 se inauguraba en Madrid la Sociedad Nacional de Música. Veinte años justos hace. Quienes hace veinte años se preocupaban porque España se pusiese a tono con el pulso del mundo querían que la

---

7 Según Teresa Carredano, la llegada de Salazar al periódico debió estar impulsada por Manuel de Falla, según se desprende de la correspondencia epistolar de ambos músicos. (Ver Consuelo Carredano: «Adolfo Salazar en España. Primeras incursiones en la crítica musical: la *Revista Musical Hispano-americana* (1914-1918)». *Anales del Instituto de investigaciones estéticas*. Vol. XXVI, n° 84. primavera 2004, pp.143-144:» *Por una carta que éste envía a Falla en abril del año siguiente (18 de abril de 1918), se deduce que fue el gran compositor quien le facilitó la entrada al periódico y quien con su aval lo introdujo en las altas esferas del periodismo cultural»* (p. 144)). La primera participación de Salazar en el periódico como crítico data del 29 de abril de 1918.

música que artistas jóvenes producían con aplausos de unos y esperanzas de otros se conociese entre nosotros, para que pudiéramos saber por propia experiencia y no por referencias ajenas, qué era lo que pasaba en el planeta. Se luchaba para que nuestras orquestas trajesen un eco de la nueva armonía que agitaba a Europa (en aquel momento rota por la feroz disonancia de la guerra). Que nuestros músicos perdieran un poco el pelo de la dehesa y se europeizasen al contacto con el arte de creación nueva. Que nuestros teatros se ventilasen un poco; que echaran fuera su olor a mercado y su relente a barrios bajos...Que nuestro teatro de ópera constituía una tara nacional era cosa bien demostrada. Que los programas de las orquestas apenas se renovaban era cierto. Que la enseñanza era mala lo decían los propios maestros y lo testificaban los discípulos. Que los teatros de zarzuela eran escuelas de vergüenzas y de desvergüenzas apenas cabe repetirlo. Que las sociedades privadas apenas cultivaban un repertorio estrecho, dormido en sus laureles, se sentía de tal modo, que su consecuencia inmediata fue la creación de la Sociedad Nacional de Música...»[8]

El primer artículo de Salazar en *El Sol*, el 29 de abril de 1918, apareció bajo el epígrafe *Música* y fue ya una auténtica declaración de intenciones:

«A saludar me ofrezco y a celebrar me obligo...

¿La labor del crítico puede ser algo abstracto, lejano y sin contacto con un credo artístico? ¿O se admitirá sólo que el crítico debe atenerse a un sistema métrico que juzgue, clasifique y decida fría e inexorablemente según le dicten unas tablas? ¡Qué horror el de esta crítica neutra y aisladora que olvida que la obra es una resultante y a su vez una fuente de energía! No hay aerómetro tal que especifique el valor de la obra aislada: es solo el de ella un valor de relación, de ambiente y, sobre todo, de

---

[8] Adolfo Salazar: «La vida musical. En 1915 y en 1935. Un salto atrás de veinte años», *El Sol*, 27-2-1935.

propósito. La obra, el medio, la intención. Crítico, moralista, estético. Pero hay algo peor que la crítica neutra: la crítica amorfa e irresponsable. Y esta es la vernacular; es la hierba parásita que ha invadido nuestros campos. Pudiera aún haber un grado pésimo: la crítica perversa. Pero no creemos en ella. Que nuestros juicios –labremos hondo o somero– reconozcan como base un orden de pensamientos y un modo de sentir conscientemente orientado. El «folletón» y la «gacetilla» son los términos que ofrece el periódico: llevémosle la reflexión de la semana o la impresión del día».[9]

Salazar comienza su labor crítica en *El Sol* queriendo dejar clara constancia de su posición y de su presencia. Frente a la inclinación general por el wagnerianismo, Salazar opta por el impresionismo de Debussy, por la música refinada de Ravel y por el esplendor rítmico de Stravinsky, con guiños a otros compositores que comenzaban a levantar revuelo desde el expresionismo germano o desde el neoclasicismo. Su último gran escrito es un extenso texto en tres partes (en tres días distintos) que apareció a lo largo del mes de julio de 1936, cuando en España soplaban ya vientos de guerra. Llevaba por título *El centenario de Rouget de Lisle y la polémica sobre los orígenes de la Marsellesa*. Un título demasiado simbólico en el ambiente revolucionario que se respiraba en el país. Hasta ese momento el crítico madrileño había publicado casi 1700 textos con diversos formatos y bajo epígrafes distintos, la mayoría referidos a la actividad musical en Madrid. Por su importancia primero estaba el *Folletón*, con ensayos de fondo a dos, tres, incluso cinco extensas columnas sobre problemas de la ópera, sociedades musicales, conciertos, congresos, personalidades, reflexiones estéticas, etc. (no olvidemos que en estos Folletones publicó Ortega y Gasset sus únicos y conocidos escritos sobre música: *Musicalia*, 1921, *Apatía artística*, 1921 y *La Deshumanización del Arte*, 1925).[10] Después, seguía en importancia la *Gacetilla musical*, más somera, con reseñas y noticias sobre las

9 Adolfo Salazar: «Música», Folletón de *El Sol*, 29 de abril de 1918.
10 Ver GARCIA LABORDA, Jose M.:»Los escritos musicales de Ortega y Gasset y su «circunstancia» histórica: *Revista de Estudios orteguianos, 10/11, 2005*, pp. 245-275

temporadas de conciertos. Muchas críticas de conciertos también aparecían bajo otros epígrafes: *Crónicas Musicales, La Vida Musical, Música*, etc. También se publicaban *Noticias, Conciertos y Anuncios* con avisos varios, no siempre firmados por Salazar. Otros textos carecían de epígrafe. Los referidos a la ópera llevan por título *Teatro Real*, y muchos sobre zarzuela aparecían bajo el título *Información teatral*. Otros textos más cortos aparecen bajo el epígrafe de *Conciertos* a secas. Más tarde, los textos comenzaron a aparecer bajo el título *La vida Musical* y se dejo de utilizar el nombre de *Gacetilla*.[11] Salazar firmó igualmente muchos artículos de la sección de *Libros* y de *Discos*, que apareció con regularidad a partir de finales de los años veinte.

El lenguaje y estilo de Salazar eran tan cuidadosos y pulcros en sus formas externas como ricos e interesantes eran los contenidos que trasmitían. Sutilezas retóricas, incisos, símiles y metáforas diversas, sin caer en divagaciones enrevesadas, daban a sus textos un aire verdaderamente atractivo. Sus extranjerismos prestaban al discurso un entramado culto y variado. Sus frases estaban llenas de incisos aclaratorios y complementos retóricos. Incluso publicaba, en alguna ocasión, escritos de análisis con pequeñas anotaciones musicales, algo realmente excepcional en una crítica de entonces.

La concepción que Salazar tenía de la crítica musical provenía de la asimilación de las mejores corrientes europeas de la época, que consideraban la crítica, no solo como algo referido al «exámen único y circunstanciado de la obra en su técnica y en su estética», sino enmarcada «dentro del cuadro general de actividades del espíritu en una época, como factor integrante de la cultura del momento en que se produce, es decir, desde el punto de vista de la actividad del espíritu».[12] Esta crítica «estilística» seguía la orientación de críticos

---

11 En 1917, los primeros textos de crítico musical Joaquín Fesser, que precedieron por breves meses a los de Salazar se agrupaban bajo el epígrafe *Revista de Música*.
12 A. Salazar: «El Congreso de Florencia. – La consideración del «estilo» en la crítica nueva», *El Sol*, 6-6-1933. En la serie de artículos dedicados a reseñar este evento en *El Sol*, Salazar reflejó sus experiencias sobre la crítica musical, a la vez que informaba de las tendencias principales europeas en este tema. En un folletón de 1925 (*El Sol*, 14-03-1925) Salazar hablaba ya de la «crítica formalista» y de la «crítica significativa» en el mismo sentido que aparece aquí.

italianos como Guido Pannain y Fausto Torrefranca, que a su vez se habían inspirado en los maestros alemanes Ernst Bücken y Heinrich Besseler.[13]
En 1921, cuando apareció en Méjico el primer libro recopilatorio de artículos de Adolfo Salazar, titulado *Andrómeda. Ensayos críticos*, Mantecón hacía este retrato de su autor:

> «Muchos años de convivencia espiritual me han hecho seguir paso a paso la vida intelectual de Adolfo Salazar. Nos conocimos en tiempos de muy temprana actividad, cuando aún las inquietudes mentales no habían encontrado el camino seguro y expedito que el tiempo y la constancia habían de labrar. Pero ya en aquella época la trayectoria de Salazar era clara, y tras los cristales de sus lentes, que iluminaban su faz como a Schubert, los ávidos ojos eran ventanas perspicaces por donde el mundo se metía a empujones, en ordenada premura, para situarse en el bien distribuido casillero de su cabeza...Los años de esfuerzo al servicio de una clara inteligencia le han llevado a preeminente lugar en la crítica y composición musical contemporánea».[14]

Mantecón no dejaba de señalar también la hostilidad que a veces encontró Salazar cuando mostró la aparente caducidad de algunas músicas de procedencia germana, por ejemplo Strauss o Bruckner, por cuyas obras no sentía el más mínimo apego, o al defender a ultranza la música europea de vanguardia en perjuicio de la música española:

> «Todos los que nos dedicamos a la crítica sabemos que la gente sólo recuerda lo que lastima; lo que halaga se olvida pronto, su recuerdo se pierde a la primera objeción en contra; nadie, como Salazar, ha salido por los fueros de la música española,

---

13 Salazar se refiere a la famosa enciclopedia de Ernst Bücken (Ed.): *Handbuch der Musikwissenschaft*, publicada en 10 volúmenes en colaboración con varios autores en Postdam en 1931, sin duda la primera gran enciclopedia de Musicología. Heinrich Besseler publicó dos ensayos fundamentales a los que se refiere Salazar: *Grundfragen des musikalischen Hörens* (1925) y *Grundfragen der Musikästhetik* (1926) (*Cuestiones fundamentales de la audición musical* y *Cuestiones fundamentales Fundamentales de la estética musical*).
14 Juan del Brezo: «Adolfo Salazar. Figura contemporánea», *La Voz*, 7-04-1922.

más fuera que dentro de España, y nadie como él ha recibido los testimonios de una encubierta hostilidad por parte de los que ha defendido y en ocasiones, ¡claro es! ha puesto algún reparo.»

Igualmente, con motivo de la aparición de los libros de Salazar *Música y Músicos de hoy* (Madrid, 1928) y *Sinfonía y Ballet. Idea y gesto de la música contemporánea* (Madrid, 1929) (que recopilaban también muchos textos aparecidos en *El Sol)* el compositor madrileño y crítico de *El Liberal*, Julio Gómez (1886-1973) escribía en 1929:

«...La figura del crítico de *El Sol* es de una importancia capital en nuestra vida musical contemporánea. Quien siga atentamente la marcha de nuestra producción sinfónica, el desarrollo de nuestras temporadas de conciertos, no podrá menos de apreciar que en todo ello se nota una influencia clara y poderosa del criterio de Adolfo Salazar. Los directores de orquesta y las personas que conducen la marcha artística de nuestras Sociedades Filarmónicas, que tantas veces se quejan, y casi siempre injustamente, de las culpas que en tales o cuales hechos lamentables de la cultura musical madrileña puedan corresponder a la actitud de la crítica, habrán de reconocer que a esa misma crítica, y especial y personalmente a la consciente y elaboradísima de Salazar, se debe la tolerancia del público con respecto a los fenómenos más avanzados de la música moderna y el entusiasmo con que son recibidas obras que hace veinte años eran rechazadas con muestras de cerril incomprensión...».[15]

Gómez señalaba a continuación el doble valor de Salazar:

«...traer al conocimiento de los musicófilos españoles los hechos de la historia universal contemporánea y llevar al mundo extranjero el conocimiento y la valoración de lo que

---

[15] Julio Gómez: «Adolfo Salazar y la crítica», *El Liberal*, 14-07-1929.

en España producían nuestros compositores. [...] Aún los que pensamos de manera diferente y hasta opuesta en muchos casos, no podemos menos de admirar el talento del crítico, la perspicacia de su inteligencia, la claridad y la elegancia de la exposición de sus ideas en un lenguaje terso, pulido, fuerte, naturalísimo, lleno de sugestiones y alusiones de singular atractivo».

En parecidos términos se expresaba Oscar Esplá en un artículo para *El Sol* en 1924:

«... Yo he repasado recientemente todos sus trabajos en revistas y periódicos y puedo afirmar, sin rodeos, que su esfuerzo encuentra difícilmente algo semejante en Europa entera. Hay, en efecto, excelentes críticos cuya obra puede compararse en calidad a la de Salazar, pero ninguno le iguala en la diversidad de los temas tratados
No reconocerlo así equivale a cerrar los ojos ante lo evidente. Y vueltos de espalda a la realidad, tampoco será posible reconocer que a Salazar corresponde el mérito de haber importado a España las ideas normativas de la producción musical contemporánea; que así mismo le pertenece el haber llevado fuera los nombres representativos de la nueva música española; que se le debe respetuosa gratitud por su gestión en la Sociedad Nacional de Música, donde mantuvo la más decidida campaña a favor de todo cuanto dignamente se produjo hasta entonces en España y en el Extranjero. Los programas de esa malograda Sociedad bastan por sí solos para dar fe de la competencia así como de la buena voluntad del crítico español...».[16]

Por su parte, César Arconada ponía el acento en la influencia de Salazar en la reforma del gusto del público español, su papel en la creación de una «conciencia moderna»:

---

16 Oscar Esplá: «La crítica musical en España», *El Sol*, Alicante, 15-6-1924. Citado en Emilio Casares (Ed.) *La Música en la Generación del 27. Homenaje a Lorca (1915/1939).* Madrid, Ministerio de Cultura. Instituto de las Artes Escénicas y de la Música, 1986, pp.204-205.

«Yo tengo motivos para saber qué gran número de lectores tiene *El Sol*, precisamente por los artículos de Salazar, que los buscan con afecto.

Esta unión –esfuerzo y facilidad– ha producido lo que, inevitablemente, tenía que producir: efectos sociales. Cuado hace dos años el maestro Arbós repuso esta joya única –en cierto modo proustiana–, *Iberia*, de Debussy, yo pude hacer una comprobación. Al terminar la orquesta, un ejército fogosamente juvenil se puso en pie y aclamó esta misma obra que unos años antes había sido rechazada. Mientras sonaban –ardorosos– los aplausos, yo estuve pensando que, en parte, Salazar era el promotor indirecto de aquellas halagadoras ovaciones.

En efecto, junto a su brújula –siempre bien orientada– se ha producido una nueva –y joven– generación de auditores y músicos. Este será, para mí, –siempre–, su mayor mérito. El más indiscutible. El más legítimo. El más trascendente. Salazar ha creado en España la conciencia moderna de la música. Cuando todo el mundo estaba dormido en su caparazón, él gritaba las nuevas ideas.»[17]

Por lo que se refiere a la reunión de sus escritos periodísticos, fue el propio Salazar el primero en publicar recopilaciones y colecciones de sus ensayos y críticas desde 1921, en que aparece *Andrómeda*. *Ensayos críticos*, seguido de *Música y músicos de hoy*, de 1928 y *Sinfonía y Ballet*, de 1929, hasta llegar a 1935, con *La Música actual en Europa y sus problemas* y 1936, en el que se edita *El siglo romántico (Ensayo sobre los grandes compositores de la época romántica)*. *Andrómeda* reúne 22 ensayos, entre los que destacan escritos sobre óperas de Wagner, Strauss, Granados, Charpentier, Verdi, Debussy; el sinfonismo de Brahms, Franck, Strauss; y textos sobre Debussy, Ravel, Schoenberg, Scriabin, Chausson y D´Indy. *Música y Músicos de hoy* (1928) reúne en tres apartados (*Estética y crítica*, *La música contemporánea en Europa* y *Estudios contemporáneos*) un conjunto de diversos escritos. En el último apartado, dedicado a estudios contemporáneos, trata de Debussy, Strauss, Bruckner, Busoni, Batok y

---

[17] César Arconada: «Un libro de Adolfo Salazar», *La Gaceta literaria*, nº. 39, 1 de agosto, 1928.

Satie. *Sinfonía y Ballet* (1929) agrupa escritos especialmente referidos a los grandes sinfonistas del XIX: Franck, Brahms, Saint-Saëns, Tchaikowsky, Glazunov, Scriabin, etc.) y al naciente sinfonismo español de Falla, Halffter y Esplá. También incluye textos sobre el ballet. *La Música actual en Europa y sus problemas* (1935) se organiza en cuatro apartados: «La música actual en Europa», «La Música de última hora en las reuniones de la SIMC» –con reseñas de tres encuentros, Lieja (1930), Oxford (1931) y Florencia (1934)–, «Crítica y Estética» –con el Congreso de Florencia (1933)– y «Visita de los Músicos» –Glazunov, Ravel, Milhaud, Poulenc. Finalmente, *El Siglo romántico* (1936) recoge, entre otros escritos, los que Salazar había publicado en los *Folletones* de *El Sol* en febrero de 1936 sobre los comienzos del Romanticismo musical en España.

En cuanto a recopilaciones posteriores de otros autores, podemos señalar el dossier de prensa que aparece en el libro *La Generación del 27. Homenaje a Lorca*, editado por Emilio Casares en 1986, con catorce escritos de Salazar referidos a temas diversos. Más recientemente, Javier Suárez Pajares incluyó seis críticas de Salazar referidas a conciertos de compositores españoles, publicadas entre 1921 y 1927, en el libro*Música española entre dos guerras, 1914-1945*.

III Criterios para la selección de los textos de Salazar

La selección de los textos se ha organizado según criterios temáticos, considerando algunos de los principales acontecimientos musicales que tuvieron lugar en España entre 1918 y 1936. De este modo, la selección de los escritos puede ser utilizada como referente documental y al mismo tiempo como ejemplo de crítica musical del periodo. El lector interesado en un determinado tema puede encontrar los textos correspondientes en el índice final. También era necesario hilvanar cronológicamente los textos, para poder percibir la evolución estilística y estética de Salazar. Los 60 textos seleccionados están numerados para facilitar su ubicación y poder realizar referencias cruzadas. De algunos textos sólo se presentan extractos, con algúnbreve comentario al final y, a veces, con lgún dato bibliográfico de interés.

Se han utilizado dos colecciones del periódico *El Sol* para este trabajo de selección y listado de los textos de Salazar. La primera se encuentra en el Departamento de Historia de la Facultad de Geografía e Historia de la Universidad de Salamanca. Se trata de una copia microfilmada que procede de la Librería del Congreso de Washington. La segunda se encuentra en la Hemeroteca Municipal de Madrid.

Agrupaciones temáticas en la selección de textos

I Críticas de conciertos. El repertorio musical y su recepción

Esta primera sección está orientada a la crítica y recepción del repertorio musical contemporáneo, concretamente a las obras de vanguardia estrenadas en España. Hemos seleccionado en primer lugar una serie de reseñas de música y de estrenos de compositores españoles con las principales agrupaciones sinfónicas (Sinfónica de E. F. Arbós y Filarmónica de B. P. Casas, Orquesta Lasalle y Orquesta Clásica, principalmente), los grupos de cámara activos en Madrid (Sociedad Filarmónica, Sociedad Nacional, Asociación de Cultura Musical, etc.) y las secciones de música de las principales instituciones madrileñas como el Ateneo, Círculo de Bellas Artes, Residencia de Estudiantes, Conservatorio Superior de Música de Madrid, el Teatro de la Comedia, el Lyceo Femenino, etc. También se ha prestado atención a algunos conciertos y eventos musicales realizados fuera de Madrid.

1. Conciertos en la Sociedad Filarmónica de Madrid

La Sociedad Filarmónica de Madrid fue fundada el 24 de abril de 1901 por Cecilio de Roda, Félix Arteta y los hermanos Borrel. Fue la Asociación más longeva y más activa de la época (con un total de 596 conciertos realizados) y contribuyó a la familiarización de la alta sociedad madrileña con el repertorio más extenso del momento, especialmente el de orientación clásico-romántica. Por ella pasaron destacados intérpretes europeos, con menor participación de intérpretes y compositores españoles. Ello provocó la aparición de la Sociedad Nacional de Música en 1915, en parte para paliar esta ausencia de representación española. Para muchos, la Sociedad Filarmónica representó lo más depurado del arte musical en España en esa época, debido sobre todo al amplio repertorio en el campo del lied y del cuarteto. La sede de los conciertos era normalmente el Teatro de La Comedia. La Sociedad Filarmónica formó parte desde 1908 de la Unión de Sociedades Filarmónicas de España, que se intercambiaban programas y artistas, contribuyendo a la difusión del repertorio por todo el país.

1. CRÓNICAS MUSICALES. «Schoenberg en la Sociedad Filarmónica. Scriabin en la Orquesta Sinfónica«, *El Sol*, 23-03-1920.

En dos días seguidos la Sociedad Filarmónica y la Orquesta Sinfónica han dado las primeras audiciones de dos músicos que, a pesar de su interés extraordinario, eran casi desconocidos en Madrid. Uno de ellos, el vienés Arnold Schoenberg, lo era totalmente. Del otro, ruso de Moscú, se habían oído alguna pieza de piano, alguna Sonata y alguna serie de Preludios. De uno y otro el lector aficionado había podido encontrar, desde el año 1915, artículos publicados aquí y allá por el que firma el presente. Pero, en todo caso, ambos músicos, eran dos incógnitas por resolver, y el problema uno de los más interesantes. ¿Lo hemos resuelto por completo? No; como explicaremos. Solo a medias; pero terminada la guerra es de esperar que podamos continuar informándonos sobre estos músicos, si el público lo permite: un poco de paciencia y de cortesía, si es posible. ¿No las tenemos los demás en exceso? La proximidad de una nueva batalla que librar contra la intransigencia y la intolerancia, es ya un porvenir atractivo. Apresurémonos a decir que esta batalla en el caso de Schoenberg y de Scriabin es totalmente distinta de la sostenida desde hace años en pro de los músicos franceses. Damos esta por ganada y aún sus mayores adversarios también, probablemente, después de las últimas experiencias.

Por nuestra parte, vamos a poner nuestra voluntad al servicio de un ideal que no es el nuestro. Defendemos el derecho común al defender el de Schoenberg y Scriabin, de escribir según sus ideas y su inspiración; solamente que la categoría estética y el valor ideológico de ellas es radicalmente opuesto al nuestro.. Para el público frívolo nada más cómodo que incluir a todos –rusos, austriacos, húngaros y franceses– en un mismo casillero: «ultramodernistas». ¡Es cómodo esto; pero nada más falso! Mientras que algunos músicos, rusos o franceses, se proponían una total renovación del concepto y del medio musical, Schoenberg y Scriabin son simplemente unos músicos que proponen un grado más avanzado de evolución en un sistema histórico.

Ni el uno ni el otro mantienen un ideal sustancialmente distinto en romanticismo, aun cuando sus medios expresivos, su «técnica» sea diferente a la de los grandes músicos de esa época. Diferente, pero no antagónica, y la característica de los grandes revolucionarios fue, precisamente, que sus creaciones derrumbaran un mundo, un sistema de ideas y casi el de los procedimientos.

Monteverdi en los comienzos de la ópera; Beethoven, al fin del clasicismo; Mussorgsky, en pleno romanticismo; Debussy a la terminación de ese período: he aquí los grandes renovadores.

Scriabin y Schoenberg son de una talla y de una calidad de alma más modesta. Ya es arriesgado el hablar de ellos en pareja, porque sus diferencias son tantas, por lo menos, como sus semejanzas, y, además, como la personalidad que nos revelan las obras tocadas está lejos de ser su exacta expresión, no hacemos hoy más que emitir un juicio transitorio: señalar el lugar de esas figuras en el movimiento musical, situarlos en el plano estético a que se acogen; pero no una evaluación de su categoría estética, aún cuando ésta se insinúe vehementemente a la sospecha. [...]

La obra que nos ha ofrecido el cuarteto Rosé en la Sociedad Filarmónica (con gran acierto y elevado criterio), es el cuarteto en «re» obra 7. Estamos, pues, en la primera manera; pero cuántos auditores no dirán: «¡primera y última¡» Juicio precipitado que se funda en la longitud de la obra y en su constante vaguedad tonal. Cincuenta y cinco minutos sin un punto de apoyo: es, ciertamente demasiado cuando el valor de las ideas es nulo y su desarrollo es perfectamente indiferente. Más que falta de coherencia se trata de falta de incitación a que se preste interés; consecuencia directa de la pedantería romántica que se creía con derecho a todo; hasta forzar al auditorio a penetrar en los esotéricos arcanos...para descubrir una avellana vacía. Aquí y allá algún destello de color instrumental, o un periodo armónico interesante, o agrupaciones disonantes de arriesgada experiencia, o curiosas disposiciones de combinación de tonalidades...No hay equívoco: se trata de una personalidad notable, que en una obra de indudable valor técnico y experimental se propone demostrar que no tiene nada que decir en música y que lo demuestra de la manera más antimusical posible [...]

El «Poema del Éxtasis» es una obra excelente para introducir a este autor a nuestro público, que la recibió complacido. De una apariencia más lógica y de un proceso armónico más fácil que la de Schoenberg, y sobre, todo, mucho más breve, el público pudo seguirla sin dificultad y la admitió sin titubeos. Ni el título general, ni el de los diferentes temas le pusieron en grave aprieto: en verdad importan bien poco.. De un valor intrínseco escaso, su categoría no alcanza más que un plano secundario. Densa sin ser demasiado extensa, su orquestación es una masa permanentemente homogénea, en la que sólo la trompeta adquiere aquí y allá algún relieve para cantar unas frases de una insignificancia musical desconsoladora, llegando, para postre, a un final de una exaltación perfectamente falsa. Sabemos de músicos que haciendo música en este estilo y dentro de una estética sintieron su flaqueza, y encogiéndose de hombros mudaron de camino. Demasiado fácil este aire filosófico; demasiadamente poca música. Es simpática una tendencia que va contra el brutal realismo «sensacionalista» a los Strauss y contra el banal verismo pasional a la italiana. Creemos que la mística puede ser un camino para llegar a escribir música ¿ pero estamos seguros de que la música sea un lenguaje para expresar el misticismo? Demasiado bella, sin eso, ya tiene bastante con expresarse a sí misma.

Crítica con motivo del estreno en Madrid del «*Cuarteto en Re menor, op. 7*», de Schoenberg y del «*Poema del Éxtasis*» de Scriabin. Las notas de Salazar son interesantes para situar el grado de recepción de la música de estos dos compositores en el Madrid de la época. En este concierto se interpretaba por primera vez en España una obra de Schoenberg. La visión respetuosa de Salazar, siempre abierta hacia lo moderno europeo, es un poco ácida aquí con respecto a Schoenberg, y más benévola respecto a Scriabin. Se trataba de obras muy diferentes, pero que entroncaban con la tradición de las grandes formas románticas (Schoenberg) o impresionistas-teosóficas (Debussy). Es curioso observar que, para Salazar, Debussy es más moderno que Schoenberg (¿tal vez juzgaba solamente por la obra escuchada?) y considera la batalla en torno a la música de Debussy ya ganada en estas fechas. Sin duda no barruntaba las protestas que luego provocaría el estreno de *Iberia* en 1921. Salazar fue el primero en dar a conocer a Schoenberg al público español a través de la *Revista Musical Hispanoamericana*. Para más información sobre este tema y sobre la Sociedad Filarmónica, se puede consultar: GARCÍA LABORDA, Jose M.: *La Sociedad Filarmónica de Madrid (1901-1936). Contexto histórico y valoración del repertorio (en prensa)*.

2. LA VIDA MUSICAL. «Ravel en Madrid», *El Sol*, 6-05-1924.

Mauricio Ravel ha sido invitado por la Sociedad Filarmónica de Madrid paa mostrarse como pianista y director de orquesta en un programa de obras suyas. Este programa contenía «Le tombeau de Couperin», «L'alborada del gracioso» (versión orquestal que con aquella obra fueron dirigidos por Pérez Casas con su Orquesta Filarmónica), la «Sonata de piano y violonchelo», perfectamente tocada por los concertinos de ambas cuerdas de aquella orquesta: Rafael Martínez y Francisco Gassent; la «Sonatina», tocada por el propio Ravel, que dirigió, al fin del programa, esa maravilla de ritmo y de inflexión que es «La Valse».

Pero Ravel había querido rendir tributo además al más grande de los compositores franceses que le habían precedido, el mágico sutil de las armonías francesas, a Claudio Debussy, y conforme el primer tiempo de la mencionada sonata fue una guirnalda –fresca y olorosa, donde la melancolía no evita a tersura, como esas guirnaldas que adornan las tumbas del Renacimiento– que Ravel colgó en la «Tombeau de Claude Debussy», trazado por los mejores talentos de la Europa musical contemporánea, del mismo modo quiso hacer unas ofrenda de ese concierto a aquel músico que tanto amó a España y que de tal modo señaló su verdadero camino a los nuevos músicos españoles, presentando una orquestación de dos trozos admirables de Debussy: uno, una «Zarabanda» del más puro sentido clásico; otro, una danza de la primera época debussysta, obras que para adquirir nuevo aspecto orquestal, han necesitado, sobre todo la primera, ser pensadas de nuevo, ser sentidas en otro ambiente sonoro a través de una sensibilidad estrictamente afín a la de su creador.

El aplauso más caluroso para Ravel se obtuvo tras el «minué» del «Tombeau de Couperin» y tras de «La Valse, que dirigió su autor con gran ímpetu y espíritu, y es menester considerar que Ravel no es ni un director ni un pianista de oficio, sino un compositor que para corresponder al homenaje que se le hace accede a mostrarse bajo ambos aspectos. Es necesario tener esto muy en cuenta, porque sería tan improcedente juzgar a Ravel bajo alguna de estas facetas del arte –al fin y al cabo empleos subordinados al magnífico papel de creador–, en el que hoy ese magnífico músico no tiene rival posible.

Séanle dedicados cuantos aplausos se pueda: nosotros hemos agotado todos los que disponemos. Y para los Sres. Martínez y Gassent, que han tenido el rasgo y valentía de tocar una «sonata» que es por muchos aspectos una obra maestra y una obra de soberbia belleza –si bien está aún un poco verde para los paladares empalagados de nuestro público burgués–, séales también tributado un aplauso cordial.

Esta reseña se refiere a la visita de Ravel a Madrid en 1924 para interpretar algunas de sus obras en la Sociedad Filarmónica de Madrid. Después de la muerte de Debussy, Ravel se convirtió en la figura dominante de la música francesa. Sin embargo, su acep-

tación fué también lenta en España. El entusiasmo de Salazar hacia Ravel fue incontenible. Lo trata como «uno de los más exquisitos productos de la música actual» (*El Sol*, 14-12-1919).

3. LA VIDA MUSICAL. «Cuartetos españoles en la S.F.– Una obra nueva de Salvador Bacarisse», *El Sol*, 28-3-1933.

Como complemento a la serie solicitada por la Sociedad Filarmónica al Cuarteto Pro-Arte de Bruselas, en la que va a repasar con los ejemplos más significativos la historia de ese admirable género de música, dicha Sociedad ofreció ayer a sus auditores un concierto compuesto por tres cuartetos españoles. El complemento es, en este caso, un preludio, y la inversión del orden natural proviene, sin duda, de dificultades de acoplamiento o de fechas disponibles en el teatro donde habitualmente la Filarmónica celebra sus sesiones, que es el de la Comedia. Pero la Filarmónica pasa en estos momentos por una crisis, en la que se han dado cita todo género de contratiempos. Demasiado hace con desafiar valientemente el temporal de desvío con que le hace víctima el público semiculto. Sus organizadores, por lo que a ellos les toca, no pueden hacer más que poner vela al viento, es decir, situarse a tono con las circunstancias.

Su programa de músicos españoles tenía esta significación, más que otra cosa; y el color de compromiso se advertía en el poco interés puesto en su confección, pues exceptuando el nuevo cuarteto de Salvador Bacarisse, los otros dos, de Arriaga y Chapí se han convertido ya en tópicos del cuartetismo nacional. Sin duda no se encuentran más cuartetos españoles de principios y fines del siglo pasado dignos de tocarse. La Sociedad Nacional de Música halló otros muchos, no digamos mejores, pero tgampoco peores a lo menos al de Chapí, vacío, superficial, de una habilidad hueca y de un lirismo zarzuelero. Y nuestras historias de la música, y algunos escritores sobre música de tiempos atrás, hablan de cuartetos españoles, cuyo desempolvamiento sería de agradecer, aunque sólo pudiera ser a título de curiosidad, si las obras no daban más de sí.

He de consignar, en toda sinceridad, que el «Cuarteto en mi bemol mayor», de Salvador Bacarisse, segundo de los suyos, es la obra de este compositor que prefiero entre todas las que conozco de él, orquestales o de cámara. Aunque como ciertas obras contemporáneas (y pongo entre sus autores a Milhaud, Prokofieff, Hindemith «e bella compagnia») denota la rapidez de su concepción y de su confección –una decisión expeditiva que no quiere crearse graves conflictos de conciencia ni quebraderos de cabeza, e incluso un cierto espíritu aventurero por las tierras semivírgenes de la armonía y de la forma contemporáneas–, esta obra de Bacarisse consigue ya un aire de maestría y de seguridad en la realización, que comparativamente no tienen sus obras anteriores.

Tal victoria, la más importante para un músico legítimo es de una importancia trascendente en nuestros días. En las épocas donde los músicos construyeron sus obras sobre principios sólidamente afirmados y que y que el curso de las ideas no ponía en discusión (forma, estilo, principios tonales, escritura estereotipada), fue fácil consagrarse enteramente a la expresión de los sentimientos, etc., etc., que se supone ser el fin de la música. Pero en momentos de evolución y de inseguridad en el credo artístico, el drama interno de los compositores consiste en la lucha por encontrar el asidero que preste seguridad y robustez a sus obras. Por decirlo así, es como cuando un hombre de escrúpulos y gran rectitud busca normas de alta conducta en una época donde todos los valores morales se hallan violentamente discutidos.

Los esteticistas chirles que hacen crítica sin conocer la historia y las causas internas de su evolución pueden pasarse la vida hablando de los «principios inmortales» del arte..Pero todos los grandes maestros de la música, los verdaderamente grandes, han creado sus propios principio, que les han servido a ellos casi exclusivamente porque todo gran hombre que les sucedió, se encontró ya con la necesidad de ponerlos en duda, de discutirlos, de superarlos... El cuarteto estrenado de Bacarisse es breve, conciso de ideas, de expresión y de forma. Seguro en su escritura tan arriesgada (en el segundo movimiento sobre todo), con esa seguridad del equilibrista que sabe que no puede caerse de la cuerda floja, donde se halla tan cómodo como en su casa. Sus ideas , como es típico de gran parte de la música de cámara son verdaderos «comprimidos» de posibilidades de desarrollo y de manejo temático, que en Bacarisse tienen unidad y brevedad, dos cosas que acompañan únicamente a quienes saben lo que sus ideas dan de sí y cómo hay que tratarlas...Netamente «cuarteto» en cuanto al género, el tratamiento instrumental de esta obra de Bacarisse es excelente en su idoneidad, sin preciosismos ni rebuscamientos; llano, eficaz, con una sobriedad del mejor augur. Por cuanto responde a lo dicho, prefiero el segundo tiempo, incisivo y de una convicción que se comunica al auditor, a pesar de unas crudezas que no lo son más que en teoría. El primer tiempo tiene gracia y agilidad, encerradas en una forma precisa. El tercero está lleno de zigzags, de imaginación, específicamente musical, sonora, que sabe ceñirse a lo estricto del estilo, tanto al del tipo instrumental elegido, como al que dicta las líneas generales de la obra. Añadiré que la versión dada a esta obra por el Cuarteto Rafael fue muy notable por su inteligencia y escrupuloso cuidado»

El Cuarteto Rafael, que tomó su nombre del primer violín, Rafael Martínez, se componía de músicos de la Orquesta Filarmónica de Madrid: Rafael Martínez, Luís Antón Suárez (luego sustituido por Jesús Dopico), Faustino María Iglesias (luego sustituido por Pedro Meroño) y Juan Gibert. Tuvo su primera presentación en diciembre de 1929 en la Sociedad Filarmónica, en la que actuaron en 8 ocasiones. Allí estrenaron cuartetos de Arriaga, Chapí, Turina, Toldrá y Bacarisse, además del *Cuarteto con piano* de Turina. El concierto del 27 de marzo de 1933, que es el que nos ocupa aquí, presenta cuartetos de Arriaga y Chapí junto al estreno de Bacarisse, y venía enmarcado en una serie organizada por el Cuarteto Pro-Arte de Bruselas, dedicada a la historia del cuarteto. El primer Cuarteto op. 10 (1930), de Bacarisse, ya había sido estrenado por el mismo Cuarteto Rafael, el 24 de abril de 1931 en el Hotel Ritz de Madrid, retransmitido por Unión Radio. Salazar «critica» la posición reaccionaria de la S. Filarmónica al confeccionar este programa y alaba veladamente, por el contrario, la programación vanguardista de Sociedad Nacional, de la que él mismo era mentor espiritual. La rivalidad entre ambas sociedades duró mucho tiempo.

2. Conciertos en la Sociedad Nacional de Música (1915-1922)

Esta sociedad surgió en Madrid en 1915, al poco de disolverse la Sociedad Wagneriana madrileña (1911-1915), siendo director de la misma Miguel Salvador y Carreres, y Salazar el principal gestor, que preparaba las notas a los programas de los conciertos en el Hotel Ritz a razón de diez o doce por temporada. La Sociedad Nacional, con su programación de música moderna y preferente atención a los compositores españoles, significó un contrapeso a la programación más tradicional y «extranjerista» de la Sociedad Filarmónica. Salazar aprovechó el espacio de *El Sol*, para comparar con frecuencia los objetivos y las programaciones de las dos entidades. Criticaba a la Sociedad Filarmónica por ser una institución de «consumo musical», mientras Rogelio del Villar renegaba del modernismo foráneo de la Nacional. Sin duda, el papel de la Nacional en la difusión del repertorio moderno de nuestros músicos fue fundamental. Se disolvió en 1922, pasando el relevo del vanguardismo a la Asociación de Cultura Musical.

4. MÚSICA. Folletón de *El Sol*. «Sociedad Nacional, Eugenio Goossen» *El Sol*, 6-05-1918

Aclaremos, primeramente, un punto referente al plan que traza los programas de esta Sociedad. Cualquiera que examine alguno de los cuarenta y seis conciertos, observará que están eliminados de ellos las obras más en boga y más favorecidas por la concurrente atención que les prestan los ejecutantes. Por lo pronto cabe ver que el objetivo de esos programas varía del que corrientemente se persigue. El calificativo de «sociedades de consumo de música» con que tan acertadamente se señala a las Sociedades-Filarmónicas y congéneres, es un título exacto; pero precisamente opuesto al que conviene a la Sociedad Nacional. Si se examinan los programas de las diversas temporadas de conciertos, se vería que en cada instante determinado, la atracción general del público parece dirigirse a un autor o a un grupo de obras que, merecedor de un favor especial, figura casi constantemente en los programas de artistas de las más diferentes actitudes. La consecuencia que de ello se deriva es poco halagüeña para esos artistas: primero, porque se ve claramente que procuran solicitar la atención pública mediante la interpretación de las obras que la crítica, el talento de un gran intérprete u otras razones han conseguido afirmar, y segundo, porque se confiesan incapaces de reemplazarlas por otras menos conocidas con las que consigan producir una impresión semejante. Esto es igualmente desfavorable para su facultad de comprensión como para la idea que nos hacemos de su cultura. No hay más que intentar una ligera confesión estética de la gran mayoría de los ejecutantes para convencerse que su incomprensión del mayor número de las obras modernas y de considerable cantidad de las clásicas proviene de que no se les ha impuesto una *versión* que haya traducido a su espíritu el de esas obras. Este, en términos generales, es cosa muerta, indiferente e inactiva para sus sensibilidades [...].

La conducta seguida en su larga carrera por la Sociedad Filarmónica, y en su aun corta pero intensa existencia por la Sociedad Nacional, se ha prestado para que sus actividades diferentes queden perfectamente delimitadas dentro de unos círculos que en algún punto son tangentes, pero cuyas áreas caen hacia opuestos cardinales. Nacidas en diferentes épocas, y respondiendo a distintas necesidades, ambas se completan, y su labor educadora es, hoy día, la única en nuestro mundo musical no relacionado con los asuntos técnicos. Pero una labor definitiva y y completa no se habrá llevado a cabo hasta que esos asuntos se aborden dentro del orden de ideas en el que se sustentan sus distintas órbitas. La Sociedad Filarmónica, facultada por sus medios económicos, consiguió ser la palestra para las más autorizadas versiones de las obras consagradas, y ello por medio de artistas de una fama mundial. Tal vez no haya Sociedad alguna en el mundo que pueda galardonarse de haber promovido una cultura romántica, y en parte, clásica con artistas de un renombre más espléndido. Pero, a su vez, por eso mismo, es la copartícipe de la absorvencia que esa época musical ejerce en el mundo de los aficionados, y aun esa escuela no ha sido recorrida en todos sus términos, ni ha pretendido agotar las fuentes que le eran más agradables. En una palabra,

su plan no era un plan *extensivo*, y se localizó en ciertos pasajes del jardín musical, seguramente los más opulentos y frondosos; pero no permanentemente atractivos para espíritus ávidos e inquietos.
La Sociedad Nacional se creó a impulsos de éstos. Ciertos de ellos eran «productores» a la par que «consumidores». Se comprende que este consuno no podía ser del mismo género que el del consumidor pasivo y que habría un deseo de extender la necesidad musical del auditor hacia el campo de la actividad moderna, que, además, seria propicio para la actual actividad española.

Sería larga de enumerar la serie de obstáculos y de dificultades que se encontraron y que se describirían al caso, según se presente la ocasión; pero los más serios de entre ellos fueron coincidentemente la falta de interés del público por las obras que no le eran familiares (fuesen clásicas, románticas o modernas), y la de los artistas para presentar obras que no fuesen esas mismas, por el terror inconfesado de parecer relegados a un lugar secundario.

Se ve, pues, que la Nacional se prometía una labor cuyo éxito responde de su eficacia; pero un éxito de tiempo, paciente, no el fulgurante y magnífico que sigue a la presentación de los mejores ejemplares del «virtuosismo». Sus puntos principales fueron: los autores clásicos casi olvidados y sus obras menos conocidas; las obras románticas menos favorecidas por los artistas del día, las modernas en todas sus varias y múltiples orientaciones, y, sobre todo las españolas de cualquier tendencia, época y categoría a poco que ésta fuese digna de figurar en un programa serio. Cada uno de estos puntos es materia para un comentario particular. Veamos hoy lo más saliente de los últimos programas [...]

Eugenio Goossens

La actividad de los compositores ingleses contemporáneos, es digna de que se la consagre un espacio mayor del que ahora disponemos. Vaughan Williams, Joseph Holbrooke, John Ireloand, Cyril Scout, Aron Bax y algún otro, son nombres que responden a tentativas llenas de interés y de cuyas obras más importantes hablaremos próximamente. Pero el nombre de Eugenio Goossens se destaca de entre esa pléyade de jóvenes, por su fuerza vigorosa, su viva y cordial imaginación y la atractiva originalidad de sus procedimientos. Goossens es probablemente el compositor más joven de su país; pero algunos escritores le señalan como uno de los más eminentes. En la Nacional se han hecho oír sus «Dos bocetos para cuarteto de cuerda», páginas tan fuertemente originales como bellas, unas canciones de Alfredo Musset y, recientemente, «Cinco Impresiones de un día de Fiesta», para flauta, violonchelo y piano. Son cinco páginas cortas, cuya inspiración, clara y concisa, se expresa en combinaciones de timbres del más delicioso efecto. A señalar las tituladas «El pequeño molino de agua» y «La iglesia de la aldea». Los leves toques descriptivos, de tanta disolución como buen gusto, realzan estas páginas encantadoras. El vocabulario moderno empleado por Goossens en toda amplitud, es el vehículo propicio para la expresión de una sensibilidad tan fina como intensa.

Interesante reseña de Salazar sobre los objetivos de la Sociedad Nacional de Música y las dificultades que encontró por parte del público y de los artistas. La comparación con la Sociedad Filarmónica es muy ilustrativa, y a pesar de la objetividad con que trata a ambas instituciones, deja traslucir sus simpatías por la Nacional. El compositor inglés Eugenio Goossens (1893-1962) gozó de gran popularidad en la época del periódico *El Sol*, aunque los cambios de formas y gustos le hayan relegado hoy casi al olvido.

5. MÚSICA. Folletón de *El Sol*.»La S.N.M. Fin de temporada», *El Sol*, 31 -05-1918

La Sociedad Nacional de Música cierra su cuarto año de existencia con su concierto número 48, lo que da una razón de doce conciertos anuales. Dada la cotización mensual es casi milagroso que se pueda llegar a esa cifra, teniéndose en cuenta que, en lo que se refiere a este año, cinco conciertos han estado a cargo de artistas de primera categoría (Viñes, Nin, Rubinstein), y que cuatro lo han sido de Orquestas (Sinfónica, Filarmónica y Valenciana de Cámara).

El número total de primeras audiciones ha sido el de 45. El de obras españolas: treinta y nueve, figurando entre ellas obras de orquesta (Turina, Pahissa, Villar, Chávarri), cuartetos y quintetos (Arriaga, Manzanares, Valdovinos, Bretón) y otro grupo más abundante de obras para piano y canto y piano y violín. Entres las obras extranjeras más comentadas figuran los «Sarcasmos» de S. Prokofiev; las «Impresiones de un días de Fiesta» de Eugene Goossens; un cuarteto de Joseph Jongen y los cuartetos sinfónicos de «Le festin de l'Araignée» de Albert Roussel. El programa a desarrollar por la Nacional ha de darse forzosamente dosificado con discreción; el número de obras nuevas preparadas aumenta cada día, pero las condiciones de su audición presentan escollos de todos géneros, que es preciso saber sortear con infinito tacto para un feliz arribo al puerto, que en este caso es el publico.

Si Joaquín Nin no fuese ese «más perfecto pianista de la época presente», como dijo con frase lapidaria Joaquín Fesser, bastaría con que hubiese escrito su libro «Por el Arte», que debería ser leído como breviario en las escuelas de música donde se aprendiese algo más que letra –para que su nombre fuera consagrado como el de uno de esos raros artistas en quienes todo mérito personal desaparece ante la virtud de su apostolado. Nin no toca, oficia en el piano. Pocos casos de un fervor y de una devoción por el arte análogos al suyo. Dedicado a hacer revivir las más encantadoras páginas de una época olvidada. Nin las presta el tono verde y terso que debieron tener en su juventud. Nada mas difícil que esta labor suya por la música antigua que, enmascarando al virtuoso, pone en presencia la necesidad de la sensibilidad más delicada, educada sabiamente en los más prolijos detalles de estilos desapaprecidos, época desvanecidas, gustos remotos. Nin, intérprete único de la música del siglo XVIII, parece aceptar como lema aquella frase del gran Couperin: *J'aime mieux ce qui me touche que ce qui me surpend*; en su interpretación esa música adquiere vida y color fresco y nos emociona infinitamente. Detrás de los encajes delicados y sutiles de esa música de clave el más formidable «virtuoso» está al acecho. Nin sabe bien lo que Suarés ha dicho tan exactamente: *Il faut tuer en soi le virtuosen pour etre artiste, et souvent, qui a été virtuose ne peul jamais cesser de l'etre.*

En el penúltimo concierto de la Nacional, Nin escogió un ramillete de obras de Copuerin, Rameau, Royer y Duphly, entre los franceses; varias pequeñas sontas de nuestro P. Antonio Soler, otra deliciosa de Fernando Turín y un concierto de Felipe Manuel Bach. Nin, que a fuer de erudito mereció una medalla en la Academia Nacional de Historia de París, descubrió las obrillas de Roger y Duphly, que estaban atribuidas a Rameau en la edición de Saint Saëns, y las devolvió su paternidad; encontró las encantadoras y españolísimas sonatinas de Soler en la biblioteca de Pruniéres, y toca los conciertos de los hijos de Bach de copias de los manuscritos originales o de ediciones de la época. ¡Que talento de erudición, que cantidad de esa sabiduría reputada por fea y empolvada se disimula en el arte jugoso y lleno de vivacidad de Nin, apenas se sospecha. Pero uno de los puntos más admirable es la preparación puntual y exquisita de esas obras, preparación que no se extiende alrededor de un esqueleto tratado a priori, fuera veces de contacto con el alma palpitante de a obra, sino que proviene de la comprensión sentimental más directa, más sobre lo íntimo y desnudo de la sensibilidad. La línea melódica adquiere en su interpretación una morbidez, una riqueza de modelado que parece increíble en el instrumento en que se ejecuta, las armonías tienen una maleabilidad especial: todo se somete y se hace blando a su poder de ductilizar. Su riqueza rítmica su exactitud prosódica, un caso tal vez único.

Importante reseña para conocer la programación y el compromiso de la Sociedad Nacional hacia la nueva música española en sus primeros cuatro años. Salazar apunta igualmente al cuidado en la elaboración de los programas con repertorio moderno, considerando la escasa preparación del público y evitando herir la sensibilidad de algunos críticos ultranacionalistas. El pianista Joaquín Nin Castellanos (1879-1949), junto a Ricardo Viñes, realizó una gran labor de difusión del repertorio español y fue al mismo tiempo un destacado investigador del patrimonio histórico del país.

6. «La XIV reunión de la S.I.M.C en Barcelona, *El Sol*, 16-05-1936

[...] En 1915 fue menester luchar en favor de los músicos del periodo Debussy-Ravel, el de la música rusa entonces reciente, el de las primeras composiciones de Stravinsky, Bartók y Falla. La Sociedad Nacional de Música se fundó entonces y atendió a esa necesidad; pero desde entonces, desde que dejó de funcionar en 1922, precisamente cuando se fundaba la S.I.M.C., cesó en Madrid la comunicación regular con los músicos modernos y se perdió el sincronismo con la marcha de la evolución musical. Mal que bien, hemos ido enterándonos de algunas cosas. De otras seguimos sin enterarnos de nada; por ejemplo, de la escuela vienesa moderna y, en general, de la música que se hace más allá del Ródano.

Las entidades que se preocupan por suministrar a su público esta clase de informes y le ofrecen este género de experiencias, no pueden comprometerse a que cada una de esas cosas constituya un placer insuperable. El número de los aficionados a escuchar música moderna es escaso en Madrid, y el de los que se quedan satisfechos con el simple hecho de escuchar una obra nueva, todavía menor. El número de obras maestras nuevas no abunda; la resistencia de nuestros auditores fracasa al tercer o cuarto intento. Por eso, si una Sociedad para el cultivo de la música actual es necesaria, solidariamente es de necesidad que se la provea de medios de subsistencia, aparte de los muy escasos que pueden aportar los sus socios [...].

Salazar reitera la importancia de la Sociedad Nacional para la introducción en España del repertorio moderno y las dificultades, todavía en 1936, para dar a conocer compositores contemporáneos como los de la escuela de Viena (Schoenberg, Berg y Webern).

3. Conciertos en la Asociación de Cultura Musical (1922-1936)

Otra Asociación privada que tuvo especial incidencia en la presentación de obras de repertorio camerístico, tanto español como extranjero fue la Asociación de Cultura Musical, fundada en Madrid en 1922. Podríamos decir que esta sociedad tomó el relevo de la Sociedad Nacional, disuelta en ese mismo año, y representó, junto a la Sociedad Filarmónica, la mejor enseña de la música de Cámara en Madrid durante los años veinte.

El 10 de marzo de 1922 *El Sol* anunciaba de parte de la Agencia de Conciertos H. Daniel una Sociedad que «celebrará sesiones de música de cámara, en la que intervendrán artistas reputados.» El primer concierto tuvo lugar en el Teatro Princesa de Madrid el 11 de marzo de ese año, a cargo del Cuarteto Wendling, con obras de Schubert, Beethoven y Borodin.

7. LA VIDA MUSICAL. «El Cuarteto de Londres». *El Sol*, 24-11-1922

El «London String Quartet» es uno de los cuartetos europeos más conocidos ya en Madrid, y, por lo que a nosotros se refiere, más admirado. Primero en la Sociedad Filarmónica, en la Nacional después, y ahora en la Asociación de Cultura Musical, esa entidad ha hecho oír algunas de las más bellas interpretaciones que conozcamos de la escuela moderna. Particularmente de autores ingleses, cuya admirable contribución a la música de cámara es cada vez más rica y de más valía. Una de sus mejores muestras está en los trozos de que se compone la «Fairy Suite», de Waldo Waerner —el viola de la Asociación—, conjunto de pequeños números de delicada sonoridad y exquisito juego sonoro, en un aplano de refinada sencillez y de ingenuidad llena de matices irónicos, que parece complacer mucho a los compositores de la Gran Bretaña, a juzgar por las muestras bastante abundantes que ofrecen de ese género.

Por contraste la interpretación sobria, enérgica, llena de vibración y de calor que el Cuarteto de Londres, reforzado por dos artistas españoles (los Sres. Escobar y Núñez Castellanos, dio al Sexteto de Schoenberg (Verklärte Nacht) pudo presentarse como modelo de interpretaciones inteligentes, equilibradas, sagaces en su manera de conocer los flacos y puntos fuertes de un autor.

Una bella versión del cuarteto en «La menor», de Schubert –esa perla de la música de cámara– completaba el concierto, que constituyó una buena jornada para la novel Sociedad.

Se constata en esta reseña la rotación de algunas formaciones por las sociedades de Madrid y del resto de España, como sucede con este cuarteto, que tuvo la iniciativa de presentar la *Noche Transfigurada* de Schoenberg, en su versión original para sexteto de cuerda.

8. CONCIERTOS. «A. de C. M .– La Sinfonía de «Los adioses». – El concierto de violín de Beethoven. – Una obra de Ravel, *El Sol,* 11-11-1924 (Texto íntegro).

La Asociación de Cultura Musical tuvo en su concierto de ayer la buena idea de hacer ejecutar la sinfonía de Haydn conocida con el sobrenombre de «Los adioses», conocida, efectivamente, por ese remoquete o por otro cualquiera, pero ignorada de la generalidad, a la que no interesa la lectura del papel pautado. Es también cosa sabida la historieta que, según costumbre, explica ese título: la de la impaciencia de los músicos del príncipe Esterhazy por marcharse de veraneo; en cambio no lo son tanto otras versiones, según una de las cuales el sucesivo callarse de los instrumentos era una jugarreta que Haydn les gastaba para desorientarlos y hacerles creer en una equivocación de lectura, o bien un «programa» secreto, según costumbre bastante frecuente en Haydn, etc.; lo cierto es que, según algunos comentaristas, fue tradicional en Alemania durante mucho tiempo el que los músicos que ejecutaban esa sinfonía fuesen desapareciendo, uno tras otro, después de soplarse bujía, terminando la obra en la oscuridad.

Los treinta y tantos profesores de la Sinfónica dirigido por el maestro Arbós, muy respetuosos con la tradición, cumplieron al pie de la letra ese número divertido, que convenció, más que otro detalle alguno, a los auditores del aforismo ya corriente en tiempos de Haydn, por el que se reconocía a éste como «el más grande maestro en la broma y en el buen humor». Obtuvo un éxito clamoroso, que parecía solicitar la repetición, cosa poco tradicional, sin duda, y que por lo tanto, fue respetada. En cuanto a estilo, a sonoridad, equilibrio orquestal, gracia a la interpretación del minué, expresión y forma de cantar en el «adagio», en la sordina de las trompas, etc., el amor a la tradición persistió de tal modo, que hubo un momento en que nos creímos en pleno siglo XVIII, razón por la cual no conseguimos retrotraernos suficientemente al actual, cuando le tocó el turno a la «Introducción y Allegro», de Ravel, para arpa, flauta, clarinete y cuarteto de cuerda, éste elevado al cuadrado. Pero si las lindezas de la ejecución de Haydn pasaron inadvertidas para la mayoría ¿cómo entrar en detalles respecto a la ejecución de Ravel, sin parecer extremosos en exceso? La señora Pequeño, antigua arpista de la Filarmónica fue la encargada del papel principal: se alabó su desenvoltura, facilidad de mecanismo, sonido voluminoso, finura en los armónicos, etc. Hace por ahora cinco años que la Sociedad Nacional de Música hizo oír esa obra, sustituyendo el arpa por el piano.

Manuel de Falla fue quien hizo la trascripción y quien la interpretó; pero no consiste, precisamente, en ese cambio de instrumento el que alguna buena memoria no haya logrado evocar aquella interpretación, al escuchar la presente.

Antes de es obra de Ravel, el Sr. Telmanyi tocó con la orquesta el Concierto de Beethoven. Confesábamos que nos prometíamos un mayor placer del que obtuvimos con la interpretación del Sr. Telmanyi, cuyo juego resbalaba sobre la orquesta como una gota de aceite sobre el agua, como un aeroplano sobre este valle de vulgaridades, o como cualquiera otra metáfora más poética que dejamos al buen gusto e iniciativa del lector. Falta de ensayos, quizás, pudiera suponerse; pero todo es disculpable en honor a los que sin duda, debieron de dedicarse al insólito número de las bujías que salió con una perfección inusitada y son el más ligero tropiezo.

En la Asociación de Cultura Musical se dieron también conciertos orquestales con plantillas algo más reducidas, como se ve aquí, algo común en otras Asociaciones, como la Filarmónica.

9. LA VIDA MUSICAL.»Rubinstein se despide.»El Cuarteto de Flonzaley. – Un Cuarteto de Szymanowski. Otros conciertos, *El Sol*, 6-5-1926

El Cuarteto Flonzaley, de Nueva York, ha dado en la A. de C.M. un nucvo concierto que ha superado, si cabe, al interés del primero.

«Quatuor «du» Flonzaley» se titulan en realidad ellos, que es tanto como decir Cuarteto del arroyuelo, puesto que Flonzaley no es sino su diminutivo, en un dialecto suizo, del riachuelo cerca del cual esos músicos hicieron voto de renunciación a toda vanidad artística y se juraron promesa mutua de servidumbre a la más alta y maravillosa de las músicas: la música para cuarteto ¡De qué modo soberbio han sido recompensados esos votos franciscanos! Una ejecución como la que dieron en el primer concierto del décimo séptimo «Cuarteto» de Beethoven y o la que en el segundo dieron del «Cuarteto» en «fa» (el número 7) es recompensa sin comparación posible para artistas de su elevado concepto.

[...] En su último concierto incluían una obra que en rigor sólo presentaba un punto peligroso: el último tiempo, ya que los dos primeros pertenecen al arte cuartetístico de buena ley y fácil enfoque. Nos referimos al «Cuarteto en do mayor, op. 37» de Karol Szymanowski, el notable músico polaco. Breve de dimensiones, es todo él conciso en su elocuencia, cálida y de eficaz estructuración.

El primer tiempo muy «cuarteto», es de una belleza poco refractaria a quien tenga algún trato con los estilos musicales contemporáneos, y el «andantino semplice» tiene momentos de buena calidad de arte. Calidad y belleza intrínsecas y privativas a este género de músicos, es cierto, y en las que el auditor pasivo no tiene participación, pero no por eso menos reales. Más fácil de atacar es el último tiempo «Alla burlesca», no encubre totalmente lo que probablemente es: un simple estudio de politonalidad, con una estructuración, un sistema de escritura netamente «clásico». Es muy curioso ver cómo el corte de la frase y su tratamiento cuartetístico derivan estrechamente de la escritura beethoviana. Sólo que su concepto politonal lleva a su autor a consecuencias ingratas.

Sólido en su construcción tonal y rítmica, de fuerte lógica en la trabazón de las cuatro partes instrumentales, los defectos principales de este «cuarteto» son, no los que tenga específicamente, sino los que se refieren a la calidad. Es decir, que la invención es mediocre, las ideas tienen poco vigor y en la mayor parte de los casos lo convencional domina a lo íntimamente necesario.

La interpretación, perfecta. Dificilísimo y en extremo arriesgado por muchos conceptos, sólo en una entidad como el Cuarteto Flonzaley pueden arriesgarse semejantes experiencias. La actitud del público, correcta y deferente, honra al de la Sociedad Cultural, y debe alentar a sus diectores a proseguir por este camino, que es el que realmente está en consonancia con su nombre[...].

En la Asociación de Cultura musical, el Cuarteto Flonzaley de Nueva York (agrupación que se dedicó especialmente a la difusión del repertorio contemporáneo y al que Stravinsky había dedicado su famoso *Concertino*) estrenó el 4 de mayo de 1926 el *Cuarteto en Do mayor op. 37* de Szymanowski (compuesto en 1917 y estrenado en Varsovia en 1924). Salazar dejó constancia de la importancia y novedad de esta obra y de la calidad de la intepretación de la agrupación neoyorquina, aunque el crítico no se manifiesta tan entusiasta como con los «Mitos», debido al efecto politonal de la composición.

4. Conciertos de la Orquesta Sinfónica de Madrid

La Orquesta Sinfónica de Madrid fue la encargada de continuar la tradición sinfónica en la capital al desaparecer la Sociedad de Conciertos (1866-1903), fundada por Barbieri, y, de hecho, estaba compuesta por muchos antiguos miembros de ésta. Se fundó en 1903, celebrando conciertos primero en el Odeón y luego en el Teatro Real. Su «rival» hasta 1936 fue la Filarmónica de Bartolomé P. Casas, que sirvió de contrapeso y estímulo a los críticos madrileños. Salazar fue un gran admirador de ambas agrupaciones, aunque se sintió más atraído por la orquesta de P. Casas. Hasta 1915, cuando se funda la Filarmónica, la Sinfónica fue la encargada de transmitir al público español el repertorio de los compositores más relevantes del momento, de Elgar, Debussy, Ravel, Bartók y Stravinsky a Prokofiev, Casella, Delius, Kodaly y Berg, aparte de los grandes clásicos y románticos (los más interpretados: Beethoven y Wagner). Salazar publicó a veces en *El Sol* verdaderos ensayos sobre los componentes de estas dos orquestas madrileñas.

10. LA VIDA MUSICAL.»Los músicos y la cuestión social. El precio de los conciertos. Orquesta Sinfónica». *El Sol*, 31-10-1919.

[...] El concierto sinfónico supone una selección bastante estrecha entre los ejecutantes, y aquellos que pertenecen a las orquestas Sinfónica o Filarmónica figuran entre los más distinguidos de la profesión. Hoy día el número de conciertos orquestales es relativamente abundante ¿Supone esto que los artistas que intervienen en ellos pueden prescindir de otro trabajo cotidiano y dedicarse solo al complejo ensayo diario, preparatorio del concierto semanal? Nada de eso. El «partido» medio del músico de orquestas de concierto es positivamente irrisorio y puede calcularse en un tipo de 17, 50 pesetas semanales ¿Y es posible –se preguntará– que en esas condiciones pueda considerarse como consolidada la vida y labor de las orquestas? No hará esa pregunta quien de cerca o de lejos intervenga en la vida musical de nuestro país. Para el que la conozca algo existe un postulado fundamental: «que toda labor en pro de la música de un género elevado se hace en España únicamente a costa del sacrificio personal».

Se sabe que las Sociedades Filarmónicas u otras análogas están dirigidas y deben su existencia al trabajo absolutamente desinteresado de sus fundadores o mantenedores (en algunos casos éstos han de poner dinero encima); que el compositor de «música de concierto» no percibe jamás la más módica recompensa a su labor, y lo más frecuentemente, no llega a poder editarla, y que para mantener viva la energía de una agrupación orquestal y evitar que el cansancio o el desaliento de sus componentes den al traste con un edificio tan penosamente levantado, es necesario apelar a todos los medios convincentes posibles, de los cuales el primero y más eficaz es el entusiasmo del músico por su profesión y su fe en la nobleza del trabajo que realiza.

Pero el músico, por generoso o entusiasta que sea, no puede permanecer ajeno a la transformación que siente alrededor suyo en la organización y mejora de las condiciones de trabajo. Observa a obreros y empleados y nota que, mientras ésos hacen cambiar el plan administrativo, ellos apenas cobran cuatro duros semanales, por uno de los más difíciles trabajos artísticos, y que aun ocurre, a veces, que no llega a cobrar algún concierto de la serie.

Comparando los programas de los conciertos madrileños con los extranjeros y los precios que rigen (sea en Price, sea en el Real), se ve: Primero, que nuestros programas contienen un tercio más de música que los otros. Segundo, que el precio de las localidades es excesivamente barato con relación al coste total del espectáculo. Si se quiere, añádase la pequeña consideración de que las más importantes orquestas extranjeras están subvencionadas por el Estado (o el Municipio, Diputación, etc.), y que sus artistas están dedicados exclusivamente al servicio de la entidad a la que pertenecen.

En lugar de esto, el director de una orquesta en España ha de apelar a la lección particular y a la cátedra oficial para poder vivir con toda modestia. En cuanto al músico de fila...véase un ejemplo. Entre una y dos de la mañana ha de madrugar para tocar en tal función religiosa, en tales oficios, o cual funeral. Acude aprisa a alguna lección. Come en un momento porque a las dos le espera el ensayo de la orquesta de conciertos, y ha de escapar de él corriendo porque en el teatro se ensaya también, y, después, va a llegar tarde a la sección «vermú». Cenar, no cena en casa, porque no le daría tiempo para volver a la función de la noche. Si acaso sobra un cuarto de hora, o en algún entreacto, lo aprovecha para copiar algo de música, a dos reales la página...Y hasta el día siguiente.

Si ante el ejemplo del vecino, o viendo que ya lo han hecho en Cataluña, el instrumentista se sindica y pone una tasa lógica y prudencial a su trabajo ¿podrían soportarlo las orquestas? El empresario de teatros tal vez pueda defenderse. Una elevación sensible en los precios de los conciertos, acaso fuese mortal para esta afición, que solo ahora parece empezar a consolidarse. Una ligera elevación en los precios y una pequeña disminución en la cantidad de música (esto, incluso por razones artísticas), serían procedentes; pero, indudablemente, remedio demasiado leve para lo agudo del problema y excesivamente lento para la rapidez con que piden soluciones.

Ahora bien, ¿los conciertos sinfónicos se estiman, sí o no, como asunto de cultura pública? ¿Es posible que el Ministerio de Instrucción Pública y Bellas Artes de desentienda por completo del asunto? No es de nuestra competencia la respuesta; pero nos atrevemos a indicar a entidades como la Orquesta Sinfónica y la Filarmónica, y aun Sociedades como la Nacional de Música –cuyo esfuerzo cultural repetidas veces se ha consignado en estas columnas–, que deben comenzar toda clase de gestiones encaminadas a la subvención, como ocurre en casos bien notorios en el extranjero.

Interesante texto para conocer la situación del músico sinfónico en España en 1919. Sirve de introducción al concierto de la Orquesta Sinfónica de Madrid en que se estrenaba la *Zarabanda* de Roger Duchase, junto a otras obras del repertorio (entre ellas, *El Aprendiz de Brujo*, de P. Dukas, en palabras de Salazar, «página definitiva en la historia del humorismo y en la historia de la música»).

11. CRÓNICAS MUSICALES. «Mauricio Ravel y «Daphnis et Chloé». Orquesta Sinfónica. *El Sol*, 10-11-1919

«Musique, ç 'est ton eau seule qui désaltére!»...Unos versos inefables acuden a la memoria; para escribir hoy sobre nuestro entusiasmo necesitaríamos marchar al ritmo cordial del verso. Acuden a la pluma sólo palabras delirantes, y una crónica de periódico parece una cosa demasiado estrecha...

La Sinfónica nos ha proporcionado unos momentos por tal manera intensos, que quisiéramos en una frase vibrante y cálida demostrarle un agradecimiento perdurable y un olvido plenario de los enojos pasados, junto a un elogio que indemnizase nuestros juicios adversos añejos, presentes...y futuros.

El lector que tenga alguna simpatía para nuestro modo de sentir y de expresar nuestras opiniones sabe ya de antemano que esta «overtura exultante» con que preludiamos nuestra crónica es el reflejo sentimental de los fragmentos de «Dafnis y Chloé», de Mauricio Ravel, estrenado ayer por la Sinfónica.

Pero no querríamos pasar por la ingratitud de concedernos por completo a esa música indescriptible y no dar una parte importante de nuestro entusiasmo en alabanza de la Orquesta y de su director. Si la Sinfónica puso al servicio de la obra aquellas cualidades que son la base de su excelencia, el maestro Arbós demostró que había apurado su mejor talento en honor –todo honor– del más genial de los compositores vivientes.

Su versión de «Dafnis y Chloe» fue un ejemplo sobresaliente de talento directorial, de preparación orquestal, de esa labor interior de las orquestas que es donde realmente se pone a prueba la valía de un director, del mismo modo que es la final interpretación lo que revela la genialidad que cabe en el director como intérprete. Nos complace presentar al maestro Arbós el mejor de nuestros homenajes, a fuer de sinceros, porque a su propia sinceridad apelamos para que sentencie si no es justo nuestro tedio y nuestro mal humor ante el sin fin de ejecuciones medianas, cuya medianía es la consecuencia inevitable de las desgana y aborrecimiento que a las mil y una interpretación tiene que atacar irremediablemente al propio director. El intérprete, a través del cual resplandece la genialidad del compositor, se convierte en seguida en su víctima.

Si tanto admirable melómano que se deshace en admiración ante este andante o aquel allegreto supusiese el martirio que debe ser el cantarlo por vez enésima y de qué modo se hace obligado el suplantar la emoción real del ejecutante por lo artificioso y disimulado, no exigiría tan tiránicamente el «bis» y comprendería que el dejar «descansar» a las obras es tan sensato como el echar las tierras al barbecho.

Se comprende que ante una tan ejemplar maravilla como «Dafnis y Chloé», un director y una orquesta olviden el suplicio de los andantes y los allegretos, y pongan en la obra nueva toda su alegría de corazón y la más lírica vibración de su espíritu. El resultado lógicamente, naturalmente, es admirable, y el cronista musical deja de ser el doctor Purgón, crítico del tiempo, para convertirse en una especie de corifeo, que, perdiendo el diapasón, destripase a su lira a fuerza de hacerla sonar en el tono más exaltado.

¡Qué sed de música en este desierto donde uno clama tan desesperadamente! Y no por obra de varón, sino por verdadero milagro, se abre en la roca un cauce torrencial, inagotable, deliciosamente refrescante, sin igualmente puro, brillando al sol del genio en los más cegadores reflejos...¡ Música es tu agua solamente lo que aplaca nuestra sed!. Después del fuerte licor lleno de fuego de Stravinsky, o del éter impalpable y embriagador de Debussy, apenas podíamos imaginar un algo que reuniese en la más portentosa síntesis la potencialidad de ambas genialidades.

Pero no caeremos en el error trivial de encontrarles una semejanza. Si Ravel viene un poco después de Debussy, y Stravinsky un poco después de Ravel, la influencia que unos ejercen sobre otros es más bien porque todos respiraban un mismo aire, un mismo ambiente saturado de idénticas intenciones y necesidades -, que una influencia directa.

Cuando empezaron a conocerse las primeras obras de Ravel, algunos críticos franceses inventaron la palabra «debussysmo». Ravel les demostró que cuando Debussy no había aún producido sus obras más características, él escribía algunas de las suyas más peculiares. Había un paralelismo, una coincidencia por la época y por las cosas que flotaban en el ambiente, y, verdaderamente, Ravel es más bien lo homólogamente opuesto a Debussy, algo como dos cristales simétricos, pero orientados en planos contrarios. Lo que en Debussy es vaguedad o imprecisión, en Ravel se convierte en definido y puntualmente concreto. Si Debussy parece la sensación misma hecha inteligencia, Ravel es como la inteligencia pura convertida en sensación. Parten de sitios distintos y se encuentran en un punto mismo. Cuando a veces, raras veces, parecen semejantes, se nota cómo la dirección de cada línea tiene un sentido contrario.

En « Daphnis et Chloé» hay, como en la «Siesta de un fauno» el mismo himno a la belleza pura del sonido, a la cualidad única y esencial por lo que la música es música y no drama o filosofía o hamaca para nuestros ensueños amorosos. Hay el mismo deleite en lo que la música tiene de más bello: el color del sonido, la pura belleza sonora. Aspiran a que sus propias combinaciones –la armonía– tengan un propio valor expresivo y una específica belleza. Quieren que sea en la música la misma materia sonora lo que vibre y palpite en expresión. Dignifican la cualidad del sonido para hacerlo objeto y fin, y no un simple esclavo de un pensamiento o de un sentimiento reflejo. La «idea» musical» será por ellos una entidad de un valor; algo que dejando de ser música dejaría de ser idea; no quieren representar musicalmente el amor, ni el dolor, ni las montañas, ni las estrellas.Sólo quieren representar musicalmente a la música; algo que es sólo música y música nada más...Por eso Debussy y Ravel son los colosos que se alzan a las puertas del arte nuevo; los que abren el nuevo mundo a la nueva generación...

¡Cómo danza el final de esos trozos admirables de «Dafnis y Chloé»!. Si hay una música de pies de fuego, sólo puede ser esa.

Se puede observar la actitud positiva y entusiasta de Salazar por esta obra de Ravel, a quien llama «el más genial de los compositores vivientes». Llama la atención la proximidad de pensamiento entre Salazar y Ortega y Gasset en esta misma época, cuando ambos caracterizan el impresionismo musical como la corriente de la música nueva a la búsqueda de la belleza sonora en sí misma: «música y nada más que música». Son de destacar las finas diferencias que establece Salazar entre Ravel y Debussy; y al mismo tiempo, la metáfora de ambos como dos compositores que «parten de sitios distintos y se encuentran en un punto mismo» (recuerda la frase de Mahler con respecto a Strauss: «escalamos la misma montaña, pero por vertientes distintas. Algún día nos encontraremos»). «Dafnis» se repitió de nuevo el 16 de noviembre de ese mismo año en el Teatro Real («a petición»).

12. LA VIDA MUSICAL. «La Consagración de la Primavera» en la Orquesta Sinfónica», *El Sol*, 25-12-1932.

Hay demasiadas zarandajas en el ambiente y demasiado poco sitio en los periódicos para que se pueda comentar como es debido el suceso artístico que constituye el estreno en Madrid de «La Consagración de la Primavera». Ya que no la dimensión, a lo menos el tono es nuestro. Que la obligada brevedad vaya acompañada, a lo menos, por los acentos más entusiastas y cordiales.

Ya era hora, tras largos años de palidez, de que el entusiasmo levante el corazón, y que si la exultación no asiste al entendimiento, que el sentimiento intuitivo de la genialidad contenga el ánimo agresivo de los disidentes. En la fiesta de ayer no hubo más que vítores. Y esto, precisamente hoy, cuando al cabo de veinte años de existencia, y después de haber realizado totalmente su misión, «Le sacre du Printemps» es ya una obra de «ayer». Una obra de hace veinte años, como los cañones del 42 y las invenciones de la Gran Guerra.

Invenciones geniales y miserables aquellas; invenciones geniales y generosas las que la «Consagración de la Primavera» contiene hasta el derroche. Dos generaciones, una que ya madura ahora, otra apenas en flor, se han nutrido de la sustancia artística que la obra de Stravinsky –su obra entera– contiene. Él, a su vez, se nutrió de la mejor sustancia que se contenía en las de sus mejores contemporáneos. Es la ley normal, pero junto a ese proceso biológico ¡qué fuerza gigantesca, qué ímpetu en la invención y en la realización! ¡Qué genialidad más a pecho descubierto! Que «La Consagración de la Primavera» llegue a Madrid casi veinte años después de haberse estrenado en París es un índice grave para nuestra cultura. Algunos hemos estado hablando de esa obra, oída en conciertos extranjeros por unos, en disco de gramófono por otros, casi tantos años como ella tiene. Sin embargo, y a pesar de haberse reconocido hasta la saciedad que es la obra de esa época que ha ejercido mayor trascendencia y una de las más soberbias creaciones de la música actual, nadie se decidió hasta hoy a darla a conocer. ¿Miedo? Sí; tanto a la dificultad de la obra como al esfuerzo que su realización exige como miedo a los jóvenes (o viejos) bárbaros que en nuestros conciertos machacan las mejores muestras del género o del talento de los músicos de nuestros días. Ese miedo era comprensible. Hacer un semejante gesto de esfuerzo artístico, de tensión nerviosa, de dinero (muchos instrumentos suplementarios y muchos ensayos), para obtener luego por sufragio el necio alarido de los intolerantes, era demasiado heroísmo.

Pero Arbós ha querido arriesgarse a esa heroicidad, y como es hombre hábil, ha sabido preparar al público convenientemente con unas prudentes palabras mientras que prepara sólidamente la ejecución de la obra. «La Consagración de la Primavera», se diría —salvo sus tremenda dificultades técnicas— es obra para directores jóvenes ¡Qué habrá de decirse de este maestro veterano, que al borde de sus setenta años se resuelve a un esfuerzo capaz de agotar a un director de veinticinco?

Merece destacarse este hecho en primer lugar. El público lo destacó evidentemente, con su aplauso. Porque si «La Consagración» obtuvo un éxito franco plenario, el aplauso más cordial y más afectuoso fue el tributado a Arbós. Y a la Orquesta Sinfónica, que devolvía con sus aplausos la gloria que le tocaba en parte a su maestro veterano y bisoño, ganada ayer, de la mejor y más brillante de sus batallas: lo que más honra puede dar a su historia artística, llena hasta desbordar de triunfos.

En mejor ocasión hablaré de «La Consagración» y de lo que hoy significa esa obra para el criterio más joven. Llegó tarde, pero llegó bien. Si no encaminará por sus derroteros a muchos talentos imberbes, porque en éstos hace tiempo que ejerció su influjo, ayudará que el público aprecie mejor lo que vale esa música española de última hora. Y, sobre todo, le habrá dado a gozar una espléndida obra maestra. Que es, en resumen, lo más importante.

Un importante acontecimiento para la vida musical española fue el estreno de esta obra de Stravinsky por la Orquesta Sinfónica de Arbós, aunque el público ya la había escuchado en disco desde la radio en 1930, como veremos más tarde. Salazar señala uno de los problemas de la recepción musical en España, el retraso con que llegó el repertorio moderno. En 1916 visitaron Madrid por primera vez los Ballets Rusos de Diaghilev, invitados y patrocindos por Alfonso XIII. Arbós ya había presentado con la Sinfónica en 1914 los *Fuegos Artificiales*, de Stravinsky, obra que provocó un enorme taconeo del público, a pesar de lo moderado de su estética, en comparación con los ballets posteriores. Con el paso del tiempo y las diversas estancias de Stravinsky en España (especialmente en Madrid y en Barcelona), la música de este compositor constituyó uno de los pilares del repertorio moderno y una de los influjos más duraderos en la música española.

13. LA VIDA MUSICAL» Orquesta Sinfónica – El «Capriccio» de Stravinsky – Otros conciertos», *El Sol*, 18-12-1934.

Entre el «Concerto» para piano y orquesta, al que Stravinsky dió sus últimos toques en Madrid, en la primavera de 1924, y el «Capriccio» para la nueva combinación instrumental, que data de cinco años después, se incluye un grupo de obras del gran músico europeo, que han sido objeto de vivos comentarios, entre los cuales sobresalen, por su actitud los de los críticos anglosajones, que han visto en las obras de ese periodo una manifiesta decadencia.

Es la época de la producción de Stravinsky en la que aparecen el «Edipo Rey», el «Apolo Musageta» y el «Beso del Hada», obras que, tras de lo que se ha llamado el «retour a Bach», explícito en el «Concerto», suponen para algunos criterios, un gusto neoclasicista que persiste, cambiado el tema literario, en el aludido «ballet» con música arreglada de Tschaikowsky; en resumidas cuentas: un ánimo de imitación exterior de formas que se aproximan lo suficiente al «pasticcio», para que se pueda aplicar este término tan poco relevante [...].

Arbós ha querido probar la elasticidad de su público, el cual, por respeto al maestro y al pianista, acogió la obra con una cortesía que no se habría mostrado en otra ocasión. A diestra y siniestra hervía la inquietud de un público al que escapaba el por qué de obras tan intensamente cerebrales, y el auditor más cultivado se sentía fuera de lugar, perdido entre la masa inmensa de estos conciertos. Son los individuos los que progresan y no las masas. Lo característico de éstas es precisamente su carácter de totalidad, en la que se pierde el juicio agudo, la mayor cultura del individuo aislado; por eso, mientras que es necesario sostener los conciertos de grandes públicos, es indispensable simultanearlos con los de públicos limitados e inteligentes. Un bloque no tiene eficacia más que por la brutalidad del número [...].

Salazar aprovecha el estreno del *Capriccio* para tratar de las obras neoclásicas de Stravinsky, acusado en esta época por la crítica anglosajona de conservadurismo (Adorno elevaría más tarde esta crítica a paradigma estético al hablar de las dos corrientes de pensamiento europeo de la época: Schoenberg el progresivo; Stravinsky, el conservador). Salazar defiende el arte de minorías que Arbós sabe ofrecer y comenta que la aceptación del público de la obra de Stravinsky no proviene curiosamente de la calidad de la obra, sino del compromiso con el director y con la orquesta. La masa está todavía lejos de la comprensión de estas obras «cerebrales».

14. LA VIDA MUSICAL «El pintor Matías» de Hindemith en la Orquesta Sinfónica, *El Sol*, 4-04-1935.

[...] Puede ser que exista quien encuentre que la sinfonía de Hindemith «Mathis der Maler» (ayer estrenada por el maestro Arbós con su Orquesta Sinfónica) es una obra «romántica». Tienen en su apoyo el ver que la obra lleva un título alusivo y que sus tres tiempos se refieren asimismo a diferentes escenas, que se supone inspiradas por un tríptico de Mathías Grunewald.[...] Hindemith...parte de un sentido romántico de la musica que es tradicional en su país y marcha hacia la sinfonía concebida como forma abstracta.

Los músicos alemanes, aun los más avanzados y más inquietos por la novedad de su técnica, se diferencian sustancialmente de los músicos latinos en que no solo no pierden de vista el factor «hombre», sino que incluso no se apartan jamás del asunto que forma el contenido permanente de la música alemana. Esto es la música concebida como expresión de intuiciones tan musicales, (tan materialmente musicales) como se quiera, pero específicamente humanas. Percibir este fondo de humanismo en la «sinfonía» de Hindemith y denominarlo «romanticismo» es confusión insigne.

[...] Su estilo general está a dos pasos de lo que entendemos aquí por «straussismo». Muchos detalles de escritura y de orquestación, también. El contenido general, ya se dice: lo que constituye el eterno asunto de la música alemana lleva títulos alusivos o simples títulos genéricos con un número de obra. Músico alemán, música alemana, como la pintura de Grunewald era neta pintura alemana.

¿Es a esto a lo que alude Hindemith, la sustancia que extrae de la contemplación del tríptico de Colmar? Otra cosa no parece que sea. No es un concierto de ángeles lo que pinta en el primer tiempo, ni las tentaciones de San Antonio en el tercero (la «marcha fúnebre» es algo más concreta, como se comprende fácilmente). Lo que preocupa a Hindemith es expresar en música tradicionalmente alemana el espíritu hondamente alemán de Matías Grunewald.

En resumen: la raza. ¿Por qué se ha armado esa algazara en la Alemania racista con motivo de esta obra? ¿Por no alemana?

Seguramente, no. La cosa debe andar por otra parte. Por ejemplo, que haya irritado a los «puros» el hecho de que un sospechoso de israelismo se muestre más alemán que todos ellos juntos. Pero este aspecto de la historia no nos interesa. Digamos que la obra fue cuidadosamente interpretada por el maestro Arbós y su orquesta, y que el público la aplaudió tras de haberla escuchado respetuosamente.

Matías el Pintor, sin duda la obra cumbre de P. Hindemith, llegó muy pronto a España. Fue estrenada en Madrid en la primavera de 1935 por la Orquesta Sinfónica de Arbós en el Teatro Calderón, al poco tiempo de ser estrenada en Berlín en 1934 por W. Furtwängler con la Filarmonía de la capital alemana. La sinfonía (en tres movimientos fuertemente elaborados sobre procedimientos modales y contrapuntísticos de gran armazón simbólica) trata de la vida del pintor alemán Matías Grünewald, que lucha por situar su arte en la encrucijada de los acontecimientos políticos de su época, de modo parecido a la situación experimentada por el propio Hindemith en la Alemania nazi de los años treinta. A este asunto se refiere Salazar al final de su crítica, en la que expone los lazos de la Sinfonía con la tradición germana.

15. LA VIDA MUSICAL «Sergio Prokofieff en Madrid. Sus obras. Su «Concierto para violín», *El Sol*, 4-12-1935

Hace ya cerca de veinte años que el nombre y algunas obras de Sergio Prokofiev se conocen ventajosamente en España. Si mis datos no están equivocados, fue Ricardo Viñes quien introdujo aquí su nombre cuando en 1917 tocó sus «Sarcasmos» para piano en la Sociedad Nacional de Música, que tan fecunda labor realizó y de la que hoy se acuerdan tan pocas gentes. La nota biográfica que yo escribí en aquella ocasión apenas difiere de lo que hoy todavía siguen escribiéndose en nuestro país sobre este músico, que de tiempo acá ha tenido tiempo para crecer...

Rubinstein o Brailowsky debieron de ser quienes nos hicieron oír por primera vez la marcha de «El amor de las tres naranjas» que todavía se escuchaba en los últimos conciertos. Alejandro Borowsky en 1924 nos ofrecía en la Asociación de Cultura Musical otras piezas de Prokofiev para piano («Preludio», «Danza»). Arbós tocó su «Sinfonía clásica» en los conciertos de la Zarzuela hacia 1926. Nicolás Orlov hace unos cinco años nos dió a conocer la «Tocatta». Por fin, Pérez Casas, con Leopoldo Querol al piano, dieron a conocer en febrero de 1933 el «Tercer Concierto» op. 26, y poco después, en el mes de marzo, la «Suite Escita».

Estas deben ser las etapas principales de nuestro conocimiento con la música de este compositor, que comparte con Stravinsky fuera de Rusia y con Miaskowsky dentro de ella la más alta nombradía, concedida a los músicos de aquel país. Tras algunas visitas a Barcelona 1923-1928), como intérprete al piano de sus propias obras y como acompañante de sus canciones, que debía cantar su esposa, Lina Llubera (de padres catalanes y nacida en Madrid), Prokofiev viene ahora por primera vez y se exhibe en la Asociación mencionada como pianista (obras suyas y clásicas y modernas para violín con Robert Soetens), mientras que confía al maestro Arbós y a este violinista el estreno de su nuevo «Concierto», para violín y orquesta que acaba de terminar. [...]

Prokofiev, como Stravinsky en su segunda manera (en su manera actual, quiero decir), practica lo que se ha venido en llamar «música objetiva», esto es, la que resulta estrictamente del tratamiento del material sonoro en combinaciones en donde para nada entra un propósito expresionista.

Frecuentemente, esta estética ha sido practicada por medios esencialmente antimelódicos, en su sentido vulgar, aunque no melopéyicos, pues que entra en aquellos, la mayor parte de las veces, como ingrediente principal, el desarrollo libre de los motivos, en largas líneas.

El primer tiempo del «Concierto en sol menor», estrenado el domingo por el maestro Arbós y el violinista Soetens, procede más o menos exactamente de ese principio. Un tema corto y bien definido se prolonga en vastas difusiones melopéyicas, acá y allá sostenidas por oportunas repeticiones del tema, a modo de jalones o estacas que sostuvieran la guirnalda sonora, encomendada, como se comprende, al violin en primer término, mientras que los sectores orquestales que entran en juego dan cuerpo y ensanblamiento rítmico al tiempo. El segundo está ya dentro de una categoría melódica propiamente dicha [...] Para el pensamiento del compositor, ese tiempo sirve de excelente contraste con el brillante virtuosismo en que consiste el tercer movimiento, cuya estructura violinística, es, como en el género instrumental llamado «estudio», su principal razón de existencia.

En esta primera lectura, la obra logró general aplauso, y, como en otros casos de música de Prokofiev, la sensación recibida es la de que, se trata de una obra de buena calidad en su manufactura. Al buen éxito contribuyó en primer término la notable ejecución de Robert Soetens. Prokofiev en persona dirigió antes la «Sinfonía clásica», que le valió la simpatía popular y la favorable predisposición de aquel vasto auditorio.

Seguramente el mayor acontecimiento relacionado con Prokofiev en Madrid fue la presencia del compositor en la ciudad para asistir al estreno mundial de su *Concierto de violín nº. 2* (compuesto en París en 1935 por encargo del violinista R. Soetans) en el Teatro Monumental Cinema el 1 de diciembre de 1935 con la Sinfónica de Arbós y actuando de solista el destinatario del mismo, con el que Prokofiev dió algunos recitales en la Asociación madrileña de Cultura Musical. Salazar aprovechó la ocasión para esbozar el recorrido de la música de Prokofiev por España hasta esa fecha, para concluir alabando la buena factura de la obra y el éxito de la misma.

5. Conciertos de la Orquesta Filarmónica de Madrid (1915-1936)

La Orquesta Filarmónica de Madrid fue fundada por el compositor murciano Bartolomé Pérez Casas en 1915 y tuvo hasta 1936 una trayectoria brillante que la convirtió en una de las mejores agrupaciones de su época, ensalzada por músicos españoles y extranjeros, desde Falla hasta Stravinsky y Strauss. Su labor en pro de la difusión de la música moderna europea y de los compositores españoles fue importantísima. Casas contribuyó de modo decisivo a la recepción de la música de Debussy y de otros grandes compositores modernos europeos. Su serie de Conciertos Populares en el Teatro Price, patrocinados por el Círculo de Bellas Artes, se convirtió en un fenómeno de masas. Sus numerosas giras por España difundieron el mejor repertorio sinfónico de la época con una disciplina, profesionalidad y seriedad que motivó las mejores críticas de Salazar, Julio Gómez, Angel Maria Castell o Juan José Mantecón.

A diferencia de la Sinfónica de Arbós, la Filarmónica de Casas salió muy poco al extranjero. Arbós era hombre de mundo y muy abierto. Casas era más reservado y poco dado a los contactos con el exterior. Su Filarmónica ofreció, sin embargo, numerosas obras de compositores modernos en estreno; por ejemplo, la primera obra orquestal de Schoenberg (*Noche Transfigurada*) que se presentó en España (1921). Esta selección de textos referidos a los conciertos de la Filarmónica refleja la importancia de los grandes compositores del momento que aparecen en el panorama musical madrileño: Strauss, Stravinsky, Debussy, Ravel, Schoenberg, Malipiero, etc.

16. GACETILLA MUSICAL.»Orquesta Filarmónica», *El Sol*, 23-11-1918

Si a las obras recientemente interpretadas por nuestra orquestas (Belioz, Vauré, Gretry) les convino más el marco reducido de la Sociedad Nacional, donde se oyeron antes de pasar al gran público, a las dos escuchadas por primera vez en el concierto de ayer, el ancho caudal de la gran orquesta les fue muy favorable. Estas dos obras fueron: la *Egloga*, de Rogelio Villar, y el preludio del primer acto de *Ferveal*, de D'Indy. Ésta última es de las que preferimos entre la producción, no escasa ciertamente, de D'Indy pero si incógnita por estas latitudes. En cuanto a la obra de Villar, el público supo bien apreciar el contraste entre lo espontáneo y lo sentido y la vana grandilocuencia de una estética remota en la que aun creen quienes sería lógico que representasen en nuestro arte la clara y luminosa belleza mediterránea. Villar, nacionalista en música sitúa su paisaje y lo expresa con convicción íntima y sincera. Modestamente, sin alharacas ni batimanes, hondamente, canta con la emoción que le sugiere el ambiente natal y las músicas campesinas en las que ha comenzado a formarse su espíritu. Pero, a veces razona sobre la música de los otros, y aun sobre la suya propia...Preferimos en él la intuición a la lógica. Su ejemplo musical puede servir de norma: su precepto tal vez tenga alguna responsabilidad en aquellas aberraciones hipertróficas.

Predicando lo «grande», lo «inmortal», lo «profundo» y lo «eterno», palabras con las que se encubre una estética en harapos, él sabe ser sencillo, apacible, claro y musical. Y en este punto fraternizan nuestras estéticas divergentes. Muy aplaudido, Villar tuvo el buen gusto de no mostrarse en escena

Salazar reseña el estreno de *Égloga* de Rogelio del Villar (1875-1937). A pesar de las diferencias entre los dos músicos, como ya hemos señalado y como comenta el propio Salazar al hablar de «estéticas divergentes», se elogia la obra estrenada por la Filarmónica como un claro ejemplo de responsabilidad estética. Ambos críticos fueron amigos y colaboraron en los medios periodísticos de la época, sabiendo defender sus distintas posturas con nobleza. La obra de Villar está en la onda propia del autor, un «nacionalismo regionalista», que trata de reflejar los aires de la tierra (aquí, León y Asturias). La Sociedad Nacional de Música le programó en sus conciertos con cierta asiduidad, mientras que la Filarmónica de Madrid nunca puso una obra de del Villar en sus programas.

17. CRÓNICAS MUSICALES. «Ricardo Strauss y el sensacionalismo. La «Sinfonía Alpina». La Orquesta Filarmónica, *El Sol*, 6-3-1920.

[…] La «Sinfonía Alpina» nos muestra, en cuanto a las calidades, al Strauss de siempre, sin cambio alguno: su eminente realismo, su penetrante observación, su aguda inteligencia, su fino talento para la caracterización, su aguda inteligencia, su frío dominio de sí mismo. Pero, en cambio, hay, entre esta obra y las pasadas, una diferencia esencial: la que abandonando toda abstracción (los filosofismos del «Hombre» en Zarathustra, o del Héroe en «Ein Heldenleben», etcétera,) no presenta ahora más que puras sensaciones concretas.

No renuncia por completo a su hábito de la «citación», y aquí nos remite en algún instante a obras anteriores; pero por la índole misma del tema escogido, sus aficiones al fenómeno extramusical son ahora perfectamente admisibles. El espectáculo de la Naturaleza, en efecto, ha sido un tema que ha inspirado a los músicos de todas las épocas, y sus «alusiones» a sus fenómenos están aceptadas desde antiguo. Si Strauss transcribe los ruidos del viento o el estrépito del trueno o los sones de las esquilas del ganado, no va más lejos que las «citaciones» ya clásicas de la «Pastoral» […]

Podría encontrársele a Strauss una nueva etiqueta: el «sensacionalismo». Su mano, maestra para obrar rápida y directamente sobre la sensación, bordea el límite de lo genial. De ahí su tremenda influencia sobre el auditor general, tan poco dueño de sus nervios como de su cerebro. Los músicos sobre todo caen en sus redes con una facilidad descorazonante porque además, su sabiduría técnica es un espejuelo extraordinario […]

Desde un punto de vista analíticamente musical, la «Sinfonía Alpina» parece ser la obra que sigue inmediatamente a «Don Quijote» a quien está mucho más cerca que la «Vida de Héroe», o la «Sinfonía Doméstica». En nuestro gusto de auditor la preferimos también a esas dos obras. Después de las «variaciones con cartel» de «Don Quijote», la «Alpina» muestra una serie de cuadros independientes, unidos por la vértebra de un tema (el de la «ascensión a la montaña»). Otros temas tienen un valor de relación; pero no esen-

cial, y en todo caso su valor musical es, como casi siempre en Strauss, de una nulidad patente. La impotencia de ese músico extraordinario para resolverse en pura sustancia musical es, asimismo, extraordinaria. Se compara involuntariamente el trozo descriptivo de los juegos de agua y luz de una cascada, con el amanecer junto al arroyo en «Daphnis y Chloé».
La distancia es abismal y toda nuestra mejor voluntad decae en su esfuerzo de mantener a Strauss en una evaluación superior [...].

En esta crónica se nota ya la retirada de Salazar de la estética romántica alemana, uno de cuyos máximos exponentes fue Strauss. Salazar valora su inteligencia musical, pero lo cree devaluado en el nuevo contexto de la música francesa de Debussy y Ravel. Sin embargo, hay que decir que Strauss fue el compositor moderno europeo más representado en España en estos años.

18. CRÓNICAS MUSICALES. «Claudio Debussy y España. *Iberia*», *El Sol*, 24-01-1921.

Una espléndida publicación extranjera –«La Revue Musicale», de París–, acaba de publicar un volumen dedicado en homenaje a Claudio Debussy. Vamos a hablar próximamente del rico contenido de ese homenaje literario y musical; pero el hecho de que la Orquesta Filarmónica vaya a hacer oír mañana por primera vez para los madrileños, una de las obras eminentes de su genio, nos mueve a detenernos hoy ante un artículo de Manuel de Falla aparecido simultáneamente en dicha revista y en «The Chesterian» –nervioso punto de reunión de toda la Europa musical moderna– de Londres.

Ese artículo se titula «Claudio Debussy y España»; y como está firmado por el nombre que, siendo el más prestigioso entre los de nuestros músicos es el de uno de los artistas más netamente de nuestro país; al mismo tiempo que el del más fino y más apasionado conocedor de Claudio Debussy, parece servir como feliz introducción de aquella obra que mañana vamos a conocer y que lleva un título que aclara y explica todo el proceso de intercambio espiritual entre Francia y nuestro país, que evidencia el afecto con que han mirado hacia él los músicos franceses y que señala el punto de arranque de la moderna escuela española. Esa obra de Debussy se llama «Iberia».

Habría, antes de nada, que precaverse contra las falsas interpretaciones. Debussy, que se inspiró con mucha frecuencia en asuntos, en motivos, en notas de color y en ambiente de España, no pretendía, al contrario de tantos otros, ni imitar nuestra música, ni trazar musicalmente un cuadro español; en una palabra, no pensó jamás en hacer una obra de «carácter español», ni de «color local». En su sistema estético –el más puro que hay existido en toda la historia musical!– no cabía «el pastiche» ni la evocación. Simplemente, cuando Debussy se inspiraba en España, lo hacía del mismo modo que cuando el motivo de la inspiración provenía de otra fuente cualquiera. Lo español era para él «el asunto estético», que luego se traducía, al través del arte más maravilloso que posea la música, después del siglo XVIII, en obras de una belleza tan personal como intensa.

Claudio Debussy –dice en su artículo Manuel de Falla– *ha escrito esa música suya sin conocer España; es decir, sin conocer el territorio español, lo cual es muy diferente...Debussy conocía a España por sus lecturas, por las imágenes, por sus cantos y danzas cantadas y bailadas por españoles auténticos.* Se sabe con qué atención Debussy y Paul Dukas escucharon las músicas españolas que, junto a curiosas músicas exóticas se hacían oír en la última exposición Universal de París. En esa observación germina la serie de hallazgos que iban a florecer espléndidamente más tarde en sus obras. El interés que Debussy prestaba también a la música litúrgica era otro punto de coincidencia con nuestro arte indígena tan fuertemente coloreado en esos tonos; por tales motivos muchos momentos en los que Debussy no pensó en España, acusan una semejanza de *modos, de cadencias, de encadenamientos de acordes, de ritmos y aún de giros que denota el parentesco de todo ello con nuestra música «natural».*

Falla cita como prueba Fantoches, Mandolina, Masques, la Danse profane y el segundo tiempo del «Cuarteto» para cuerda, del que dice que incluso *por su sonoridad podría pasar en su casi totalidad, por una de las más bellas danzas andaluzas que se hayan escrito.* Y, sin embargo, Debussy confesaba que no había tenido nunca tal intención. espontáneamente y aún inconscientemente, añade Falla, Debussy creaba una música española, capaz de provocar la envidia –él, que no conocía España en realidad–, ¡de otros que la conocían demasiado!...Demasiado mal, añadiríamos nosotros, sin pretender la patente de españolismo que esos otros creen de su exclusiva pertenencia.

Debussy había pasado *tan sólo una vez la frontera,* para ver, en una ciudad no lejana de ella, una corrida de toros, cuya emoción y cuya multiplicidad de impresiones no le abandonaron nunca. En el *Matin d'un tour de fête, de «Iberia», acaso se podría encontrar,* piensa Falla, una *evocación de aquel día, pasado en la linde de España...*

Sus sueños –añade– *le llevaban más lejos porque lo que sobre todo quería recoger su pensamiento era el hechizo de Andalucía.* «Par les rues et par les chemins», y ese indescriptiblemente bello canto a «Les parfums de la nuit», trozos ambos de «Iberia», lo confirman, tanto como la «Puerta del vino», la «Serenata interrompue» o la «Soirée dans Grenada» ¡Cómo no encontrar tristes y pálidas tantas otras músicas consagradas al recordar aquéllas, de inefable belleza!

A este trozo últimamente citado concede Falla una importancia capital. Siendo el primero de una serie de obras que nuestro país inspiró a Debussy, tiene tal fuerza de evocación, que raya en lo prodigioso cuando se piensa que fue escrita por un extranjero guiado casi solamente por la visión de su genio. Estamos lejos de toda esa pacotilla con que los fabricantes de música sediciente española nos obsequian: la verdad, sin una autenticidad documental -¡esto parecería pueril!-, en donde no hay un compás tomado directamente del «folklore» español, y que hasta en sus menores detalles nos hace sentir la palpitación del ambiente meridional.

En la «Soirée dans Grenada» todos los elementos musicales colaboran en un mismo propósito: el de evocar. Esa misma cualidad de evocación es la que ofrecen «Les Perfumes de la nuit» de Iberia» y el preludio titulado «La puerta del vino», que Debussy compuso sugestionado por una pintura de ese trozo granadino que le envió el propio Manuel de Falla. En esta obra y en la Soirée dans Grenada, el procedimiento semejante entre ellas por su ritmo y carácter, es diferente en lo tocante a dibujo melódico. *En la Soirée el canto es «silábico», podría decirse, mientras que en el preludio indicado se presenta adornado con la profusión de detalles ornamentales, propios al «cante jondo».* Otras obras, como la «Sérénade interrompue» y la «Danse profane» *muestran de análoga manera hasta qué punto Debussy había comprendido las más sutiles variantes de nuestro canto popular.*

El caso de «Iberia», siendo el de la obra más importante del grupo, es a la vez un caso de excepción. Tal excepción proviene del procedimiento temático seguido por el músico, que es el de trasformar de maneras diversas y del modo más sutil a un tema inicial que se aleja en ellas de lo que pudiera considerarse como característicamente español. Con ello «Iberia» presenta un aspecto nuevo, fecundo en resultados, y que responde al *criterio de Debussy de no repetirse jamás,* ni en emoción ni en procedimientos.

Debussy no pensó en «Iberia» más que *dar forma musical a las impresiones que España le despertaba*; es la obra típica de un músico, no de un literato ni de un pintor, y no hay que buscar en ella más efectos ni más recursos que los pura y netamente musicales.

Apresurémonos a decir –escribe Falla– *que todo ello está realizado de un modo magnífico. Los ecos de las aldeas lejanas –en una especie de «sevillanas» que forman el tema generador de la obra– flotan en una clara atmósfera, en la que luz refulge; la magia embriagadora de las noches andaluzas, la alegría del pueblo en fiesta que marcha danzando entre los alegres acordes de sus instrumentos característicos, todo ese mundo de impresiones vivísimas gira en el aire, aproximándose ahora, alejándose después, manteniendo a la imaginación deslumbrada por las fuertes virtudes de una música intensamente expresiva y ricamente matizada.*

El triunfo de «Iberia» data de 1907. Esta obra es la que sigue a «La Mer», y ambas son, acaso, las más nobles columnas de la música contemporánea. Obras hijas del más alto espíritu musical de su época, requieren una comprensión viva y aguda. Su belleza, no sobrepasada, no es propia para una atención ligera ni para un juicio frívolo. Saludemos en ellas el fruto del genio.«Claudio Debussy y España. Iberia», *El Sol*, 24-1-1921).

Artículo aparecido con motivo del estreno en España de *Iberia* de Debussy, ese mismo día por la Orquesta Filarmónica de Madrid bajo la dirección de su titular, Pérez Casas. En este escrito Salazar comenta el artículo de Falla sobre «Debussy y España», publicado en La Revue Musicale de París. Hemos colocado en cursiva los textos que provienen directamente de Falla.

El estreno de *Iberia* en Madrid provocó un escándalo que motivó la reflexión de Ortega y Gasset sobre la estética de la música nueva, su conocido escrito «Musicalia», aparecido también en el folletón de *El Sol*.

19. CRÓNICAS MUSICALES. «Le Tombeau de Debussy. «Iberia» y la Orquesta Filarmónica, *El Sol*, 25-01-1921

Y anunciábamos el estreno en Madrid de «Iberia», verificado ayer por la Orquesta Filarmónica. Bella tarea la suya; notabilísimo su trabajo. Pero no menos significativa para el público de Price, que sabe defender vibrantemente su derecho a la admiración frente a los recién llegados, aquellos cuyos pies hablan cuando su cabeza calla. No hemos de repetir lo que ayer decíamos de esa obra imponderable, a la que trece años de existencia hacen aún la más nueva, la más atrevida, la más desafiadora y la más valiente para sus prerrogativas geniales.

En el mecanismo del pensamiento actual, en el pensamiento artístico sobre todo, la ironía es un resorte capital. Y esta ironía será lo último que el público, ingenuo y espontáneo, pueda comprender. Esa fina burla de Debussy que se anticipa al fino comentario del eterno monsieur qui ne comprend pas, no puede ser entendida por todos; pero son muchos, sin embargo, los que se ¡sienten ofendidos! Toda la historia musical es el rondó de eterno estribillo de los que sienten herida su fina sensibilidad. Ayer todavía era ese Wagner que hoy desquicia a nuestros melómanos más distinguidos ¡Esperemos un poco!

Mañana se comprenderán en lo que tienen de fina sensibilidad sonora, de exquisita delicia de color y de inefable gracia burlona, ese golpecito aislado de xilofón, tales pizzicatos mordaces, ese chaparrón de cristal de las arpas, esas panderetas bruscas y secas, esa caricaturesca trompeta con sordina, esas castañuelas y esos ritmos desafiantes. Y cuando todo eso no choque más, no desoriente al ingenuo recién llegado (¡los hay que no llegan nunca!); cuando no se encuentre azorado por el ambiente de ironía «que no es para él»; cuando no crea ya que se burlan de su aún poca perspicacia; en fin, cuando la sorpresa pierda lo que tiene de desagradable para dejarle ver sin suspicacias lo que tiene de inteligente, entonces comenzará a sentir la palpitación cordial y la emoción de la más delicada categoría que hay por debajo de ese resorte chispeante: la desnuda belleza bajo ese tul bordado de pedrerías.

Hay mucho y muy hondo detrás de toda esa apariencia nerviosamente menuda, al contrario de esos absurdos gigantescos con que la musa de ultra Rin nos envía para caza de incautos!

Hoy es clásico ya el «Après midi d´un faune» –para el público general –queremos decir– para otros, desde hace muchos años era el símbolo del nuevo continente de la música–. Mañana, «Iberia» y las obras restantes de su autor, más allá todavía parecerán tan claras, tan frescas, tan jugosas, tan virilmente alegres e inteligentes, como esa sinfonía mendelsshoniana que Pérez Casas tocó de un modo pluscuamperfecto.

Crónica del estreno de *Iberia* en el contexto de la reseña anterior. En la primera parte del escrito se comentan los textos de algunos participantes en el homenaje a Debussy organizado por *La Revue Musicale*. Ya hemos mencionado el entusiasmo de Salazar por la música de Debussy. Para la Filarmónica, como siempre, las alabanzas del crítico fueron muy benevolentes.

20. LA VIDA MUSICAL. «Comienza la temporada –Schoenberg en la Orquesta Filarmónica– La Torre del Oro – ¿Boycotage?», *El Sol*, 22-10-1921 (Texto íntegro).

La temporada musical ha dado comienzo ayer con el primer concierto de la Orquesta Filarmónica. Varias razones exigirían un comentario detallado, si la razón máxima de la falta de espacio no las obligase a esperar mejor ocasión. Nosotros pudiéramos creer lamentablemente que la primera audición pública de una obra de Schoenberg no haya podido ser comentada con la atención que se merece; pero, en rigor, estas cuestiones ¿preocupan realmente a alguien?

Heredero, por temperamento y raza, de un pasado musical todavía vigente entre nuestro público, modernista a contrapelo y reformador de mentirijillas, Schoenberg, cuyas audacias dejan intacto el fondo «emocionalista» de la música germánica, tiene que ser, forzosamente, bien acogido por los fervientes de ese credo.

Puede, por abuso de confianza, hacer perder la paciencia de sus auditores –y los habituales de la Sociedad Filarmónica pueden dar fe de ello– ; pero mientras no llega a ese extremo, la buena materia musical que emplea en sus obras, aún amorfa y sin calidad, aún puesta al servicio de las más módicas exigencias espirituales, y aunque soso, ñoño e indiferente en expresión, hará que se le tolere de mejor grado que si se permitiese ostentar una originalidad genial, un subversivo concepto de la música, una personalidad valiente y gallarda, cualidades que se tienen por altamente ofensivas. La «Verklärte Nacht» a la que se dieron algunos cortes oportunos, fue bien recibida; nos alegramos, por ver si da paso a alguna de sus más modernas creaciones.

La «Torre del Oro» es, según el programa, un preludio sinfónico y es posible también que se refiera al admirable adorno del Guadalquivir que lleva ese nombre. Como el maestro Jiménez pertenece a una generación y a unas costumbres artísticas a las que, desdichadamente, no pertenece el que esto suscribe, ni con toda probabilidad los que le leen, no es fácil que vean en esa obra otra cosa sino un mosaico compuesto por multitud de pedacitos de temas andaluces, trabados con la fácil, buena y segura técnica de nuestros músicos mayores; segura para sus fines, buena para su propósito, pero de los que la gente de hoy está ya tan lejos que se asombra que aun hoy perdure la universal calumnia de Andalucía, la general calumnia de la música española y la particular calumnia de ese rico instrumento llamado orquesta, al que con la infatigable contribución de los platillos se convierte en un instrumento de tortura.

¿A qué remoto e inasequible pasado nos remontó ayer la audición de la segunda sinfonía beethoveniana? (¡Ay! ¡Ay! ¡Qué penoso se ve todo esto!). El suave y blando preludio de Fervaal fue el único consuelo de la tarde a nuestras reflexiones amargas. Pero nos dicen, en un tris estuvo que no se diese el concierto, precisamente por esa y otra obra francesa que figuraban en el programa. Una Sociedad dedicada a la percepción de los derechos de autor ha declarado el «boicot» –según nos aseguran– a toda producción francesa, por motivos de índole pecuniaria. Ya procuraremos averiguar qué hay de cierto en ello; pero nada nos extrañaría que, dado el clima español, no prosperase ese u otro atentado a cosa que signifique espiritualidad e inteligencia.

La *Verklärte Nacht* de Schoenberg fué la primera obra orquestal del vienés escuchada en España. Fue programada varias veces en la gira de la orquesta de Pérez Casas por varias ciudades españolas y por Portugal. En Oviedo fue interpretada el 24 de marzo de 1922 junto a la obertura del *Oberon* de Weber y los dos primeros *Nocturnos* de Debussy.

21. LA VIDA MUSICAL. «Bartok y los jóvenes húngaros. F. Santoliquido. Carmen Álvarez», *El Sol*, 23-01-1922

Por causa de ese gusto habitual de casar dos nombres, a lo mejor antitéticos, cuando se habla de un movimientos artístico cualquiera que sea, los de Bela Bartók y Zoltan Kodály corren desde hace años por el mundo europeo como representantes más característicos de la nueva escuela musical húngara. Cualquiera que sean sus diferencias personales –que son fácilmente perceptibles, aún conociendo deficientemente su producción–, tienen, sin embargo, una tal comunidad de ideales y tan semejante credo artístico, que es frecuente en las revistas musicales europeas el ver cómo Bartók explica y pondera la obra de Kodály, y éste la de Bartók, coincidiendo ambos al comentar la situación y tendencia de la escuela musical húngara, que nacida en los momentos en que el soplo nacionalista invadía toda Europa y hallando en Liszt uno de sus puntos de ignición, ha continuado luego esparciendo la humareda preliminar a la llama arrogante del actual momento.

[...] Está la discreción entre los competentes, en saber qué es lo que debe o no ser motivo de insistencia. Pocos casos, para esto, como el de Bela Bartók, cuyo valor dentro del movimiento actual se calcula sabiendo que sus «Dos retratos» op. 5, datan de 1907, fecha en que Stravinsky hacía aún sus primeros ensayos.

[...] Para Bartók, la suerte ha sido muy diferente, y sólo unas cuantas personas conocedoras de su música de piano, seguíamos con avidez la airosa trayectoria de su talento. La guerra puso una barrera sorda a nuestro interés por los músicos germanos posteriores a Ricardo Strauss, y sólo desde hace poco tiempo comenzamos a medir el paso profundo que hay mientras tanto. Esta obra de Bartók, elegida para darle a conocer en nuestros conciertos, por retrasada que llegue, muestra, a lo menos, qué distancia tan grande la separa ya de los últimos músicos germánicos que llegaron a nuestras latitudes; pero al mismo tiempo deja ver con claridad inequívoca los lazos tan fuertes que la unen a esa tradición de la que no es sino un legítimo paso de avance, siendo desde este punto de vista, lo que le da una superioridad de manufactura y de continuidad de estilo sobre las otras aludidas, más brillantes, que han nacido después que ella [...].

Cuando se estrena en Madrid una de las primeras composiciones sinfónicas de Bartók, sus *Dos retratos para Orquesta*, compuestos en 1908 y orquestados en 1911, aprovecha Salazar para hablar de la escuela húngara, de sus orígenes y de su posición en Europa, destacando el talento de Bartók.

22. LA VIDA MUSICAL. «De la «Siesta de un Fauno» al «Mar». Orquestas. Sociedad Nacional», *El Sol*, 9-3-1922). (Texto íntegro).

En el concierto con que la Orquesta Filarmónica dio por cancelada su labor anual en Madrid, quiso, ya que el concierto se celebraba en beneficio suyo, que luciese en su programa una de las más finas joyas de su repertorio: los tres bocetos sinfónicos que Claudio Debussy tituló «La Mer». Aplaudidos con deferencia por los más y con entusiasmo por esa minoría que es la levadura de los públicos, «La Mer» no obtiene aún en la Filarmónica ese inflamado sufragio que hace repetir a su director el preludio a «L´aprés midi d´un faune».

Afirmaríamos, desde un primer momento, la justicia de una predilección pública en favor de esa obra última si la opinión plural de la muchedumbre se formase apreciando exactamente el valor objetivo de las obras, en lugar de ser, como es en realidad, una simple exteriorización de la temperatura sentimental producida por la audición musical, y cuya elevación depende de la cantidad de elementos asimilables a su sistema sentimentalista –casi exclusivo– de comprensión.

Creemos de interés señalar las diferencias que separan a ese preludio de aquellos bocetos sinfónicos; pero al mismo tiempo es interesante indicar el paso progresivo que, en la apreciación de las obras de Debussy, va siguiendo el público; progresión que se verifica con tal regularidad, siguiendo tan paso a paso el desarrollo del arte debussysta, que hace patentes dos consecuencias, recíprocas entre sí: una, la de que el público evoluciona normalmente en el sentido de su más amplia comprensión, sin saltos ni caprichos (los así denominados suelen no ser sino ignorancia de la psicología y del nivel de cultura de una multitud; aunque el reconocer una «causa» a esos movimientos no quiere decir que se le otorgue una «razón»); la otra consecuencia es la de la perfecta lógica y naturalidad en el desarrollo del genio de ese músico comprobada por aquella actitud popular.

Hay un grupo de obras de Debussy completamente aceptadas por todos los públicos y acogidas sin ninguna reserva: están entre ellas las «Ariettes oubliées» y las «Fetes Galantes», sobre versos de Verlaine; los «Cinco Poemas de Baudelaire», los arabescos para piano, la «Suite Bergamasque» y alguna danza. El «Cuarteto» para instrumentos de arco está reconocido como una obra maestra aún por los más ingentes brahmistas (sic).ahora bien, todas estas obras son anteriores al año 1893, año que vio elevarse el supremo comentario debussysta a la égloga de Mallarmé, quizá menos leída y gustada, aun hoy, que su transposición en el otro arte. Y es en esa obra, isla alegre, anunciadora del nuevo continente musical, donde parece haber quedado detenida la admiración popular, que ni aún se decide a recibir francamente una audición íntegra de los tres « Nocturnos», la obra orquestal que sigue, seis años después, al «Fauno», tras del cual la receptividad pública sólo parece arriesgarse llegando tímidamente a las «Prosas líricas» o a las «Canciones de Bilitis».

En realidad, después del «Preludio», tantas veces citado, Debussy no hacía sino meditar una obra gigantesca, el continente musical de la época moderna: su «Pelleas et Melisande» que apareceió ante el mundo atónico en 1902. No hay que decir que es esta obra la? (sic) formidable que aun se eleva ante nuestro pequeño mundo musical, rezagado un buen cuarto de siglo. Sólo el auditor de los conciertos de cámara ha llegado, con facilidad relativa, hasta las «Estampas», que son un poco posteriores a esa obra maestra del teatro musical contemporáneo. Pero en ella, Debussy quemaba sus naves, cerraba un ciclo espiritual que tuvo un triple aspecto poético, pictórico y musical: «el simbolismo»; y después de «Pelleas» se lanzaba a un océano-pacifico, con rumbo a nuevas islas, más ricas de perfume.

Ese nuevo estilo suyo, esas nuevas esas perspectivas que quería dominar, han sido denominadas con un título a nuestro juicio inexacto: el «naturismo»; así llamado simplemente porque desde aquel momento Debussy elige motivos de la naturaleza como estímulo para su imaginación. ¡Pero a través de qué soberbia superación intelectiva por encima de todo contacto directo con el motivo natural! Ese periodo comienza en «La Mer» y se extiende hasta «Iberia», plazo de tres años (entre 1904 y 1907) que ve nacer un caudal de deliciosa música pianística, y en el cual el genio de Debussy, llegado a la pleamar de «Pelleas», empieza a pensar en la necesidad del ahorro y de la estilización de sus propias fórmulas.

El «Après midi» es la obra de la exuberancia, de derroche de fuerzas jóvenes (contenidas dentro de los límites de discreción y elegancia insuperables). «Pelleas es el momento de contemplación en la cumbre. Ya en «El Mar» el pensamiento aparece más condensado; la realización más desnuda y más escueta; la voluntad de limitación tiende al esquematismo; el procedimiento empieza a indicar su osatura. Descubierto el nuevo mundo musical, la colonización comienza. Para un analista y un fino comentador, este nuevo periodo está avalorado por multitud de riquezas de la más exquisita categoría artística, pero de una índole aun excesivamente compleja para el auditor general; y su perspectiva de intenciones es todavía una cáscara excesivamente dura que necesita triturar con el cascanueces del tiempo.

Solamente que se corre un peligro: el de que cuando llegue a descubrir la almendra, ésta sea ya poco alimento para su apetito. Tal es la suerte (¡mala suerte!) de las obras que han pasado a la Historia, sin haber sido comprendidas y gustadas.»El Mar» es una obra que quizás comienza a «datar». Es verdad que sólo «datan», esto es, adquieren un valor de época, las obras que verdaderamente son representativas de las suyas, y todas las de Debussy fueron la médula de su tiempo. Tras de «Iberia», un nuevo estilo definió el momento más perfecto –momento sublime– del arte de «avant-guerre», en las obras que van desde el «Martirio de San Sebastián» a las seis sonatas. He aquí un nuevo aspecto del debussysmo, que es forzoso dejar para otro día.

***

Aquel preludio y estos otros bocetos han tenido una audiencia reciente en las dos orquesta madrileñas, comenzando con uno la Sinfónica, mientras terminaba la Filarmónica su serie con «La Mer», como se ha indicado. Promete una orquesta un buen grupo de obras nuevas. La Filarmónica ha dado a sus auditores otras de primera categoría:Ravel, Schoenberg, Strauss, Malipiero, Bartók...Hermosa serie, plena de interpretaciones excelentes. Vaya para ellas un aplauso cordial, y demos otro de bienvenida a Arbós y sus huestes, dedicando uno no menos afectuoso a Enrique Iniesta y a Fernando Ember, que presentaron en la Nacional un programa lleno de novedades interesantes (Malipiero y los jóvenes húngaros), a los que pueden aplicarse alguno de los presentes comentarios.

Crítica del concierto de la Orquesta Filarmónica de Madrid. Verdadero alegato y estudio de la obra de Debussy, con metáforas muy sugerentes para describir los diferentes estilos del músico francés, con un ensayo sobre el cambio de gusto y el desarrollo del juicio y forma de recepción del público ante su obra. Salazar reconoce en 1922 que el público general no puede aun apreciar las últimas obras del compositor, muerto unos años antes, en 1918.

23. LA VIDA MUSICAL. «Orquestas Filarmónica y de Cámara. Cuarteto Rafael. Obras nuevas», *El Sol*, 4-04-1933

La excelente nota publicada en el programa del último concierto de la Orquesta Filarmónica, referente a los fragmentos de «El Martirio de San Sebastián», nos recordaba que las dos primeras páginas de las cuatro de que consta la versión orquestal se escucharon en Madrid, tocadas por esta misma orquesta, en el año 1918, cuando lo memorables conciertos del Circo Price. No se nos ha olvidado aquella audición, y muchas veces habíamos solicitado que se repitiera. Ahora se nos ha dado con colmo. Toda la gratitud es poca.

Tampoco se nos ha olvidado que en aquellos conciertos del Circo es donde se consolidó, con su ritmo semanal, la afición musical madrileña, reducida hasta ese momento a media docena de conciertos sinfónicos por la primavera. Fue aquello como el florecer de las semillas parvamente arrojadas al surco popular desde el escenario tan subido de tono del teatro Real, aunque no fuese propiedad del Rey, sino del Estado. Y fue entonces cuando la prudente labor del maestro Pérez Casas, prudente sin dejar de ser entusiasta, hizo que la música moderna, que comenzaba tímidamente a aparecer en nuestros programas, llegase a obtener instantes de triunfo. Por lo menos, de discusión, viva y encendida, en la cual el público joven llevaba la bandera avanzada, mientras que los aficionados calvos y ventrudos, amén del cortejo de críticos de gran circulación, servían de rémora.

[...] Debussy fue, como primero de todos, el más violentamente atacado, insultado inclusive !Y de qué manera! No puedo citar aquí las frases galanas con que le obsequiaba algún wagnerista a ultranza, como Manrique de Lara, ni me da empacho citar como muestra uno de sus juicios sobre cierta obra suya: «La vomitadura de un perro», decía del «Preludio a la Siesta de un Fauno» [...].

[...] No me ha preocupado mirar lo que se dijo acerca de la primera audición del «Martirio de San Sebastián». Cuando el maestro Pérez Casas ha dejado pasar quince años sin repetirla, será por algo. No ha pasado en balde el tiempo, y si es necio querer que una obra de tan extremada finura y calidad levante tempestades de aplausos, en cambio puede apreciarse por muy notable el avance del criterio público al ver de qué modo inteligente y respetuoso se recibió la nueva audición, aumentada con otros dos fragmentos, de los cuales el titulado «La Pasión» quizá pueda ponerse a la altura de las mejores páginas de Debussy. Su exquisita paleta armónica, su tacto para dar a este género de valores la traducción instrumental más adecuada, más «sensible» (si se quiere, más «sensual», aunque dentro de una gama suave de sensualidad, sin arrebatos ni hemiplejías), la ultraesencia de sus ideas, tan musicales como sea posible, toda esa música de Debussy, que es como el extracto de la música misma, está llevada a un término insuperable en esas páginas. Y como reiteradamente he afirmado que Debussy es para mí el más «moderno» de los músicos y el más «avanzado» de procedimientos [...] quiero ahora volver a repetirlo para que los jovencitos de «kniker» que hacen sus primeros pio-pio en los programas me llamen a mí vejestorio y retrógrado. Debussy: el más «moderno» y el más «avanzado». ¿Lo repetimos otra vez? [...]

La presentación en Madrid de *El Martirio de San Sebastián*, de Debussy, sirvió a Salazar y a otros críticos para repasar la geografía impresionista del autor y los claroscuros de la aceptación de su obra. Igualmente recuerda Salazar la importante labor realizada por los Conciertos Populares que la Filarmónica de Pérez Casas daba en el Price, patrocinadas por el Círculo de Bellas Artes y que popularizaron las obras del repertorio moderno.

24. LA VIDA MUSICAL. «Orquesta Filarmónica. Dahmen. El Monólogo de «Electra». *El Sol*, 16-12-1934.

[...] Se vio claro ese beneficio en el concierto de ayer, donde se incluía una página de la «Elektra» de Strauss, quizá el mejor trozo vocal de esa obra que para algunos criterios es la mejor producción dramática del gran autor de «Salomé», a la que sigue inmediatamente.

A la altura de 1934, Ricardo Strauss es ya una figura histórica, y sus obras se escuchan ya sin pasión, pero acaso por eso mismo, con mayor claridad de criterio. Muy lejos de los rumbos seguidos por la música que le sucedió, Strauss, en todo momento, y muy especialmente en esa gran página, muestra su estricta filiación wagneriana, su absoluta dependencia a aquella estética, sin que la acentuación de algunos rasgos armónicos, de algunos gestos instrumentales, haga otra cosa sino subrayar esa ilustre progenie.

Dentro de un plano musical, enteramente fuera ya de discusiones, juzgado hasta sus menores detalles, el «lamento» de «Elektra» produce un efecto seguro, máxime si no era conocido del auditor, y sobre todo, si alcanza tan excelente interpretación como la que ayer obtuvo [...].

Carlota Dahmen escuchó los más calurosos aplausos [...]

> Salazar trata de los criterios que hay que tener en cuenta a la hora de evaluar la estética de Strauss, ya superada, pero a una altura de reconocimiento universal, especialmente en las óperas en un acto *Salomé* y *Electra*. El monólogo de *Electra* se había transmitido por Unión Radio a comienzos de diciembre de ese mismo año. Mientras los Poemas sinfónicos de Strauss llegaron pronto, y con mucha frecuencia, a los principales coliseos de España, sus dos principales óperas, *Salomé* y *Electra* no corrieron igual suerte. Salomé se estrenó relativamente pronto en Madrid, en 1910. Electra llegaría a España mucho más tarde: al Liceo en 1949; al Real en 1980.

6. Conciertos con la Orquesta José Lassalle

Aunque sin alcanzar la importancia de las dos principales orquestas madrileñas, la Orquesta fundada por Jose Lassalle en 1920 estaba formada por destacados instrumentistas de la Sinfónica y Filarmónica, actuando de concertino durante varios años el violinista Telmo Vela. La Orquesta Lassalle colaboró con sus programas en la difusión de muchas obras del repertorio extranjero. Lassalle vivió muchos años en Rusia, estudió durante una temporada en Alemania con Max Reger y dirigió durante un tiempo la orquesta Tonklünstler de Munich, con la que visitó Barcelona, interpretando obras del repertorio postromántico, especialmente Wagner, Mahler y Bruckner. Fundó en 1907 la efímera Filarmónica de Barcelona. Luego se trasladó a Madrid, donde fundó su famosa orquesta, organizando varios Festivales en el Palacio de la Música con monográficos dedicados a un compositor (por ejemplo, a Falla, el 6 de noviembre de 1927, o a Esplá, el 7 de marzo de 1928) o a un país (Rusia, en noviembre de 1927). El 13 de diciembre de 1920 Salazar saludaba desde *El Sol* la presentación de la Orquesta en el Teatro del Centro de Madrid, con un concierto que incluía obras de Wagner (*Peludio de Lohegrin*, la *Obertura de Tanhäuser*, *Preludio y Muerte de Tristan e Iseo* y una obertura de *Cristóbal Colón*) y la *Sinfonía Fantástica* de Berlioz.

25. LA VIDA MUSICAL.» Segundo Concierto Lassalle», *El Sol*, 23-12-1920

El maestro Lassalle puede ya llamar a los músicos que dirige «Orquesta Lasalle» sin rubor ninguno. Un caso semejante de rapidez en la construcción de ese difícil instrumento que se llama «orquesta» es, probablemente, único. Entre el concierto de presentación y el de ayer, el paso dado ha sido tan grande como breve el tiempo.

En aquel concierto decíamos:» Ya es mucho que suene ese conjunto de músicos reunidos de improviso». Hoy tenemos que decir: «Es sorprendente que suene a Orquesta». El progreso, hoy por hoy, se anuncia rápido. Hay derecho a esperar. Y, por lo menos, hay derecho a tributar al autor de todo ello, a José Lassalle, el aplauso que una energía semejante merece, si no se lo mereciera ya por su talante de director [...].

El 20 de diciembre de 1920 comenzó la serie de los primeros cinco conciertos de la temporada. Entre las obras de repertorio romántico que se ejecutaron ese día (Beethoven, Schubert, y una obra de Gerónimo Giménez: *La Boda de Luis Alonso*) había una obra moderna, el *Vals* de Sibelius, que se oía en el teatro por tercera vez con gran entusiasmo del público (antes la había presentado Arbós en Madrid en 1919).

26. LA VIDA MUSICAL.»Tercer concierto Lassalle»,
El Sol, 4-01-1921

Los progresos de la nueva agrupación orquestal acaudillada por José Lassalle son tan rápidos que se los ve aumentar de día en día. Su concierto último presentaba un programa de toda consideración, y en su ejecución algunos trozos alcanzaron una notabilidad que, si no insospechada, parecía prematura para el poco tiempo que la nueva orquesta lleva trabajando. No cabe duda que su trabajo es intenso, pero es justo reconocer cuál es la parte personal que corresponde a su director.

La orquesta se hallaba en su concierto tercero, notablemente reforzada, y su conjunto fue de una plenitud de sonido cálido y de una pastosa homogeneidad, sobre la que destacarán bien los solistas a poco que éstos se perfeccionen. En la «Sinfonía patética» de Tschaikowsky, algún trozo fue ejecutado de un modo positivamente notable, y en otros la dificultad de ajuste fue favorablemente conseguida. El gran volumen sonoro de esta obra, inteligentemente dispuesto por Lassalle en un plan claramente meditado, es mucho más convincente para una orquesta en ciernes, y da una idea mucho más favorable de su unidad, en una aspecto de madurez, que la deliciosa obrita de Mozart tocada en la primera parte, cuya transparencia de tono, delicadeza de frase y suavidad de matiz son cualidades que sólo pueden realizar las orquestas más perfectas ¿Por qué no tocan nuestras orquestas «mayores» más música de Mozart? Acaso por lo mismo que huyen del repertorio francés actual, o será porque su extremada transparencia orquestal, la necesidad de una máxima finura de timbre, son la dificultad mayor de vencer en el «instrumento orquesta», y porque piensen que las dificultades mucho menores del resto del repertorio, siendo menos delatoras, son más agradecidas.

La Orquesta Lassalle dio una buena versión del poema del maestro don Emilio Serrano titulado «La primera salida de Don Quijote» muestra característica del severo estilo y de la seriedad que la primea época de nuestro moderno sinfonismo juzgaba como la posición más decorosa de un compositor. El maestro Serrano fue muy aplaudido y dio una muestra de su consideración a la novel entidad aceptando el aplauso desde sus filas.

La overtura de «Maestros Cantores», fue, asimismo, uno de los aciertos de esa orquesta, siendo dicha con claridad y sencillez de discurso, sin énfasis ni apoteosis. Si Lassalle piensa interpretar a Wagner con semejante naturalidad, será una actitud que le aplaudiremos, como lo hemos hecho cuando otras orquestas han mostrado el entenderlo así, frente a los alardes de mal gusto con que habitualmente nos era presentado.

La Orquesta Lassalle tenía ciertas preferencias por el repertorio alemán, denotando la familiaridad de su director con este repertorio y con su entorno, aunque José Lasalle dedicó también conciertos monográficos a compositores españoles.

27. LA VIDA MUSICAL. «El Festival Falla en el Palacio de la Música», *El Sol*, 6-11-1927.

Madrid debía a Manuel de Falla el acto que ayer realizó en el Palacio de la Música. Ha preferido meditar bien ese homenaje tributado a la personalidad española más relevante hoy, quizá, en el mundo de la cultura, pero esa reserva anterior muestra su cualidad inteligente, cuando como ayer ocurrió hace ver su prudencia y, una vez segura esta, su entusiasmo. El espectáculo de ayer fue inolvidable y conmovedor. Por un parte el entusiasmo ante las obras más conocidas, obras que son del repertorio casi cotidiano de nuestros conciertos, tales «El Amor Brujo», y los «Nocturnos»; por otra, el respeto afectuoso y el intenso deseo de comprensión en obras que son menos para el listo que para el intuitivo. El modo con que el público tan abundante que ayer llenó el Palacio de la Música acogió el «Concierto de clavicémbalo» [es un testimonio de ese comprensivo y entusiasta respeto].

Hemos hablado en toda ocasión de Falla desde hace casi quince años para que tengamos que repetir ahora todo lo dicho tantas veces, en esta ocasión en la que el público de Madrid ofrece a Falla un aplauso que resume en su magnitud e intensidad todo nuestro largo esfuerzo. Ya han hablado con suficiente elocuencia esos aplausos. Hablen ahora los demás, nos queda otra vez a nosotros la satisfacción más cordial del resultado, y quizá un poco de la vanidad de jugador que ha sabido poner todo su crédito a la parte premiada por el entusiasmo público, con un máximo.

La realización del concierto fue buena en su totalidad y excelente en varios puntos. El momento fulminante se alcanzó en la interpretación de los «Nocturnos». Marshall es un pianista de finísima calidad, de una modestia de verdadero artista, que sabe colocarse tras la obra de arte que sabe servirla y no servirse de ella. Así ha puesto toda su devoción en esta página de Falla, que es una de las más bellas de la música europea contemporánea. El público se percató inmediatamente de ello.

El «Concierto de clavicémbalo» tuvo, dentro de las condiciones en las que se verificó la audición, una interpretación muy esmerada, y los instrumentistas vencieron airosamente sus espinosos papeles. Falla mismo dirigía desde el teclado. Los principales solistas fueron la señora Galatti y los señores Martí y Domínguez [...].

Desde «El Amor Brujo», cuya «Danza del Fuego» fue repetida por aclamación popular hasta «El Retablo», las ovaciones fueron continuas. La emoción de Falla se acusaba en sus rasgos enérgicos. Era necesario que Madrid, donde ha compuesto «El Amor Brujo» y «El

Sombrero de Tres Picos» le proporcionase esa emoción. El pueblo madrileño ha sabido cumplir, merece que se diga. El esfuerzo que Lasalle ha hecho para llevar a cabo este concierto ha sido terrible. Dense gracias a esa voluntad y a esa energía puesta al servicio de la mejor de las causas. Su orquesta, y él tras ella han escrito una página imborrable en nuestra historia actual. Esos laureles ofrendados al maestro gaditano eran un tributo al arte español. Y quien honra al arte se honra a sí mismo.

El 3 de noviembre de 1927, Salazar había escrito en *El Sol* un amplio Folletón titulado «El *Concerto* de Manuel de Falla. Idioma y estilo. Clasicismo y modernidad» donde repasaba la producción de Falla hasta la fecha y anunciaba el estreno madrileño del *Concerto* en el Palacio de la Música con la orquesta Lasalle y el mismo Falla al piano. Los *Nocturnos* (*Noches en los Jardines de España*) fueron interpretados por el pianista catalán Frank Marshall King (1883-1959).

I.7. Conciertos con la Orquesta Clásica de Madrid

La Orquesta Clásica de Madrid, de formato algo más reducido que las orquestas de Arbós y P. Casas, fue fundada en 1929 por el compositor y director catalán Arturo Saco del Valle (1869-1932), que ya había realizado una amplia labor en el campo de la dirección en el Teatro Real y otros lugares y orquestas del país, entre ellas la Filarmónica de Madrid. Saco del Valle realizó una meritoria labor al estrenar y presentar muchas obras de compositores españoles y extranjeros de formato camerístico. La orquesta recibió muy buenas críticas de Salazar por su buen hacer y su compromiso con la música, española, presentando obras de Conrado del Campo y Julio Gómez, entre otros.

28. CONCIERTOS. «La orquesta Clásica, en Royalty», *El Sol*, 20-11-1929. (Texto íntegro)

Un poco en secreto, a causa de la poca propaganda, se presentó ayer al público aficionado la orquesta que acaba de fundar el maestro Saco del Valle, y que hace no muchas semanas escuchamos en la Asociación de Cultura Musical. Después de aquel «debut» en privado, la orquesta clásica marchó a hacer en provincias una gira de conciertos que ha confirmado el buen éxito aquí obtenido. Ayer se presentó en Royalty, el lindo teatrito de la calle Génova, de un modo que no era ya enteramente privado ni enteramente público, pero que tenía, a lo menos, la simpatía de reunir a las gentes de más fina afición y entendimiento.

El resultado obtenido fue tan bueno que solo es de desear la repetición de estos conciertos, en los cuales puede cultivarse una porción de música poco a propósito para las grandes masas orquestales, y porque solamente con la reiteración de ellos se puede llegar a conseguir la buena calidad sonora necesaria para la cabal ejecución de tal clase de música; deseemos, pues, que la Orquesta Clásica trabaje mucho y con el entusiasmo que su fundador y sus componentes, testimonian.

El programa ofrecido tenía en su simple redacción más motivos de interés que tres o cuatro de gran orquesta. El estilo general de la interpretación también tendía a este modelo como ideal intangible, por el número, por la cantidad, sino por la calidad; y esto es lo que diferencia esencialmente a esta Orquesta de la «orquesta de cámara», puesto que las de este tipo tienden a no confundir nunca su criterio interpretativo ni sus calidades sonoras con las de una orquesta sinfónica. Una pequeña orquesta, como la Orquesta Clásica es, reproduce en menor tamaño lo típico de las grandes. Una orquesta de cámara, por el contrario, tiende hacia el arte del cuarteto, ampliándole en timbres y material sonoro; pero, ateniéndose a su plan de estructuración y de independencia, tiende a ser reunión de solistas (a pesar de que esto puede parecer paradójico a primera vista), mientras que el criterio opuesto consiste en convertir la orquesta en un instrumento único.

De todas las obras ayer tocadas, la obertura «Mar tranquilo y viaje feliz», de Mendelssohn; «Bocetos castellano», de Conrado del Campo; «Sinfonía en mi bemol» de, Mozart; «Suite», de Roger Duchase; «Canción popular», de Percy Grainger; «Siciliana y Rigodón», de Francoeur, y «Obertua en estilo italiano», de Schubert, solamente la «Suite» de Duchase puede decirse que pertenezca al género de la orquesta de cámara. Las demás, incluso las de las páginas de Francoeur, arregladas para un violín solo por Kreisler, aspiraban a lograr masa orquestal y me hicieron pensar que, o mucho me equivoco, o la Orquesta Clásica se convertirá pronto en una orquesta sinfónica de tipo normal, lo cual no sería de lamentar, si es que es ésa su aspiración.

La «Suite» de Roger Duchase consiste en tres breves bocetos, donde la sonoridad orquestal no hace sino apuntar, sugiriéndolos, los matices de color que pudieron haberse sospechado en su primea versión pianística. Son, en este sentido, verdaderos «bocetos», tanto mejores cuanto más cerca están de ese tipo, como ocurre con el «lento». Este criterio orquestal ha dado a la música contemporánea páginas de fina y ligera belleza, y ellas son las que preferentemente deberían cultivar orquestas como la Clásica. Ir a buscar en su breve marco el cuadro de «Las Lanzas», es por lo menos indiscreto. A la dirección de un maestro como Conrado del Campo no podía ocurrírsele otra cosa más ponderada y de mejor equilibrio que el que presentan los cuatro «Bocetos castellanos», ayer estrenados con feliz éxito. El que haya preferido darlos a conocer en esta orquestita es síntoma de su modestia; pero a mi juicio, y a pesar de la excelente interpretación que obtuvieron, necesitan una mayor masa sonora, es decir, que nada perderán con la ampliación. Fáciles de línea, y ésta teñida de un color castellanista, (yo creo que este color castellanista es de adquisición reciente y de una procedencia más bien escénica que popular) que les presta atractivo, poseen una expresión que me parecía pedir las tablas de la escena, cuando se me advierten que esos bocetos fueron escritos para uno de los «Retablos espirituales» de Victor Espinós.

La seguridad de mano, la destreza en el oficio, que son virtudes eminentes en Del Campo, están allí de relieve en cada momento.

Mencionaré como trozo de más fácil y seguro efecto el «Nocturno», con sus violines «sul ponte» y *El Solo* de flauta que le sigue y que proporcionó un merecido aplauso al profesor que lo interpretó. Los cuatro números obtuvieron calurosa acogida. En el Rigodón de Francoeur, se aplaudió especialmente a los violines, y el trozo fue repetido. En la Sinfonía de Mozart, el aplauso principal fue para el maestro. Pero pocos, y bien avenidos en esta Orquesta, se ofrecían unos a otros los aplausos recibidos. Aunque se los repartiesen a prorrateo, tocaban a un montón cada uno.

Salazar saluda la aparición en público de esta orquesta en el panorama de la música española, que ya en sus comienzos apuesta por estrenar obras de compositores españoles.

29. LA VIDA MUSICAL «Orquesta Clásica», *El Sol*, 23-10-1930 (Texto íntegro)

El primer concierto que la Orquesta clásica, dirigida por el maestro Saco del Valle, dio ayer en la Comedia ha mostrado a la novel entidad en un grado notable de avance, nuevos méritos que añadir a los que mostró el año pasado; así fueron constantes los aplausos tributados con el calor de la verdadera complacencia.

El programa era por demás interesante. Si algún defecto tenía era el de su excesiva longitud; pero esta orquesta y su director no quieren escatimar trabajo, y ya que por razones reglamentarias es todavía una orquesta sin subvención, quiere demostrar que la merece. Es cuestión de un poco de tiempo más y de que esos músicos perseveren en su esfuerzo.

Dos obras españolas figuraban en primera audición: una «Obertura madrileña», de Conrado del Campo, y una «Egloga», de Julio Gómez. Esta vez ambos maestros han cambiado un poco los papeles que por clasificación les corresponden. Julio Gómez, madrileñista, por definición, se traslada al terreno romántico, y Conrado del Campo sin dejar de ser el romántico clasificado que todos sabemos, se dedica a confirmar un madrileñismo del que dejó abundante comprobación en su ópera «El Avapiés». Conrado del Campo, Julio Gómez y el que esto escribe, somos, si no me equivoco, madrileños. Vivimos, además, en el barrio de Chamberí, que es un barrio castizo; pero yo aseguro que si pudiera, viviría en el de Salamanca, en la calle de Alcalá, en la que nací, y que de ninguna manera viviría en el Avapiés o en Lavapiés, como hoy se dice.

De Madrid, francamente, prefiero el de hoy. No me molestan sus rascacielos ni sus torres con ribetes verde manzana. Me gusta Madrid, que es mi pueblo y no tengo de madrileñista ni el negro de la uña... de otros. Me parece muy bien que exista el Avapiés o Lavapiés; pero para verlo muy de tarde en tarde. Me parece excelente cosa que hayan existido majas y chisperos y demás fauna pintoresca, y me alegro profundamente de haber nacido siglo y pico después de su desaparición.

Admiro a Goya y profeso un santo horror al goyismo. Me gusta poquísimo el castizo D. Ramón (el de la Cruz); pero encuentro encantador que divierta a otros. En fin, me revienta el Madrid que fue, y estoy encantado con que no vuelva, cosa que él por su parte estaba dispuesto a hacer si no fuera por resucitadores impertinentes, que querrían de buen grado andar otra vez con coletas y alamares. No digo lo de impertinentes por el maestro Del Campo, que está en su derecho inspirándose en el Madrid de la época que quiera; pero apenas le agradezco esta vez la molestia que se ha tomado con su evocación. Desde luego no se la ha tomado por mí, está claro; pero yo tengo que llamarme a la parte como auditor que soy.

Las cualidades características del arte de De Campo, se muestran en esta obra en grado semejante a las que se saben ser propiedad inalienable de Julio Gómez en las suyas. Oí su «Egloga» con mayor agrado la primera vez que la segunda, y con el deseo de devolverle el cumplido que ayer me hacía diciéndome que mis hijos espirituales forman legión y que tengo ya hasta nietos. Si de algo vale esto, reconózcame a su vez Julio Gómez como nieto suyo y estaremos en paz. El público aplaudió con visible complacencia a ambos autores y a su director, que en un caso era Saco del Valle y en el otro el propio autor de la «Egloga».

Muy graciosa «suite» es la que Holst titula «St. Paul» suite, finamente popular, de un corte distinguido, donde la gracia melódica se alía a la frescura rítmica, vivificadora y llena de vida. En su metodismo hay curiosos giros orientalistas y en la página final, quizá hecha con giros populares irlandeses, se escucha un eco innegable de nuestra música gallega; el paisaje, en consonancia con su música natural. Esto es cosa sabida.

En esas obras y en el resto del programa (Rameau, la Cuarta Sinfonía de Beethoven; Honegger, Schubert), la Orquesta Clásica y su director encontraron un buen éxito constante.

Curiosa la defensa encendida que hace Salazar de su modernismo madrileñista, que le hace percibir con poca simpatía la *Obertura Madrileña* de Conrado Del Campo, por sus giros castizos y remembranzas de un Madrid que el autor desea más abierto a Europa.

8. Representaciones de Opera y Zarzuela

Las principales crónicas musicales de Salazar sobre la música en el teatro trataron de las representaciones operísticas del Teatro Real, que cerró sus puertas en 1925 por reformas. Hubo también numerosas representaciones en otros teatros, tanto de Madrid (Teatro de la Zarzuela, Apolo, etc.), como de Barcelona (Liceo, Tívoli, etc.), e incluso del extranjero, que sirvieron de reflexión a Salazar. El Teatro Real no se preocupó mucho por el repertorio contemporáneo. Las obras del repertorio tradicional del «bel canto» de procedencia italiana, francesa o alemana acapararon toda su atención. Verdi, Puccini y Wagner fueron los compositores más interpretados, aunque Salazar se ocupó de algunas obras de Strauss, como *Salomé* y *El Caballero de la Rosa*, que aparecieron en el Real esporádicamente.

Hasta 1925 en que se cerró el teatro, se estrenaron en el Real, entre otras obras, *Andrea Chernier*, de Humberto Giordano; *Louise*, de Gustave Charpentier; *Bohemios*, de Amadeo Vives; *Mascarada*, de Mauricio López; *Amaya*, de Guridi (1923); *El Caballero de la Rosa*, de R. Strauss (1924). De todas ellas se habló en *El Sol*. De autores españoles se escucharon en el Real pocas obras en esta etapa, si descontamos *Bohemios*, de Amadeo Vives; *La Dolores*, de Bretón; *Amaya*, de Guridi; *Avapiés* de Conrado del Campo y algunas más, escasez de repertorio que el crítico madrileño criticó siempre. Salazar también reseñó los estrenos de óperas españolas en el extranjero, por ejemplo: *Pepita Jiménez*, de Albéniz, en París (1923) o *La Vida Breve*, de Falla, en Bruselas. (1923)

30– «Pelléas et Melisande». *El Sol*, 20-10-1919

Por lo inadvertido, callado e indiferente que se ha deslizado, nadie sospecharía que en Barcelona acaba de verificarse un acontecimiento artístico. Un verdadero acontecimiento para quienes viven en este mundo palpitante del arte; un grande acontecimiento, cuya sutilidad huye del reclamo y a cuyo equilibrio sientan mal las preparaciones brillantes.» Pelléas y Melisande» puede ser la obra maestra del simbolismo, pero hay demasiadas cosas a que atender para pararse a pensar hoy en el simbolismo.El sindicalismo, los cocineros y la jornada máxima solicitan la atención del momento, y el simbolismo no es cosa que esté tan a la hora. Ya tuvo la suya; entonces una honda vibración espiritual agitaba a músicos, pintores y poetas; había en el ambiente deseos, inquietudes y afanes que cuajaban aquí y allá en cristales de bellas formas y de ricos matices; se les designaba con nombres más llenos de significado por la intención que por sí propios.

Cuando apareció «Pelléas» se sintió que concretaba muchas de esas aspiraciones. Claudio Debussy destilaba la esencia de ellas en un laboratorio donde los útiles, exquisitos, eran de oro, marfil y diamante.

Diez años trabajó en musicar el drama de Maeterlinck. A la nueva obra se la ha llamado la «obra maestra del simbolismo». ¿Qué es el simbolismo?...

No; no he de entrar en este camino peligroso; quedamos en que el momento no es propicio y las columnas de un periódico se deben a más perentorias informaciones . Ni he de descubrir «Pelleas» ni disecar sus intenciones en quince minutos. Me refiero tan sólo a ls impresiones del estreno; más tarde, acaso, haré una incursión por sus caminos interiores.

«Pelléas», obra musical, es el fruto de un pensador y de un poeta. Como poeta, desnuda su emoción a lo inmediato del sentimiento, crea una obra de belleza espontánea, de una sensibilidad íntima y vibrante. Como pensador, es el eco de un momento rico en inquietudes, anhelantes de expresiones nuevas. Acaso las verdaderas obras inmortales están fuera, por encima, de esos estremecimientos y ansiedades del espíritu. Tal vez para sentirlas en toda su grandeza sea menester aislarlas y concebirlas en una soledad única. Yo prefiero las que son como el vaho de un hervor cordial; las que condensan esa agitación –sentimental o de pensamiento– de un momento que será un punto luminoso a lo largo de los siglos.

¿Es necesaria una preparación, un conocimiento previo de lo que es «Pelléas» para «comprender» plenamente esa obra?. Acaso si . Esto puede mermar su valor para quien ve las obras al través de un criterio eliminatorio de museo. Para nosotros, las obras sin su ambiente no son nada. No «deben» ser nada además.

Al estrenarse en España –en Barcelona– «Pelléas et Melisande», no se ha supuesto necesario ningún cuidado previo. Se ha mostrado al público junto a óperas indiferentes, con una interpretación asimismo indiferente. Al sonar el último acorde, artistas y auditores, se ha vuelto las espaldas como dos recién conocidos que sienten que uno y otro se han equivocado. Y aún los más enterados se han quedado un poco sorprendidos ante una música que jamás llega a desbordarse; que lo evita cuidadosamente; que quiere ser solo la atmósfera sentimental en la que se mueve este drama inconcreto; que no quiere más que sugerir; que evade lo categórico; donde el matiz más sutil suple al color, y cuya emoción y tragedia se deslizan al través del velo sonoro que Debussy ha tejido con su más angustiosos cuidado.

¿Que «Pelléas et Melisande» no es una obra para la multitud? Si; pero esto no nos inquieta.

***

La tres únicas representaciones que «Pelleas» ha tenido en el Tívoli fueron dirigidas por M. Ernest Georis, excelente artista cuyo único defecto consistía en no ver que el modo expresivo de Debussy no tiene nada común con la forma de expresión romántica que nos vino de más allá del Rhin, que no hay en él melodías predominantes, frases que exijan ser subrayadas fuertemente, y que la emoción radica en la perfecta homogeneidad del conjunto, en la fusión interna de los sonidos, de un modo análogo al color de los impresionistas.

La escenografía era de una incomprensión absoluta; aún se llegaba a suspender el proceso orquestal para dar tiempo al cambio de decoraciones.

«Pelleas» se basa en un criterio teatral moderno, y aquellos viejos cromos, vulgares y pretenciosos, prohibían toda propensión al ensueño.

Los artistas fueron Mlles. Bugg y Charny, que representaban a Melisande y a Genoveva. Pelleas fue interpretado por ? Devries; Golaud por el señor Cotreuil, y Askel, por M. Collet.

Esta compañía ha cantado hasta ahora « Thais» y «Hamlet». Para uno de estos días prepara el estreno de « Maruf, zapatero del Cairo», obra agradable de Henri Rabaud, el de la «Procesión Nocturna». De ésta y de «Pelleas» Joaquín Pena, el crítico de «La publicidad» ha hecho sendas traducciones.

Barcelona y octubre

> Reseña con motivo del estreno absoluto de la ópera *Pelleas*, de Debussy, en Barcelona. Salazar alude al poco cuidado en la preparación de la escenografía y la música en el estreno y a la indiferencia del público ante una obra fundamental de Debussy. El compositor francés comienza ya en estos años a imponerse ante el público español, después del primer rechazo a obras como el *Preludio a la Siesta de un Fauno*, con motivo de su estrenó en Madrid en 1905. *Pelleas* se repetiría en Barcelona a partir del 16 de diciembre de 1930 con siete representaciones. En Madrid nunca se presentó la ópera completa en esta época (un indicio más del poco interés de nuestro coliseo real por el repertorio moderno).

31. LA VIDA MUSICAL. «La Vida Breve» de Manuel de Falla en Bruselas. La Música española contemporánea y la prensa belga», *El Sol*, 10-05-1923.

Pocos días antes de llegar a Bélgica los Reyes de España se estrenaba en esa nación, en su más importante escena lírica –el Teatro de la Moneda, de Bruselas– la ópera de Manuel de Falla «La Vida Breve», que vio por primera vez la luz de los escenarios en Niza (en 1918) y poco después en la Ópera Comique» de París. Aunque la dirección de nuestro principal teatro no se haya preocupado todavía de esa obra –como tampoco de las de Pedrell, Albéniz y Granados, que con «La Vida Breve» constituyen la página más viva y robusta del teatro musical español contemporáneo -; son, alguna de ellas y «La vida breve» sobre todo, los sostenes principales de nuestra reputación lírica en el extranjero.

Por su música instrumental y de un modo capital por su «ballet» sobre «El sombrero de tres picos», Falla ha adquirido un renombre universal, y la crítica más autorizada le cuenta entre los tres o cuatro nombres preeminentes de la Europa musical contemporánea. Ver como una de sus más tempranas producciones –la primera que Falla cuenta como válida–, esa «vida breve» escrita sobre un sencillo y preciso libreto de Carlos Fernández Shaw, se mantienen en el mismo plano de intensidad y de perfección que sus obras posteriores, es cosa que acentúa aún más nuestra simpatía y respeto para ese maestro. Porque «La Vida Breve», escrita en España en una época en la que sólo habían llegado de un modo vago e impreciso los nombres hoy más fulgentes que enriquecen la música extranjera actual, es el testimonio más claro de la verdad y de la razón de esos dos movimientos coincidentes que, partiendo de Francia, uno de ellos, vino en busca de la belleza musical de España, al paso que el otro partía de lo más hondo del alma española y marchaba a Francia en busca de una espiritualidad y una técnica de más alta categoría que la que vegetaba en nuestro ambiente enrarecido.

Hoy es fácil citar a Debussy y a Ravel cuando se habla del españolismo musical, juntamente con Albéniz y Falla; pero cuando «La Vida Breve» estaba escrita y premiada en España, aquellos músicos eran cosa perfectamente incógnita, y apenas pudo sospecharse —sólo Albéniz y Falla lo sospecharon— el producto tan admirable que iba a resultar de ese consorcio. No es por casualidad por lo que «La Vida Breve» se estrenó en teatros franceses. Menos celosos o menos suspicaces que nosotros, los franceses supieron reconocer desde el primer momento la palpitación profundamente española que vibraba en esa obra, mientras que un resquemor ridículo hacía fruncir el ceño a los nuestros, recelando en Falla un francesismo que las pasiones absurdas de los años de la guerra había anatomizado en ciertos sectores de la afición y de la tradición. Hoy, esos distingos han pasado a la categoría de los ridículo, y sólo algunos rezagados andan aún buscando motas al patriotismo artístico de cada cual, reduciendo así esa virtud a los ámbitos de la tertulia de café o reunión de camilla. Séales leve su simplicidad.

***

La prensa belga ha tenido una voz unánime para comentar en el tono de mayor alabanza la nueva obra ofrecida en su célebre teatro lírico.

En «L´Indépendance Belge», M. Ernest Closson, para describir el argumento, cita los versos de Heine, tan popularizados por Schumann : « Es una vieja historia pero que siempre parece nueva, y si alguien llega hasta ella, su corazón se destroza». M. Closson comenta con gran simpatía el movimiento musical español posterior a Pedrell. Se ve que ese compositor y crítico belga no ignora las opiniones actuales de nuestra crítica; pero a veces parece no poder desprenderse de la influencia de algunos caprichosos juicios parisienses sobre nuestra mnoderna música. «Tenemos en «La Vida Breve» —dice este escrito— una España pintada por un español auténtico, obra en donde el color local se combina con el valor artístico absoluto». Si no faltan en esa crítica puntos de vista extraños, M. Closson no se equivoca en hallar los momentos culminantes de la obra; tales las canciones y danzas, con sus ritmos entrecortados, sus melismas mozárabes y sus gamas características, a más de los instantes dramáticos, vigorosamente expresivos.

M. Paul Tinel, crítico de «La libre Belgique», encuentra aún intensificados en «La Vida Breve» los caracteres tan salientes de la música de Falla, apreciados en sus obras instrumentales. «El mejor elogio que podría hacerse de este drama –dice– es que todos los procedimientos utilizados pertenecen a un clasicismo muy neto en su última parte de evolución», y analiza sutilmente el modo de tan depurado gusto con que Falla coordina los elementos sonoros.

En «Le soir», M. François Rasse dedica, como los críticos anteriores, casi dos columnas al comentario de la obra de Falla. Monsieur Rasse emplea un lenguaje caluroso, entusiasta: «Es preciso escuchar «La vida breve» –dice– para gozar, ante todo, de una música verdadera, sincera, espontánea...» Y encuentra que su belleza puramente melódica, vence a la expresión teatral de otros momentos, opinión más bien curiosa; pero que tiene en ese escritor un sentido de vivo elogio. «A esta aventura cotidiana –dice el crítico de «L'Etoile Belge»–, el maestro Falla presta un acento, y una emoción y un patetismo inéditos, gracias a la riqueza, al colorido, al ardor y a la intensidad de los conjuntos sinfónicos, vocales o coreográficos que comentan la situación, rodeándola de una atmósfera apasionada y eminentemente sugestiva. Muy española ésta, sin duda, pero también profundamente humana. Es este ambiente apasionado, esta sublimación musical del sencillo argumento, tan discretamente trazado por el poeta, lo que también pondera el crítico de «Le XX siècle»: «Una mezcla feliz de inspiración natural –añade–, de expresión justa y de ciencia técnica, que es el distintivo de las obras fuertes y duraderas».

En «La Nation Belge», M. Philippe Moussor comenta con gran extensión la ópera de Falla, para terminar diciendo que debe ocupar un lugar entre las mejores producciones del teatro lírico moderno.

Los intérpretes fueron: madame Soyer (Salud), Ballard (La abuela), Dalmas (Carmela), y los Sres. Descamps (Paco), Chantelaine (El tío Salvador), y la señorita Verlits, como bailarina, y el señor Smeets, que cantó diferentes momentos de la partitura. La obra se representó en francés en la traducción de M. Paul Milliet. El director de la orquesta fue monsieur Maurice Bestín, y las decoraciones, de M. Delescluze. Ambos artistas han sido muy bien elogiados por su acierto en la interpretación de esta obra tan representativa de nuestro arte contemporáneo, el cual es acogido en Bélgica con el mayor interés y el más afectuoso comentario.

Como en la crítica que viene a continuación, Salazar repasa la opinión de la prensa extranjera sobre la música española, y especialmente sobre la producción operística. Una crónica que indica el grado de conocimiento de Salazar de todo lo que sucedía en Europa en materia musical.

32. LA VIDA MUSICAL. «Pepita Jiménez» de Albéniz, en París», *El Sol*, 16-06-1923

En los carteles de cada temporada anunciaba la Ópera Cómica de París el estreno de «Pepita Jiménez», de Isaac Albéniz, juntamente con la vuelta a la escena de otra obra española, cuyo curso triunfal fue cortado por el comienzo de la guerra. Nos referimos a La «Vida Breve» de Manuel de Falla, que, estrenada en Monte Carlo, tuvo en París un éxito rotundo, tan vibrante como el ahora obtenido en Bruselas. Antes que Falla, Albéniz era el «músico español» para el alto público musical francés. Falla le disputó esa hegemonía, y desde aquel momento la comparte con el intenso compositor de «Iberia». Precisamente ahora que, por fin, la Ópera Cómica acaba de abrir sus puertas a esa «Pepita Jiménez» tan prometida, Falla estrena en otra escena privada y aristocrática su «Retablo de Maese Pedro». Esperemos que nos llegue con las notas de la Prensa, el eco de los aplausos. Hoy vamos a recoger lo que los principales críticos parisienses tributan al gran músico jironés.

El caso de Albéniz como músico teatral es hasta curioso; pero no puedo hoy comentarlo. El que el destino le reservase la escena de Londres y el idioma inglés para sus obras es uno de los casos más curiosos y más irónicos de ese hado caprichoso. Y «Pepita Jiménez», la donosa viuda cuyos secretos epistolares nos reveló D. Juan Valera, se iba a convertir en uno de los más ejemplares testimonios de ese internacionalismo forzoso del nacionalísimo autor de «Catalonia» y de «Iberia». Escrito primeramente en inglés, ese libro de «Pepita Jiménez», traducido después al alemán y al italiano, y, antes de ver la escena en francés en el teatro de la Moneda, en Bruselas, había conocido ya las tablas de un teatro de Praga, y, por fin, en 1897, las del Liceo de Barcelona.

Madrid no ha oído otras obras teatrales de Albéniz –salvo alguna zarzuela de menor importancia– que una traducción de «The Magic Opal», en la Zarzuela, en 1894, y, poco antes, la zarzuela «San Antonio de la Florida», en el teatro de Apolo. Barcelona oyó al año siguiente otra de sus óperas inglesas, «Henry Clifford», traducida al italiano, según creo. En cuanto a su gran trilogía, basada en el ciclo de poemas artúricos («Merlín», «Lanzarote» y «Ginebra»), quedó, como se sabe, incompleto a la muerte del compositor.

El estreno de «Pepita Jiménez» en la Ópera Cómica se efectuó el día 18 del actual, con Marguerite Carré, como protagonista; mademoiselle Esteve, en el papel de Antoñona, y los señores Max Bussy, Azema y Dupré, en los de Don Luis, Don Pedro y el vicario.

La traducción hecha por el crítico muerto en los últimos años de la guerra J. De Marliave es muy esmerada. M. Albert Wolf fue el director de la orquesta.

De las críticas que tenemos a la vista, las de Henry Matherbe, en «Le Temps», y G. De Pawlowsky, en «Le Journal», son las más entusiastas. Matherbe pondera la inspiración superabundante y el asombroso color con que Albéniz describe el ambiente andaluz. Las escenas sentimentales le conmueven menos; pero para Pawlowsky, la partitura completa es espléndida; y si alguna vez parece ahogada por una inspiración demasiado abundante y frondosa, en otros momentos su genio personal se destaca en relámpagos magníficos. La overtura del segundo acto, que fue repetida, constituye, para ese crítico, una revelación espléndida.

André Messager en «Le Figaro», encuentra dictado ese trozo solamente por una nspiración fácil, y el estilo general le parece más bien híbrido, inclinándose a veces hacia el «verismo» italiano. Respecto a la orquestación, la juzga, en general, mediocre y recargada. Para Emile Bulliremos, el famoso crítico de «Excelsior», esta temprana obra de Albéniz ha sido una decepción, juzgada desde el plano de sus piezas pianísticas, y prefiere los trozos descriptivos y pintorescos a las escenas líricas, que encuentra «de una banalidad y vulgaridad melódicas dignas de los más temibles italianos», así como su orquesta, generalmente gris y monótona.

¿Cuántas temporadas de ópera desfilarán todavía por nuestro «primer teatro lírico», o por otros teatros líricos de menor importancia, hasta que podamos juzgar «de audito» sobre la razón de unos u otros críticos? No sería, a lo menos, por falta de insistencia de nuestra parte. Y con Albéniz, Pedrell, Granados y Falla esperan todavía.

Esta reseña abunda en la recepción de la música española en Europa. Salazar critica el poco interés de los teatros nacionales por la producción operística propia. Las obras teatrales de Albéniz (*Pepita Jiménez*), Granados (*Goyescas*) y Falla (*La Vida Breve*) tuvieron que estrenarse fuera de España.

33. TEATRO REAL. «Estreno del «Rosenkavalier» de Ricardo Strauss», *El Sol*, 6-01-1924.

El estreno de una obra de Strauss, es en la vida musical de cualquier ciudad, un acontecimiento de principal importancia. Con mayor razón lo será, pues, en Madrid, donde este género de sucesos no puede ser más escaso, y cuando la obra estrenada es una de las cumbres de la producción straussiana. Semejante acontecimiento será acogido y comentado, a buen seguro, de muy diferentes maneras; pero no hay riesgo en afirmar que la opinión de los más estará dictada por el tono más agudo del ditirambo, puesto que esa obra tiene todas las cualidades capaces para deslumbrar a la generalidad de los criterios, y porque pasamos ahora bajo una olita reaccionaria a la cual sientan muy bien las condiciones generales del talento de Strauss para rizar su cresta en vaporosa espuma. Cuando la ola se retire veremos qué ha dejado en la orilla, quizá nada, quizá algún sargazo de algas amargas.

Unas vienen, otras van; tal vive el arte y «au gré des flots», pero nosotros vivimos en la orilla, fuera de la marea, y lo que más nos gusta del mar es la orilla de la lejanía.

Un escritor español ha escrito en un libro de sentencias sobre los grandes hombres, que «Debussy es el gusto, pero Strauss es el genio». Junto a esto se comenta el empuje, la fuerza creadora, la pujante vitalidad, etc., de Strauss. Estos lugares comunes de la crítica musical, son los fundamentos de aquel apotegma que reúne todas las condiciones apetecibles, para convertirse, a su vez, en lugar común. Desgraciadamente, el caso Strauss es típico en su propensión a engañar por las apariencias, es decir, en que sugiere con facilidad inusitada la idea de su genialidad, simplemente por presentar una serie de cualidades que no son específicamente geniales, sino que son también patrimonio de muchas gentes mediocres que no aspiran a la consideración de genio, ni por su potencia creadora −vicio, a veces, en lugar de virtud, según la calidad de lo creado− ni por su modo de empujar, facultad que no es precisamente la de emocionar, etc., etc. El arte de Strauss es eminentemente sensacional, «sensacionalista» mejor, porque sensacionalismo significa la profesión de lo sensacional, y esta cualidad en la que tan lúcidamente luce Puccini, en otro meridiano, es la gran cualidad para uso de los públicos y de las sensibilidades que prefieran el latón al oro puro.

Muy curiosamente, «El caballero de la Rosa» sirve de testimonio de mayor excepción. Al hablar de «Salomé» indicamos, del modo más preciso posible, en un artículo de periódico −única y rudimentaria forma de crítica permitida hoy en España− cómo Strauss iba conducido fatalmente hacia el teatro por su concepto general de la música inequívocamente expuesto en sus poemas tonales. Éstos crecían de uno en uno, en violencia, en necesidad de impulsión, en aparato sonoro, conforme sus calidades musicales decrecían en valor, conforme el plano espiritual descendía a lo vulgar, a lo personal, a lo cotidiano. De la noble pasión de su «Don Juan» pasaba, después de disfrazarse de «Zarastustra», a los chocarreros episodios de la «Doméstica» y a los triviales episodios de «Una vida de héroe»... suburbano.

«Salomé» fue el primer encontronazo valedero («Feuersnot» apenas cuenta en la producción de Strauss) con el teatro. Las razones que a él le habían llevado encontraron en esa obra vacua y falsa una intensidad muy a la moda en el decadentismo fin de siglo. Era preciso superarla para seguir un proceso semejante al de las obras sinfónicas. Sólo unas semanas separan la creación de «Salomé» de la de «Electra», donde el paroxismo llega a punto de incandescencia.

Pues bien, como Wagner después de «Tristan», Strauss se muestra cansado de poner su lira en diapasón sobreagudo. Ahora querría hacer una operita ligera, algo cómico, pero no tiene libro: felizmente en cuanto termina «Electra», el libro apetecido se presenta. «Das nächstemal schreibe ich eine Mozartoper», dice Strauss. Y esa ópera a la Mozart es... «El Caballero de la Rosa». El error es tan gracioso, el engaño es tan delatador, de tal manera revela cómo ese músico confunde el aspecto externo de las cosas con su alma esencial, que basta con citar la frase sin glosarla.

No hablaremos, pues, de la flagrante ausencia de gusto que la realización dada a ese propósito delata; pero una semejante carencia del sentido del equilibrio, de la maravillosa precisión, del horror a toda redundancia, a toda insistencia, a toda «gordura» espiritual que es lo ejemplar, lo típico de Mozart, es suficiente para hacer incompatibles un criterio tal y toda sospecha de genialidad. Y es que es en el terreno de la gracia y no en el de la fuerza donde el genio se contrasta y donde quedan inermes los más acorazados «dreadnoughts» del sinfonismo.

A raíz de presenciar en Berlín una representación del «Rosenkavalier», bastante superior, en conjunto, a la de su estreno en Madrid, escribí lo siguiente que ahora ratifico con la repetición:

«Mi interés especial estaba en el «Rosenkavalier», en ver cómo se movía en el terreno del teatro cómico un temperamento como el de Strauss, violento y duro, que le hace tan propicio a las crueles escenas de «Salomé» o «Electra». Ahora bien: una peña desprendida de una montaña, arrastrándolo todo en el torbellino de su caída, puede producir un efecto catastrófico; pero la sonrisa de la gracia sólo es posible merced a un estilo perfecto, a la finura espiritual del perfil, a la elegancia del gesto. Aquello es una barbaridad accesible a todos los riñones del mundo; esto otro...es un privilegio del genio. No se imita, no se alcanza de propósito: el «pastiche», el amaneramiento, la caricatura, serán las consecuencias del empeño. Y así el «Rosenkavalier» no consigue ser más que una larguísima sucesión de escenas sosas, cuando no sentimentales, y desgraciadas, cuando quieren ser graciosas. El encaje tan celebrado de los valses no hace sino darle por turno un carácter de opereta dignificada por la virtud de la excelente mano de obra, o un aire traviatesco, sin su ingenua modestia. El estilo «rococó» de la época en que la obra se mueve, puede aparejarse con el abigarramiento de su escritura; pero en aquél hay línea y estilo y en este otro solo hay rebuscamiento y trabazón espesa (la salsa orquestal de Strauss), que pretende regocijar con sus ardides instrumentales, especie de lentejuela sobre estameña. Pocos momentos tiene Strauss más secos y desagradables que el corto preludio inicial. Por lo contrario, acaso el preludio del segundo acto sea uno de sus más excelente trozos, y para mi gusto, lo tengo por una de las más notables páginas straussianas.

Pero luego, una vez el telón levantado, todo languidece; el insoportable Octavio, incansable, continúa haciendo monadas; la condesa sigue haciendo dengues; los señores de la corte se empeñan en sus payasadas groseras, y toda la servidumbre se entrega a la más liberal chocarrería. Entre col y col, vals vienés, y, en cuanto es posible, dúo de amor. Los hay, unos y otros, por docenas, empalmándose cada cual al que acaba de terminar. Y lo que no termina nunca es la ópera. Algún momento la impaciencia nos arranca gritos que ahoga el estrépito de algún pasaje sentimental. Cuatro o cinco finales, que son otras tantas salidas en falso, engañan nuestras esperanzas. Pero, por fin, aparece la luna, y ¡Oh maravilla! Un nuevo dúo de amor, esta vez, verdaderamente bello e intenso comienza cuando cae el telón.

***

Frecuentemente las críticas desfavorables o «negativas», como ahora se dice —como si no fuese un empeño destructor el alabar lo pernicioso— están basadas en que «los árboles no han dejado ver el bosque». Esto es, pecan de defecto de perspectiva, juzgan la totalidad por los detalles. Y esto es, precisamente, lo que hemos querido evitar siempre. Hay una porción de detalles, de hojitas sueltas, en ese bosque espeso, que me agradan entre bastante y mucho —momentos instrumentales, combinaciones armónicas de un interés extraordinario y que espantarían al público profesoral, si se tomara la molestia de reparar en ellas, algún diseño bien trazado, como comicidad o caricatura, algún trozo de bello y real lirismo–, pero que no me autorizan para torcer el juicio que mi razón me dicta. Esto mismo es lo que tendría que decir analizando minuciosamente la interpretación, y el espacio no lo permite. En términos generales fueron las señoras Hafgren y Dahmen quienes sobresalieron, aquella en su papel de mariscala y ésta otra en el de protagonista. La señora Tusehkan hizo una graciosa Sofía, de aguda voz. Los señores Erl y Schipper fueron los principales en el sinnúmero de personajes que se mueven más o menos discretamente en la obra, que llevada con lentitud abrumadora, produjo primeramente un efecto indeciso y fue afirmándose después. El maestro Sr. Rabl compartió con los intérpretes los honores del proscenio.

En esta crítica se percibe claramente la posición de Salazar hacia la música de Strauss, a quien considera de una época ya pasada frente al empuje del impresionismo francés de Debussy. Su recorrido por la trayectoria teatral de Strauss denota un conocimiento de primera mano, adquirido en los escenarios extranjeros. *Salomé* fue presentada en Madrid en 1910, y se repitió en 1915 y en 1920, pero *Electra* tardó mucho más en llegar a España. El *Rosenkavalier*, que había sido compuesto en 1911, se estrena en Madrid el 5 de enero de 1924, y se repite los días 8, 10, 12, 13, 17 de ese mismo mes y el 3 de febrero, siempre bajo la direccion de Walter Rabl. Llama la atención la crítica negativa que hace Salazar del *Rosenkavalier* (aunque no oculta los elementos positivos que tiene la obra), que proviene de su posición antirromántica en estos años. Sin embargo, como ya hemos señalado en otra ocasión, Strauss fue uno de los autores del siglo XX más interpretado en Madrid y uno de los preferidos del público. Un aspecto a destacar, es la atención que presta Salazar a la composición en sí misma y no tanto a la interpretación.

9. Conciertos en la Residencia de Estudiantes

Por la Residencia de Estudiantes de Madrid, inaugurada en 1910, pasaron músicos ilustres de la época, como Ravel, Falla, Esplá, Poulenc, Milhaud y Stravinsky, que ofrecieron charlas y conciertos de sus obras. A través de la Sociedad de Cursos y Conferencias, la música moderna encontró allí un foro privilegiado para su difusión y recepción.

34.– LA VIDA MUSICAL. Stravinsky y la «Historia de su soldado», *El Sol,* 13-6-1931

El semiletargo de nuestra vida artística –intelectual si ustedes quieren– tuvo ayer un insospechado sobresalto. La Sociedad de Cursos y Conferencias ha ideado rendir un homenaje modesto en los medios de acción, pero de intenso valor espiritual, a Igor Stravinsky, que dentro de unos meses va a cumplir cincuenta años. Es una fecha digna de conmemoración: medio siglo de existencia, con una labor que ocupa todo el siglo, y que ocupará dentro de los más suculentos tratados escritos por los historiadores futuros un capítulo importante.

No sé hasta qué punto pueden darse idea las personas que no «estén en el movimiento» de la importancia de un acto como ése, en el que al lado de obras primorosas de Stravinsky, una muy pocas veces representada y condenada a permanecer inédita de por vida en España, si no hubiese sido por iniciativas como la de la Sociedad anteriormente mencionada.

Esa obra es la ya famosa «comedia cuento» titulada «La Historia del Soldado». No diría que todo el mundo se haya dado cuenta tampoco de la moraleja que encierra la fabulilla, porque Ramuz y su traductor, Luis Cernuda, la presentan de un modo sumario, con un esquematismo simbolista que es menester atrapar primero, antes de interpretarlo.Pero verdaderamente apenas hay lugar para explicaciones, porque la rapidez de la acción, concentrada en la música, no exige mayores quebraderos, y el espectador solo necesita una acción sumaria, a la cual añade la música el comentario debido, que en este caso es de un humor y de un desenfado culminante.

Este movimiento de acción, y la suficiente variedad pianística, suministran como argumento, toda la materia que es menester. La música hace el resto, y sin necesidad de exégesis, el auditor queda divertido por lo que ve y por lo que oye. Y no necesita nada más, ni Stravinsky tampoco lo desea.

Por lo demás la moraleja es fácil. El Soldado, ingenuo y «bon enfant» vende su violín al diablo, contra las riquezas que éste le ofrece. El violín es el alma lírica del soldado que vale por todas las riquezas concebibles, y que, en efecto, terminan por aburrir al muchacho. Las cartas le indican, que ya no recuperará su violín, se dedique al amor, negocio en el que le vaticinan éxitos notorios. Y se casa con la hija del rey; pero este Fausto de menor cuantía se aburre pronto de ella, y quiere marchar al país natal, donde le espera la madre, la amada, los vecinos, a pesar de haberle repudiado todos. El diablo, entonces, se apodera de él. No hay remedio contra un alma hastiada.

La música de Stravinsky contiene menos metafísica. Es una música jovial, fresca, a ratos de una emoción intensa, como cuando el diablo medita al borde del camino que le lleva a la aldea. Y en otros casos, como el de la marcha real, el humorismo más bufo estalla en unos giros que nos son bien conocidos a los auditores españoles: papilla de músicas populacheras, que Stravinsky aliña de una manera tan simple como sorprendente.

No he de repetir lo que acabo de escribir sobre el gran ruso en estas columnas ni sobre lo ya escrito en el programa de la S. de C. y C. Pero he de dejar dicho algo referente a la belleza de la realización plástica en aquel teatrillo de colores chillones y de un tono voluntariamente «casero» que tenía él instalado en un rincón de la Residencia. Los cuatro muñecos confeccionados por Eva Aggerholm fueron realmente deliciosos, con una expresión y una intención admirables. Cuatro discípulos de Vázquez Díaz pintaron las decoraciones: un precioso telón de vivos tonos y alegre composición, imaginado por José

Caballero, un joven pintor andaluz, aun inédito, como sus compañeros, pero que ha de ocupar muy pronto la atención de críticos y aficionados por la viveza de su imaginación y la vibración de su paleta. Carlos F. Valdemoro ha pintado un telón para las danzas del soldado y la princesa en un sentido extra moderno, a más de un movimiento, un equilibrio en la gracia de su arabesco, una razón en el dinamismo de sus líneas, que iba de par con la excelente pintura, sólida y quieta, rica de materia, que es su decoración de la posada, ejemplo también de sólida composición en planos cuya estabilidad se hacía compatabible con la viva animación de línea. Rafael Vazquez Aggerholm pintó las dos decoraciones agrestes, dos paisajes muy bellos en su general entonación en verdes y en sólida hechura, en un tono muy «Pájaro Azul», como la totalidad del espectáculo. El palacio de la princesa está pintado por Bernardo Simonst, un pintor casi aún niño, como los anteriores, por supuesto, ya que el más viejo de ellos tiene diez y ocho años. Alegría, variedad, imaginación sin violencias formularias. El espectáculo así lo requería, y esos muchachos secundaron admirablemente a los organizadores del conjunto, que en síntesis fueron tres: Vázquez Díaz, para lo organización de lo plástico, Cipriano de Rivas Cherif, para lo escénico (él solo declamó las voces del diablo, del soldado y del lector, mientras que los muñecos eran movidos por Eva Aggerholm, Juan Manuel Díaz Caneja, Rafael Vázquez y Pepe Caballero). Por fin, alma musical del espectáculo fue Ernesto Halffter, que dirigió la orquesta, integrada por solistas de la Orquesta Filarmónica. Una orquesta muy breve; pero que ejecutó a la perfección, bajo la perita batuta de Halffter, una de las músicas más complejas y de difícil precisión entre todo el repertorio actual. Rodolfo Halffter hizo el papel modesto, pero indispensable, de apuntador, y sin él la nave, que hubiera necesitado mayor experiencia de ensayos, pudiera haberse ido a pique.

No se fue, sino que al contrario, arribó con plena felicidad al puerto deseado, que era el de entretener al público con un arte al parecer pueril y simple, y en realidad tremendamente complejo, sutil a fuerza de refinamientos.

El espectáculo comenzó con dos obras de Stravinsky en concierto, a saber: las «Tres piezas para cuarteto de arco», tocadas por el Cuarteto Rafael del modo tan notable que se sabe y otra obra que no había vuelto a escucharse en Madrid, desde que Aurelio Fernández la estrenó en la Sociedad Nacional, trabajándola con el propio Stravinsky, hace justamente diez años: las «Tres piezas para clarinete solista». Entonces hubo que repetir la obra en la sesión siguiente. Ahora Aurelio Fernández debió repetir la última. Las tres piezas y su intérprete fueron aplaudidos vivamente. El público, además, las había comprendido enteramente.

¡De qué manera avanza el criterio público! Diez años han renovado completamente el gusto y el criterio del auditor español. A pesar de lo que digan quienes todavía no se han enterado»

Reseña del homenaje organizado por la Sociedad de Cursos y Conferencias de la Residencia de Estudiantes de Madrid con motivo de los cincuenta años de Stravinsky. El Cuarteto Francés y otros músicos españoles de la Orquesta Filarmónica interpretaron diversas obras del compositor, entre ellas la *Historia del Soldado*. El principal mentor y organizador del evento fue Ernesto Halffter, con la ayuda de su hermano Rodolfo, que sirvió de apuntador. Salazar destaca la evolución del gusto del público en los diez años que distan del estreno de las *Piezas de Clarinete* en 1921 y su nueva interpretación en 1931. El público madrileño a comienzos de los años treinta ya ha digerido la estética de Stravinsky, en parte por haberla visto reflejada en obras españolas, sobre todo el *Retablo* y el *Concerto* de Falla.

35.– LA VIDA MUSICAL. «Música contemporánea en la Sociedad de Cursos y Conferencias», *El Sol*, 20-6-1934.

El segundo de los conciertos de música contemporánea ofrecido por Gustavo Pittaluga en el Auditorio de la Residencia de Estudiantes bajo los auspicios de la Sociedad de Cursos y Conferencias comprendía tres obras de maestros. El «Octeto» para instrumentos de viento, de Stravinsky, la «Sinfonía de Cámara» de Schoenberg y el «Concierto para clave e instrumentos» de Falla. Tres obras de otros tantos maestros; pero ¿tres obras maestras?

Es difícil poder afirmar hoy de ninguna obra musical que se trata de una obra maestra en la producción contemporánea. Las relatividad en el mérito y en su apreciación se deja sentir más intensamente que nunca y todo lo más que puede arriesgarse un crítico a afirmar es que se trata de una obra maestra «de su autor». Ya es bastante cuando los más grandes compositores actuales pasan por tan graves crisis en sus ideas y en sus realizaciones. En cada nueva producción suya la interinidad de unas y otras se echa de ver, y por lo tanto, la de la obra misma. Pero lo peculiar de una obra maestra es su carácter modélico, de permanencia ¿Cómo puede conciliarse con lo circunstancial y pasajero de la mayor parte de la producción actual?

Incluso la de los maestros más considerables de nuestra época, como Stravinsky y Schoenberg. Precisamente, las dos obras elegidas por Pittaluga, con buen acierto desde el punto de vista de su facilidad de comprensión para el auditorio, pertenecen a periodos de transición. El «Octeto» de Stravinsky pertenece a la época que va desde «Mavra» al «Edipo Rey», tres años posterior, donde comienza su producción «clasicista». La «Sinfonía de cámara», de Schoenberg, es su última experiencia dentro del dominio tonal y está ya a las puertas de la producción que mayor importancia tiene en Schoenberg, la atonal ya que sus obras anteriores apenas sobrepasan en interés a sus coetáneas del estilo ultracromático.

Del «Concierto» de Falla para clave o piano e instrumentos, apenas cabe decir algo nuevo. Es seguramente la obra maestra del gran músico español en la última etapa de su producción; última cronológicamente, aunque no como creador, lo cual todos deseamos ardientemente que ocurra. Y desde luego, es una de las obras maestras de su género en el repertorio contemporáneo.¿Es poco? Ya es obra juzgada: queda únicamente reseñar su cuidadosa ejecución por parte del director y de los solistas, en primer término la pianista que fue discípula de Falla, Rosita García Ascot, hoy señora de Bal...

En las obras de Stravinsky y Schoenberg el director Gustavo Pittaluga realizó un trabajo ahincado, siempre lúcido, pues aunque una y otra obras, reducidas a la proporción de música de cámara, puedan pasarse sin director, el resultado es considerablemente mejor cuando lo hay. Esto, incluso en la «Sinfonía» de Schoenberg, que suele ejecutarse sin director en la versión original para quince instrumentos, pero que se toca de preferencia duplicando la cuerda, con lo cual produce mejor efecto desde el punto de vista de la plenitud de sonido y de la seguridad de afinación. La versión ayer estrenada es un arreglo de Anton Webern para quinteto, con miras a su mayor sencillez de ejecución.

Es muy digna de alabanza la conducta de la Sociedad de Cursos y Conferencias que dedica a la música moderna «más moderna»un interés no observado en ninguna otra parte; y en el aplauso debe ir otro más por la confianza que pone y el aliento que presta a los jóvenes artistas como Gustavo Pittaluga, de tan buena disposición como seguro talento...»

El evento que aquí reseña Salazar pertenecía a una serie de conciertos de música contemporánea iniciados por Gustavo Pittaluga en 1933 en la Residencia de Estudiantes, que tuvieron amplia resonancia en Madrid. En 1934 se presentaron dos conciertos: el primero, el 12 de junio de 1934, en que se estrena en España la *Suite Lírica* de Alban Berg, junto a la *Opera de cuatro Cuartos* de K. Weill. El segundo, el 19 de junio (que es el aquí reseñado), en el que se interpreta el *Octeto* de Stravinsky, la *Primera Sinfonía de Cámara*, de Schoenberg y el *Concerto* de Falla. Todas las obras estuvieron a cargo de un grupo de cámara dirigido por Pittaluga. Salazar reconoce la importancia del segundo periodo atonal de Schoenberg, a partir de 1908, en cuyo umbral se sitúa su *Sinfonía*. Para Salazar, Stravinsky y Schoenberg son los grandes maestros de la época, pero Falla es quien ha realizado la obra capital en su género con el *Concierto*.

36.– LA VIDA MUSICAL. «Un concierto de «conciertos» en el Auditórium de la Residencia, *El Sol*, 26-5-1935.

Con una atención reiterada, la Sociedad de Cursos y Conferencias ha seguido desde su creación los hechos de mayor relieve que se van produciendo en la música contemporánea. Gracias a esta ejemplar institución se han podido dar a conocer en Madrid obras como «La Historia de un soldado», de Stravinsky, por ejemplo, fundamentales en el desarrollo de la música de nuestros días. Stravinsky, Poulenc, Milhaud, dentro de nada Kart Sach, entre otros altos valores, han pasado como conferenciantes o como intérpretes de sus propias obras por las reuniones de la Sociedad de Cursos. El concierto del pasado sábado –en el que se interpretaron tres conciertos para piano, o pianos y orquesta de Bach, Stravinsky y Poulenc– es, sin duda, uno de los acontecimientos más importantes, si no el más, del año musical que ahora termina [...].

No es el mismo caso de Stravinsky, músico que más que otro alguno ha desorientado a sus seguidores. El «Concierto para piano seguido de orquesta de armonía», que se tocó en esta reunión de la Sociedad de Cursos y Conferencias es uno de los jalones más importantes en la marcha de su arte. Escrito en el periodo que se ha llamado de la «vuelta a Bach», el más grande músico de nuestro tiempo desecha en él su «dieciochismo» un tanto superficial de «Pulcinella», para sumirse en más hondos problemas. Si aquella obra «tenía un aire» con los italianos del XVIII –Pergolesi o Scarlatti -, un parecido meramente de dientes afuera, el «Concierto para piano», en lo que está unido a Bach no es tanto en la sola apariencia exterior, como en el interior sentido, en el más profundo sentido, de su música. Por ello este «Concierto» es una maravillosa construcción sonora por el ritmo. De ahí también le vienen sus duros acentos, un tanto llenos de grave dignidad; su lirismo sofrenado.

Sulima Stravinsky llevó la parte de piano de manera admirable. Tanto él, como Pittaluga al frente de la orquesta, vencieron de manera inmejorable, esta partitura erizada de obstáculos [...].

Recensión del concierto ofrecido en la Residencia el 25 de mayo de 1935. El título alude a los tres conciertos que se interpretaron ese día: *Concierto para dos pianos*, de Poulenc con el propio compositor y Leopoldo Querol en la parte de piano; *Concierto para piano con instrumentos de viento*, de Stravinsky, interpretado por su hijo Sulima, y *Concierto para cuatro pianos y orquesta de cuerda*, de Bach, en el que intervinieron Poulenc, Sulima Stravinsky, Rosa García Ascot y Leopoldo Querol.

10. Conciertos en el Círculo de Bellas Artes

El Círculo de Bellas Artes, fundado en Madrid en 1880 por un grupo de pintores y escultores, se reorganizó en diversas secciones en su nueva sede de la calle Barquillo número 11, donde se había trasladado en 1895. En ese mismo año comienzan las actividades musicales bajo la dirección de Tomás Bretón, entre ellas la organización de un concurso de libretos de Zarzuela para que Fernández Caballero pusiera música a la obra ganadora; un concurso de música para el baile de máscaras de 1902; un concurso de jóvenes compositores en diversos años, etc. También fue decisivo para el impulso de los jóvenes músicos de entonces el convenio con el Conservatorio de Música de Madrid, para que sus estudiantes ofrecieran conciertos en los Salones del Círculo. En 1914 se inicia la colaboración con la Orquesta Sinfónica de Madrid, que luego continuaría con la Filarmónica de P. Casas. Tomás Bretón propuso al Círculo de Bellas Artes la organización de un ciclo de conciertos populares, de intención divulgativa, en los locales del Circo Price, que tenía un aforo de más de tres mil personas. El éxito fue enorme y la iniciativa muy aplaudida en la prensa. En los primeros conciertos, dirigidos por el propio Bretón, se interpretaron obras del XIX, muy del favor del público (Weber, Schumann, Liszt, Beethoven, Saint-Saëns y Wagner). En los conciertos de enero del año siguiente se interpretaron obras españolas. A partir de la colaboración con la Filarmónica de Madrid en 1915, se comenzaron a presentar obras más modernas de autores extranjeros como Strauss, Stravinsky, Bartók, Ravel, Schoenberg y otros (se organizaron más de 200 representaciones hasta 1928).

37. CONCIERTOS. «José Cubiles, en el Círculo de Bellas Artes, *El Sol*, 1-12-1930

A la misma hora que Pittaluga hablaba en la Residencia de Estudiantes tocaba José Cubiles ante un público abundantísimo en el Círculo de Bellas Artes. Las pocas veces que José Cubiles consiente en mostrarse al público constituyen episodios dignos de señalar durante cada temporada; así ese último, en el que Cubiles se mostró tan dueño de sí, de su técnica y de su gusto como siempre, o mejor dicho, mejor que siempre. Su programa se dividía en dos partes: una, en la que se contenían los nombres de Scarlatti, Bach y Chopin, y una segunda parte española con Halffter, Falla, Turina, Granados y Albéniz; toda la lira, como se hubiera dicho antes. Todo el clavecín como querría decirse ahora; o toda la guitarra, como diría algún castizo. Cubiles tuvo un éxito triunfal y se vio obligado a tocar de regalo un nocturno de Chopin, el «Estudio en forma de Vals» de Saint-Saëns, y una danza de Granados, de las menos conocidas.

Música española a cargo de un gran pianista de la época, el madrileño José Cubiles (1894-1966), que contaba entonces 36 años. En 1916, con 22, años, ya había estrenado *Noches en los Jardines de España* de Falla, en compañía dela Orquesta Sinfónica de Madrid.

38. CONCIERTOS. «Joaquín Nin Culmells en el Círculo de Bellas Artes», *El Sol*, 19-12-1930.

Hubiéramos querido para Joaquín Nin Culmells, un joven pianista de origen español y de preclaro origen pianístico, mejor instrumento que el que pone a disposición de sus concertistas el Círculo de Bellas Artes. Pero aun en él este muchacho pudo mostrar qué nobles dotes de pianista posee. No es extraño, ya que procede de uno de los más notables pianistas de sangre española, nacida al calor del trópico y vuelta a nacer al ambiente musical francés. España, Cuba y París se unen en Nin Culmells en afortunada mezcla, y dan por resultado un pianista de fino temple y de notoria sensibilidad, que quiere evitar toda sospecha de delicuescencia y para ello prefiere adoptar un ademán un poco arisco, una sequedad propensa a cierta dureza, sobre todo en los trozos de Debussy que tocó («Poissons d´or» y «L´isle joyeuse»); pero que no merman la musicalidad de esas páginas ni aun la del propio intérprete.

Se puede preferir en la versión que Nin Culmells dio de la «Sonata op. 109», de Beethoven el «andante» a los movimientos vivos, y yo, desde luego, siento esa preferencia. Tocar bien un tiempo lento es mejor señal que tocar brillantemente un tiempo rápido. La preferencia, pues, es favorable para Joaquín Nin, que mostró sus buenas dotes de compositor en tres breves «Impresiones», no impresionistas, ciertamente, sino de ese españolismo de legítima procedencia (ya que no podemos decir de vieja o de nueva cepa, porque ésta no va más allá de Albéniz, ni más acá de Falla).

Las tres páginas se titulan «Habanera», «La moza del cántaro», quizá la mejor del grupo, y «Un Jardín de Toledo, más cercano al modelo francés. Las dos «Sonatas de «El Escorial», de Rodolfo Halffter, unen, como se sabe, ambas cepas españolistas, la rancia y la fresca, y Nin las tocó acentuando su agridulce disonancia. Albéniz en «El Albaicin» y Falla en «Danza del fuego», tocada de regalo, completaban con la «Primea Balada» de Chopin que Nin siente en un movimiento ligeramente lento, el programa de este joven pianista, a quien deseamos oír nuevamente y en mejores condiciones.

Salazar reseña el concierto de otro gran joven pianista en esos años, Nin Culmells, también con música española. Joaquín María Nin Culmells había nacido en Berlín en 1908 y sus tres Impresiones *datan de 1929, época en que arranca su labor compositiva.*

11. Conciertos en otras Instituciones

La vida musical de Madrid en esta época estuvo animada por entidades e instituciones que ofrecían conferencias, recitales y conciertos, de los que también se hizo eco Salazar, aunque en menor medida que los conciertos referidos a las grandes agrupaciones sinfónicas. Entre los espacios que ofertaban música durante esos años en Madrid destacan el Real Conservatorio Superior de Música, el Ateneo de Madrid, el teatro La Comedia, el Club Lyceum Femenino, la Sala Aeolian, el Instituto Francés, etc. Igualmente Salazar informó de actividades musicales realizadas fuera de Madrid, como las que tuvieron lugar en la Asociación de Música de Cámara de Barcelona. Recogemos aquí, como muestra, algunas reseñas sobre los conciertos en otras instituciones.

Conservatorio Superior de Música de Madrid

Fundado en 1830 por la reina María Cristina, el Real Conservatorio Superior de Música de Madrid tuvo como directores en este periodo, entre otros, a Tomás Bretón (1912-1921) y Fernández Bordas (1921-1930). Entre sus profesores destacaron del Campo, Turina y Esplá. En la sala del Conservatorio se realizaron numerosos conciertos, recitales y conferencias durante la época que nos ocupa

39. MUSICA.» Sala del Conservatorio. Concierto Rebollar.– Degen». *El Sol*, 1-06-1919

Hay un primer Richard Strauss, el de los poemas sinfónicos, plenamente adoptado por el gran público musical. Hay un segundo Richard Strauss, el de las tragedias líricas, alrededor del cual la polémica estaba encendida antes de que por virtud de la guerra las opiniones musicales siguieran el perfil de las fronteras políticas. Hay, por fin, un tercer Richard Strauss, el menos popular de todos, el autor de «lieder» perfectamente inspirados y de importantes composiciones «de cámara».

De este tercer Richard Strauss, el violinista Sr. Franz Degen y la señorita Ana Rebollar ejecutaron ayer en la sala del conservatorio la «sonata» en mi bemol para violín y piano. Obra clásica por el respeto a las pautas antiguas del género y moderna al mismo tiempo en su tejido armónico. El señor Degen, mal servido por un instrumento en extremo deficiente, y la señorita Rebollar supieron darle una interpretación respetuosa [...].

Breve y certera descripción de los tres periodos productivos de R. Strauss. De este compositor se interpretaron numerosos lieder en la Sociedad Filarmónica de Madrid, así como música de cámara.

Recitales en el Teatro la Comedia

Sin duda, el Teatro de la Comedia, fue uno de los principales centros musicales de Madrid durante los años veinte y treinta, en el que se interpretaron conciertos y recitales de toda clase. Además de ser la sede oficial de algunas sociedades, como la Sociedad Filarmónica, en su local se dieron variedad de recitales organizados por agencias musicales como la Sociedad de Conciertos H. Daniel. Además, esta sala acogió también los conciertos de la Orquesta Sinfónica de Arbós y los de la Filarmónica de P. Casas, especialmente después de la renovación del edificio en 1926, cuandose convirtió en la sede eventual de la Orquesta Sinfónica (ver la reseña de Salazar en *El Sol*, 3-3-1926). No es de extrañar que Salazar llamara a este teatro «la sala de conciertos por antonomasia».

40.-LA VIDA MUSICAL. «J. M. Sanromá: Un programa de música moderna», *El Sol*, 14-12-1929

[...] Si hay en el momento actual un hombre que más denonadamente luche por su arte (el «suyo», el creado por él, no el tomado en préstamo a los demás), que con más paciencia, heroísmo y espíritu de sacrificio se hay impuesto la misión de crear un arte a su hechura y semejanza es Arnold Schoenberg. Otros, llámense Bartok, Stravinsky o Falla, han visto su obra coronada de gloria; pero Schoenberg hoy todavía, a los cincuenta y cinco años de edad, es para la inmensa mayoría de la afición musical el ejemplo vitando del réprobo. Todo una vida de pulimento, de afanoso construir una treintena de obras y estas obras basadas en un principio lógicamente evolutivo, consecuencia fiel –y yo diría irremediable– del arte de sus antepasados germánicos, que es, pues, herencia directa y rama nueva en el árbol genealógico de la música alemana; toda una vida de heroico sacrificio, para que, hoy por hoy, sólo le defiendan una docena de gentes, pero para los que aún los que más lejos se hallan de él le estudien y le observen para asimilarse los jugos nutritivos que sus obras contienen.

Caso curioso el de Schoenberg, que antes que Stravinsky, al igual que él en el efecto, pero muy diferente en el éxito, penetra con sus ideas y punza con sus procedimientos la totalidad de la música europea «consciente», sin apenas escape. Poco conocemos en España de él. En Madrid, solamente alguna obra temprana, donde apenas existe el atractivo del auténtico acento schoenbergiano. Las «Seis pequeñas composiciones para piano» ayer presentadas por Sanromá, son precisamente las que mejor pueden servir de introducción al público de ese músico difícil: el más difícil quizá de todos los que hayan existido desde aquel que escribió la «Fuga para cuarteto de cuerda», concebida como final de uno de sus últimos cuartetos, o, en tiempos modernos, más difícil que el que escribió «La Consagración de la Primavera».

Bien que estos brevísimos bocetos sean posteriores a la serie de «Tres piezas», ya concebidas dentro de la manea atonal y asonante de Schoenberg, son mucho más fáciles que aquellas para comprender a un hombre que aquí todavía está estéticamente, casi pared por pared del mejor Schumann. Bocetos en el sentido que un pintor da a los suyos, esto es, serie de pinceladas que se construyen por su simple yuxtaposición y en las cuales preexiste ya la idea que más tarde se ha de desarrollar. En este caso, idea pura, específicamente musical, sonora.

Netamente musical y aun de una calidad que se destacó inmediatamente al proseguir Sanromá su programa. El triple «Homenaje» de

Malipiero no es su obra maestra; pero sí una de las más acertada en su punzante humorismo. La obra de Toch que tocó Sanromá, titulada «El Juglar», es probablemente de lo más acertado en el repertorio alemán actual, perfectamente pianística y segura en su efecto. Tal seguridad, fina percepción en lo definido de la idea, en el consorcio entre propósito y realización y, sobre todo, aquella cualidad que tan inequívocamente se echaba de ver en Schoenberg, la calidad de su musicalismo, reapareció en la chispeante «Marcha alegre» de Halffter, su primera obra de empeño y ya una página evaluable en el repertorio español de nuestros días, donde hay tan pocas de su clase. Sanromá hizo una pequeña creación de esta obrita, tan llena de luminosidad y de franco optimismo y tras de ella las de los maestros españoles de este momento no podían sino acentuar esa maestría. Sanromá tocó todavía de regalo la «Danza de los Vecinos», después de la «Danza del Fuego», que dijo con novedad y personalidad. Un curioso y muy bello fragmento de Dohnanyi (quizá lo que más me gusta de cuanto he oído de este músico húngaro), dos páginas de Debussy soldadas por capricho del intérprete y todavía, ya en la intimidad, una «Suite» de Krenek fueron otros tantos regalos que Sanromá ofreció a un público, interesado por su arte y que pagó con inteligencia, la que él puso en sus interpretaciones.

Salazar comenta el recital del pianista puertoriqueño Jesús María Sanromá, con obras de Schoenberg, Malipiero, Toch y Halffter, en el Teatro de la Comedia. Aprovecha la presentación de las «obritas» de Schoenberg en el recital de Sanromán, (Las *Seis pequeñas piezas para piano op. 19*, 1911), para revisar el estado de la recepción de Schoenberg en 1929. *La Marche joyeuse* (Marcha alegre) de Ernesto Halffter a la que se refiere Salazar fue compuesta en 1922 y orquestada en 1924 como Marcha grotesca para el concierto de inauguración de la Orquesta Bética el 11 de junio de 1924, en Sevilla, por iniciativa de Manuel de Falla (en donde se interpretaba además una obra del propio Salazar).

Club Femenino Lyceum

Este Club fue un lugar de encuentro para la realización de actividades diversas encaminadas especialmente a la promoción de la mujer, en el que se dieron recitales de destacadas artistas de la época. Al igual que la Sociedad de Protección a la mujer en el Trabajo, los socios se reunían para intercambio de ideas y actividades amenizadas con recitales de música.

41. LA VIDA MUSICAL. «Rosita G. Ascot, en el Lyceum», *El Sol*, **17-06-1931**

Rosita García Ascot, pianista favorita de los autores más jóvenes e intérprete celebradísima de la música moderna, dio ayer tarde un recital en el Club Femenino Lyceum. Raras veces accede a mostrarse en público la notable artista y es necesario que poderosas razones le obliguen a ello. Hace unos meses fue la súplica de sus compañeros de producción musical, que solicitaban su concurso y que ella prestó generosamente en varias audiciones en Madrid y Barcelona. Su cualidad de compositora e intérprete perteneciente al bello sexo debió de ser la que le obligó a mostrarse en este nuevo concierto, del que, atendiendo a sus gustos, habría escapado, sin duda, de haber podido hacerlo.

Sus auditores tuvieron que felicitarse porque la gran pianista no encontrase medio de resistirse. Su modo de interpretar el programa elegido fue en efecto, merecedor del más caluroso aplauso, y, el rendirse a semejante obligación en un día canicular como el de ayer, es la mejor prueba de la satisfacción de los oyentes. El programa comprendía un grupo de obras preclásicas; es decir, anteriores a Mozart: Bach, Scarlatti, Soler, Gluck.En la segunda parte, dos páginas de Debussy, que la señorita García Ascot tocó deliciosamente, con esa sensibilidad tan refinada y tan cultivada que va servida de una técnica minuciosa y perfecta. Y como música española de última hora y de primera categoría, dos fragmentos de Falla, su maestro, y la «Danza de la Gitana», de Ernesto Halffter, su condiscípulo ¡Buena compañía! Rosita García Ascot sabe escoger, y además de saber, puede. No todos están en semejante situación. Como regalo una «Humoresca», de Max Reger. Hubiéramos preferido una página de la propia pianista. Pero ya quedamos en que, en cuanto es posible se escabuye, desaparece por el escotillón...del éxito.

Rosita García Ascot, pianista madrileña nacida en 1908, fue discípula de Pedrell y Falla y una de las mejores intérpretes del compositor gaditano. Con la Guerra Civil se exilió con su marido, el compositor y musicólogo Jesús Bal y Gay, a Méjico, como tantos otros intelectuales y artistas, incluido el propio Salazar.

Sala Aeolian de Madrid

42. LA VIDA MUSICAL. «Música de Oscar Esplá», *El Sol*, 8-05-1926. (Texto íntegro).

Telmo Vela, el gran violinista alicantino, y Joaquín Fuster, un pianista de la misma región del que hemos tenido ocasión de ocuparnos elogiosamente, ofrecieron ayer en la Sala Aeolian un recital de música de su paisano Oscar Esplá.

No vamos a repetir ahora en una simple reseña cuanto tenemos dichas en tan reiteradas ocasiones sobre el valor, tan de primer rango de la música de Esplá. Pero si es necesario insistir sobre el mérito de un recital semejante en el que artistas como los mencionados se reúnen para recordar que la música de su compatriota ilustre debe ser motivo de más frecuente audición, y que en cada una de ellas se echa de ver con mayor convicción al género tan rico y variado al que pertenecen.

Estaba combinado el programa hábilmente para, después de las obras de piano, llegar a la magnífica «Sonata» de piano y violín que es uno de los exponentes más formidables de la literatura para esa combinación instrumental.

No es aventurado decir que, después de la «Sonata» de Franck, es la de Esplá la más hermosa «Sonata» de violín y piano que existe en el repertorio contemporáneo. Y decimos que no es aventurado asegurarlo así, porque desde hace diez años, en que esa «Sonata» vio la luz, lo dijimos ya, y nada ha venido a desmentirnos tal afirmación entonces hecha y hoy reiterada. Obras como esa «Sonata» son hitos definitivos en la literatura musical de un país y nadie puede olvidarlas sin la pura pérdida de su prestigio o de su nivel cultural.

Vela, a quien la «Sonata» está dedicada, y que fue quien la estrenó en América, sabe poner en su interpretación un calor, una cordialidad de expresión características de un gran artista. Y no hablo de su interpretación material, que exige un artista de primera talla y que fue impecable en Telmo Vela.

No es menos fuerte el papel encomendado al piano en esa obra. Fúster le dio un realce singular, demostrando su comprensión de la obra y su buena técnica y sentido. Los cinco números de que se componen las «Impresiones musicales» fueron dichas por Fúster de un modo perfecto, muy delicadamente sentidos e interpretados. No fue menor el talento puesto a contribución en el «Crepúsculum», obra de mayor empaque y trascendencia que servía de transición (a pesar de ser una obra posterior en numeración), desde las dulces páginas infantiles, antes mencionadas, a la formidable creación de la «Sonata»

Un gran triunfo para autor e intérprete.

Oscar Esplá compuso su *Sonata para violín y piano, op. 9*, en 1913. La obra fue estrenada el 1 de junio de 1915 en la Sociedad Nacional de Música de Madrid por Eduardo Toldrá y Francisco Fuster. Desde el principio gozó del favor de la crítica y tuvo mucho éxito, aunque se ha interpretado muy poco, debido a su extensión y complejidad.

La Asociación de Música de Cámara de Barcelona

En L'*Associació de Música «da cámara»* se interpretaron las obras modernas más destacadas del repertorio camerístico, siendo una de las primeras asociaciones en España en adquirir un carácter internacional y europeo. La AMC ofreció un total de 347 conciertos y audiciones entre 1914 y 1936 bajo la dirección artística de Joseph Rabentós y Mariano Perelló. Se organizó en torno a un grupo de jóvenes músicos procedentes de la Academia y el Centro Obrero Calasancio fundado por los sacerdotes Escolapios, que tenían una orquesta de aficionados y un cuarteto de cuerda. Los conciertos (obras orquestales, de cámara, recitales de solistas y lieder, junto a obras corales) tenían lugar en la Sala del Orfeó Catalá en el Palau de la Música Catalana. El concierto inaugural, el 14 de abril de 1913, bajo la dirección de Rabentós, incluía obras de Bach (*Concierto de Brandenburgo nr. 5*), Bocherini (*Siciliana*), Brahms (*Danzas Húngaras*), Grieg (*La última primavera*), Mozart (*Serenata en sol*) y Saint-Saëns (*Deluje*).

En la AMC participaron las agrupaciones orquestales más prestigiosas de España y algunas europeas, bajo la dirección de personalidades como P. Gaubert, G. Georgesco, O. Klemperer, E. Papast, H. Scherchen, amén de Schoenberg, Stravinsky, Webern, Krenek, Honegger o Hindemith.

43. LA VIDA MUSICAL. «Psiquis» la última obra de Manuel de Falla, *El Sol*, 27-04-1925.

En los conciertos que recientemente ha celebrado la Orquesta Bética en la Asociación de Música de Cámara de Barcelona, figuraba, al lado de varias de las obras capitales de Manuel de Falla, otra obra suya de menor dimensión, pero no de inferior categoría, por lo elevado y rico de su calidad. Esta obra es la última que, salida de su pluma, se decide a volar por el mundo, escapándose de los rigurosos regímenes de observación y depuración a los que Falla somete a sus obras antes de lanzarlas a la vida sonora.

«Psiquis», la nueva producción de Falla, es un poema de corta longitud, escrito para voz de mujer (Falla dedica su obra a Madame Alvar) y un grupo reducido de elementos instrumentales: una flauta, arpa, un violín, una viola y un violonchelo. Mas la intensidad de lo expresivo, la exquisita calidad de la materia musical, lo selecto de la idea, hacen que esta obra sea, en cierto modo, como una condensación del criterio estético de su autor, una suma de sus más notables cualidades, el sutil deguerrotipo de su personalidad espiritual. Después de algunas páginas del «Retablo de Maese Pedro», que resumen toda la admiración de que yo soy capaz, y que van unidas, como en todos los casos semejantes, en mi sensibilidad, a un exaltado sentimiento, «Psiquis» es la obra que más de cerca realiza el tipo ideal de música, a cuya reverencia vengo dedicando, sin tregua ni desmayo, largos años de voluntad y toda la inteligencia que me está permitida. Son tantos, tantos los días grises del año, tantas las jornada estériles, tan incontables las horas dedicadas a la medianía, de tal modo innumerable el espectáculo de lo malo y de lo feo que un crítico debe, por obligación, contemplar, que cuando llega el instante de sentir lo bello, lo noble y lo profundo, tiene derecho a exaltarlo sobre toda precaución o falso concepto de lo mesurado y lo discreto.

Menester es reconocerlo y es de leal necesidad el repetirlo: cada nueva obra de Manuel de Falla es una nueva página imborrable que se añade a nuestra historia contemporánea. Y puedo añadir con satisfacción que no hay músico de categoría en España, que no siente, en este particular, acorde conmigo.

En «Psiquis» Falla va de la mano de un poeta admirado y querido, que, por su amor para España, y por su entusiasmo hacia la moderna música española desde sus primeros albores —desde los años en que se cuajaba el genio de Albéniz— es una figura familiar entre nuestros músicos mejores. Me refiero a G. Jean-Aubry cuyo nombre tantas veces se ha visto estampado en estas columnas.

Los cuatro tercetos de que «Psyché» se compone, son una muestra perfecta de la poesía de Aubry, no dilatada en cantidad, tampoco, pero, así como la música de Falla, selecta, retirada a los últimos aposentos de la sensibilidad, recatada, exquisita. Una época de la poesía francesa aparece resumida en esta poesía, del mismo modo que la música alude a otra época afín a aquélla.

Hay un camarín en la Alambra, situado de tal modo respecto al mágico edificio y respecto al paisaje al cual domina que es como el alma misma de la Alambra, dispuesta a escaparse en un arrebato lírico, para volar sobre el valle soberbiamente bello. Ese camarín es el llamado «Tocador de la Reina». No sé bien por qué, pero en lo íntimo siento claramente la intuición que ha movido al músico al imaginar una escena romancesca, en ese mágico camarín, para ambientar el poema.

«Ante la Reina –Isabel de Parma, aun no mediado el siglo XVII– las damas de la corte celebran un concierto íntimo». Los instrumentos inician una danza noble, que sirve de preludio y de postludio al poema.. Dulce, lejana, la flauta canta una melodía, apoyada en suaves sonoridades de la cuerda, levemente teñida por el suave por el claro timbre del arpa. La melodía pasará pronto al cálido registro grave del violín. Las sonoridades se hacen cada vez más tenues, se esfuman, se pierden, por fin.

Entonces la voz, sola, sin acompañamiento alguno surge, castamente desnuda, como Psiquis.

Psyché! La lampe est morte: éveillé toi. Le jour
Te cónsidere avec des yeux noyés d'amour
Et le désir nouveau de te servir encore

Los instrumentos, en seguida se conciertan para evocar, por el conjuro de sus timbres, el paisaje ideal que pinta el poeta:

Le miroir, confident de ton visage en pleurs
Réflete ce matin, lac pur parmi les fleures,
Un ciel laiteux ainsi qu'une éternelle aurore

Mientras que adquirirá más rosados tonos y un movimiento estremecido, cuando

Midi s'approche et danse, lyre, sur ses piede d'or

Psiquis seca sus lágrimas y con un alegre impulso se abandona al esplendor del mediodía. La música exalta la belleza de la luz, de la naturaleza, abundante y generosa. La flauta se desborda como un surtidor:

L'oiseau chante au sommet de l'arbre le soleil
Sourit d'alse en voyant l'universel éveil
Et le Printemps s'étire, une rose a la bouche

No proseguiré más lejos el inútil afán de sugerir esta música luminosa, cuya exultación guarda en todo instante ese clásico afán de medida, de contención, semejante al de esos pintores franceses cuya inspiración suave y discreta evoca, tan bien, el poema de Aubry. Un arte tal lleno de alusiones delicadas, recónditos reflejos de emociones intelectuales, es –fácilmente se comprende– un arte para muy pocos. Pero en arte, lo «mucho», como cantidad, no es valor ponderable.

Sobre el turbio oleaje del arte vulgarizado – no es lo mismo que el noble arte popular – sobre sus aguas sucias y espesas, una rosa navega. Vino de Francia y a Francia vuelve; pero su perfume es el de España.

Psiquis (Psyché) fue compuesta entre 1923 y 1924 y estrenada en el segundo de los dos conciertos que dedicó a Falla la Asociación de Música de Cámara de Barcelona en el Palau de la Música Catalana, durante el Festival Falla, a cargo de la Orquesta Bética de Sevilla dirigida por Ernesto Halffter y el propio Falla. En el primer concierto, el 7 de febrero de 1915, se presentaba en primera audición *El Amor Brujo* y *El Retablo de Maese Pedro*. En el segundo concierto, el 9 de febrero, se presentó, junto al Sombrero de Tres Picos, la Danza Ritual del Fuego y El Retablo, con la soprano M. Josepa Regnard.

II.-CRÍTICAS DE PUBLICACIONES. LA EDICIÓN MUSICAL Y SU DIFUSIÓN
1. Libros, 2. Partituras, 3. Discos

1. Publicación de Libros

Salazar se hizo eco de cuantas publicaciones interesantes sobre música iban apareciendo. Dio a conocer una serie de libros fundamentales, desde el *Ensayo sobre una nueva estética de la música* de Busoni (1907), hasta los escritos del historiador R. Mitjana, que aquí citamos. Estas publicaciones, que a veces aparecían bajo el epígrafe de «La Edición musical», servían de excusa a Salazar para realizar profundas reflexiones sobre estética o historiografía musical. En los años treinta comentó también muchos libros de la Editorial Labor de Barcelona, como los de Egon Wellesz (*La música bizantina*) o Hermann Scherchen (*El arte de dirigir*).

44. MUSICA. Folletón. «Un historiador musical: R. Mitjana», *El Sol*, 16-07-1918
(Texto íntegro).

Los cultivadores de la historia musical en España son los menos y tan raras las apariciones de libros de esta índole dignos de mención, que su publicación constituye una fecha importante. Sin el menor estímulo por parte de las entidades encargadas de fomentar estos estudios, los que se dedican a ello han de hacerlo movidos por su propio impulso, rebuscando en archivos y bibliotecas, a veces encontrando grandes dificultades aun para penetrar en ellas, y siempre sin otra recompensa que la satisfacción íntima de haber contribuido al desbrozo de este terreno, en el que apenas se ha pasado de la roturación.

La publicación del último libro de D. Rafael Mitjana «Estudios sobre algunos músicos españoles en el sigo XVI», que señalamos recientemente en estas columnas me mueve a hablar de los demás trabajos de este escritor. Unos son puramente críticos y en su mayoría se refieren a asuntos artísticos contemporáneos a la fecha en que fueron escritos; otros, y creemos que los más importantes son fruto de las investigaciones de Mitjana en bibliotecas extranjeras, en las que ha hallado documentos importantísimos para nuestra historia musical. Cabe señalar, además, los trabajos puramente musicales de Mitjana, que desconocemos casi en su totalidad por conservarlos casi inéditos su autor; tales son una ópera titulada *Loreley*; un misterio lírico, *La Buena guarda*, basado en la leyenda de *Margarita la Tornera*; varias canciones y obras de piano. Recientemente publicado en «La Ilustración Española y Americana» un artículo biográfico de Mitjana por Rogelio Villar, nos excusamos de otros detalles que no sean el indicar que sus maestros fueron D. Eduardo Ocón, para los estudios musicales, proseguidos luego en París con Saint-Saëns; D. Felipe Pedrell, para los referentes a la historia musical, y D. Marcelino Menéndez Pelayo.

El primer trabajo publicado de Mitjana (1895) fue un estudio sobre Juan del Enzina, reproducido ahora en la obra mencionada, juntamente con varios apéndices y unos «nuevos documentos» relativos a J. Del E.». Insertados en la «Revista de Filología». Mientras reúne datos y acopia referencias históricas, emprende en periódicos y revistas, una intensa labor en pro de la música nacional. Su folleto (1901) sobre *La Música Contemporánea en España y Felipe Pedrell* tiene un interés particular para los lectores de hoy, haciendo ver de qué modo ha evolucionado nuestro mundo musical en los últimos quince años. Poco tiempo después, en 1904, reúne una colección de artículos dispersos, bajo el título de *Ensayos de crítica musical*. Todavía en ese libro dedica alguno de sus trabajos a las obras de

Pedrell; otros están dictados por la actualidad del momento, como los dedicados a Gounod, Tomas Chueca, Albert Soubies, Mascagni, etc. También entre ellos se encuentran algunos bocetos históricos: *La Electora, Cristóbal Colón y la Música, El Congreso de Bilbao, Datos biográficos relativos a Antonio Cabezón*, etc.

Por razones de su carrera diplomática, Mitjana traslada su residencia a Suecia en 1905. Esta época es decisiva en sus trabajos de musicógrafo por los documentos que encuentra en la Biblioteca Carolina de la Universidad de Uppsala (1909). El más importante de ellos es una colección de cincuenta y cuatro canciones españolas del siglo XVI, que Mitjana denomina *Cancionero de Uppsala*, y que juntamente con el *Cancionero de Palacio* publicado por Barbieri (siglos XV y XVI) y el *Cancionero de Claudio de la Sablonara* (siglo XVII), existente en la biblioteca alemana y que Barbieri hizo copiar para su estudio, forman un ciclo casi completo de nuestra música profana de los siglos mencionados. Las obras que comprende el *Cancionero de Uppsala* están escritas a varias voces, oscilando su número entre dos y cinco, y salvo doce villancicos de Navidad, las demás se refieren a temas amorosos y picarescos, la mayor parte en lengua castellana, otras en catalán y dos en dialecto galaicoportugués.

Ninguno lleva indicación de autor, salvo un madrigal de Nicolás Gombert, de Brujas, que estuvo al servicio de Carlos V en el primer tercio del siglo XVI. Contrasta fuertemente el estilo elegante de este madrigal con el aroma popular de todos los demás, cuya boga disculparía, tal vez, al recopilador de señalar el nombre de los autores, que muy probablemente habrían de ser Juan del Enzina, Cristóbal Morales, Peñalosa, Escobedo, ¿Ondalina? y Cabasaña. El Cancionero de Uppsala, a más de ser un ejemplar único, según todos los indicios, es la colección impresa más antigua que hasta ahora se conoce. Mitjana publicó en 1909 un primer volumen que contiene los textos de las canciones, avalorado por sus notas y comentarios. Un segundo volumen, en el que deben contenerse los textos musicales, no ha salido aun a la luz.

De una importancia grande, asimismo, para la historiografía musical es un *Catálogo de los impresos musicales de los siglos XVI y XVII* en la misma Biblioteca de la Universidad Real de Uppsala.

Tampoco se ha publicado más que un primer volumen (1911). El prólogo que le antecede, juntamente con las notas críticas y descriptivas, y, además, las reproducciones de portadas, ejemplos musicales curiosos, *ex libris*, etc., dan a este volumen un singular valor bibliográfico. Contiene notas de 243 obras, y es el primero de la serie de música religiosa. Desde Uppsala publica Mitjana interesantes artículos sobre el orientalismo musical y la música árabe (en la revista *Le Monde Oriental*), a los que pueden añadirse los contenidos en el volumen *En el Magreb-el-Aksa* (*Un viaje a Marruecos*) (1900). Siempre en Suecia publica dos volúmenes de artículos críticos: uno titulado *Discantes y Contrapuntos*, contiene noticias sobre Vicente Martín y Soler, el autor de *Una cosa rara*, ópera que en su época se la encontró digna de rivalizar con Mozart. Otros artículos sobre *Don Juan* se incluyen en este volumen, juntamente con unos estudios sobre Farinelli y sobre *El Solitario* (Estébanez Calderón), y su correspondencia con Próspero Mérimée. La otra colección de artículos se titula ¡*Para música vamos!*...y contiene un estudio sobre la trilogía de Pedrell *Los Pirineos*; otros sobre *Garín*, de Bretón, y *Circe*, de Chapí?; unos bocetos biográficos de Fray Eustaquio de Uriarte, Juan de Montes y Antonio Nicolás; un artículo histórico sobre la guitarra española, y un estudio biográfico sobre Tomás Luis de Victoria, nuestro gran polifonista, estudio que desde la fecha de su publicación (1909) ha ido completándose constantemente por su autor hasta poder formar hoy una biografía casi completa del gran músico español.

Con sus trabajos de investigación histórica, alterna Mitjana en la Universidad de Uppsala una serie de conferencias sobre los grandes maestros del teatro español. Estas conferencias, leídas en 1907, versan sobre Lope de Vega, Tirso de Molina, Alarcón, Rojas, Moreto y Calderón. Un estudio detallado y completo de la historia de nuestro teatro, y, en general, de nuestra poesía, tan unida en sus orígenes a la historia musical, es indispensable para poder marchar con seguridad en este bosque tan tupido como intrincado. Esas conferencias están inéditas, y es lástima que Mitjana no se decida a publicarlas como lo hizo con otra lectura sobre *Claudio Monteverdi y los orígenes dela ópera italiana* (Centro de Estudios Estéticos de Uppsala, 1909) en donde pone de relieve el gran avance dado a la música dramática por el genial músico de Cremona y los de la *Camerana Fiorentina*.

Volviendo a la música española, uno de los escritos más importantes de Mitjana es el titulado *El Maestro Rodríguez de Ledesma y sus Lamentaciones de Semana Santa* (1909) estudio crítico biográfico sobre un compositor de comienzos del siglo XIX, hoy totalmente olvidado. A más del mérito intrínseco de las obras musicales de Ledesma, cuya copia, de mano de Mitjana, he podido ver, su importancia cuenta en nuestra historia musical como uno de los introductores del romanticismo alemán en España.

Ledesma, que vivía en Londres por los años en que Weber triunfaba en la capital de Reino Unido con el *Freischutz* y *Oberón*, sufre fuertemente su influencia y la refleja en algunos momentos de sus *Lamentaciones*. Ciertos detalles de orquestación peculiares del gran romántico están empleados por Ledesma por primera vez en España. Dada su época, su inclinación por los grandes músicos del primer romanticismo, debieron hacer de Ledesma un artista de un singular «modernismo». El folleto contiene, además, otros datos curiosos sobre la música en España en la primera mitad del siglo pasado. Las obras de Ledesma merecerían ser revisadas y sacadas del olvido por nuestra sociedades musicales.

Reflexión sobre la aportación del musicólogo y compositor malagueño R. Mitjana Gordon (1869-1921) a la historiografía española. Salazar dedicó dos artículos a los trabajos histórico-musicales de Mitjana en los folletones de El Sol: el que aquí nos ocupa, y el siguiente, en el que da cuenta del escrito más importante de Mitjana: *Historia de la Música española*, escrita en 1910 para la *Gran Enciclopedia y Diccionario del Conservatorio de París*, dirigida por Albert Lavignac.

45.-MUSICA. Folletón. «Variaciones sobre música oriental. La música de Rabindranath Tagore». *El Sol*, 6-10-1918 (Texto íntegro).

Desde que la Exposición de París de 1889-90 tuvo entre sus atractivos la música exótica, el estudio del arte musical de los países de Oriente ha progresado de una manera considerable. Pero los hombres de ciencia entran pronto en el terreno de la especulación y pierden casi siempre el contacto con el hecho vivo y palpitante, que, en resumen, es lo que más nos interesa a quienes no pretendemos adquirir una erudición profunda en la ciencia musical de los orientales. Contra lo que se cree generalmente, el aspecto científico de la música asiática es muy complejo y de una minuciosa propiedad que responde a razones estéticas muy sutiles y de aguda psicología.

La bibliografía hoy existente sobre esta materia es tan abundante como sabia; es fácil tener una idea del grado de perfección que esta clase de estudios alcanzan, asomándose, sin ir más lejos, a la «Enciclopedia del Conservatorio de París». Egipto, Asia, Caldea; sirios, frigios, persas, hebreos...He aquí una historia de la música bien muerta, en la cual se encuentra alguna raíz que aun hoy, a vuelta de miles de años, florece pálidamente...Los estudios sobre la música china, india y japonesa de Maurice Courant, y Le Grosset (en la obra citada), tienen juntamente con su valor histórico, un mayor interés cuando nos hablan de la música actual en esos países; pero no privan de su fuerte aroma a las monografías que sobre la «música exótica» de la Exposición mencionada, escribieron Benedictus, Gautier y Tiersot. Esa música, influyendo eficazmente, con su poderoso atractivo, en ciertos artistas contemporáneos, determinó acaso algunos de los rumbos que siguieron enseguida. Y no olvidemos que Louis Laloy, sinólogo eminente, es el mejor biógrafo de Claudio Debussy...Mientras preparamos unos trabajos de vulgarización que den al lector una idea el arte musical de los orientales, creemos que no han de enojarle estas «Variaciones» que hoy le presentamos sobre un tema cuyo interés es tan rico y tan vario.

La música de Rabindranath Tagore

Gran número de poemas de Tagore han sido escritos para ser cantados. La música de sus poemas; la música que corre por los campos de su patria; la que oyó cantar de niño; la que él mismo hace cantar a los chicos de su escuela de Bolpur; sus impresiones sobre la música occidental, son motivo que caen frecuentemente bajo su pluma. Pero entre su concepción de la música y la nuestra, gentes de Europa, hay una diferencia profunda. Diferencia intrínseca, de su modo de ser, y diferencia en su significado, en el valor de su aplicación práctica. Para Tagore la música tiene ese valor inocente, puramente humano, de las artes en sus primitivas fases, cuando, antes de ser motivo de lujo o de regalo, no constituían sino la manifestación libre y feliz de una espontánea manifestación del espíritu. La música, como expresión sentimental; se canta, como se ríe y como se llora, y a veces para una u otra cosa. Poco nos hablará de música instrumental – música para danzas o para marchas profesionales y guerreras –; Tagore apenas tiene interés para otra música que no sea la expresada por la voz. Pocos son los tipos musicales del sentimiento; su expresión se sentirá satisfecha con un número limitado de formas melódicas, pero susceptibles de adoptar mil diferentes matices. La labor del artista serán en este caso la de encontrar poesías que circunstancien la extensa generalidad de una melodía dentro de un tipo determinado, que es el proceso inverso a que nos tiene acostumbrados el arte occidental. Tal proceso es general en el canto popular; todo el canto andaluz, con su número reducido de tipos melódicos y la infinidad de letras, no tiene otra base estética. Pero una vez aceptado el género musical, el artista sabe ampliarlo y darle forma y variedad especial: inventa sobre un fondo dado, y entonces crea.

«Es necesario insistir en el papel que la música juega en las poesías de Tagore, porque de no concebírsele como músico, se pierde de vista la verdadera fuente de la que brotan sus versos» (V.W.W. Pearson: *The Bolpur School of R.T.* (Macmillan). La perfección consistirá en la identidad entre el sentimiento general de la música y el particular de la poesía; después, un mérito esencial de ésta será el de trabar lo menos posible al libre vuelo de la música. El canto llevará al poema a unas regiones donde no podría llegar por si solo:

La note es comme une aile
Au pied du vers posée

El mismo Tagore nos cuenta el proceso de la composición de alguno de sus poemas (*My reminiscences*, página 207), y su resistencia a publicar los textos de sus canciones, a los que la privación de música enría y apaga. Veinte a treinta canciones amorosas se incluyen hacia el centro de la colección titulada *El Jardinero*, las cuales se ajustan perfectamente al tipo *Vaishnava*, generalidad modal que comprende varias clases de *ragas* o melodías más determinadas. Rhys llama la atención sobre la canción num. 29 de este ciclo, cuyo motivo parece tener conexión con las *aubades* provenzales y toscazas, y al que prestan una melancolía especial las suspirantes cadencias de sus estrofas más apasionadas. Los largos lamentos, ayes, etc., parecen ser un rasgo característico de esta música. Un escritor, Mr. Fox Strangways, encuentra parentesco entre esas particularidades y viejas melodías celtas, y ciertas canciones del país de Gales.

En España son tan habituales que no han de sorprendernos. Ese mismo autor habla de la inhabilidad del extranjero para percibir la cualidad melódica de los intervalos en la música de Tagore, que se funden y se disuelven en entonaciones estrechísimas, de un modo probablemente semejante al de nuestros cantaores flamencos, ante cuyas vocalizaciones el sistema escalístico actual resulta impotente.

En cada página de su libro de memorias encontramos alguna alusión a la música y vemos de qué manera las costumbres musicales de su país, ingenuas y primitivas, llenan sus recuerdos infantiles. En un momento se nos aparece cantando *mantras* junto a su padre, en el *verandah*, al caer la tarde. En otra ocasión trata él y alguno de sus condiscípulos de hallar letras para los torrentes de melodías que su hermano Iyotirinda inventa en el piano, o bien, cuando el poeta Chakravarti cantaba sus poemas improvisando sus variaciones del tipo melódico que los servía de base, y nos cuenta cómo los diversos modos Rehaga, Vaishnava, etc., corresponden a las diversas épocas del año, a la estación lluviosa, a los días sonrientes de abril, a las luces tibias del amanecer o a la suavidad del crepúsculo en otoño. Las impresiones de Tagore sobre la música europea constituyen uno de los capítulos más interesantes de sus «Memorias». Los trinos de la Nilsson le producen un especial efecto hilarante, y siente de qué modo está prostituido el significado humano de la voz. Prefiere, con todas las imperfecciones de la falta de cultivo, la manera de cantar de su país, en la que el sentido de la canción es lo primero; la *interpretación* (improvisación sobre la melodía tipo) viene después, y en último lugar la belleza propia de la voz. Poco a poco la música occidental le va interesando por su variedad y por la cantidad de aspectos de la vida que interpreta, al lado de los pocos sentimientos, profundamente elementales, que son el motivo de la música india. En una obra titulada *Vahrsk Pratiba* intenta una fusión de la música europea y la oriental; esa obra y la titulada *Kai Magaya* son unos cortos dramas musicales, en los que la música tiene un valor tan primordial, que el texto sin ella no tiene interés ninguno; pero como, por otra parte, la inconsistencia y la vaporosidad peculiar a esta música y su carácter de permanente improvisación la hacen rebelde para su representación gráfica, nos es forzoso renunciar a sus bellezas. Esta música *natural*, tan íntimamente unida según la tradición, tan afín con el sentimiento de la belleza del paisaje y de la emoción de la hora, es un agente educativo, al que Tagore ha prestado atención en la Shankniketan, la escuela que fundó su padre en Bolpur (V.W.W. Pearson: *The Bolpur School of R.T*), en la que los poemas de Rabindranath, cantados a coro, saludan al nuevo día o a la primera estrella de la tarde, o dan la bienvenida al viajero que llega a las puertas de esa casa de paz.

En su *Ensayo sobre la música* que data de sus días de juventud, Tagore nos revela la belleza de su concepto de la música: «…Mientras componía mis canciones, sentía la imposibilidad de que las palabras alcanzasen por sí solas la región en las que la melodía las había hecho nacer. Esa melodía me reveló que el secreto que tanto me mortificaba oir, estaba perdido entre el verde misterio de los bosques, se empapaba en la silenciosa blancura de las noche de luna, o descorría ligeramente el ilimitado velo azul que cubre el lejano horizonte – y es el íntimo secreto de la tierra, los cielos y las aguas...».

Las *Memorias* de R. Tagore (*My Reminiscences*) sirven a Salazar para analizar algunas peculiaridades de la música india, en una época en que los estudios de etnomusicología no habían alcanzado todavía un grado suficiente de desarrollo. Estas «Variaciones sobre la música oriental» continuaban en otro artículo en el Folletón de *El Sol*, el 28 de octubre del mismo año sobre «Blavatsky y la música india», «Las *Canciones japonesas* de Stravinsky» y «Cinco canciones de poetas chinos» compuestas por Granville Baintock, publicadas por la editorial Chester de Londres.

2. La Edición de partituras musicales

Otro aspecto importante de los escritos de Salazar en *El Sol* se refiere a la reseña de publicaciones de partituras, con importantes datos sobre editoriales y editores del momento de sumo interés para los musicólogos. Es de constatar que las editoriales españolas no tenían el mínimo interés en publicar las obras de los compositores españoles, que debían recurrir, como siempre, al extranjero. Entre las editoriales que publicaron música española en estos años destacan la editorial Eschig, de París y la Unión Musicale Franco-Espagnole. También la editorial Chester de Londres editó las obras de Falla (ver, por ejemplo, *El Sol*, 2-11-1930).

46. LA EDICIÓN MUSICAL. «Una colección de obras para guitarra», *El Sol*, 14-12-1930) (Texto íntegro).

La Editorial Max Eschig de París (48, rue de Rome), comienza la publicación de una serie de obras para guitarra, colección que va dirigida por la alta autoridad de Emilio Pujol. La publicación lleva el título de «Bibliothèque de musique ancienne et moderne pour guitarre», y en su mayoría las obras que la integran están revisadas por dicho guitarrista, de quien son además las transcripciones de las obras antiguas que aparecen en la sección de autores clásicos. Esta primera serie contienen por el momento cuarenta y tres títulos, de los que van publicados diez, cuyos precios oscilan entre un franco y un franco cincuenta céntimos. Los números publicados son varias pavanas de Luis Millán, gallardas, folías, «suites» de danzas, tientos, etc., de Gaspar Sanz, Corbetta, Fuenllana y J. S. Bach. Seguirán más obras de esos mismos vihuelistas y guitarristas españoles, trascripciones de laúd, de Bach, y sus contemporáneos y otras obras de Pisador, Roberto de Viseo, Santiago de Murcia, Guerau, J. B. Granata, Ludovico Roncali, Luis de Narváez y Enríquez de Valderrábano.

En la serie moderna se advierten varias secciones, una de obras para guitarra sola, otra para dos guitarras, una tercera para guitarra y canto y otra más para diversas combinaciones. Los precios de estas obras oscilan entre uno y tres francos cincuenta céntimos. Se encuentran entre las obras para guitarra sola páginas de Emilio Pujol, Raymond Petit, Alfonso Broqua, Agustín Grau, Manuel de Falla, Héctor Villalobos y Adolfo Salazar. En la sección de música para dos guitarras se anuncian varias danzas sacadas de los «ballets» de Falla, otra de Pujol, varias de Albéniz y otras de Mozart y Scarlatti, incluidos aquí para simplificar la división en secciones. Como ejemplos de música para guitarra y canto se encuentra tres canciones de Falla pertenecientes a la serie de «Siete canciones populares españolas» y unos «Cantos del Paraná», de Broqua, autor a quien pertenecen los «Cantos de Uruguay» que aparecen en la sección de instrumentos varios, siendo éstos dos guitarras, flauta y canto. No todas las obras están ya publicadas; pero se anuncia que las dos series lo estarán a la mayor brevedad.

> Interesantísima colección de obras para guitarra revisada por el musicólogo catalán Emilio Pujol (1886-1980) y publicadas por Eschig a partir de 1930. Max Eschig (1872-1927) fundó su editorial en París en 1907 y realizó una gran labor de edición de obras francesas contemporáneas de Milhaud, Poulenc, Ravel, Satie, Auric, Honegger, etc. También se interesó por los músicos españoles, como Falla, del que editó su *Concerto* y *Noches en los Jardines de España*, así como obras de Halffter y otras de J. Nin y H. Villa-Lobos.

47. LA EDICIÓN MUSICAL. «Los dos Bocetos de Ernesto Halffter», *El Sol*, 29-11-1931

En el último envío de publicaciones recientes de la casa Max Eschig et Cie (48, rue de Rome, Paris) figuran dos partituras de orquesta de formato manual de Ernesto Halffter. Una de ellas es una segunda edición. La otra, que aparece ahora, es la partitura de la primera obra de ese autor ejecutada en público. Conviene subrayar el hecho de que una obra moderna de orquesta de un autor tan joven como Halffter haya conseguido un éxito tan importante en el tiempo tan escaso que media entre ella y la primera. Esa obra es su «Sinfonietta», que ha recorrido entre vivos aplausos y apasionados comentarios todo el mundo musical. Pero ni comentarios ni aplausos tienen la elocuencia de este simple hecho musical. Como se sabe, la política por la que se rigen como norma general los editores europeos y americanos es una política restrictiva, y no es fácil verlos enmarcados en empresas que no tengan un resultado positivo, si no inmediato, como hacen los malos editores, a lo menos seguro dentro de un tiempo más o menos largo. La buena fe del negocio editorial y la elevación de su propósito artístico así lo exigen. Si luego una obra produce un resultado tan rápido como el de la «Sinfonietta» de Halffter, tanto mejor para el músico y para su editor, que no habrá hecho sino confirmar sus predicciones antes de la fecha calculada.

Varias obras de Halffter están a punto de aparecer en partitura pequeña. La que aparece actualmente es, por razón de cronología, la primera estrenada por él, como queda indicado. Pero también este hecho es insólito en la edición musical, porque, como es sabido, muchas obras con que los compositores jóvenes se presentan al público son obras aún indecisas, obras de tanteos, que apenas tienen mérito para abordar la edición, y con ella un examen crítico minucioso. Los dos «Bocetos» que presentó al público en los conciertos de Price el maestro Pérez Casas hace ya cerca de diez años (los años pasan pronto...para los espectadores) fueron retocados posteriormente por Halffter, estrenándolos en su nueva versión el maestro Arbós en los conciertos que verificó la Orquesta Sinfónica en el teatro Pavón en 1925. Esta versión ligeramente ampliada y con algunos detalles de instrumentación retocados por consejo de Maurice Ravel, llevaba entonces el título definitivo de «Dos bocetos sinfónicos» («Paisaje muerto» y «La Canción del Farolero»).

Como todas las partituras de Halffter, la lectura de la actual es un motivo de placer para el músico que sabe apreciar la fina paleta de que Halffter se vale, el exquisito tacto y la pulcritud de su pincel. Una orquesta aérea, de una transparencia que hace comprender de qué manera decisiva entra en el resultado sonoro la técnica del director de la orquesta. Pero aun su interpretación general, que va claramente guiada por las precisas indicaciones del autor (sin literatura ni garrulería, sino dentro siempre de la más estricta eficacia), depende en gran parte del sentido que el director tenga del equilibrio, porque en una orquesta de tal modo «montada al aire» es fácil perder el «melos» a poco que se descuide el perfecto balance de las mezclas sonoras, tanto como la elasticidad dinámica y agónica, más extremada en su suavidad de gama. Todo el «Paisaje muerto» es una confirmación de esto, y se piensa no sin lástima en las malas ejecuciones que irremisiblemente ha de tener una página de tal modo fina de sentimiento y escrupulosa realización. Si, por otra parte, «La Canción del Farolero es mucho más fácil de dirigir, también es más fácil de avulgarar, convirtiendo su ironía en un grueso humorismo que no es del caso. Dos páginas, en resumen, entre las más bellas que existen en la música española más reciente y que se convierten en una seria prueba para un director de orquesta. No las toque quien no debe.

Los *Dos Bocetos sinfónicos* de Ernesto Halffter fueron compuestos y estrenados en 1923, primero en versión de cuarteto de cuerda, y más tarde en versión orquestal.

48. LA EDICIÓN MUSICAL. «Dos obras de Esplá», *El Sol*, 9-08-1931

Aunque Oscar Esplá había publicado antes de ahora algunas series de piezas pequeñas para piano, éstas no tuvieron la difusión conveniente, en parte principal por causa de la incapacidad de penetración que parece tener la edición musical española, alejada del necesario contacto con el comercio extranjero y resignada a un estrechísimo ámbito local, en el que apenas encuentra cabida otra música que no sea la de una actualidad chabacana. Al fundarse en París la Union Musicale Francoespagnole, Esplá dio a esa editorial varias colecciones de piezas breves, de alguna de las cuales se ha hecho mención en estas columnas. Ahora publica simultáneamente dos cuadernos, uno de tres piezas y otro de cinco.

El primero de ellos es, a nuestro juicio, el más importante y consta de tres páginas de la amplitud y fuerza requeridas para que forme parte de programas de concierto, tal como los concibe cualquier pianista europeo. Cualquiera de las otras piezas en las restantes colecciones de Esplá merecería otro tanto; pero sus «Tres movimientos para piano» son de mayor envergadura y de mayor densidad técnica y musical, aunque la cuidadosa estructuración y el refinamiento de escritura propios de Esplá se encuentran por igual en sus piezas «infantiles» que en estos otros estudios para criterios maduros.

Los «Tres movimientos para piano», son un «Estudio», una «Danza antigua» y un «Pasodoble». Este último es una especie de desafío al género casticista y de pan llevar, siendo un «pasodoble» en el mismo sentido con que Stravinsky basa su «Marcha real» de la «Historia del Soldado» en un tema de pasodoble español [...].

El segundo cuaderno aludido es la «Suite de pequeñas piezas para piano», que orquestadas en parte, se escucharon en la Orquesta Sinfónica en la temporada última. Sus títulos son: «Preludio», «Canción de cuna», «Aire de danza pastoral», «Ronda levantina» y «Paso de opereta» [...].

Los *Tres movimientos para piano*, fueron compuestos por Esplá en 1921. La *Suite de pequeñas piezas* fue más reciente (1931). La Union Musicale Franco Espagnole comenzó a editar en 1930 una serie de obras para piano de compositores españoles contemporáneos, entre los que se encontraban Ernesto y Rodolfo Halffter, S. Bacarisse, J. Bautista, F. Remacha, G. Pittaluga y F. Mompou, junto a obras de compositores anteriores como I. Albéniz, E. Granados, J. Turina. O. Esplá, Chavarri y otros.

3. Ediciones discográficas

La industria del disco revolucionó la historia de la difusión y recepción musical. Por primera vez la música pudo llegar a todos los rincones del planeta, directamente a través del gramófono o por medio de la radio. Las principales orquestas europeas comenzaron pronto a grabar las grandes obras del repertorio. Por ejemplo, la Orquesta Filarmónica grabó, en 1929 nueve discos con obras de autores españoles, incluyendo Falla, Turina, Vives, etc. La sección dedicada a reseñar las ediciones discográficas durante los años treinta fue una sección fija de *El Sol*, pero muchos de estos artículos aparecieron sin firma.

49. «Discos. *«La Consagración de la Primavera»* por «radio», *El Sol*, 21-3-1930

Ya que, por lo visto, no es posible conseguir que nuestras orquestas, con subvención o sin ella, den a conocer la obra cumbre de Stravinsky « La Consagración de la Primavera», ha sido menester acudir a otro procedimiento para que el público madrileño pueda escuchar esa obra que sigue inmediatamente a «Petruchka» en la producción de su autor, y que constituye uno de los puntos más elevados de la música contemporánea.

Este procedimiento ha sido mixto de discos y de «radio», o sea, que la emisora madrileña Unión Radio ha trasmitido a sus oyentes la versión gramofónica de la gran obra, tan discutida por unos, como admirada por otros.

Cuando Stravinsky impresionó su obra en una Casa francesa de música fonográfica, dimos noticias en esta sección de lo que el gran músico ruso escribió a raíz de esa experiencia, nueva para él, y que reputaba como la más trabajosa y peor remunerada de todas las que había conocido hasta entonces.

Sus declaraciones fueron muy comentadas, y tanto los discos de «Petruchka», del «Pájaro de Fuego», del «Sacre du Printemps» y del «Pulcinella» obtuvieron un éxito muy grande por la notabilidad de sus versiones.»Petruchka» ha sido reproducida en España por dos Casas: «Regal», en la versión abreviada del autor, y «La voz de su Amo», en edición íntegra, dirigida por Coates en Londres. De «El Pájaro de Fuego» sólo ha aparecido un disco en esta última editora, mientras que tampoco ha aparecido más que un solo disco del «Pulcinela» en la edición de «Regal».

Es de desear que se completen pronto en su integridad obras que de tal modo apasionan a los aficionados. Ahora aparece «La Consagración» en disco de edición española; pero aún no conocemos esta impresión. Sin embargo, es de aplaudir que se haya dado en España poco después de haber aparecido en otros países, ya que esto hace creer que la lamentación general entre los mejores aficionados, que es la de tener que acudir al mercado extranjero para los discos de carácter moderno y «avanzado», quizá va a ser atendida por nuestros fabricantes, teniéndonos al corriente de cuanto se hace en las grandes editoriales de música gramofónica, mientras que por honor nacional, sería menester que nuestros productores hicieran otro tanto de aquí para allá; es decir, imprimiendo sin tardanza lo nuevo nuestro y enviándolo en seguida al extranjero (que por otra parte, lo está deseando, y buena prueba de ello es el ver cómo se imprime en discos la nueva música española de gran categoría a cuenta de intérpretes extranjeros, lo cual es, por lo menos, absurdo).

Dos años antes de que la Orquesta Sinfónica de Madrid con Arbós estrenase *La Consagración de la Primavera*, el público la escucha, por primera vez, en Unión Radio (fundada en 1925 y dirigida por Salvador Bacarisse), que tuvo un papel fundamental en la difusión del repertorio internacional y español. Unión Radio ya había retransmitido el estreno barcelonés de *La Consagración* dentro del Festival Stravinsky de 1928, en un concierto por la orquesta del Liceo dirigida por el propio Stravinsky.

50. LA VIDA MUSICAL. «La música de nuestros vihuelistas en discos. Los criterios acerca de las trascripciones», *El Sol*, 14-02-1936 (Texto íntegro, con ejemplos musicales).

Hace unos meses reseñé aquí una especie de cursillo de historia de la música medieval que hacía prácticamente una Sociedad francesa por medio de la impresión en discos gramofónicos de páginas muy significativas de la música de fines de la Edad Media y comienzos del Renacimiento. Reanuda ahora su tarea la «Anthologie Sonore» avanzando en el curso del tiempo; pero hay algunos discos cuyo envío había quedado retrasado por dificultades aduaneras, y me encuentro en este instante con uno cuyo comentario viene tras de los artículos que acabo de dedicar a la polifonía profana de nuestros músicos de lo siglos XVI y XVII.

El disco en cuestión presenta varios romances y un villancico de vihuelistas españoles del siglo XVI y sirve de excelente ejemplificación para lo que el lector habrá visto acerca de la canción acompañada en nuestros vihuelistas, que tiene una importancia excepcional en el desarrollo de la monodía y que, a través del género poético preferido por los vihuelistas, el «romance», se enlaza con la «canción de gesta» y con la monodía trovadoresca, acompañada en instrumentos que van a parar directamente en la vihuela cincocentista.

Junto con el romance, los vihuelistas cultivaban géneros de música culta, trascribiéndolos de modelos polifónicos franceses, italianos y flamencos, y además pequeñas formas del arte popular, en las cuales, la monodía predominante, el «tono», tendía a una emancipación cada vez más completa. Nuestros tratados de vihuela datan del segundo tercio del siglo XVI; pero los romances que ponen en música tienen un origen bastante más antiguo y han llegado a los vihuelistas por la vía popular, que fue su original elemento. Los primeros libros de tablatura de vihuela detan de 1507 y son italianos; pero, como se comprende, la práctica del arte les había precedido.

El arte de los «lutenists» ingleses sigue inmediatamente al de los españoles, con sus «airs» («Ayres») y se supone que pudo ejercer influencia sobre ellos la visita que Antonio de Cabezón hizo a Inglaterra con Felipe II, esposo de la Reina María, aunque haya especialistas que lo ponen en duda, desde el momento en que las Bibliotecas inglesas carecen de obras del gran burgalés; pero no debe olvidarse que su libro de «Música para tecla y vihuela» no apareció hasta quince años después de su muerte.

Las obras elegidas por el profesor Curt Sachs para el disco número 17 de la Antología provienen del libro de Luis Milán («El Maestro», 1535-1536), el primero que se conoce en el género; del de Fuenllana (1554), del de Juan Vázquez (1551 y 1560) y del de Diego Pisador (1552). El primer romance que ofrece el disco, el «Durandarte, Durandarte», de Luis Milán, está impreso según la edición que Pedrell da en su «Cancionero musical popular español», y muestra con claridad la forma bipartita AABB en estrofas de a cuatro versos. Una sola de estas estrofas tiene el romancillo de Diego Pisador «A las armas, moriscote», impreso según la versión de Morphy, interesante en su forma AB, AB, C, siendo C una repetición ornamentada del último verso.

El villancico de Juan Vázquez es muy lindo en su sentido expresivo, con la plañidera repetición del estribillo «Vos me habéis muerto» y la parte intermedia sobre el verso repetido «Riberas de un río», que hace de parte B, entre una primea parte A y una doble AA. La versión de este villancico es también la que inserta Pedrell en la obra mencionada.

Asimismo la del romance «Paseábase el rey moro», de Miguel de Fuenllana, uno de los más hermosos y expresivos que se conozcan, y que tiene la particularidad sabrosa de que su estribillo es un giro de neto color nacional. Ahora bien: según el criterio que se haya seguido para la trascripción y según la manera con que se cante ese estribillo, recuerda: o un «!ay!» de «cante jondo», o un final de canto llano, o una lamentación de sinagoga, o finalmente, un «!ay!» flamenco. Una ligera comparación entre las trascripciones más fácilmente accesibles puede ser útil para mostrar al lector cómo cambian los criterios de los transcriptores, tanto por lo que se refiere al grafismo adoptado, como a la prosodia del texto., y en los casos más acentuados, a la expresión de la música. Esta comparación puntualizará lo escrito en mi último artículo sobre al reciente publicado «Cancionero de la Residencia», con música para voces de la época de Lope de Vega.

De los cuatro transcriptores que elijo, el primer ejemplo proviene del «Cancionero» antes citado, de D. Felipe Pedrell. Busca este maestro el aspecto más próximo al texto original y emplea los valores largos, que dan a la notación un aspecto anticuado, pero la prosodia es defectuosa y queda corregida en las trascripciones de Trend y de Torner.

La notación en redondas es poco recomendable, dado el aire a que se ha de cantar el romance. Por eso, la versión de Mitjana («Histoire de la Musique», del Conservatorio de París), en donde se reducen los valores a la mitad, es preferible. Por desdicha, la prosodia no es mejor, sino que el final del segundo verso se empeora, y la última nota que le corresponde lleva ya, en esta versión, la primea sílaba del tercer verso. El error proviene de un desdoblamiento inoportuno de la nota «mi» sobre las sílabas «Gra» «na».

La tercera versión es la que da J. B. Trend en su librito «Luis Milán and the vihuelistas» (Londres, 1925). Trend reduce los valores a la cuarta parte, con lo cual la música toma un aspecto más natural a nuestras costumbres prácticas. Según lo indicado en mi artículo pasado la teoría moderna inglesa consiste en que, para no violentar la prosodia, se cambia de compás, pues que no se acentúa rítmicamente, sino que se mide métricamente tan solo. Así cambia Trend el compás al llegar las sílabas «mo – ro». Pero parece un escrúpulo excesivo, pues que si el lector escucha el disco de referencia, se verá que la violencia prosódica apenas se deja sentir en la interpretación. Es, más bien, un prurito de corrección en la escritura.

Finalmente, la versión que da Eduardo M. Torner en sus «Temas folkóricos» (Madrid, 1935), no proviene de Fuenllana, como los tres anteriores, sino de Luis de Narváez. Torner toma, como Trend, la música como unidad, y la distribución silábica es la misma que la del hispanista inglés en el primer verso. Pero un concepto moderno de la simetría de la frase incita a Torner el deseo de arreglar ligeramente el texto original, a fin de obtener dos miembros de frase enteramente iguales. La prosodia no sufre mucho con ello y realmente parece más lógica la regularidad de dos miembros iguales en sus notas que no el dividirlos irregularmente a fin de que la prosodia sea perfecta.

Sobre esta base de comparación el lector verá los diferentes criterios que han guiado a esos cuatro autores al repartir las sílabas en el estribillo «¡Ay de mí Alhama!». Unos suprimen la preposición; otros ligan el pronombre posesivo y la sílaba «Ay», lo cual es correcto; pero Trend prefiere desdoblar las notas para darle dos sílabas. En fin, mientras que las dos primeras versiones son idénticas, se hace incomprensible el cambio de compases en Mitjana y no se sabe qué obliga a Trend a adelantar la nota de resolución, a menos que no sea porque el «¡ay!» adquiere un sabor, podría decirse, más a lo Falla.

En Torner, el giro se contrae curiosamente y se «flamenquiza», mientras que el de Mitjana suena algo a hebreo y, en cambio, el de Pedrell es el que tiene el acento más hondamente, «jondamente», tradicional, viejo, arcaico.

El examen de la armonía en cada transcriptor sería no menos interesante; pero no podemos desarrollarlo aquí. El acompañamiento, que está basado, no en el sistema tonal, sino en el modal (primer tono trasportado), tiene en algunas una modulación final que otros no aceptan. Se ve, pues, que una aceptación definitiva tendría que hacerse sobre el documento mismo. No siempre los documentos son tan accesibles como en el caso de los vihuelistas, pues que los originales se hallan en Madrid (aún cuando hay que saber leer sus tablaturas, lo cual es ya fuente de discusiones). En todo caso, a las «ediciones prácticas» de los textos será necesario que sigan las «ediciones críticas», o bien, y sería lo mejor, podrían hacerse ambas cosas a un tiempo, con reproducción de facsímiles, explicación del criterio seguido en caso dudoso, etc., etc.

> Este ensayo está en relación con la serie de artículos publicados durante los meses de enero y febrero de 1936, bajo el título «El Cancionero de la Residencia» y los músicos de la época de Lope de Vega», aparecidos con motivo de los actos realizados en 1935 en torno al tercer centenario de la muerte de Lope de Vega. «El Cancionero de la Residencia» fue editado por Jesús Bal.

III. -RESEÑAS DE CONGRESOS, FESTIVALES, CONCURSOS

Salazar participó como delegado en numerosos congresos, festivales y concursos en Europa. Entre los principales figuran los encuentros anuales de la SIMC (Festivales de la Sociedad Internacional de la Música Contemporánea), los Festivales de Donaueschingen, los Encuentros del Mayo florentino y el Festival Internacional de Viena bajo el signo de Schubert (en el que se presentaron dos obras españolas: *Schubertiada-Tres Movimientos sinfónicos*, de Esplá y *Ofrenda a Schubert*, de Conrado del Campo).

III. 1. -Congresos

51. -MUSICA. Folletón. «La Musicología en el Congreso de Oñate», *El Sol*, 24-12-1918.

Los lectores de este periódico tuvieron noticia puntual de los trabajos llevados a cabo en el Congreso de Estudios Vascos celebrado en Oñate durante el mes de septiembre del año actual. Algunos de esos estudios se referían a asuntos de la música popular vascongada, y hoy vamos a exponer con el mayor detalle posible, el leído por el padre José Antonio de San Sebastián, cuyo manuscrito, titulado «Apuntes para un boceto de estudio comparativo de la música vasca y la de otros pueblos» ha tenido la atención de remitirnos.

La personalidad del padre José Antonio (padre Donosita entre sus paisanos) es conocida en el mundo musical, tanto por sus estudios de musicología popular como por sus obras puramente musicales, basadas – sin excepción, según creo - en los elementos que el canto popular proporciona.

Su conocimiento de esta música campesina está reputado como de lo más sólido y extenso, y la colección de canciones por él recogidas es tan valiosa por su riqueza como por la calidad de gran número de sus componentes. Fueron éstas, en su mayor parte, encontradas en sitios cuya reconditez asegura un grado de pureza difícil de mantener en otros menos aislados y más propicios al tránsito y al contagio de influencias ajenas. Tal colección como otra muy reputada, la de D. Resurrección M. Azcue, está aún inédita. Su publicación constituiría una contribución importante a esta clase de estudios unidos de íntima manera al problema vasco en general, y que, según mi criterio, necesitaría ser desarrollado totalmente al compás de las demás cuestiones (Historia, Filología, Antropología, etc.) que le integren.

Por lo menos, es evidente para mí, en contra de otras opiniones, que respeto, que en el estudio del cante popular, de su evolución y parentesco con el otras regiones, hay que atender con igual solicitud a sus dos componentes: a la letra y a la música, y averiguar, en primer lugar, si las causas de su unión son naturales e indisolubles o accidentales, etc. En resumen, seguir en el estudio de la parte musical un análisis semejante al filológico, en el desarrollo de su evolución morfológica, permanencia de los caracteres radicales y distinción de las modificaciones adventicias, arquitectura interna y formal de la canción, generalidad o particularices de sus bases modales, de sus desinencias, etc. Mientras no queden asegurados, por estudios aislados, los puntos de apoyo que sustentan la cuestión general de la evolución del folklore, nos parece aventurado todo intento de solución a tan delicado problema; por eso creemos de la mayor probabilidad el linaje de precauciones adoptadas por el padre José Antonio antes de llegar a conclusiones demasiado extensas. Nuestra deficientísima competencia en los asuntos que ocuparon a los concurrentes del Congreso vasco haría improcedente todo intento de crítica sobre las deducciones que sacan de sus estudios los investigadores del canto popular vasco. Pero, a lo menos, intentaremos una exposición de esos interesantes trabajos.

Por tener el padre José Antonio de San Sebastián alguno de los escrúpulos indicados, o por otros análogos, considera como provisionales sus conclusiones, y titula su trabajo (demasiado modestamente, a mi entender) como «Apuntes para un boceto» de un estudio, en el que se compararía la música vasca con la de otros pueblos. El autor hace ya una limitación llena de ventajas: dice la *música* (se sobreentiende la popular, naturalmente) y no la canción, asunto mucho más prolijo. El método analítico así iniciado, continúa durante todo su trabajo, y preferimos la exposición desnuda de los hechos resultantes a los posteriores conatos de sintetización.

El procedimiento comparativo puede ser de dos formas: el que consisten en el análisis de las semejanzas o bien de las diferencias. Cuando están dudosamente conocidos los caracteres que definen un asunto, el primer procedimiento es casi impracticable, y podrá recurrirse al examen de las cualidades de que carece. El padre José Antonio se atiene a este método: «similar – dice – al que en Teología se usa al hablar de Dios, definiéndole, por lo que no es», y deja al poder de la intuición – a la prueba del sentimiento – la facultad de reconocer el carácter regional como cualidad positiva.

Para establecer la igualdad o diferencia entre las melodías, las examina desde dos puntos de vista: al primero, que se llama *interno*, pertenecen el modo, el ritmo y la línea melódica. El segundo, *externo*, está representado por la forma arquitectural de la canción. En consecuencia establece tres grados comparativos: el de *identidad* (melodías que coinciden exactamente), el de *parecido* (aire familiar) y el *negativo* (diferencia total), y juzga oportuno excluir del examen ciertas melodías rudimentarias, fórmulas melódicas patrimonio de todos los pueblos.

Dado el estado actual de esta clase de estudios, el método del padre José Antonio tiene la ventaja de estar asegurado sobre la experiencia inmediata, y es el único mediante el cual pueden establecerse algunas conclusiones urgentes, dada la índole de su trabajo; pero nos atreveríamos a animar al autor para que utilizase sus conocimientos, tan bien cimentados, en un estudio de dirección opuesta, esto es: el que, partiendo de aquellas fórmulas rudimentarias, fuese analizando los pasos de su evolución posterior, algo como un «ensayo sobre la morfología de la canción popular» en un proceso análogo al utilizado por los filólogos en sus intentos de reconstrucción de lenguas desaparecidas. Y tal vez se llegase, como última consecuencia, al establecimiento de dos tipos únicos, salidos de un común origen, uno de los cuales se desenvolvió por los países del Norte y se detuvo en los Pirineos, mientras que el segundo llegaría a España por las costas africanas, para detenerse en la vertiente meridional de la misma cordillera, un estadio en suma, correlativo, como es bien lógico, con la etnología.

La persistencia de ambos tipos en España podría ser comparada, me imagino que con mucho fruto, con los tipos italianos y otras naciones del sur de Europa, etc. No queriendo adentrarme demasiado por este camino, me limito a señalar los resultados de las comparaciones del padre José Antonio entre la música popular vasca y los cancioneros de Burgos, Salamanca y Asturias, hasta donde penetran las influencias orientales, y que, prácticamente, denotan un parecido negativo con la música vasca, mientras que ésta muestra un singular parentesco con canciones de algunas regiones francesas; tales los que el padre José Antonio señala con la colección de D´Indy (canciones populares de Vivarais) y sobre todo, con los cancioneros bretones; comparación que arroja un porcentaje sorprendente en las estadísticas de uno de los principales estudiantes de esta materia (El Sr. D. Francisco Gáscue, cuyos importantes trabajos examinaremos próximamente. En uno de sus escritos llega a encontrar una semejanza de 58 por 100 entre las canciones vascas y los bretones, coeficiente que, según ciertas consideraciones, puede llegar a un 83,5 por 100), y que el padre Donostia examina con gran cuidado desde el punto de vista modal, arquitectural rítmico – análisis que ocupa la mayor parte de su segunda conferencia – para llegar al resultado de que las diferencias bien pudieran primar las semejanzas, y que, por consiguiente, podría adoptarse con las mismas garantías de acierto o error, tanto la tesis del Sr. Gáscue como la contraria.

Las diferencias esenciales que el padre Donostia señala son: la *modalidad*, región en la que se acusan grandes diferencias (la principal es el gran porcentaje del *mayor* en los bretones y del *menor* en los vascos), la *arquitectura* seccional (tripartita en el 60 por 100 de las canciones vascas y sólo un 16 por 100 en las bretonas). Las diferencias rítmicas son menores: pero los vascos poseen un compás, el del *zortzico*, que no existe entre los bretones más que en su *forma larga* (5/4, 7/4 y 15/8 o bien como mezcla de 2 y 3), fórmulas desconocidas de aquellos. Después, vienen otras consideraciones referentes a la esencia melódica y a la expresión, razonamientos de índole más sutil y subjetiva, que hablan mejor al sentimiento del natural que al extraño a la región. Pero el procedimiento de análisis seguido en estas comparaciones es, a buen seguro, lo más positivo de sus conferencias y lo que presenta un aspecto de mayor metodización científica.

El padre José Antonio parece compartir las dudas de Tiersot, sobre si serán posible los estudios arqueológicos en estas materias, que tan escasas huellas escritas han dejado: sin embargo, no nos parece impracticable, en principio, un estudio análogo al de la Filología comparada. En cuanto a la importación de los principales tipos melódicos vascos, el notable musicógrafo no se resuelve por una afirmación definitiva, y cita el parecer de Duhamel, quien no llega a creer ni aun en una influencia entre las músicas vasca y bretona, creyéndolas – y esto parece lo más acertado – dos ramas que brotan del tronco común de las escalas defectivas, y de ahí su parecido externo. Ese tronco común, sería el del conjunto de los pueblos indoeuropeos, cuyo primitivo sistema diatónico evolucionó, en distintos sentidos, en su mayoría, pero que quedó detenido en cierta fase en pueblos geográfica o lingüísticamente aislados, como los celtas o los vascos.

El padre José Antonio insiste, al fin de su trabajo, en que no quiere asentar conclusiones que, por otra parte, son casi imposibles, dado el estado actual de esta clase de estudios, y que solo concede a sus cursillos el valor de simples apuntes para futuros trabajos más desarrollados, y aun se ha negado (con evidente perjuicio, a nuestro parecer, para los estudiantes de esta materias) a que sean incluidos en las publicaciones del primer Congreso de Estudios Vascos.

***

Escritas estas líneas, el padre José Antonio nos envía un hermoso volumen titulado *La Música popular vasca*. Conferencia que leyó en la Sala de la Filarmónica de Bilbao, firmadas en Lekarotz, en mayo de 1916. Son, pues, un trabajo posterior al reseñado. Sin embargo, habrá lugar para que nos ocupemos de ellas. Acompaña la música de 31 canciones armonizadas por el conferenciante.

Francisco Gáscue resumió precisamente los contenidos de las conferencias que el padre Donostia dio en Oñate, en su artículo: «Las conferencias del P. J. A. de Donostia. Breves consideraciones sobre su contenido», *Euskalerriaren alde*, **VIII, San Sebastián, 1918, pp. 475-85. Del P. Donostia se tocaron algunos** *Preludios vascos* **y otras obritas para piano, interpretadas por Luis Galve y Pilar Bayona en la Sociedad Filarmónica de Madrid, de cuyos conciertos se hizo eco también Salazar (***El Sol***, 24-11-1930 y** *El Sol*, **24-01-1923)**

52. - II MAYO MUSICAL FLORENTINO. «Las discusiones sobre la música en el cinematógrafo», *El Sol*, 3-08-1935. Primera parte.

Mientras que el «convengo» al que estaban convocados los directores de los teatros de ópera fue un fracaso rotundo en este segundo «Maggio musicale», y al paso que el de «dirigentes» de estaciones de radiotelefonía no condujo ni podía conducir a nada práctico, el relativo a la música para el «film» atrajo a Florencia a mucha gente, entre la cual se encontraban los compositores más notables del momento actual en Francia (apenas concurrieron de otros países), tales como Milhaud, Auric, Ibert, Roland-Manuel, Mihalovici, Harsany, y críticos franceses de gran circulación como Vuillerfmoz y Boris de Schloezer.

Entre los italianos hubo más disertantes que compositores, y aun cuando en una sesión se proyectó una porción de películas entre las más notables de fabricación italiana, la mayoría de sus autores respectivos no compareció. Una materia como es ésta, tan atractiva por su novedad y en pleno periodo de formación, estimula sobre manera a los comentaristas, en la mayoría de los cuales se echa de ver en seguida la improvisación o bien el ánimo de pasar por gentes despiertas que se preocupan por los matices artísticos del día. Pero en muy pocos casos lo que expusieron tuvo una importancia digna de ser trascrita, al paso que las observaciones hechas por los críticos más disertos tuvieron una importancia notable, que procuraré resumir aquí, dejando al margen todo lo demás, para no hacer interminables esta serie de artículos.

De cualquier manera, este Congreso de música para el «film» no ha superado a lo que se expuso en las reuniones del primer «Maggio musicale», como tampoco en lo relativo a la radiofonía. La ausencia de críticos italianos que tan brillantemente intervinieron en la primera ocasión, me hace sospechar que en los dos años transcurridos no han tenido ocasión para modificar sus opiniones, y que no quisieron repetirlas. En mi reciente libro, titulado «La música actual en Europa y sus problemas», he trascrito con la fidelidad posible lo más notable de esas disertaciones. Si las de este año no avanzan sobre ellas es porque o bien los críticos razonan con mayor lentitud de la que los acontecimientos exigen, o bien en dos años no ha habido acontecimientos capaces de hacerles cambiar de punto de vista.

Tras de la proyección de las películas francesas e italianas más significativas, producidas en los últimos cinco años (1), se saca la conclusión de que, en efecto, este arte, arbitrariamente llamado séptimo, está en el crisol, cociéndose lentamente y depurando sus elementos a menor velocidad de lo que el consumo público exige. La consecuencia que de ello se deriva es muy compleja, y provoca la necesidad de revisar seriamente el caso. De examinar en primer término lo que es como producto ya manufacturado, y en seguida, los elementos de que se compone. No sea cosa de que con la alegría de la novedad hayamos proclamado solemnemente que se trata de un arte real, cuando muy bien puede ocurrir que se trate de una simple industria artística de mera aplicación y no de creación; a lo menos, por lo que a la música se refiere, la cual no parece lograr un ascenso de categoría, sino que el «film» sonoro de más reciente hechura es mejor o pero simplemente por sus cualidades como «film», y muy rara por alguna cualidad musical, siempre subordinada a la parte plástica.

Semejante subordinación ¿ocurre porque los directores de un «film» no conceden suficiente importancia a la colaboración musical o porque no se han encontrado todavía las leyes de esta colaboración? En los mejores casos el músico anda siempre tanteando, mientras que el realizador plástico tiene una magnífica seguridad de su efecto. Y cuando aquél no tantea es porque superpone una música confeccionada con otro destino a una escena sobre la que se aplica mejor o peor. Es el caso de tantos «films» con música tomada a la escena, como por ejemplo, en la famosa «Opera des quatres sous», de Weill, que pasa por ser modelo en el género y es simplemente una superposición de varios trozos de la música de la comedia a su adaptación cinematográfica. (Entre paréntesis diré que se proyectó en Florencia toda la película sin cortes, y quedé asombrado del trato que las tijeras dan en España a los «films», de modo que como ocurría con éste, quedaba maltrecho, arruinado y sin apenas sombra de lo que es en realidad.)

En esta situación, el mejor criterio es el de los músicos que piden que les dejen tantear libremente; cosa que es ya difícil, pero que a lo menos puede hacerse en el campo de los «documentales». Con la consecuencia verdaderamente curiosa de que la música de un documental o se aproxima al tipo «dibujos animados», como en el «film» de Mihalovici sobre la pesca de las sardinas, o pasa enteramente inadvertida, como en el de Milhaud sobre los «Hipocampos». Esto último parece ser muy apetecible, y algunos críticos, como Marcel Tourneur, opinaban así del «Lac aux dames», de Auric. ¡Valiente broma!, piensa Schloezer, con razón ¿No podríamos hablar más seriamente? No establezcamos leyes ni pensemos por el momento en dictar reglas a cosas que no sabemos aun con exactitud en qué consisten, viene a decir el gran crítico rusofrancés. Más vale interrogar, a ver si de las respuestas sacamos alguna deducción concluyente. Por lo pronto, hay un presente «decevant», mientras que se habla de un presente magnífico; pero lo cierto es que, en lugar de avanzar, los «filmes» más recientes están por debajo de algunos que datan de un par de años.

En todo caso, se da por seguro que estamos ante un arte auténtico, y nos hacemos lenguas de sus «posibilidades». Pero a nadie se le ocurre hablar de las «posibilidades» de la música, ni de la pintura, ni de la arquitectura, ni de ninguna de esas otras seis artes que suponemos anteriores en edad y situación correlativa al «cine» ¿No estaremos jugando con un equívoco? Lo que se entiende por «posibilidades» es, a no dudarlo, la simple fluctuación de la técnica. En el «film» sonoro, la técnica de los directores plásticos, que reduce a una categoría enteramente subalterna a su colaborador musical. Estas fluctuaciones se presentan bajo dos formas características: primera, la evolución técnica no responde a la presión de un contenido interno, especialmente en la parte eléctrica, óptica y mecánica; segunda, los descubrimientos técnicos se destruyen constantemente. Aquí es Saturno el dios que parece presidir el sentido de esta evolución.

En la historia del arte son frecuentes los terremotos que destruyen toda una serie de cosas, que quedan sustituidas por tipos y costumbres nuevos; pero dentro de cada época artística, el progreso se hace por involución de tipos en los cuales cada factor nuevo favorece a la última obra de la serie, sin perjudicar a las anteriores. Y esto, incluso en el caso de los terremotos. Se puede escuchar con el mismo deleite a Palestrina y a Bach, a Mozart y a Debussy; pero un «film» de la primera época de «Charlot» nos parece hoy como los grabados de las locomotoras de Stephenson. El progreso no ha sido sólo mecánico sino calificadamente artístico. Mas aunque los órganos de las iglesias de Bach y los pianos de Mozart fueran mucho más rudimentarios que los actuales ¿ocurriría lo mismo con su arte?

Se argüirá, un poco inocentemente, que se trata de un arte joven ¿Y la ornamentación de las épocas prehistóricas, no superada hoy? ¿Y las pinturas de la cueva de Altamira?. No es por la juventud por donde hay que enfocar a este arte, sino por algún otro lado más consistente. Es cierto que no existe la simultaneidad entre los «films» nuevos y los viejos; ahora bien: esta simultaneidad es fundamental en el arte. En cuanto a la duración de un «film», ¿a qué puede aspirarse sino a que muera tan pronto como se haya difundido, al revés de lo que en todos los artes sucede?

La música de un «film» es tanto menos apta para él cuando mejor es como música propiamente dicha ¿Qué músico digno de tal nombre aceptará, pues, una colaboración en la que tiene que aceptar a priori una especie de castración y debe firmar una música inferior a lo que él hace normalmente y «puede hacer»? ¿Qué clase de arte es ese entonces?, pregunta Schloezer. Con todo, la realidad está ahí. El nuevo «film» sonoro se nos aparece con inequívocos aspectos de «hecho artístico». Si no coincide con lo propio a los artes anteriores hay que deducir, simplemente, que se trata de «otra cosa». De un arte que responde a otro orden de ideas estéticas y de principios constructivos, basados en elementos materiales y en conceptos estéticos que han llegado a adquirir personalidad propia a impulsos de hechos diferenciales «propios» del «cine» y aún del «cine» sonoro. La crítica de este arte debe, pues, enfocar sus objetivos en esta dirección, y no en las anteriores, como no sea para comprobar que han quedado caducadas.

El II Mayo Musical Florentino se celebró entre abril y junio de 1935. Este texto dedicado al Congreso sobre la música en el cine tiene dos partes. La primera se reproduce aquí íntegramente, la segunda fue publicada al día siguiente, el 4 de agosto. Las reuniones del I Congreso a las que alude Salazar fueron reseñadas en *El Sol* durante los meses de verano de 1933 (por ejemplo, *El Sol*: 18-08-1933: «La Música mecánica en el Congreso de Florencia. El «Film» sonoro. Sus vicios y sus posibilidades») y luego reproducidas en su libro *La Música actual en Europa y sus problemas*, editado en 1935 (Capítulo III. - «Un congreso de crítica y cuestiones musicales en Florencia (1933): 14. -El film sonoro. Sus vicios y posibilidades»).

III. 2. - Festivales. Los Festivales de la Sociedad Internacional de la Música Contemporánea (SIMC)

Una de las instituciones que más trabajó en favor de la difusión de la música europea en este tiempo fue la Sociedad Internacional de la Música Contemporánea (SIMC), fundada en Austria en 1922 (en Alemán, IGNM, Internationale Gesellschaft für Neue Musik). El primer festival internacional de la SIMC tuvo lugar en Salzburgo en 1923 con la presencia de Janacek, Busoni, Stravinsky, Schoenberg, Ravel, Bartók, Malipiero, Szymanowsky, Berg, etc.; a los que se unieron compositores más jóvenes, como Prokofiev, Milhaud, Honegger, Hindemith y Krenek.

A partir de entonces, exceptuando la pausa de la Guerra Mundial entre 1943-45, se celebraron anualmente Festivales en distintas ciudades europeas (Siena, Lieja, Venecia, Florencia, Francfort, Ginebra, Zurich, Londres, Oxford, Praga, Barcelona, etc.). Al principio los encuentros sólo incliuían música de cámara, extendiéndose a la música sinfónica en 1924. Al frente de las orquestas estuvieron famosos directores de la época, como W. Furtwängler, E. Ansermet, Herman Scherchen, Erich Sterkel, Sandor Harmati, Walter Straram, etc. En la Declaración fundacional se decía, entre otras cosas:

«La Sociedad Internacional para la Música Contemporánea se ha constituido con la intención de defender la causa de la música moderna, y estima que cumplirá con esta misión, alentando y protegiendo las manifestaciones más vivas de la actualidad. Su interés, pues, se dirige al artista, que situado en medio de un ambiente necesariamente hostil, debe cumplir, a pesar de todo, en su integridad la misión creadora a la que está consagrado. Por lo tanto concedemos una importancia capital a la libertad espiritual del compositor.

Al comenzar el decimocuarto año de su existencia, la SIMC quiere recordar los principios esenciales que presidieron su fundación. La Sociedad permanece abierta a todos los artistas vivientes, sin distinción de nacionalidad, de raza ni de confesión en la medida en que sus obras respondan al espíritu que las dicta.»

Entre los españoles participantes se encontraron Falla, Esplá, Turina, Halffter, Salazar, Gerhard, etc. En España se formaron dos comités de la SIMC, uno en Barcelona formado por Pujol, Lamote de Grignon, Pahissa, Marshall, Marés, Llongueras y Gerhard; otro en Madrid, formado por Arbós, Casas, del Campo, Esplá, Turina, Halffter y Salazar. Este último dedicó extensos artículos en *El Sol* a las convocatorias de Salzburgo (1923), Zurich (1926), Francfort

(1927), Siena (1928), Lieja (1930), Oxford (1931), Viena (1932), Florencia (1934), Praga (1935) y, sobre todo, al XIV festival de Barcelona de 1936. Casi todas estas reseñas se reunieron en el segundo capítulo de *La Música actual en Europa y sus problemas* (1935) bajo el título «La música de última hora en las reuniones de la SIMC».

53- «La XIV reunión de la S. I. M. C. en Barcelona. XIII. - La música para orquesta (1º)», *El Sol*, 30-5-1936.

Al comentar el primero de los tres conciertos de orquesta celebrados en estos festivales, un diario barcelonés decía: «Alban Berg es la figura más importante del Festival. Sépanlo los de la S. I. M. C.». Los de la S. I. M. C, sin duda, no se habían enterado hasta este momento de quién era Alban Berg, y habrá agradecido mucho tan autorizada opinión.

Si los organizadores del Festival habían dispuesto que el primero de los conciertos de orquesta fuera un homenaje a la memoria del gran músico recientemente fallecido, debió de serlo por casualidad: no porque estuvieran tan en el secreto, como el crítico barcelonés.

De cualquier modo, este crítico tiene muchísima razón. Alban Berg fue la figura más importante del Festival, y el hecho de que todo el público que asistió a estas manifestaciones de música moderna quedase cerciorado de ello supone mucho: que Alban Berg ha entrado en la conciencia estética del auditor, dando ese paso definitivo que media entre ser admirado por los concurrentes habituales a fiestas como las propias de la S. I. M. C (que habitualmente se enteran de las cosas diez o doce años antes que el gran público y sus críticos) y ser admitido por la gran masa filarmónica.

En los conciertos de Barcelona se vio con claridad la magnitud de la obra de Berg, especialmente por los fragmentos de su ópera «Wozzeck», dirigidos por Ernest Ansermet. Juzgando por la impresión causada a personas de responsable opinión que los escuchaban por primera vez, me parece posible afirmar que la música del gran compositor vienés entra en ese momento que, sin saber cuándo ni por qué, arroja una luz extraordinaria sobre lo que antes había parecido oscuro, aclarándolo de tal modo, que uno se pregunta» ¿Cómo es posible que no lo hubiéramos entendido?».

Por mi parte, yo había escrito mi opinión en este periódico cuando vi en escena el « Wozzeck», admirablemente representado en la pequeña ciudad fronteriza de Aachen, Aquisgrán en lengua castellana. Una pequeña ciudad que posee un teatro de óperas, como no lo tiene todavía la capital de la nación española, y que representa obras de ese calibre. Aquello ocurrió en 1930. La audición que el cuarteto Kolisch dio en Florencia en 1934 a su «Suite lírica» fue otra etapa importante en el camino de la comprensión de Berg.

Los fragmentos de la ópera que ha dejado a punto de terminar titulada «Lulu», trozos sinfónicos escuchados el año pasado en Praga, señalan el momento más alto de este compositor.» Wozzeck'» visto desde esta altura, parece claro, de una potencia de belleza tan grande, que dudo de que si el pobre Amadeo Vives lo hubiese podido escuchar en Barcelona me hubiese vuelto a replicar tan crudamente como cuando en una de las reuniones de la Junta Nacional de Música le mostré la partitura de esa obra que él rechazó con una indignación congestionada.

Alban Berg murió en Viena, meses después de haberse tocado en Praga los fragmentos de « Lulú», comentando los cuales me extendí a su debido tiempo. La S. I. M. C. a cuya actividad estuvo ligado espiritualmente el gran compositor desde su fundación, quiso rendirle homenaje dedicándole una parte de su primer concierto de estos festivales, declarando explícitamente que la audición se hacía «In Memoriam».

En reciprocidad, la viuda del compositor (que se hallaba presente en la audición) accedió a que el «Violinkonzert», hasta ahora inédito, fuese estrenado en esta circunstancia, y así lo hizo el violinista Louis Krasner, un artista americano que había solicitado de Berg una composición de este género.

La obra debió de ser dirigida por Anton von Webern, quien se vio obligado contra su deseo, a ceder la batuta a Hermann Scherchen, después de haber dado varios ensayos a la obra, lo cual permitió a Scherchen encargarse de dirigirla poco menos que a primera vista (y no necesito subrayar qué enorme esfuerzo supone esto, dada la dificultad de cualquiera de las obras de Berg, y de ésta, particularmente).

Ansermet dirigió los trozos seleccionados del primero y del tercer acto de «Wozzeck», con la soprano Leonore Meyer, siendo ambos directores muy bien secundados por la Orquesta Pau Casals, la cual mostró plenamente su eficiencia y notable altura como entidad orquestal.

El «Concieto para violín y orquesta» no es una obra que supere a las otras mencionadas de este autor, pero es una obra donde la técnica, que en otros compositores del grupo schoenbergiano muestra aun una fase especulativa y experimental, está rebasada (como en aquellas obras, más o menos próximas a la doctrina ortodoxa de ese grupo), y entra dentro de la categoría de la real producción de obra de belleza.

Siempre es esto mucho; pero sobre todo lo es cuando la base sobre la que se trabaja es de tan avanzados alcances como la de Berg dentro del concepto de la tectónica musical en todos sus aspectos: tonal, temático, contrapuntístico, y sobre todo, de forma, en estrecha correspondencia con el primero de estos aspectos: el magno problema de la tonalidad, que bien puede decirse «nueva».

No puedo repetir en este artículo lo que en varias ocasiones he escrito acerca de la evolución del postcromatismo posterior a «Tristan» hasta su última fase en el «expresionismo» schoenbergiano y su procedimiento pan-tonal, basado en la simultaneidad de los doce semitonos de la escala. He indicado en cada caso que por interna predisposición, o por otras causas, el resultado «expresivo» de la música de esta escuela muestra la mayor parte de las veces su procedencia.

Es decir, un concepto expresivo de un tipo que nadie dejará de comprender cuando se le denomina como «tristanesco». La inspiración que ha dictado el «Concierto para violín» y el estado de ánimo en que Alban Berg se encontraba al componerlo, fueron extraordinariamente propicios para volver, en su música, a este género de acentos desolados.

El compositor se hallaba meditando acerca del encargo que había recibido del violinista Krasner, cuando ocurrió el fallecimiento de una muchacha hacia la cual sentía Berg un gran afecto. En esta situación, su nueva obra habría de ser la expresión de este estado afectivo, y es, en efecto, como un canto funeral, un «Requiem», se ha dicho, que incluso utiliza (en su última parte) un coral luterano ya empleado por Juan Sebastian Bach : «O Ewigkeit, du Donner-Wort!»(«¡Oh, Eternidad, palabra tremenda»). Por triste circunstancia, el canto elegíaco que inspiró a Berg la muerte de la muchacha, se ha convertido en su propia música funeral, repitiendo en cierto modo el caso del «Requiem» de Mozart.

El tono general de la música, su color predominante es de matices tiernos, como en una suave elegía; sin acentos lacerantes, pero con un dolor dominado, en cuya discreta inflexión es posible, sin embargo, comprender su profundidad, y si este tono es el que conviene más para cantar a una pobre muchacha que acaba de morir, es también el que mejor podía convenir al hombre suave, blando, pálido y de apagada apariencia que era Alban Berg.

La obra se compone de dos grandes movimientos, cada cual compuesto de dos secciones. El «andante» inicial es como una introducción del «allegretto» que sigue, mientras que en el segundo par, el «allegro» constituye una especie de «intermezzo», terminando la obra en un «adagio».

El movimiento de introducción tiene el carácter de un preludio que establece el ambiente expresivo de la obra, mientras que el «allegretto» podría referirse a la idea de lo demoníaco, del trabajo de los elementos maléficos, expuesta por Liszt en sus grandes sinfonías, incluso por la labor de marquetería en el tratamiento desmenuzado de los motivos. La angustia, el sentimiento de lo irremediable, informa el «intermezzo», tras del cual el coral luterano, expuesto por el violín solista, es como la voz que desciende de lo alto, edificándose sobre su melodía todo el edificio sonoro del tiempo final, que está concebido como grandes variaciones de ese tema, sostenido por las armonías originales de Bach, en una instrumentación que evoca las sonoridades del órgano.

Si se tiene en cuenta que Berg trata la voz en «Lulu», como podría haber tratado un clarinete; es decir, de una manera netamente instrumental, perfectamente integrada dentro del tejido sinfónico, no parecerá raro que haya conseguido otro tanto en este «Concierto» con la parte del violín solista.

Este instrumento no pierde por eso su cualidad; pero su actuación se hace en cada instante con una estrecha referencia al sentido general del trozo; en algunos casos, ni siquiera como intérprete principal; de tal manera su colaboración está subordinada a la idea expresiva determinante.

La obra es bella en su serena nobleza. Sería difícil decir que supera en este sentido a los trozos del «Wozzeck» que figuraron en el mismo programa, ni al resto de la obra; pero esta afirmación es un tanto ingenua, porque siempre ocurre lo mismo con las obras nuevas respecto de las que comienzan a comprenderse bien, como ahora ocurre con dicha ópera.

Sin embargo, creo que es así, aunque es posible que el «Concierto» suponga un paso más allá en el arte de Berg desde el punto de vista de la gran forma; es decir, por su dominio de un mayor espacio y dimensión, su más grande unidad interior, conseguida de un modo que podría decirse mas «normal» dentro de los procedimientos más avanzados de Berg.

Pero no he de repetir que su estética, su estado de alma y su concepto del fenómeno llamado «obra de arte», son, fundamentalmente, los de la tradición romántica alemana. En el fondo, un dialecto del gran idioma tristanesco. La música de la Europa central no parece capaz de descubrir otros horizontes en la música.

> Salazar explica el *Concerto* de Alban Berg en relación con otras producciones del autor, especialmente con sus dos óperas. Llama la atención el sentido descriptivo del texto de Salazar, referido a los movimientos del *Concierto*. Es comprensible que no estuviera en ese momento al tanto de la estructura serial de la obra, de la que no trata. La serie dodecafónica del *Concerto* basada en los sonidos de las cuatro cuerdas al aire del violín que asciende por terceras y termina en cuatro sonidos por tonos enteros, basados a su vez en los cuatro primeros sonidos del coral de Bach, estructura toda la composición, que integra aspectos tonales y dodecafónicos en una misma idea de desolación romántica-

expresionista. La relación con el postromanticismo tristanesco del que parte la Escuela de Viena es correcta, pero aquí trascendido por la nueva estética del expresionismo.

III. 2. - Festivales. Los Festivales de Donaueschingen

Donaueschingen, en el sur de Alemania, se hizo famosa en el siglo XX por albergar los Festivales de Música Contemporánea desde 1921 con el patrocinio de Max Egon von Fürstenberg y la colaboración de Heinrich Burkard, director y fundador de la *Sociedad de Amigos de la Música*.

Los festivales de Donaueschingen se orientaban a promocionar a los jóvenes compositores. Hasta la segunda guerra mundial (ya que el Festival todavía continúa) se estrenaron numerosas obras de destacados representantes de la modernidad musical. En el primer año se presentaron composiciones de Alois Hába, Ernst Krenek, Philipp Jarnach y se estrenaron la *Sonata op. 1* de Alban Berg y el *Cuarteto op. 16* de Hindemith. En 1924 se estrenaron la *Serenata op. 24* de Schoenberg, los *Trakl-Lieder op. 14* de Webern (dirigidos por el propio compositor) y las *Bagatelas op. 9* de Webern, que tuvieron, por cierto, muy poca resonancia.

54. - LA VIDA MUSICAL. «Una nueva generación de músicos alemanes. - Los Festivales de Donaueschingen «, *El Sol*, 9-9-1926.

La nueva música de Alemania llega a nuestro país con más precauciones y parsimonia todavía que la de cualquiera otra parte, principalmente porque el concepto que de la música tienen hoy los herederos de las grandes figuras que son dioses mayores de nuestro público, se aparta considerablemente de lo que inspiró a éstos.

Hoy, la música joven de los países germánicos, es probablemente, la más abstracta en ideas y la más agresiva en expresión que exista en cualquier país del globo. Pero aparte de este detalle, nada insignificante - habrá que reconocerlo -, esos músicos demuestran vivamente, para quien sabe entenderlos, un sentido de la tradición y se pregonan como discípulos de unos maestros que, a su vez, se consideran estrechamente unidos a los grandes clásicos, aun cuando ese lazo de unión parezca más bien nudo gordiano a los entendimientos latinos.

Por raro que parezca, los críticos más serios y los de mayor profundidad de Alemania aprecian como cosa más «musical», más en conexión con el arte tradicional de la música germánica a toda esta nueva generación musical, que a cualquier otra música «cismática», es decir, no germánica, como la rusa, la francesa o la española modernas, por ejemplo. Albéniz, pongo por caso, o el mismo Debussy son algo parecido a curiosidades un poco al margen de la música, aun para críticos de la categoría de Weissmann, mientras que Schoenberg y sus discípulos les suenan mucho más adentro de la via tradicional.

No diré cómo suenan esas música en cuarto de tono, de Aloisius Haba, o las de Alban Berg, Kreneck, etc., etc. a los oídos meridionales, para quienes el centro de ese sistema planetario, Arnold Schoenberg, es ya un misterio indescifrable, sin resquicio apetecible para intentar el descifrarlo(...).

***

Un especie de feria, exposición, muestrario de este arte se expone todos los años por el verano en la ciudad de Donaueschingen, en la Selva Negra, gracias al cuidado del príncipe de Fürstenberg y del doctor Mall, protector y presidente de la «Sociedad de Amigos de la Música». Los críticos de periódicos franceses, ingleses, americanos, acuden a estos «Festivales» tan interesantes y tan ricos en novedades. Nosotros, pobres críticos españoles, nos contentaremos con lo que nos dicen esos fastuosos colegas que se permiten acudir a unas reuniones que son sólo música, y no fútbol, tortazos...

Georges Migot y el americano Irving Schwerke nos cuentan en el «Chantecler» y en el «Chicago Tribune» sus impresiones. La del francés es mucho más favorable a los nuevos músicos alemanes que la del americano. El «Festival» de Donaueschingen estuvo formado por cuatro conciertos que se verificaron en la segunda mitad del mes de

julio. Esos conciertos eran dos de música de cámara, uno de música militar y otro de música para instrumentos mecánicos (...)
Según Schwerke las tres influencias predominantes en estos compositores son Stravinsky, Milhaud y Hindemith. Para este crítico la obra más importante es la de Hans Krass y los defectos generales a todos los autores mencionados son la despreocupación de forma, el poco interés por la calidad de las ideas (cuando éstas existen), la escritura amazacotada y sin cuidado por el resultado sonoro; la oscuridad, complejidad, tosquedad; en una palabra, fealdad de la mayor parte de la producción de la joven generación germánica.

Salazar aprovecha la crónica de los Festivales de Música Contemporánea para situar la postura de los críticos alemanes ante la producción propia. Todavía en estos años la música de Schoenberg resulta de una extrema dificultad. De los jóvenes alemanes, el que comienza a destacar claramente es Hindemith, que aprovechó estos encuentros para dar a conocer su obra.

III. - 3. Concursos internacionales

El Concurso Internacional de Viena, bajo el signo de Schubert

En 1928 la Casa Columbia de Estados Unidos organizó un concurso internacional en Viena coincidiendo con el centenario de la muerte de Schubert. El impulsor fue Frederick N. Sard, delegado de la Columbia Society, que ya había organizado el año anterior otro concurso dedicado a Beethoven. Sard pretendía llevar a cabo un proyecto tan curioso como impertinente: completar la *Sinfonía Inacabada* de Schubert. La idea se desestimó inmediatamente y en su lugar se optó por premiar obras que manifestaran cierto carácter vienés y melódico, bajo el lema: «Vuelta a la melodía», estimulando a los compositores modernos a escribir obras tonales.

Delegados de los distintos países (encabezados por el musicólogo Guido Adler y reunidos en la Sociedad de Amigos de la Música de la capital austriaca) formaron un jurado para otorgar tres premios a las obras seleccionadas por los jurados nacionales. Los delegados fueron von Schilling, por Alemania; Nielsen, por los países escandinavos; Bruneau, por Francia, Suiza y Bélgica; Alfano, por Italia; Tovey, por Inglaterra; Glazunov, por Rusia; Milnarsky por Polonia y Salazar en representación de España y Portugal. Las dos obras que representaron a España fueron: *Tres Movimientos sinfónicos* (bajo el nombre de *Schubertiada*), de Esplá y *Ofrenda a Schubert*, de Conrado del Campo.

Salazar publicó 11 extensos escritos con semblanzas de los distintos compositores y delegados participantes en el evento, durante julio, agosto y septiembre de 1928.

55. - LA VIDA MUSICAL. «El Concurso Internacional de Viena. Bajo el signo de Schubert», *El Sol*, 12-7-1928. II.

Max von Schillings, «generalmusikintendant» de los teatros prusianos, conocido en Madrid por haber dirigido en el Teatro Real su ópera «Monna Lisa», era el delegado de Alemania y Holanda, que formaban una zona en este cónclave internacional. Los países escandinavos formaban otra zona, cuyo representante era Carl Nielsen, el gran compositor danés, que es hoy día el más alto representante de esa música tan lejana de nuestras latitudes, aunque no esté tan remota de los gustos y conceptos de los países germánicos que la han engendrado, y cuyas nieblas y morosidades ella interpreta según su frío y claro criterio.

Francia, Bélgica y Suiza formaban otra zona, que confió su delegación a uno de los «seniors» de la música francesa: al vivo y simpático Alfred Bruneau, tan rápido y atinado en sus juicios precisos; pero más tarde hablaré de cada uno de estos maestros en detalle y lo que me han contado respecto a sus propios países y respecto al provenir de la música contemporánea. Paso, pues, ahora rápidamente antes sus nombres sin más perfilados detalles.

Italia formaba una sola zona, y su representante fue Franco Alfano (el colaborador con Puccini en el póstumo «Turandot» del gran operista), y cuya ópera «Resurrección se dio en Madrid hace años bajo la batuta de Marinucci. El profesor Tovey, contrapuntista famoso, representaba a Inglaterra y sus Dominios, mientras que era un compositor glorioso, el gran Glazunov, quien traía a esta reunión la voz de la Rusia bolchevista. La joven Polonia había conferido su delegación a uno de sus directores sinfónicos: Milnarsky, y formaba una zona con Estonia, Livonia, Lituania y Finlandia. En fin, las obras premiadas por los Jurados nacionales español y portugués llegaron a Viena bajo mi custodia.

Estas obras fueron, como quedó dicho a su tiempo, una de Oscar Esplá: Tres movimientos sinfónicos: «Zarabanda», «Marcha lírica» y «Rondino», cobijados bajo el título de «Schubertiada»; otra «Ofrenda a Schubert», de Conrado del Campo, obras ambas que produjeron gran efecto y elogio en aquel Jurado, así como la de Lucien Lambert, profesor del Conservatorio de Oporto, cuyo «Poema sinfónico a la memoria de Schubert» fue la obra premiada por el jurado portugués.

He aquí los títulos de las obras presentadas por los demás países y el nombre de sus autores. Esta enumeración significa que el primero de cada uno de ellos fue el autor a quien se concedió el primer premio nacional de 750 dólares; el segundo autor, el premiado con 250 dólares, y el tercer nombre, el premiado con mención honorífica.

Alemania. - «Sinfonía», de Herman Wunsch. «Variaciones sobre un tema de Mozart», de Kurft von Wolfurt.»Sinfonìa», de Johan C. Berghout.

Escandinavia. - «Sinfonía en do mayor», de Kart Atterberg. «Passacaglia», de Irgens Jonson. «Sinfonia», de J. L. Emborg.

Francia. - Dos primeros premios «ex - equo» para Henry Ryder y G. Guillemat, por sus movimientos sinfónicos, un segundo premio, para G. Martz, y un tercero para Otto Ripli.

Rusia. - «Sinfonía», de Michail Tschernow. «Leyenda», de Wassili Kalafati. «Rondó», de J. Merwollf.

Polonia. - «Sinfonía», de Czeslaw Mareck. «Dos movimientos sinfónicos», de Witold Maliszewsky. «Sinfonía», de Farol Jan Lampe.

Italia. - «Sinfonietta», de Guido Pannain. «Contemplazione della Morte», de Bonaventura Osma. «Schubertiada», de Pietro Montani.
Estados Unidos. - «Variaciones Sinfónicas», de Charles Haublel. «La isla encantada», de Luis Gruenberg. «Sinfonia», de Frederic Stahlberg.
Inglaterra. - Dos primeros premios «ex-equo» para Frank Merrick, por sus dos movimientos sinfónicos, y para J. St. Jonson, por su obra «Pax Vobiscum». Segundo premio para Havernal Brian por su «Sinfonía gótica», de la que más tarde hablaré.
Austria. - Tres sinfonías de Franz Schmid y Mosi Freidsohn.

Se ve, pues, que el primitivo proyecto de la Sociedad Columbia consistente en proponer un premio internacional para la mejor terminación de la «Sinfonía incompleta» de Schubert, proyecto en seguida retirado y sustituido por unas bases mucho más amplias sólo fue escuchado por dos compositores franceses, un polaco y un inglés. La nueva proposición que sustituye a la primitiva, reputada como imposible e inaceptable, era simplemente la de premiar las obras concebidas en homenaje a la memoria de Schubert, y en este sentido, los autores que más cerca siguieron el llamamiento fueron el italiano Montani, el portugués Lambert y los dos españoles. Mas ese homenaje al incomparable melodista que fue Schubert llevaba, al ser propuesto por los organizadores del concurso, un lema básico, el de la «vuelta a la melodía».

Este concurso tenía, pues, como propósito fundamental el de estimular a los compositores contemporáneos para que, despojándose de hábitos y prejuicios dominantes en el Mundo entero, dejasen hablar de nuevo a su vena melódica.

En su inocente apariencia, esta proposición encierra dentro de sí todos los problemas de la música, todos los problemas que la música plantea a los compositores contemporáneos y lleva implícita la más espeluznante de las cuestiones musicales: «Qué se entiende por melodía».

Contésteme usted a esta pregunta aunque sea silbando o tarareando (Debussy decía burlonamente: «Melodía es todo lo que puede silbarse»), y le diré en seguida si es usted español, sueco, vienés, prusiano, ruso o napolitano. El concepto de la melodía, según que sea un aire cantable o una frase propicia para desarrollos sinfónicos, divide al mundo musical en dos mitades. Es, como si dijéramos, lo que establece los paralelos en el mapa musical. En seguida, el concepto de la forma divide al mundo en otros dos hemisferios. El meridiano de París tiene un concepto de la forma totalmente antagónico al del meridiano de Berlín; el de Nueva York, del de Viena. En este sentido, españoles y escandinavos debemos ser casi antípodas, barbaridad geográfica que no lo es dentro de la geografía filarmónica, según demostraré en seguida. Definidos esos dos conceptos fundamentales de la melodía y de la forma, es perfectamente fácil para el crítico-geógrafo situar la posición en el orbe sonoro del músico o de la ciudad en cuestión. Un examen somero, de carácter general de las obras presentadas al Jurado Internacional de Viena, puede ser instructivo en extremo para enterarnos de cómo marcha el mundo. Y quizá nos encontremos con que el mundo no marcha al compás que nosotros creemos en nuestros climas meridionales. Vamos a verlo en el próximo artículo.

Se trata aquí del segundo de los 11 artículos dedicados a glosar este evento durante el verano de 1928. Los tres primeros textos redactados en julio de 1928 están dedicados a reseñar las características generales del concurso vienés y a informar de las obras y los delegados que asistieron. **Los restantes escritos de agosto y septiembre están dedicados a describir brevemente los perfiles de los compositores más importantes que participaron en el concurso.** Ninguna de las obras premiadas o presentadas ha llegado a labrarse un nombre en el repertorio sinfónico del siglo XX. Tampoco los compositores extranjeros que participaron eran muy conocidos y ninguno de ellos ha llegado a imponerse en el panorama contemporáneo, lo cual da muestra del poco poder de convocatoria de este evento o la poca confianza que despertaba el lema «volver a la melodía».

IV. ARTÍCULOS DE ESTÉTICA, HISTORIOGRAFÍA, MUSICOLOGÍA

Aparte de los escritos dedicados a conciertos y eventos musicales, Salazar escribió numerosos textos de historiografía, estética y musicología. Muchos de esos textos iban dirigidos a temas concretos, como los Ballets rusos, la música portuguesa, los teatros de Berlín, el Misterio de Elche, y cuestiones de música española: el renacimiento, el siglo de oro, el romanticismo, la polémica en torno al teatro lírico, la canción folklórica, la música en la época de la segunda república, etc. La diversidad y riqueza de temas tratados fue enorme, como se puede constatar si se analiza el listado de escritos que aparece al final del libro. A modo de ejemplo, presentamos aquí algunos textos de la estética e historiografía de la música del siglo XX, por ser los menos conocidos.

56. - LA VIDA MUSICAL «La estética de Ferruccio Busoni. La «Ur-Musik». *El Sol*, 26-09-1924.

Al hablar recientemente de las ideas y prácticas de Ferruccio Busoni, como profesor de composición, aludí, de paso, a un librito suyo, corto, pero lleno de sustancia titulado «Boceto para una nueva estética de la música». El título es un poco ambicioso, porque no se trata más que de una colección, unida por un hilo organizador bastante endeble, de ideas y proposiciones que no han pasado al terreno de una experimentación seria. Pero creo útil el hacer un resumen general de esos puntos de vista para ayudar a formarse una idea de la personalidad de Busoni en cuanto se refiere a sus gustos y criterio respecto del arte y de los artistas que han dejado su labor en la historia, conforme antes hablé de lo que creía y practicaba acerca del arte y de los artistas por hacer.

***

La idea madre de la estética de Busoni, es bastante sencilla y se ha repetido muchas veces: «Todas las artes - dice- , todos sus recursos y formas, apuntan siempre a un mismo y único objetivo: la imitación de la naturaleza y la interpretación de los sentimientos humanos». Busoni no estuvo extraordinariamente feliz al repetir ese lugar común de la estética burguesa. Pero, salvo ese primer comentario, que visa a la totalidad de la doctrina, no he de discutir el articulado. Me limito, pues, a resumir del modo que creo más fiel.

Dado ese fin y propósito común a todas las artes de todas las épocas, en todas ellas se elevará creando obras maestras. El espíritu que las informa, la medida de su emoción, de su «humanismo» es eterno y de un valor intangible en el transcurso de los años. Pero la forma que afecta, el modo de su expresión, el perfume de la época que ha visto nacer la obra de arte, pasa y envejece rápidamente. Lo Moderno y lo Antiguo, lo Nuevo y lo Viejo, ha existido siempre. Quien ame la «música absoluta», amará en cada época a los nuevos y a los antiguos, sin esclavizarse a un criterio prefijado.

La música quiere libertad. Se ha hecho a la «música absoluta», a la «música pura», el símbolo de la música libre de las trabas de una idea dramática o sentimiento dominante que la obligue a ser su traducción.

Pero por música pura se entiende corrientemente la música de pura forma, la música «arquitectónica», «simétrica», «seccional», de «patrón». Y este patrón es un tirano tan grande o más que esos programas vilipendiados. Se habla mucho de la forma clásica, que se eleva por encima de todas las cosas. Y apenas se entiende por forma clásica más que un conjunto de reglas escolásticas, de relaciones entre tónicas y dominantes, exposiciones, desarrollos y codas.

Mozart era un maestro impecable de la forma; ¡pero lo que en él es verdaderamente grande no son sus relaciones de tónicas y dominantes, exposiciones, desarrollos y codas!

Es singular que se pida a los compositores que sean originales en todos los aspectos de la música, menos en lo tocante a la forma ¿Por qué se les prohíbe que lo sean en la «forma»? ¿Por qué en cuanto un músico es original en este aspecto se le reprocha su «falta de forma»? Forma hay en todo cuanto existe, en todo en cuanto se sostiene en pie y vive y alienta. La forma, verdaderamente, es imperecedera; pero todas las formas «son diferentes entre sí».

Lo contrario es la imitación, el calco. Esto es, la falta completa de libertad. Y el ansia de libertad es lo que distingue, sobre todo, al genio. Véase a Beethoven, el revolucionario romántico. (Beethoven es el Juan Jacobo de la música. El que luchó por los «derechos del músico», como Juan Jacobo afirmó «los derechos del hombre»). Por su conquista de la libertad musical, Beethoven se acerca a la «música infinita», la cual adivinó en trozos como la introducción a la fuga de la Sonata op. 106. Muchos compositores se han acercado a ella en «pasajes preparatorios e intermediarios»; Schumann mismo, con ser de muy inferior estatura, se ha acercado a este «pan-arte» en el trozo de la transición de la Sinfonía en re menor, y otro tanto puede decirse de Brahms en la introducción al final de su primera Sinfonía.

Bach es quien está más próximo a Beethoven en esta «Ur-Musik», música universal, música cósmica, música primitiva, música de la eternidad, «super-música», como la hubiera denominado Nietzsche. Bach lo consigue con sus «Fantasías para órgano», no en las fugas. Uno y otro de esos músicos deben ser considerados como un «comienzo», no como una finalidad insuperable, aunque en emoción y espiritualidad apenas se les podrá sobrepasar. Los caminos que Beethoven abrió, sólo pueden ser continuados a lo largo de varias generaciones. Wagner, en cambio, será difícil de continuar en forma de expresión, en libertad, porque, como Mozart, juntamente con cada problema da la solución; pero dentro de tal «sistematización, que sólo él podía cerrar el círculo cuyo trazado inició.

El nombre de Wagner conduce a la llamada «música de programa», que se ha erigido como rival de la «música pura», conceptos que han petrificado de tal manera aun a personas inteligentes, que las ha impedido ver que si una de esas músicas es limitada y unilateral, la otra también lo es y que la tiranía de un programa no es mayor, en todo caso, que la de las repeticiones obligatorias, fórmulas de simetría y demás convencionalidades de la «música pura» o arquitectónica. Una y otra no son más que aspectos de la música universal, de la «Ur-Musik, limitadas ambas, por tanto, por su propia condición. Cada motivo, cada frase tiene una personalidad propia, necesidades autónomas, que es preciso comprender y satisfacer, sin sujetarse a reglas ni convenciones.

Comprender esas necesidades «sui- géneris» de las frases-gérmenes de la música es lo propio del verdadero, del real compositor. Lo contrario es ser un hombre de oficio, un obrero de la música, no un artista. Y esa comprensión de lo que la idea quiere, de lo que exige para llegar a desarrollarse plenamente en una forma propia, esa adivinación genial del artista es propiamente i-n-t-e-r-p-r-e-t-a-c-i-ó-n.

Todo en el arte es interpretación. Interpretar sus propias intenciones, esto es, adquirir una «técnica de pensamiento»: esto es lo primero. Darlas hechura después, mediante una «técnica de interpretación»: esto viene luego. E inmediatamente al lado, está de nuevo la interpretación de la letra – por el ejecutante – para revivir el espíritu. Así, pues, del pensamiento a la obra escrita, y de ésta a su audición, hay un doble juego: «emoción «versus» notación» y «notación «versus» emoción». Esto confirma ese dicho de Beethoven de que «sólo el genio puede comprender al genio». Un intérprete genial interpretará insuperablemente la obra de un genio porque adivinará en ella la «Ur-Musik» que el compositor ha intentado transcribir.

***

Ahora bien. Y esa «Ur-Musil», se dirá: ¿qué es? Busoni, como tanto autor alemán - (en esto Busoni era alemán completamente)-, se ocupa menos de definir su concepto que de dejarlo traslucir por sus explicaciones. Esa «Ur-Musik» es algo vago, cósmico, propio al «alma fáustica», como diría un spengleriano. Algo típico de la música romántica alemana – del romanticismo en general–; algo que es una de las facetas más características del arte de Beethoven en su tercera época, y de lo cual son testimonios fehacientes la Sinfonía con coros y el final de la Sonata op. 32 y sus últimos cuartetos (*nota de Salazar*: 1) Sobre este punto se encontrarán observaciones afines en el folletón publicado el día 18 sobre Antón Bruckner), y aun en el Preludio de la Trilogía wagneriana que ya su propio autor calificaba de «Ur- Melodie» (Ur = primitivo, en un sentido de anterior a la creación del mundo).

De esta idea vaga, un tanto caótica de la «Ur- Musik», Busoni pasa a un sistema pluritonal, una especie de mar sonoro, del cual no es más que una parte nuestro nuestro sistema de una escala «mayor» con ligeras variantes, llamadas menores, pero sujetas a idéntica función tonal.

Todos los tonos posibles, todas las escalas admisibles, numerosas como las estrellas del cielo, caben dentro de este sistema tonal general. Y no sólo nuestras escalas diatónicas, o cromáticas, o de una mixtura convencional o, como la de distintos compositores modernos, sino aun otros intervalos distintos al semitono, de infita variedad como los que los pueblos lejanos poseen. Varios compositores han ensayado hacer música empleando los cuartos de tono. Busoni hizo ensayos con los tercios de tono, y aun propuso nuevos sistemas de notación (*nota de Salazar*: 1) Publicaremos en breve un artículo informativo sobre los ensayos más recientes para construir una música a base de intervalos más pequeños que el semitono)

Por desgracia, todo ello no pasó de mero boceto, de sugestión, de apunte, pero basta para comprender con qué amplitud de criterio acogería este intérprete extraordinario a los artistas jóvenes en cuyas cabezas sentía bullir un arte nuevo, es decir, «distinto». Porque ese artista, noble y generoso, sabía que este arte por crear no es sino la continuación, la consecuencoia legítima y la única valedera del arte universal, de la música eterna – eterna e invencible como la vida – grande e inmortal, no sólo por lo ya creado, sino por lo que reserva ambiciosamente un futuro infinito.

El opúsculo al que se refiere Salazar apareció en 1907 en Trieste bajo el título *Entwurf einer neuen Ästhetik der Tonkunst*. Se trata de uno de los primeros ensayos del siglo XX que trata de la libertad de la nueva música, especialmente la posibilidad de utilizar los microtonos, algo que unos años más tarde comenzaría a sistematizar Alois Hába. En el librito de Busoni se defiende la libertad y autonomía de la música («la música ha nacido libre y ser libre es su destino») y se esbozan de forma poco sistemática y aforística ideas sobre el futuro de la música y las nuevas posibilidades instrumentales. El propio Schoenberg, que sucedió a Busoni en la cátedra musical que este ocupaba en Berlín, escribió comentarios muy sustanciosos al ensayo de su amigo. Salazar alude, al comienzo de su escrito, al texto que había redactado unos días antes (*El Sol*, 04-09-1924) sobre Busoni, criticando algunos puntos de su estética.

Un fragmento del opúsculo de Busoni se encuentra traducido por Carlos Alonso en Guido Salvetti: *Historia de la Música. El Siglo XX*. Ed. Turner. Madrid, 1994, pp. 184-186. Se puede encontrar otro fragmento comentado en José M. García Laborda: «Autonomía y libertad en la música», en José M. García Laborda (Ed.): *La Música moderna y contemporánea a través de los escritos de sus protagonistas (una Antología de textos comentados)*. Ed. Doble J, Sevilla, 2004, pp. 44-45).

57. - LA VIDA MUSICAL. «D. Haralambis y la música griega contemporánea». *El Sol*, 6-1-1934 (Texto íntegro).

Se ha hablado diferentes veces en esta sección de la renovación musical que Grecia, país del más prestigiosos pasado en ese arte, aunque sea menos conocido que sus espléndidas manifestaciones plásticas, conoce en el momento actual. No podía ser de otro modo, ya que no existe ninguna nación europea que no haya procurado, tras el movimiento nacionalista, resurgir a la consideración internacional. El nacionalismo musical permitía realizar con éxito este esfuerzo, que sacó a la luz muchos talentos y capacidades perdidos en la gran corriente universalista de los tiempos clásicos y aun del romanticismo, el cual estimuló la vuelta a las fuentes nacionalistas, pero sin lograr aun darles una forma artística de categoría. Los recitales de canciones dados hace pocos años por una artista griega radicada en Madrid, Cristena Galatti, motivaron aquellos comentarios. El de hoy debe su actualidad al concierto de piano que ha dado en el Ateneo el pianista Demetrios N. Haralambis, rumano de nacimiento, pero griego de familia. Los compositores griegos escogidos por dicho artista fueron Manolés Calomiris y Georgios Poniridis. A esos dos nombres que son los más prestigiosos, junto a alguno otro del movimiento musical helénico en el momento presente, Haralambis añadió páginas gustosas de las que es autor: unas «rondas» de fino colorido pianístico y de gran belleza modal y rítmica. Las de Poniridis pertenece a este género, nacido en lo folklórico y convenientemente tratado merced a un conocimiento de las características históricas de la música popular en el país, inteligentemente revividas, de tal modo que la música así creada tiene a la vez frescura de sentimiento y sabor tradicional; a lo menos algo que se diferencia en su matiz e inflexión del resto de la música contemporánea, y que, salvo adquisiciones de especialista, aparece para el auditor europeo de una manera que nos evoca estilos y gustos musicales remotos.

Ambos aspectos de la música, el folklórico y el histórico, determinan en Grecia las líneas directrices de su nueva música, exactamente como ocurrió en España. Grecia ha seguido la trayectoria que ha llevado a sus músicos actuales a un alto grado de notabilidad varios lustros después que los españoles. El estado en que su música se encuentra se asemeja en sus planos generales, al que asumía España en los comienzos del siglo aproximadamente, con sus influencias francesa y rusa frente al sinfonismo alemán postwagneriano. Es aventurado, como toda comparación, decir que Manolés Calomiris representa en Grecia algo semejante a lo que Albéniz significó en el movimiento de renovación musical española; pero, a lo menos, el lector se hará así una idea del valor relativo de ese músico. Del que le es propio solo puede hacerse la merced a la audición de un repertorio ya abundante, y que comienza a ser conocido en toda Europa, especialmente después del festival de música griega celebrado en París en 1925 por la Orquesta Colonne. El «Canto de la noche», de Calomiris, siguiendo ese paralelismo arbitrario, podría admitir cierta comparación por las páginas «poéticas» de Albéniz con «Evocación» especialmente. Poniridis sería como el Granados griegos y Petro Petridis acaso pudiera ser puesto en línea de Turina, salvo, como queda dicho, lo que es propio y peculiar de cada uno de esos músicos, los griegos tanto como los españoles. ¿Ha nacido en Grecia el músico que sea para su arte sonoro lo que Falla es para el nuestro? No lo sé, ni aun si entre los varios nombres que se citan en las reseñas extranjeras hay jóvenes que representan allí el grado de avance y valiente experimentación de nuestra pléyade de compositores jóvenes. Como en España, esos músicos no se limitan a una sola capital, y están diseminados por las diferentes regiones griegas, de tan alto prestigio histórico. En ellas el canto y la danza popular tienen singularidades notables, como en otro tiempo lo tuvieron sus modalidades y sus ritmos, que Poniridis toma como base de sus piezas tituladas «Ritmo epírota», «Ritmo cretense», tocadas en su recital por Haralambis, mientras que sus propias «rondas» se ciñen a la región ática.

Poniridis ha hecho incursiones fructíferas en el área de la vieja música bizantina, con sus «troparios» famosos. Otro músico que se inspira en una erudición vitalizada por un temperamento artístico es Panchos, bizantinólogo eminente, que proporcionó la música necesaria para la representación en el teatro antiguo de Delfos del «Prometeo encadenado», de Esquilo, fiesta memorable que fue preparada por el poeta Sikellanos, la más alta figura literaria en este momento en la península helénica, cuyo resurgimiento poético y musical, iluminado por su sentimiento nacionalista comienza, tras de la guerra con la liberación del yugo extranjero.

Otro folklorista notable, Riadis, ha compuesto la música de escena para la representación que la gran trágica griega señora Cotopouli dio en el estadio de Atenas de la «Hécuba» de Eurípides. Estas representaciones en los teatros al aire libre, ilustres antecedentes de la que Rivas Cherif preparó en el teatro romano de Mérida con Margarita Xirgu y Borrás, pueden servir de ejemplo para otras fiestas futuras. En Grecia perdura quizá cierto aire tradicional conservado secularmente «sui loco». En España, la tradición romana no existe ni aun remotamente. Los griegos pueden aspirar a dar a sus representaciones un color antiguo merced a reconstrucciones eruditas si van guiadas por un sentido artístico vivo. En España sería ridículo intentar semejante cosa que sólo prestaría un color pedantesco y de una ranciedad de archivo a tales fiestas. Pero sería procedente intentar, como Riadas, la composición de música «nueva», que procurará evocar (y hay varios procedimientos para ello) un ambiente remoto que pudiera pasablemente aceptarse como viejo español, ya que no romano. Merecería la pena de que se pensara en ello.

El gran aplauso tributado a Haralambis tras de sus «rondas Áticas» y de las demás páginas de autores griegos debe animarle a nuevas prestaciones de la música más reciente de esa nación, ya que las revistas y los libros nos hablan de nombres tales como Levrangas, Procopio, Sklavos, Axiotis, Sfaniaklis y algún otro más con gran elogio. Apenas conocemos a alguno de ellos por tal o cual obra impresa que llega a nuestras manos y vale la pena trabar más detenido conocimiento. Desgraciadamente, Demetrios Haralambis, que vive habitualmente en Colonia, regresa pronto allá. Pero no sin el propósito de regresar a España, cuyos músicos actuales conoce. Interpreta con singular efecto, varios aires de «suite» antigua de Joaquín Rodrigo y otras páginas de Granados y Albéniz.

En ellas lució su notable categoría de pianista. Pudo verse ya en los doce «Preludios» de Chopin que tocó para comenzar su recital, así como en el «Sposalizio», de Liszt, dicho con un sentido expresivo de alta calidad, y en las tres páginas de Debussy, tocadas con la sensibilidad delicada que exigen y con una técnica inteligente, en perfecta adecuación interpretativa a esa música exquisita.

> Muy poco se conocía en España de la música griega hasta esos momentos en que escribe Salazar, si descontamos los recitales ofrecidos en Madrid por Cristena Galatti. En 1924, Salazar hablaba en un extenso artículo en *El Sol* sobre la música griega actual («La vida Musical: La música actual en Grecia. - M. Calomiris. - P. Petridis, *El Sol*, 18-10-1924), aludiendo a dos nombres que

aparecen también en el artículo presente: Calomiris y Petridis. En este texto de 1924 Salazar señala a Calomiris como el más grande compositor griego del momento (era entonces director del Conservatorio Odeón de Atenas). Salazar esboza en este otro artículo de 1934 un panorama de algunos músicos y folkloristas griegos. Por la originalidad y poco conocimiento del tema nos ha parecido interesante incluir aquí este texto, que se complementa con el que escribió Salazar en 1924.

58. -LA VIDA MUSICAL. «La Colección de Pedrell de manuscritos musicales. Una nueva Sociedad de Musicología». *El Sol*, 28-07-1921 (Texto íntegro).

El Departamento de Música del Instituto de Estudios Catalanes acaba de publicar en un hermoso volumen el catálogo de los manuscritos musicales de la colección que el maestro D. Felipe Pedrell había reunido durante toda una vida de estudios de nuestra historia musical que en su mayoría son transcripciones y traducciones en notación moderna de nuestro clásicos, realizada por ese maestro, formando así un a colección que, figurando entre las mas valiosas bibliotecas particulares, fue la fuente de los trabajos fundamentales en nuestra moderna historiografía musical, por los que Pedrell ocupa un puesto de tan singular preeminencia.

Pedrell cedió su colección a la Biblioteca de Cataluña a principios del año 1918; una dádiva semejante es de las más raras y valiosas, tanto por la cantidad de manuscritos como por la cantidad y notorio valor de la mayoría de ellos, que ha enriquecido considerablemente el fondo de la Biblioteca de la Diputación de Cataluña, cuya rama musical se formó principalmente a base del legado Carreras, del cual hizo la catalogación el propio Pedrell. El actual catalogo está redacto por Mns. Higinio Anglés. Y está dispuesto como continuación, en lo que se refiere a numeración y signaturas, del referido catálogo del fondo Carreras.

Los manuscritos de la colección Pedrell forman dos grandes secciones: una, la de obras clásicas españolas, y otra, de las composiciones del autor de «Los Pirineos». Reseñaremos en breve esta secciones para dar idea de su riqueza bibliográfica.

Comienza la serie por una abundante colección de traducciones de Pedrell de obras polifónicas de los maestros Juan Ruiz de Robledo, Juan Navarro, Juan Sebastián de Vivanco, Sebastián López de Velasco, Fernando de las Infantas, Jachet, Andrés de Silva, Guerrero y otros compositores de los siglos XVI y XVII.

Otra serie de composiciones polifónicas, en su mayoría inéditas, transcritas por Pedrell en notación moderna, contiene obras de Lorente, Torres, Ceballos, Esquivel Barahona, Peñalosa, Rivera, Castillo, P. Fernández, Torrente, Babán, Guinovart, Cristóbal de Morales, Iribarren y Tomas Luis de Victoria. Hay, pues, en esta sección, música española inédita de una época que oscila entre los siglos XV al XIX. Asimismo otra serie análoga comprende obras de distintas épocas desde algunos fabordones de Ceballos a composiciones sagradas de mediados del siglo último, pasando por traducciones de manuscritos inéditos de Clavijo del Castillo, Ginés Pérez, J. P. Pujol, Mateo Romero, J. Bautista Comes y otros.

Un grupo de composiciones para vihuela contiene las traducciones de los libros didácticos y tratados de cifra de Luis Milán, Ortiz, Bermudo, Valderrábano, Fuenllana y Narváez; abundante colección de pavanas, villancicos, romances, sonetos, ricercares y canciones y otras obras deliciosas, de la más pura belleza. Continuación de esta serie es la de obras para vihuela y órgano, en su mayoría de autores del siglo XVI, entre las que se encuentran obras de Venegas de Henestrosa, Correa de Araujo, Gaspar Sanz, Fernández Palero y Aguilera de Heredia.

Un conjunto de composiciones polifónicas españolas y extranjeras de los siglos XVI al XVIII contiene transcripciones de distinta mano. Un conjunto de copias de dramas litúrgicos, entre los que figuran uno atribuido a San Francisco de Borja, el de la «Fiesta de Elche», un ensayo de R. Mitjana sobre el teatro lírico dramático en España desde su comienzo hasta antes del siglo XIX y una reproducción fotográfica de la «Consueta» de Elche, tiene, igualmente, un gran atractivo para los entusiastas de nuestra historiografía musical.

Otros grupos de manuscritos contienen: quince transcripciones de cantigas de Alfonso el Sabio, transcritas y armonizadas por Pedrell; los originales de este maestro de las transcripciones de Cabezón, publicadas en la «Hispania Schola Musica Sacra» (1895-1896), y su original al «Estudio biográficobibliográfico sobre Tomás Luis de Victoria», redactado para la edición completa de sus obras.

La sección dedicada a los autógrafos de las composiciones originales de Pedrell es muy abundante, y contiene los manuscritos íntegros de «Los Pirineos», «La Celestina», «Cleopatra», «El Conde Arnáu», «El Tasso» y otras abundantísimas obras, entre ellas una curiosa colección de canciones trovadorescas y populares de diversas épocas y países.

La presente publicación viene a formar digna compañía con el Catálogo de los madrigales de Brudieu, de Pedrell y H. Anglés próximo a aparecer, y del Catálogo de la Biblioteca Musical de la Diputación de Barcelona, una de las obras más importantes que sobre estos asuntos se hayan publicado en España y que acreditan a su autor tanto como a sus editores.

Una Unión internacional de Musicología

Con el nombre de Societé Union Musicologique se acaba de fundar en La Haya una asociación que tiene por objeto contribuir al progreso de los altos estudios científico musicales, poniendo en relación a los eruditos y hombres de ciencia de los diversos países, para lo cual editará publicaciones de distinta índole y celebrará congresos y reuniones periódicas.

El Comité director se halla compuesto por los profesores Hammerich, Nef, Norhund, Scheurleer y Pedrell. El primer trabajo que presentará la nueva Sociedad, y que actualmente redacta, consiste en un boletín en el que se da cuenta de todas las publicaciones que versen sobre arqueología, historia, estética, técnica y crítica musical, publicadas en los diversos países entre agosto de 1914 y diciembre de 1920.

En este artículo sobre Pedrell, Salazar reseña la importancia del musicólogo catalán; destaca la generosidad en la cesión de su colección, que incluye obras propias del autor y una colección de manuscritos de obras de autores de los siglos XV y XVII, y su trascripción a notación moderna de partituras. El artículo está publicado en 1921, un año antes de la muerte de Pedrell.

59. FOLLETONES DE «*El Sol*». *El Sol*, 27-02-1027.
«BEETHOVEN: el artista y la época» (Texto íntegro).

Se ha escrito sobre Beethoven hasta el agotamiento. Desde la burocrática puntualidad de Thayer, cónsul anglosajón y puritano, hasta el lirismo sobreagudo de Romain Roland, el comentario, la exégesis beethoveniana ha conocido todos los tonos y todos los estilos. Ahora mismo, un nuevo chaparrón criticobiográfico se prepara, porque la humanidad filarmónica no puede dejar de rendir su homenaje a uno de los mas grandes genios que hayan existido; hombre-dios en esa religión musical cuya Semana Santa acaece en su calendario de cien en cien años. La memoria de esa grey no suele, frecuentemente, pasar más allá del primero de esos aniversarios seculares, y cuando un segundo o tercer centenario se festeja suele ser mas por obra de unos cuantos eruditos o entusiastas que mantienen viva su fe que por la vigencia de ésta en la masa multánime.

El cuarto centenario del nacimiento de Palestrina por ejemplo, acaba de cumplirse en silencio. Si el tercero después de morir Tomás Luis de Victoria, su gran émulo español, ha pasado no hace mucho en un olvido total, no fue solamente porque en esa fecha se ignorase aun la de su muerte. El tercer centenario de la de Alessandro Scarlatti, en quien tienen su arranque la ópera moderna, ocurrió en 1925 en medio de un silencio semejante, y el segundo después del nacimiento de Gluck, su gran continuador, en quien la ópera encuentra una renovación semejante a la que la sinfonía experimenta con Beethoven, pasó inadvertido en julio de 1914. Gluck fue ya uno de los primeros músicos que, como Beethoven, tuvieron en su momento una importancia europea. Mas, sin duda, Europa sentía la cumplirse ese aniversario algún barrunto de la catástrofe que iba a estallar un mes después.

El 150 aniversario del nacimiento de Beethoven se cumplió acabada la guerra y solo promovió tímido comentario. En los homenajes que todas las naciones preparan ahora para conmemorar el primer centenario de la muerte de ese gran músicos, músico europeo por excelencia, hay como un deseo implícito de reconciliación espiritual.

Cien años después de su muerte, el arte de ese hombre glorioso, que ejerció en su época la más profunda y más vasta transformación por la que haya pasado el concepto de la música, satura la sensibilidad de las grandes masas de auditores, colma de admiración al analista y mueve a inagotables comentarios al crítico. Es quizá un caso único de vitalidad, al que solo podrá acercarse el caso de Wagner. Uno y otro viven hoy plenamente en la conciencia de esas multitudes a quienes ellos buscaban al través de las sensibilidades más afinadas de su tiempo. Si la función social de la música exigía en el último cuarto del siglo XVIII (momento en que nacen las primeras composiciones de Beethoven) que el artista dirigiese su atención a los medios aristocráticos, la gloria de Beethoven está precisamente en haberla desviado de esa trayectoria para convertirla en un arte esencialmente popular, es decir de grandes audiencias, renovando a la vez su contenido y los medios de que tradicionalmente se valía para expresarse. Beethoven, músico que vive treinta años dentro del siglo XVIII, es la encarnación viva del XIX, y su música realiza en el arte la revolución democrática merced a la cual otros hombres, a partir de Juan Jacobo Rousseau, transforman el mundo.

Un mundo nuevo, en efecto, nace en este orden de ideas con Beethoven; un mundo que pasa hoy por una grave crisis de evolución y que está en vísperas de adoptar quién sabe qué forma extraña, mas semejante acaso, en su apariencia, al orden de cosas que Beethoven desterró que al que él introdujo; problemas de interés apasionante para la crítica y de los cuales Beethoven es uno de los focos. El otro foco, que no es sino la sensibilidad, el crítico de la época contemporánea, no ha podido cuajar todavía en una figura como la suya; así, la crítica carece aún de precisión suficiente para trazar esa curva de la evolución artística que, comenzando en aquel gran sinfonista, viene a morir en nuestros días después de haberse elevado durante el pasado siglo con el mas admirable perfil que cuenta la Historia. Si hoy se puede definir bien a Claudino el Joven o a Monteverde, a Bach o a Mozart, es porque se tienen en la mano el otro cabo de la curva evolutiva que ellos iniciaron. No es éste el caso de Beethovem. El romanticismo, que comienza con él, sigue cobijándonos bajo su fronda. En pleno otoño, no ha de tardar el momento en que el gran árbol, pelado de hojas, nos permita ver bien perfilado su esqueleto. Mientras tanto, la figura gigante de Beethoven, que yace al pie de ese árbol prócer, será un tema de interés constante para la crítica a través de todas las mudanzas y cambios de criterio por que pasa a intervalos regular de tiempo. El hervor plumífero que ha de despertar la ocasión del centenario no es simplemente una excitación circunstancial, sino un sentimiento más hondo con que el crítico participa en la pasión de las gentes.

***

La transformación que la música del siglo XVIII sufre al llegar el siglo siguiente es más un cambio de función social que un trastorno de sus fundamentos; es decir: que se trata mas bien de un paso amplísimo, verificado en la evolución de ese arte, que de una revolución, según el sentido que hoy se da a esta palabra. Aunque esa función social de la música sufriese en el siglo XIX un cambio semejante al que las ideas políticas y las costumbres experimentaron después de la revolución francesa, su estructura interna, su íntima constitución no pasaron en la música por los quebrantos que la revolución real imponía en la sociedad.

La índole misma de este arte, y en general de todas las artes, hace que la palabra »revolución» tenga en ellas un significado mucho mas modesto que en la ciencia o en la política. Al lado de los cambios radicales que la Historia presencia en estos aspectos, los del arte son mucho mas limitados, en comparación, pero cualquiera de ellos, por tímido que sea, puede causar una conflagración en las costumbres artístico-sociales, y un artista, aun discreto por demás en sus experimentos, puede ser tildado de revolucionario con una exageración, que haría sonreír a cualquier aficionado a participar en las inquietudes políticas.

Comparando el alcance que el arte musical tenía en tiempos de Mozart y Haydn con el que llego a asumir desde Beethoven la diferencia es gigantesca, y, sin embargo, apenas puede decirse con propiedad que Beethoven fuese un revolucionario. El estudio de la formación de su personalidad, de su estilo, de la amplitud creciente de su sentido estético, le muestra mucho más cerca de sus antepasados de lo que nos imaginamos corrientemente. Pero Beethoven tuvo la inmensa virtud de sentir y pensar como un hombre de su época, reaccionando ante los estímulos que transformaban el mundo con semejante energía y pasión y creando en su arte el nuevo arte que exigían las nuevas costumbres y el nuevo modo de sentir de las gentes. Treinta años dentro del siglo XVIII le obligan, por fuerza, a asimilarse las fuertes sustancias que alimentaban el arte de este siglo; pero el esplendor y frondosidad del arte nuevo va a extenderse en pleno durante todo el siglo XIX, y su sombra cobija aún en el XX a las más vastas multitudes.

Beethoven no era un hombre que fuese al arte con una idea determinada, caso general del revolucionario típico. Era, mejor, el hombre que iba al arte con una fuerza. Una fuerza interna, imprecisa al comienzo, poco definida en términos concretos; razón por la cual busca en el arte que encuentra ya hecho en su momento un terreno de experimentación. Caso general en los artistas de decisiva trascendencia en la Historia, Beethoven es menos «innovador» que «transformador». La fuerza que le impele hacia el arte es casi una fuerza física, temperamental, que comienza modelando su carácter y hace personalmente de él un díscolo, un raro; un salvaje, si se quiere; pero nunca un «original». Al contrario: el joven Beethoven solo rompe con ciertas disciplinas sociales que le sujetan demasiado, pero acepta las restantes con gusto y hasta con alegría. Intenta vestir bien, alquila un caballo para pasear por el «Praeter», toma lecciones de baile, piropea (hasta los últimos años) a las lindas vienesas y a los veinticinco años hace proposiciones de matrimonio a una cantante. Si más tarde se ve forzado a romper con la sociedad es por causa de su enfermedad, terrible en él más que en nadie, pero su retirada forzosa va acompañada de un grito desgarrador, que no lo hubiera sido tanto si sus sentimientos sociales hubieran sido diferentes. A su vez, la sordera y la incomunicación con el mundo atizan esa fuerza interna. En tales condiciones, no es de extrañar que el fuego de esa hoguera consumiese los lazos que, convencional o trascendentalmente, sujetan la Forma. La gestación de Beethoven como compositor fue lenta. Desde su juventud, su carrera era la de instrumentista de varia capacidad, notable especialmente al piano. Todos los elogios que recibía lo eran bajo este aspecto y cuando en sus conciertos de niño prodigio se intercalaba alguna de sus primeras obritas era solamente a título de «amateur», como dice un programa de 1782. Entre sus compañeros de Bonn, los jóvenes Romberg o Antón Reicha, Beethoven no pasaba de ser uno más entre ellos, y cuando en 1791 escribe la música para un «Ritterballet», su amigo el conde Waldstein se pone, como compositor, al lado suyo. Cuando en la primavera del año 1787 Beethoven hace un corto viaje a Viena consigue que Mozart lo escuche; pero el sublime sinfonista se encoge de hombros desde la altura de su dignidad. Una anécdota no comprobada quiere que Mozart diera después una tema suyo al joven provinciano para que improvisase unas variaciones, y que tal fue la gracia y el talento con que Beethoven realizó su empeño, que Mozart exclamó:»¡El mundo oirá hablar de este joven!» Real o no sea la anécdota, Beethoven no hablaba nunca de su primer viaje a Viena ni de su encuentro con Mozart. Más explícito debió ser Haydn, cuando al regresar de su viaje triunfal a Londres pasó por Bonn en 1792 y se dignó examinar una cantata del joven pianista. Qué hablaron, no se sabe bien; pero al terminar ese año es cuando Beethoven marcha a Viena y comienza a estudiar con el «padre de la sinfonía». Corto aprendizaje, porque Beethoven se queja de que el maestro no le atiende, y Haydn lamenta por los caprichos del discípulo. Nótese que Beethoven no se queja porque Haydn cohibiese su libertad, sino, al contrario, porque no corregía bien sus faltas. Cuando cambia de maestro se acerca a uno de los pedantones más sabios del momento, a Albrechtsberger.

***

En los postreros años del viejo régimen los jóvenes compositores carecían de esa alta escuela de composición que son hoy los conciertos públicos. El concierto público, tal como hoy está concebido y organizado, es una invención próspera esencialmente desde la Revolución francesa, que quería acercar a los grandes auditorios lo que hasta entonces era patrimonio de los nobles, con sus «Kapelle», o de los ricos burgueses, con su grupo de músicos «de cámara». Las instituciones de conciertos «de pago», que existían en Francia desde comienzos del siglo XVIII, y en Inglaterra desde fines del anterior, no nacen en Viena hasta después del año 70; pero unas y otras no tienen una vida constante y regular, y el «concierto» público era solo una fiesta rarísima que solo tenía lugar cada varios años, con la excusa de alguna obra de beneficencia. El estudio de las partituras originales no era entonces mucho más fácil, y un músico que no tuviese acceso a los grandes salones principescos o que no fuese admitido bajo el pupilaje de un gran compositor, apenas tenía medios de seguir de cerca las corrientes artísticas.

Esta dificultad, y el carácter «de encargo» que tenía la música en aquel momento le imponían un lenta marcha evolutiva. El ricohombre que pagaba una orquesta y a un compositor era generalmente un aficionado bien instruido en las prácticas del arte y que conocía finamente sus interioridades técnicas. El ejercicio de su discernimiento crítico, de su talento de «connoisseur» respecto a las obras que «su» compositor le presentaba, se aplicaba con mayor preferencia al examen meticuloso, investigando más si el autor había sabido respetar «el estilo» que preocupado por apreciar la originalidad de ese músico y sus libertades, las cuales para el ricohombre eran tan incomprensibles como las que se hubiera podido tomar con la etiqueta, con el protocolo palaciego.

Toda la originalidad que un músico podía desarrollar estaba admitida tan solo en la medida de su habilidad para mantener intactos los principios de forma, las convenciones que por su reiteración imponen las normas del estilo. Para un «connoisseur» de este tipo era inconcebible el caso de un músico que al hacer sus composiciones se dejase llevar de su buen capricho o fantasía. Tal músico era algo tan extraño al modo de ver de un señor dieciochesco, como un sastre que al estar encargado de hacer una casaca tuviese el capricho de suprimirle los faldones o de añadirle alguno más, etc., en fin: algo tan raro como un joven que al ser admitido en sociedad tuviese los «raptos» o humoradas inconcebibles de Beethoven.

Solamente la fuerza de irresistible atracción de su carácter y la relajación de las férreas disciplinas sociales a impulso de un viento de fronda permitía a las gentes que tenían la intuición del genio que albergaba aquella cabeza enmarañada una tolerancia respecto a su conducta, que era indispensable para la creación de aquellas obras, las cuales respondían en su plano de arte a un semejante comportamiento en el plano social. La genialidad que la dictaba no estaba, en realidad, lo suficientemente manifiesta para que aquel mundo musical de puertas adentro se viese obligado a rendirse ante su grandeza.

Al comenzar el siglo, Viena no conoce aún ninguna sinfonía ni ningún cuarteto de Beethoven, que cumple entonces los treinta años. Es verdad que cinco años antes habían aparecido sus primeras composiciones (los «Tríos», op. 1) y que él mismo se había mostrado como pianista (sus éxitos en este aspecto instrumental eran resonantes) en un concierto público, donde estrenó un «concerto» de su propia composición, pero ese día señalado fue el mismo en que se daban a conocer al público vienés tres de las sinfonías de Londres de Haydn, que con las tres de Mozart de 1788 eran la cumbre del arte sinfónico del momento. Por otra parte, los cuartetos de Mozart dedicados a Haydn, y los de este dedicados a Mozart, eran lo más rico y elevado de la música de cámara. Muy pocas y muy selectas gentes tenían que ser las que presumiesen en los cuartetos op. 18 que datan de 1800-1 y en la Sinfonía en «do», que aunque escrita en 1797 solo se estrena en abril del 800, al nuevo genio que iba a cancelar con su música la de aquellos otros dos genios portentosos.

La fama de Beethoven, como compositor, solo podía irse haciendo lentamente, en lucha con aquella falta de difusión y de la escasez de audiciones. Se sabe al detalle cuántas veces se oyeron en público las sinfonías de Beethoven desde que fueron escritas: la Primera, en 1800, como se ha dicho; la Primera y la Segunda, en 1803; la Heroica, dos veces en audiciones privadas en 1804 y comienzos del siguiente, y una audición pública en abril de este año 1805; las cuatro primeras, en 1807; la Quinta y la Sexta, en 1808.

Beethoven ha llegado en este momento a la más perfecta madurez de su propio estilo, a la más perfecta expresión de su genio, y aun realiza en esas ultimas obras el ideal de un arte generosamente comunicativo. Del arte para las muchedumbres. Pero estas muchedumbres no existen todavía mas que en potencia, y al estrenarse esas dos sinfonía (Quinta y Sexta) un acontecimiento deriva la admiración general hacia el que era, para las gentes de toda clase y de toda especie de cultura, el músico cumbre de la época: es la gran audición pública de «La Creación», de Haydn, que con su otro oratorio, «Las Estaciones» tenían que parecer, lógicamente, los mas altos monumentos del siglo. Pero, en rigor, ese siglo era aun el XVIII, no solo porque esas obras datasen de 1798, la primera (la segunda era tres años posterior), sino por su espíritu y por su rasgos generales, que no eran aun, y no lo serían ya nunca, los enérgico rasgos beethovenianos.

Haydn muere al año siguiente, en 1809. Las sinfonías en «do menor» y la Pastoral son ya conocidas. No se cree aún que la Pastoral sea superior a «La Creación» ni a «Las estaciones»; pero que Beethoven es el músico mas grande del momento aparece ya como cosa indiscutible. El hecho de que en 1813 se den tres audiciones de la Sinfonía séptima, y al año siguiente vuelva a oírse tres veces más, es un testimonio elocuentísimo. La Sinfonía octava se escucha una vez dentro de cada uno de esos años. La novena no aparece hasta diez años después; pero en esos diez años el mundo había andado, musicalmente, un siglo.

A finales de febrero de 1927 comienzan los actos conmemorativos del primer centenario de la muerte de Beethoven. Esta conmemoración tuvo una doble vertiente: la concertística y la analítica, con varias conferencias. Ambas circunstancias fueron reflejadas en *El Sol*, con varios textos de Salazar los días 19, 23, 26, 29 y 31 de Marzo de 1927. Además Salazar realiza un estudio más profundo de Beethoven en el Folletón del 6 de febrero, analizando el film sobre la vida del compositor y la serie de tres artículos (en el Folletón) sobre este. El primero es el reproducido arriba, y comienza señalando su figura en la época que le tocó vivir. En el segundo (6 de Marzo) habla de la fuerza compositiva y de la obra. El tercero (13 de Marzo) habla de la sinfonía y el drama en la música beethoveniana. Era la primera vez que Salazar se ocupaba extensamente de un autor clásico romántico en *El Sol*, ya que su principal objetivo, sobre todo en los primeros años de la década de 1920-30, era impulsar la música moderna. Después, en 1936, publicaría una serie de reseñas sobre el siglo romántico, que acabarán luego en libro.

60. -LA VIDA MUSICAL. «Una historia de la música europea. Los períodos clásicos y el contemporáneo. El doctor Guido Adler». *El Sol*, 23-09-1925 (Texto íntegro).

La gente que sigue de cerca el movimiento musical contemporáneo, que «lo vive», por decirlo más exactamente, sabe que hemos llegado a uno de esos momentos en el desarrollo de la historia, propicios para hacer un alto en la fatigosa jornada y volver la vista atrás para cerciorarse del camino recorrido.

Estos veinticinco años que van de siglo han sido extraordinariamente fecundos en sucesos musicales, ricos de toda suerte de accidentes. En el instante actual, parece notarse como un remanso en la corriente, un amainar del vendaval de tendencias e ideas tormentosas que han agitado la atmósfera musical, solo serena cuando se la contempla de largo en largo.

Por tal causa, este instante de crisis, de «crisis» en el sentido más puro del vocablo, es propicio a los críticos y a los historiadores. Son muchos los que en el ancho mundo ponen sus papeles en orden, coordinan su notas y nos ofrecen un boceto histórico de estos momentos que todos hemos vivido y que nuestro hijos envidiarán por su riqueza en sustancia, en ideas y en obras.

Alemania es uno de los países que, por razones conocidas, y que no he de repetir ahora, posee más ventajas que otros para trazar con orden, método y sistema de doctrina, la historia de cualquier periodo. Abunda en los países germánicos la historiografía del momento actual. Un día próximo hablaré del libro de Weissmann «La Música en la crisis mundial», que es quizá el mejor libro publicado sobre la música contemporánea de entre sus congéneres. Hoy voy a dar noticia de otro, muy importante asimismo, que ha visto la luz bajo auspicios de la musicografía austriaca, pero que es en rigor un libro cosmopolita.

Este «Manual (manual relativamente) de Historia de la Música» es doblemente notable, tanto por el espacio que dedica al movimiento contemporáneo como por la excelencia de los capítulos consagrados a la historia general, notabilísimos todos ellos, por la novedad de sus puntos de vista, la modernidad de su criterio histórico y de su método de investigación con que ha sido trazado.

***

El director de este «corpus» de erudición, de esta enciclopedia de la ciencia histórico-musical contemporánea, es uno de los más ilustres eruditos de la Europa actual. A su gran competencia se debe, en primer lugar, la homogeneidad de un volumen redactado por tan diversas plumas, la exacta ponderación de sus materias y proporción de cada capítulo con arreglo a la importancia relativa de sus temas respectivos. Lo más difícil, en efecto, en obras como éstas, de tan extensa colaboración, consiste en «acoplar» todos los materiales proporcionadamente al criterio directivo; en una palabra: dar un aspecto coherente y una unidad formal a tan vastos y variados aspectos de la ciencia.

Pero el doctor Guido Adler era uno de los pocos eruditos europeos capacitados para realizar esa labor. Hombre de edad (nació en 1855, en un pueblecillo de Moravia) y discípulo de Antón Bruckner, comenzó su vida musical como profesor de Historia de la Música en la Universidad de Viena, cargo que también desempeñó en Praga. Doctor en Letras y en Filosofía, fue uno de los fundadores, con Felix Motti y Hugo Wolf, de la Akademische Wagnerverein y, wagneriano entusiasta, a él se le deben muy interesantes estudios sobre el gran genio y la primera biografía crítica que se haya escrito sobre él. En la Universidad vienesa fundó el Instituto de Historia Musical, y Adler fue quien organizó otros importantes centros de investigación, que sometió a métodos de los que era inventor (su «Método en Historia musical», aparecido en 1907 es un libro «clásico»).

La publicación de los «Maestros de la Música en Austria», que comienza en los músicos del siglo XIV y termina en la época de los grandes clásicos vieneses, es uno de los movimientos de la historiografía contemporánea, y los estudios allí publicados de la pluma del doctor Adler, son invaluables. Añádase a eso, en el terreno de la estética, su bello volumen sobre «El estilo en la Música», aparecido en 1912.

***

El «Manual de Historia de la Música» que ahora nos ocupa, se divide en cuatro grandes periodos, que alcanzan desde el canto gregoriano hasta la época actualísima. Va precedido de un estudio sobre la música de los pueblos orientales, por el doctor Robert Lach (de la Universidad de Viena); otro sobre fuentes, primero didácticas, teoría, notación, instrumentos, estética e historia, del doctor Hermann Abert (de la Universidad de Berlín), y un capítulo sobre la «Periodicidad de la música occidental», del doctor Adler.

El primer periodo estudiado comprende los siguientes ensayos: «El canto gregoriano» (orígenes, notación y transmisión, las formas litúrgicas del canto, teoría, evolución y decadencia), por el doctor Peter Wagner (Friburgo); «La música bizantina», por el doctor Egon Wellesz (Viena); «El canto eclesiástico ruso», por el doctor Oscar V. Riesemann (Munich); «El canto en el templo judío», por A. Idelsohn (Jerusalén).

El segundo periodo comprende: «La música espiritual no litúrgica y profana, monódica y polifónica en la Edad Media hasta el siglo XV», por el doctor F. Ludwig (Gottinga); «La música católica polifónica, de 1450 a 1600», por el doctor Alfred Einstein (Munich); «Música instrumental entre 1450 y 1600», por el doctor Willhelm Fischer (de la Universidad de Viena).

El tercer periodo se refiere a la gran época clásica y consta de los capítulos siguientes: «La opera en Italia en el siglo XVII» (Egon Wellesz); «El stilo nuovo» y los comienzos de la música de cámara profana» (doctor Einstein); «La música de la Iglesia evangélica» (doctor Schering de Halle); «El oratorio hasta fines del siglo XVII» (doctor Hans Schnoor, de Leipzig); «La música de la Iglesia católica, de 1600 a 1750» (doctor Alfred Orel, Viena); «Música instrumental de 1600 a 1750» (doctor Wilheim Fischer, Viena); «Instrumentos» (doctor Karl Getringer, Viena); «la ópera francesa hasta 1750 y la ópera en Inglaterra y en Alemania hasta 1740» (doctor Steiglich, Hannover), «Los maestros del estilo barroco» (doctor Arnold Schering, Halle); «La canción alemana en los siglos XVII y XVIII» (doctor Krabbe, Berlin); «El oratorio en el siglo XVIII» (doctor Hans Schnoor, Leipzig); «La ópera en el siglo XVIII» (doctor Hass), «La gran escuela clásica vienesa» (doctor Adler);«Música instrumental de 1710 a 1828 (doctor Fischer); «La ópera en el siglo XIX» (doctor Werner, Hannover); «El oratorio en el siglo XVIII» (doctor Schnoor, Leipzig); «La canción alemana en el siglo XIX» (doctor F. E. Pamer, recientemente fallecido, en Viena); «Música instrumental entre 1818 y 1880 (doctor Fischer); «Música vienesa de danza y opereta» (doctor Orel, Viena).

El periodo contemporáneo va precedido de una «Visión de conjunto» del doctor Adler, donde resume concisamente las directivas generales de la música contemporánea. Los redactores de los capítulos relativos a los diversos países europeos son: Paul Pisk, Alemania; Edward Dent, Inglaterra; Henry Pruniéres, Francia; Rudolf Mengelberg, Holanda; Gaetano Cesati, Italia; Kund Jappesen, Dinamarca; Tolvo Haapanem, Finlandia; Reider Mjöen, Noruega; Toblos Norlind, Suecia; Oscar von Riesemann, Rusia, Dobz Orel, Checoslovaquia; Zdzilav Jachimecki, Polonía, Aladar v. Toth, Hungria. De la música norteamericana ha sido encargado el Sr. Carl Engel y de la música de España, el que suscribe el presente artículo.

Un artículo del doctor Fischer sobre Musicología y ciencia musical cierra este volumen, esfuerzo singular de la ciencia y del arte de la edición europea.

Reseña del manual de Historia de la Música de Guido Adler que se centra en la contribución de la música española. El libro de Adler apareció en Viena en 1924 con el título *Handbuch der*

Musikgeschichte y ha sido reeditado en numerosas ocasiones. Fue el libro de texto para la asignatura de Historia de la Música en los centros de Musicología de las Universidades austriacas y alemanas durante mucho tiempo y sirvió de libro de consulta a numerosos estudiosos. La obra ha nutrido desde su aparición a varias generaciones de musicólogos, estudiantes y amigos de la música en el ámbito centroeuropeo. Las distintas secciones estaban asignadas a grandes musicólogos y especialistas de sus respectivas materia.

LISTADO COMPLETO DE LOS ESCRITOS MUSICALES FIRMADOS POR ADOLFO SALAZAR EN EL PERIÓDICO *EL SOL*

En la presentación del listado completo de los escritos musicales firmados por Salazar en *El Sol* indicamos en primer lugar el título de la sección o apartado a la que pertenece el escrito; a continuación, la fecha de publicación; finalmente el título que figura como cabecera, con un breve comentario del contenido del mismo. Cuando se trata de reseñas de conciertos, mencionamos los detalles de mayor interés: las composiciones que se interpretan (especialmente si se trata de estrenos de obras españolas o de composiciones modernas), los intérpretes, las orquestas y el lugar de los conciertos, aunque no siempre se especifican estos datos en los propios escritos. Los textos referidos a otros eventos musicales (congresos, artículos de fondo, reseñas de discos, libros, partituras, etc.) van acompañados de un breve comentario sobre su contenido. Los títulos de las obras comentadas, el nombre de los compositores y otros conceptos específicos referidos a libros y ediciones aparecen como están escritos originalmente, salvo en casos excepcionales. Se puede constatar cómo la presencia y el número de escritos de Salazar en *El Sol* va en aumento según pasan los años, hasta alcanzar su punto máximo en los años treinta con la llegada de la segunda República, en respuesta a la intensa actividad musical de esos años.

En este listado hemos suprimido varios textos (aparecidos sobre todo en 1936) que no tienen que ver con la música, ya que se trata de reseñas de obras literarias. Un estudio sobre la evaluación de todos estos escritos, la valoración y recepción de obras y compositores realizada por Salazar, la evolución de su pensamiento y la ubicación histórica de los textos dentro de la situación general de la música española, así como el índice, por otra parte imprescindible, de obras y autores, queda pendiente para un estudio posterior.

1918

1. MÚSICA. Folletón. *El Sol,* 29-04-1918. «Joaquín Fesser. C. Debussy. Homenajes a su memoria». Conciertos en la Sociedad Nacional y Ateneo. Obras: de Debussy: *El martirio de San Sebastián, Preludio a la siesta de un fauno, El hijo pródigo* (fragmentos interpretados por W. Landowska), *Danza sagrada, Danza española* (interpretado por A. Rubistein).

2. MÚSICA. Folletón. *El Sol,* 06-05-1918. «Sociedad Nacional, trayectoria y programación». Weber y Schubert. Comentario sobre obras de Weber y Schubert.

3. MÚSICA. Folletón. *El Sol,* 14-05-1918 «Risler y la Orquesta Filarmónica. Sociedad Filarmónica». Risler, pianista. C. Franck: *Variaciones Sinfónicas;* Saint-Saëns: *Concierto Fa Mayor.* Chabrier: *Diez piezas pintorescas.* Beethoven: *Sonata nº 17 y nº 31.* Schubert: *Sonatas en do.* Liszt: *San Francisco sobre las aguas (Leyenda).*

4. MÚSICA. Folletón. *El Sol,* 20-05-1818. «Rubén Darío y Claudio Debussy». Paralelismo entre partitura poética y poema musical. Diferente tratamiento por la crítica. Ricardo Viñés en Italia (conciertos 29-04, 3/7/11 -05, en Italia). C. Franck, Djiinns, Rimsky-Korsakov: *Concierto.* Debussy, Ravel, Schmitt, Satie, Severac, Casella: *In tempo di minuetto.* Malipiero, Castelnuevo: *Il regio verde.* Albéniz, Granados*: Danzas, La monja y el ruiseñor;* Falla: *Danzas españolas.* Turina: *La feria.* Villar: *Danzas españolas.* Salazar: *Preludio.*

5. MÚSICA. Folletón. *El Sol*, 31-05-1818. «La S. N. M. Fin de temporada». Balance del año, primeras audiciones, intérpretes, orquestas, últimos conciertos. Joaquín Nin. Elogio al más perfecto pianista (Fesser). Últimos conciertos: Couperin, Dandrieu, Rameau, Royer, Duphly, Soler, Turina, C. Ph. E. Bach. Orquesta Filarmónica. Último concierto, Arriaga: *Sinfonía*. Villar: *Egloga*. D'Indy: *Fervaal*. Roussel: *Le festín de L'Araigneé*. Satie: *Gymnnopedia*s (orquestación de Debussy). Ravel: *Pavana*. Congreso de Bellas Artes. Salazar critica el no haber llevado al congreso especialistas en música.

6. MÚSICA. Folletón. *El Sol*, 09-06-1918. «El Congreso de Bellas Artes». Creación del Teatro Lírico Nacional. Protección oficial y actividad particular. Los bailes rusos. Ballets de Diaguilev. Stravinsky: *El pájaro de fuego, Petruchska*. Prokofiev. Borodin: *Danzas del Príncipe Igor*.

7. MÚSICA. Folletón. *El Sol*, 01-07-1918. Poldowski, Verlaine, etc., 20 canciones firmadas por Poldowski. Libros, reseñas de Roso de Luna, Mitjana, Villar, Subirá. Guiseppe Pavan. Historia del teatro musical europeo. Catálogo cronológico de los espectáculos musicales celebrados en el teatro San Benedetto-Rossini, de Venecia.

8. MÚSICA. Folletón. *El Sol*, 08-07-1918. «Arte a la manera grande, y Arte a la manera pequeña». El «ballet intime» de Adolfo Bolm. Maloof: *Danza Asiria*, Saint-Saens: *Danza Macabra*. El Teatro Plástico. (Renovación del Teatro dei Picoli).

9. MÚSICA. Folletón. *El Sol*, 16-07-1918. «Un historiador musical: R. Mitjana». Publicación. Estudio sobre algunos músicos españoles del siglo XVI. Obra publicada de Mitjana.

10. MÚSICA. Folletón. *El Sol*, 23-07-1918. «Historia de la música en España. Mitjana. Algunos músicos españoles del siglo XVI». El centenario de Gounod. Vida, obra y contribución al arte moderno.

11. MÚSICA. Folletón. *El Sol*, 31-07-1918. «Arrigo Boito», (fallece el 10 de Junio). Necrológica.

12. MÚSICA. Folletón. *El Sol*, 05-08-1918. «El último de Los Cinco». Fallecimiento de César Cui. Necrológica. Grupo de «Los Cinco».

13. MÚSICA. Folletón. *El Sol*, 12-09-1918. «Los falsos valores del Clasicismo». Conferencia del crítico musical G. H. Clutsam. S. F. M. (Sociedad Francesa de Musicología). Estudio musicológico de Bouvet (autoría obras de Bach), Cte. P. de Fleury (órganos tubos de plata). J. G. Prod'Homme (bibliografía y periódicos musicales en lengua francesa). H. Quittard (Machaut), Cucuelh (Antonio Berger, clave, pianoforte). ¿Directores invisibles? (discusión en Alemania).

14. MÚSICA. Folletón. *El Sol*, 21-08-1918. «La British Music Society». Funciones de las Sociedades. A. Eaglefield Hull: «Tratado de Armonía» para estudiantes. Nueva edición de Purcell, edición completa a cargo de la casa J. W. Chester, revisada por William Barclay. Nuevas publicaciones inglesas de Goossens.

15. MÚSICA. Folletón. *El Sol*, 02-09-1918. «Roso de Luna, rapsoda de la musicografía». Biblioteca de las Maravillas. Rapsodias musicográficas que expresan sus ideas musicales.

16. MÚSICA. Folletón. *El Sol*, 06-10-1918. «Variaciones sobre la música oriental». Exposición de París 1890. La música de Rabindranath Tagore. Poesía para ser cantada y Ensayo sobre la música.

17. GACETILLA MUSICAL. *El Sol*, 28-10-1918. «Orquesta Sinfónica». Debussy: *Imágenes, Nocturno*. Brahms: *Segunda Sinfonía*. Schubert: *Intermedio de Rosamunda*.

18. MÚSICA Folletón. *El Sol*, 28-10-1918. «Blavatsky y la música de la India. Tagore. Las canciones japonesas de Stravinsky: *Tres poesías de la lírica japonesa*. G. Baintock: *Cinco canciones de poetas chinos* (Edición Chester de Londres).

19. GACETILLA MUSICAL. *El Sol*, 22-11-1918. Los conciertos Anselmi-Llacer. Conciertos días 18 y 20, Anselmi y Maria LLacer pianista-cantante. Beethoven: *Adelaida*. Villar: *Madrigal*. Visconti: *Navole Notturne, Efluvio d'Aprile*.

20. LA MÚSICA. *El Sol*, 30-11-1918. «El Nacionalismo Musical en España». Estudio. Canto popular. A. Eximeno. Procedimientos de Debussy, Mussorgsky.

21. GACETILLA MUSICAL. *El Sol*, 08-12-1918. Anuncio de programación. Teatro Real, Filarmónica, S. N. M. (homenaje a Debussy).

22. GACETILLA MUSICAL. *EL Sol*, 18-12-1918. Joaquín Nin y la Filarmónica. Pérez Casas. C. Franck: *Variaciones Sinfónicas*. D'Indy: *Sinfonía sobre un tema montañés*. Falla: *Noches en los jardines de España*. Rimsky-Korsakov: *El gallo de Oro*. Sala Price de Madrid.

23. MÚSICA. Folletón. *El Sol*, 24-12-1918. «La Musicología en el Congreso de Oñate». Conferencia del Padre José Antonio de San Sebastián (Padre Donostia). Apuntes para un boceto de estudio comparativo de la música vasca y la de otros pueblos. Colección de canciones y estudio del canto popular.

1919

24. GACETILLA MUSICAL. *El Sol*, 03-01-1919. «El Cuarteto de cuerda de Londres» (Soc. Filarmónica) Beethoven: *Cuartetos nº 8 y nº 11*; Schubert: *La muerte y la doncella*. Debussy: *Cuartetos 1º y 3º*. Ravel. Grainger.

25. TEATRO REAL. *El Sol*, 07-01-1919. «Falstatt». Reseña de la ópera.

26. GACETILLA MUSICAL. *El Sol*, 15-01-1919. «Orquesta Turina». (Nueva orquesta, Sociedades). Beethoven: *8ª Sinfonía*. Haendel: *Largo*. Falla: *Amor Brujo*.

27. MÚSICA. Folletón. *El Sol*, 22-01-1919. «La última generación musical francesa». Nueva música. Debussy. Ricardo Viñés (apóstol del nuevo arte), Movimiento de renovación musical que comienza en Francia, S. N. M. : Franck, Fauré, D'indy, Dukas, Satie, Debussy, Schmitt, Ravel.

28. GACETILLA MUSICAL. *El Sol*, 02-021-1919. Orquesta Filarmónica, Pérez Casas. Beethoven: *8ª Sinfonía*. Wagner: *Escena*

final de Walkyrias. Debussy: *Preludio a la siesta de un fauno*, *El martirio de San Sebastián*. Schumann: *Overtura de Genoveva*. Rimsky Korsakov: *Capricho español*. Granados: *Overtura de Goyescas*. Lugar, no se indica, celebrado el día 1 de febrero.

29. GACETILLA MUSICAL. *El Sol*, 11-02-1919. Anuncio de conciertos. Orquesta de Cámara, presentación. Programación de la S. N. M. Recital de guitarra, Andrés Segovia, Orquesta Filarmónica.

30. GACETILLA MUSICAL. *El Sol*, 16-02-1919. Orquesta Filarmónica. Pérez Casas, director y compositor. Casas: *Suite murciana*; Tchaikovski; *Sinfonía patética*. Liszt: *Rapsodia Húngara nº 2*. Celebrado el día 14 de febrero, lugar no se indica.

31. GACETILLA MUSICAL. *El Sol*, 17-02-1919. Sociedad Nacional. Concierto celebrado el día 16 de Febrero. Goossens: *Impresiones de un día de fiesta*. Mozart: *Quinteto*. Beethoven: *32 variaciones en do menor*. Chapín: *Preludio nº 17 Berceause*. Albéniz: *Albaicín*. Liszt: *Rapsodia Húngara nº 10*. (Carmen Álvarez).

32. GACETILLA MUSICAL. *El Sol*, 20-02-1919. Sociedad Nacional. Helena Gallina (cantante), recital el día 18. Mozart: *La violeta*. Strauss: *Serenata*. Fauré: *En las ruinas de una abadía*. Ravel: *La flauta encantada*. Poldowski (compositora polaca): *Berceuse d'Armerique*, *Nocturno*. Rimsky Korsakov: *Canción del rey de las Indias* (de la ópera *Sadko*). Cuarteto Español: Schubert: *Cuarteto en la menor*. Villar: *Cuarteto en la menor*. Sociedad Filarmónica, concierto celebrado el día 19, Georges Boskoff (pianista), Leopoldo Magesti (flauta).

33. GACETILLA MUSICAL. *El Sol*, 22-02-1919. Price, el 21 de febrero. Orquesta Filarmónica, (Pérez Casas) Quiroga (violín) Mendelssohn *Concierto para violín y orquesta*. Wienawsky *Recuerdo de Moscú*, piezas de Sarasate-Krisler y Bazín *Ronda de los duendecillos*. Orquesta, *Sinfonía nº4* de Haydn. Dukas: *Aprendiz de Brujo*.

34. GACETILLA MUSICAL. *El Sol*, 30-02-1919. «Sociedad Nacional», Helena Gallina (Alto). Mozart: *La violeta*. Strauss: *Serenata*. Fauré: *En las ruinas de una abadía*. Ravel: *La flauta encantada*.

35. GACETILLA MUSICAL. *El Sol,* 01-03-1919. «Orquesta Filarmónica», Gay (cantante), Gluck: *Alceste, Divinidades de la laguna Estigia.* Haendel: *Aria y Largo de Xerje.* Schubert-Berlioz: *Rey de los alisios.* Schubert: *Nogal.* Estrenos en el Price. Andrés Gaos. Sesión de tarde. Liszt: *Preludios.* Wagner :*Holandshurnsch.*

36. GACETILLA MUSICAL. *El Sol,* 02-03-1919. Recital de Juan Manén (violinista): Mozart: *Concierto nº 4 violín y orquesta.* Paganini: *I Palpiti.* Sarasate: *Canto del ruiseñor.* Bach: *Sonata en sol menor.*

37. TEATRO REAL. *El Sol,* 05-03-1919. «Rigoletto». Galeffi (barítono). Maenez, Maria Capuano, Bettoni y del Pozo.

38. GACETILLA MUSICAL. *El Sol,* 08-03-1919. «Orquesta Filarmónica, concierto extraordinario». Fin de temporada. E. Lalo: *Sinfonía española.*

39. GACETILLA MUSICAL. *El Sol,* 12-03-1919. «Recital de Juan Manén»: Caquis: *Cuclillo*; Sarasate: *Capricho vasco, Jota.* Paganini: *Variaciones.* Saint-Saëns: *Concierto en si menor.* Schumann: *Träumerei.* Bach: *Concierto en re para dos violines* (con Antonio Fernández Bordas).

40. TEATRO REAL. *El Sol,* 12-03-1919. «EL Avapiés». Música de Conrado del Campo, libreto de Tomás Borrás. Estreno de la obra en tres actos.

41. GACETILLA MUSICAL. *El Sol,* 12-03-1919. Anuncio de conciertos. Orquesta Filarmónica. Sociedad Filarmónica. Juan Manén. Magdalena Tagliaferro.

42. GACETILLA MUSICAL. *El Sol,* 15-03-1919. Magdalena Tagliaferro (pianista brasileña). Concierto celebrado con la Filarmónica de Bilbao, Chopin: *Estudios* (Do, Mi, Fa, La), Fauré: *Nocturno.* Debussy: *Tocata.* Albéniz: *Albaicín y Sevilla.* Anuncio de recitales de J. Ricart-Matas.

43. DE MUSICA *El Sol,* 15-03-1919. «Estreno de la Ópera *Luisa* en el Teatro Real» (de Gustavo Charpentier)

44. GACETILLA MUSICAL. *El Sol*, 17-03-1919. «Orquesta Filarmónica». Beethoven: *Septimino*. Rimsky-Korsakov: *Scheherzada*. Wagner: *Cabalgata de las Walkyrias*.

J. Ricart-Matas (violoncellista): Beethoven: *Sonata en Sol menor*; Brahms: *Sonata en Mi menor*. Bruch: *Kol Nidrei*. Beethoven: *Variaciones*. Bach: *Aria*. Chopin: *Nocturno*.

45. UNA NUEVA OPERA ESPAÑOLA. *El Sol*, 20-03-1919. «EL AVAPIES»- Libro de Tomás Borrás, Música de Conrado del Campo y Ángel Barrios». María Gay, Ofelia Nieto, del Pozo, Azzolini. Rabos.

46. TEATRO REAL. FIN DE TEMPORADA. *El Sol*, 23-03-1919. «A. Vives Maruja» Ofelia Nieto, Galaffi, Maria Ross, Azzolini, Falconi (director).

47. MUSICA. Folletón. *El Sol*. 31-03-1919. «Paderewski, patriota». «Rogelio de Egusquiza» (pintor amigo de Wagner).

48. GACETILLA MUSICAL. *El Sol*, 06-04-1919. «Sociedad Filarmónica». «Sociedad Nacional». Concierto celebrado el día 5 de abril dedicado a autores vascos españoles Padre Donosita: *15 canciones de cuna*. Ravel: *Canciones populares griegas*, interpretadas por Josefina Sanz. Arriaga: *Variaciones sobre un tema de la Húngara*. Juan Telleria: *Danza rústica, Cuarteto de cuerda y piano*.

49. GACETILLA MUSICAL. *El Sol*, 09-04-1919.»Orquesta Sinfónica».

50. EL CINCUENTENARIO DE HÉCTOR BERLIOZ. *El Sol*, 14-04-1919.

51. GACETILLA MUSICAL. *El Sol*, 17-04-1919. «Manen». «Primer concierto sacro». Coro Polifónico dirigido por P. Iruarrizaga. T. L. de Victoria: *Responsorios*. Palestrina: *Gran Motete Pascual*. »Orquesta Benedito».

52. GACETILLA MUSICAL. *El Sol*, 17-04-1919. «Primer Concierto sacro». Obras de Iruarrizaga, Palestrina y Victoria.

53. GACETILLA MUSICAL. *El Sol*, 27-04-1919. «Recital de guitarra». Daniel Fortea obras de Schumann, Albéniz, Sor, Tárrega. Carmen Álvarez. Teatro de la Comedia. Bach: *Preludio y Fuga en la menor;* Beethoven: *32 variaciones;* Chopin: *Preludio, Balada.* Albéniz, Debussy, Liszt.

54. GACETILLA MUSICAL. *El Sol*, 6-05-1919. «Manen». Recital en la Nacional. M. Bruch: *Sinfonia escocesa*; Tartini: *Sonata*; Wienawski: *Recuerdo de Moscú* (acompañado al piano por José M. Franco).

55. GACETILLA MUSICAL. *El Sol*, 08-05. 1919. «Josefina Sanz» en la Sociedad Nacional.

56. GACETILLA MUSICAL. *El Sol*, 11-05-1919. «Magdeleine Gresle, etc., etc.» Recital en la Sociedad Nacional. Obras de Villón, Debussy y Gresle.

57. GACETILLA MUSICAL. *El Sol*, 12-05-1910. El «Lied» en la Nacional» Continuación de la crítica del día anterior.

58. GACETILLA MUSICAL. *El Sol*, 14-05-1919. «Carolina Peczenick» (pianista) Haendel: *Concierto en sol menor*; Gluck-Brahms: *Gavota*; Brahms: *Intermezzo*. Ángel Grande (violinista) y Leopoldo Querol (pianista). Paradies: *Tocata*; Haendel: *Variaciones*; Debussy: *Jardines bajo la lluvia*; Beethoven: *Sonata a Kreutzer* (vl/p).

59. GACETILLA MUSICAL. *El Sol*, 16-05-1919. «Benedito, Beethoven y Wagner». Orquesta Benedito, Masa Coral de Madrid, Baroant director. Bethoven: *Novena Sinfonía*; Wagner: *Parsifal, escena de la Consagración de Graal.*

60. GACETILLA MUSICAL. *El Sol*, 19-05-1919. «Segundo Concierto sacro.»Orquesta Benedito».

61. GACETILLA MUSICAL. *El Sol*, 20-05-1919. «Recital de órgano en la sociedad Nacional», a cargo de Miguel Echebeste. Obras de Bach. Cabezón, Franck.

62. OPERA EN EL GRAN TEATRO. *El Sol*, 26-05-1919. «Marina». representación del 25 de Mayo. Albarracín (soprano), de Castro (tenor), Castillo, Jordá. Director Carés.

63. OPERA EN EL GRAN TEATRO. *El Sol*, 27-05-1919. «Carmen». Montero de Espinosa (tenor), Callao (soprano), Jordá, Fernández y Fuster. Director Baratta.

64. OPERA EN EL GRAN TEATRO. *El Sol*, 28-05-1919. «El Trovador».

65. MÚSICA. Folletón. *El Sol*, 28-05-1919. «Los conciertos de la Sociedad Filarmónica. Pérez Casas. Risler. Capet». Alabanza de Salazar a la noble labor realizada por esta Sociedad Filarmónica, que en sus diez y ocho años de actividad haya realizado ya 300 sesiones memorables. Se comentan brevemente los conciertos con Risler (pianista) y Capet (violoinista) de marzo hasta mayo.

66. GACETILLA MUSICAL. *El Sol*, 29-05-1919. «Carmen Ranguel». «Amigos de la Música». En el Conservatorio».

67. MÚSICA. Folleton. *El Sol*, 30-05-1919. «Los Conciertos de la Sociedad Filarmónica. Beethoven (I)» (continuación) Ampliación de los conciertos de la Sociedad Filarmónica relatados en la crónica del día 28 de mayo.

68. OPERA EN EL GRAN TEATRO. *El Sol*, 31-05-1919. «Manon».

69. MÚSICA. Folletón. *El Sol*, 5-07-1919. Necrológicas de artistas fallecidos recientemente: el compositor y crítico leonés Pedro Blanco (1883-1919); el organista sevillano Juan Bautista de Elústia (1882-1919) y el musicólogo e hispanista francés Albert Soubies (1846-1919).

70. OPERA EN EL GRA TEATRO. *El Sol*, 06-07-1919. «La Balada del Carnaval». Ópera cómica en un acto, letra de Luis F. de Ardavin y J. Montero. Música de Amadeo Vives.

71. EL ARTE ESPAÑOL EN LONDRES. *El Sol*, 12-07-1919. «El «Sombrero de Tres Picos» y la prensa inglesa». Crítica del estreno de la obra en Londres.

72. LA VIDA MUSICAL. *El Sol*, 19-07-1919. «La Sociedad Nacional. La Música española en el extranjero. La Música extranjera en España». Reseña sobre la labor de esta Sociedad en su quinta

temporada (con sus sesenta y un conciertos). En esta ocasión interpretaron *El Sombrero de Tres Picos* de Falla; *Cuatro Preludios vascos*, del P. Donosita y *L´Demoiselle Elue*» de Denussy.

73. TRIUNFO DEL ARTE ESPAÑOL. *El Sol*, 25-07-1919. «Manuel de Falla y «El Sombrero de Tres Picos». Éxitos y Duelos». Artículo en primera plana del periódico para resaltar el triunfo de la obra de Falla en Londres. Duelo por la muerte de su madre.

74. LA VIDA MUSICAL. *El Sol*, 27-07-1919. Mauricio Ravel en Londres. Lo cómico en la música y «La Hora española». Crítica del estreno de la obra de Ravel.

75. MÚSICA. Folletón. *El Sol*, 27-08-1919. «Leoncavallo». «Necrológica de la muerte del compositor italiano. «Wagneriana» recuerdo de la muerte de Cósima Wagner.

76. INFORMACION TEATRAL. *El Sol*, 19-09-1919. «Zarzuela». Inauguración. Obras de Bretón, Chapí, Jiménez en la Banda Municipal.

77. LA VIDA MUSICAL. *El Sol*, 20-10-1919. «Comienzo. Orquesta Sinfónica». Obras: *Obertura 1812* de Tschaikowski; *Pantomima*, de Usandizaga; *Don Quijote*, de Strauss.

78. LA VIDA MUSICAL. *El Sol*, 27-10-1919. «Orquesta Sinfónica». Poemas sinfónicos de Strauss. Obras de Sibelius y Mussorgski.

79. REVISTA DE MUSICA. *El Sol*, 20-10-1919. «Joseph Jongen: Pages Intimes» Reseña de la edición de la partitura de la obra para piano a cuatro manos por la editorial Chester, de Londres.

80. LA VIDA MUSICAL. *El Sol*, 31-10-1919. «Los Músicos y la cuestión social. El Precio de los conciertos. Orquesta Sinfónica». Obras de Sibelius, Roger-Ducasse y Beethoven.

81. CRÓNICAS MUSICALES. *El Sol*, 03-11-1919. «Brahms y Franck como sinfonistas. Orquesta Sinfónica». *Danza de Gnomos*, de Morera.

82. GACETILLA MUSICAL. *El Sol*, 08-11-1919. «Enrique Iniesta». Recital del violinista. *Concierto op. 20*, de Saint-Saëns.

83. LA VIDA MUSICAL. *El Sol*, 9-11-1919. «Mme. Lahowska y el «Lied». Apertura de curso en la Sociedad Nacional de Música». Obras de repertorio y de autores españoles (Salazar: *Les roses de Saadi*; R. Villar: *Crepúsculo*; Obradors: *El majo celoso*.

84. CRÓNICAS MUSICALES. *El Sol*, 10-11-1919. «Mauricio Ravel y «Daphnis et Chloé» Orquesta Sinfónica.» Crítica entusiasta del concierto.

85. CRÓNICAS MUSICALES. *El Sol*, 15-11-1919. «El público, la Filarmónica, los directores, «Pentesilea», El Antimusicalismo». Obras de Hugo Wolf y Vicent D'Indy.

86. GACETILLA MUSICAL. *El Sol*, 16-11-1919. «Orquesta Sinfónica». Obras de Dvorack y Sr. Vega : *Rapsodia de la Mancha*.

87. CRÓNICAS MUSICALES. *El Sol*, 22-11-1919. «El Filisteismo y la Burguesía. Pablo Casals». Reflexiones de Salazar a raíz de un concierto de Casals con la Orquesta Filarmónia. *Concierto* de Dvorack. No se indican más obras.

88. GACETILLA MUSICAL. *El Sol*, 23-11-1919. «La Música de órgano y la Sociedad Nacional». Concierto de órgano en San Francisco el Grande, con Echeveste.

89. TEATRO REAL. *El Sol*, 23-11-1919. «Inauguración. El Avapiés». Tercera representación, con «la Argentinita» y María Yacer. Director: maestro Villa. Breve reseña.

90. TEATRO REAL. *El Sol*, 24-11-1919. »La Favorita». Sr. Borgioli, Molinari, Piña Galo, etc. Muy breve reseña.

91. GACETILLA MUSICAL. *El Sol*, 27-11-1919. «Marcelle Combes». Concierto de la pianista en el Teatro Real. Obras de Chopin, Glazunov, Liszt, Debussy (*Arabescos*).

92. TEATRO REAL. *El Sol*, 28-11-1919. «Bailes Pawlova». *Amarilla* y *Bacanal* de Glazunov. Director de orquesta: M. Theodor Stier.

93. CRÓNICAS MUSICALES. *El Sol*, 29-11-1919. «Los discípulos de Franck. Chausson y D'Indy. Orquesta Filarmónica».

Variaciones Sinfónica Istar, de D'Indy; *Sinfonía*, de Chausson; Cuatro *Preludios Vascos*, del P. Donosita. P. Casas dirige la Filarmónica.

94. REVISTA DE MÚSICA. *El Sol*, 01-12-1919. «Mario Castelnuovo Tudesco: ...*questo fu el carro Della Morte* (para piano; A. Forlivesi & C. Firenze, editores)». Breve reseña de la partitura de un compositor de »il rinovamento» italiano.

95. GACETILLA MUSICAL. *El Sol*, 04-11-1919. «Arthur Rubinstein». Obras de Chopin y Liszt. Propinas de *Sevilla* y *Navarra*, de Albéniz.

96. TEATRO REAL. *El Sol*, 05-12-1919. «Wagner de nuevo. La Walkyria». Director de orquesta: señor Hess. Salazar demuestra ya poco entusiasmo por la música de Wagner.

97. EN TORNO A ANNA PAVLOWA. *El Sol*, 13-12-1919. «Una nota sobre la danza». Reflexiones sobre el arte de esta bailarina.

98. LA VIDA MUSICAL. *El Sol*, 14-12-1919. «Orquesta Filarmónica. Rubinstein. Sociedad Nacional. Teatro Real, etc.» Críticas de los acontecimientos musicales en distintas instituciones. *Sinfonía Júpiter*, de Mozart; *La Tragedia de Salomé*, de Florent Schmitt; *Concierto de violín*, de Beethoven con el violinista Fernández Bordas y la Orquestas Filarmónica con P. Casas. Concierto de Rubinstein (Franck, Schumann. Sociedad Nacional: «Trío Albéniz» (obras españolas, de Albéniz, Falla, Granados, Barrios y C. del Campo); Cuarteto de Londres (*Cuarteto en re*, de Mozart; *Cuarteto*, de Debussy; *Bocetos* de Goosens; *Suite Peter Pan*, de Walford Davies; *Fantasía*, de Waldo Warner). Orquesta Benedito (obras de R. Korsakov : *Capricho español*; *Concierto*, de Mendelshon, con el Sr. Grande al violín, y otras composiciones de Bach, Beethoven, Granados y Schubert).

99. TEATRO REAL. *El Sol*, 15-12-1919. «Rigoletto». Breve reseña de la ópera. Artistas: Chase, Molinari, Bettoni. Dr. Saco del Valle.

100. LA VIDA MUSICAL. *El Sol*, 24-12-1919. «Orquesta Filarmónica. Pintura y Música. Rubinstein. Teatro Real. Otros conciertos». Estreno de *Cuadros*, de Moreno Torroba, obra inspirada en cuadros del Prado. Con esta ocasión, reflexiona Salazar sobre la rela-

ción música y pintura, y cita un cierto paralelismo entre «El Acorde cambiante» de Schoenberg y las «Catedrales» de Manet. Concierto del Sr. Rocaverde con la Filarmónica de P. Casas (obras de Saint-Saëns y de Schumann).

1920

101. BOCETO DE UN PROGRAMA DE ESTÉTICA. *El Sol,* 01-01-1920 «Un músico de 1920». Concepto. Limitaciones recíprocas. No afiliarse.

102. GACETILLA MUSICAL. *El Sol,* 19-01-1920. «Teatro Real Wagner Parsifal Racunelli (sopr) Rousselleri (tenor). Marcelle Combes (pianista) Andrés Segovia (guitarrista). Masa coral de Madrid.

103. GACETILLA MUSICAL. *El Sol,* 22-01-1920. Orquesta Filarmónica, programa para los próximos conciertos del Círculo de Bellas Artes. Masa Coral de Madrid, concierto celebrado el día 19 de Enero.

104. GACETILLA MUSICAL. *El Sol,* 30-01-1920. Crabbe en la Sociedad Filarmónica. Barítono, Gluck: *fragmentos de Ifigenia en Tauris,* Haendel: *Acis y Galatea,* Grety: *aria de Los dos avaros,* Rimsky-Korsakov: *Canción India de Sadko.*

105. TEATRO REAL. *El Sol,* 31-01-1920. «Otelo». Toscani (tenor), Montesanto (barítono), Ofelia Nieto. Villa (director).

106. LA VIDA MUSICAL. *El Sol,* 11-02-1920. «Ricardo Viñes. Orquesta Filarmónica» (concierto del día 9). Colette Chabry. Viñes y Orquesta Filarmónica. Cesar Franck: *Variaciones Sinfónicas*, Rimsky Korsakov: *El cazador maldito, Concierto para piano*. Borodín: *En las estepas del Asia Central.* Glazunov; *Stenka Razin.* Debussy: *Catedral sumergida,* Mussorgky; *Juegos,* Rimsky Korsakov; *Noveleta.* Concierto del día 10 en el Ateneo Bach; *Tocata y Fuga en remor.* Ravel; *Pavana,* Debussy: *L'isle Joyeuse, Liszt Juegos de agua,* Falla: *Danza del fin del día.* Junto con Viñes canta Colette Chabry Wagner: *Sueño,* Debussy: *Le jet d'eau, Green,* Faure, Borodín, Rimsky Korsakov.

107. TEATRO REAL. *El Sol,* 11-02-1920. «Los Puritanos». Crítica sobre la representación del día anterior. Dino Borgioli (tenor) Molinari (barítono), Bettoni (bajo), duarmirg (sopr), Morelli (mezo). Saco del Valle (director).

108. GACETILLA MUSICAL. *El Sol,* 22-02-1920.»Teatro Real. La Favorita». Aga Lahowska (sopr), Molieri, Molinari. Concierto en el real, orquesta del teatro, Otto Hess (director), Beethoven: Séptima Sinfonía, Wagner: fragmentos de Walkyria y Parsifal.

109. TEATRO REAL. *El Sol,* 26-02-1920. «Despedidas». Despedida a Otto Hess. Fragmentos de Wagner: *Walkyria, Tannhauser.*

110. TEATRO REAL. «LOS BOHEMIOS». *El Sol,* 27-02-1920. «Opera nueva de Vives y del Campo. Libro de Perrin y Palacios». Nieto, Galan, Casenave, Bettoni, del Pozo, Acceña, Larzábel, Saco del valle (director).

111. CRÓNICAS MUSICALES. *El Sol,* 28-02-1920. «La Damoiselle Eleu y El simbolismo. Orquesta Filarmónica. Otras obras». Concierto celebrado el día 27, orquesta Filarmónica, Price. Debussy: *La Damoiselle Eleu,* Mendelssohnn: *El sueño de una noche de verano.* Debussy: *Aprésmidi d´un faune,* Mozart: *Quinteto* (fragmento), Wagner: *Buque Fantasma* (overtura), Julio Gómez: *Suite en la* (nueva obra española).

112. GACETILLA MUSICAL. *El Sol,* 29-02-1920. Anuncio de programa de la semana. Teatro Real.

113. GACETILLA MUSICAL. *El Sol,* 02-03-1920. «Recital de canciones por Aga Lahowska». Pergolesse, Caldara, Ravel, Debussy, Mozart: *arias de Querubino de Las bodas de Fígaro*; Schubert: *El viajero*; Leopardo: *Canto nocturno*; Hugo Wolf: *Mariposas amarillas, La canción del duende. Canciones populares polacas y rusas*; Mussorgsky, Hopak: *Canciones de Reynal Hahn*; Debussy *Fantoches*; Ravel: *Serezade* (fragmento).

114. GACETILLA MUSICAL. *El Sol,* 4-03-1920. «Orquesta del Teatro Real». Hess. Schubert: *Sinfonía en do mayor*; Wagner, Weber: fragmentos. Conciertos Bordas. Francés. Teatro Centro, Orquesta de instrumentos de arcos. Mendelssohn, Bach. Carmen Álvarez.

115. CRÓNICAS MUSICALES. *El Sol,* 06-03-1920. «Ricardo Strauss y el sensacionalismo. La «Sinfonía Alpina». La orquesta Filarmónica». Concierto del día anterior.

116. GACETILLA MUSICAL. *El Sol,* 09-03-1920. »Orquesta Sinfónica». Arbós. Beethoven: *Quinta Sinfonía*; Bretón: *Polo gitano*; Albéniz: *Triana*; Haydn: *Sinfonía nº 13*; Mozart: *Minué*. Anuncio de próximos conciertos. Orquesta Filarmónica, Carlos Sedano (violinista). Sarasate: *Jota*; Paganini: *I palpiti*, Schubert: *Momento musical*. Orquesta. Wagner: *Tannhäuser* (overtura), Rimsky-Korsakov: *Capricho español*. Concierto de los alumnos de canto en el Conservatorio.

117. GACETILLA MUSICAL. *El Sol,* 11-03-1920. «Manen». Max Bruch: *Fantasía escocesa*; Saint-Saëns: *Concert-Stuck;* Paganini: *Las brujas*; Sarasate: *Capricho vasco, Jota*; Schubert: *Ave Maria*; Schumann: *Reverie*. Pianista acompañante: Pura Lago. Debussy: *Tríptico «Preludio, Zarabanda y Tocata»*. Orquesta Benedito. Sainz de la Maza (guitarrista). Obras de Milan, Mudarra, Tárrega. Carmen Álvarez, Chopin.

118. CRÓNICAS MUSICALES. *El Sol,* 17-03-19120 «De Nietzsche a Strauss. Orquesta Sinfónica. Stravinsky, Brailowsky». Orquesta Sinfónica. Strausss: *Así habló Zaratustra*; Brailowsky. Teatro de la Comedia. Bach.

119. CRÓNICAS MUSICALES. *El Sol,* 19-03-1920. «Don Francisco Gascue y sus obras. Conciertos». Necrológica de Francisco Gascue (musicólogo aficionado) fallecido el día 11 de Marzo. Ana Rebollar (pianista), Bach: *Concierto italiano*, Chopin: *Polonesa en mi menor*; Beethoven. Saint-Saëns, Albéniz: *Navarra*; Liszt: *Rapsodia*.

120. CRÓNICAS MUSICALES. *El Sol,* 23-03-1919. «Schoenberg en la Sociedad Filarmónica. Scriabin en la Orquesta Sinfonica». Estreno del *Cuarteto en re menor* de Schoenberg en la Sociedad Filarmónica. El *Poema del Éxtasis* en la Orquesta Sinfónica, con Arbós. Extensa reseña de Salazar para resaltar la importancia de estos dos músicos que aparecen por primera vez en programa.

121 GACETILLA MUSICAL. *El Sol*, 31-03-1920. (Sin firmar). Conciertos sacros Guerrero, Tomás Luis de Victoria. Harmonía, revista musical. Friedmann y Rosenthal. Anuncio de próximos conciertos.

122. GACETILLA MUSICAL. *El Sol*, 07-04-1920. «Jean Aubry en el Instituto Francés». Conferencias sobre los músicos franceses. Friedman. Wagner: *Tannhäuser* (overtura); Chopin Bach, Schumann: *El Carnaval*; Liszt: *Campanella*; Scriabin: *Preludio para la mano izquierda*.

123. GACETILLA MUSICAL. *El Sol*, 18-04-1920. «Las conferencias en el Instituto Francés». M. Jean Aubry.

124. GACETILLA MUSICAL. *El Sol*, 21-04-1920. «Las conferencias del Instituto Francés, final». Aubry. Interpretación, junto con Mme. Alvar, de obras de Debussy: *Canciones de Bilitis*. Falla pianista *La catedral sumergida, Soireé dans Grenade, Las colinas de Anacapri, Los minstrels, Arabescos*. Anuncio conciertos de la Sociedad nacional.

125. LA VIDA MUSICAL. *El Sol*, 23-04-1920. «Sociedad Nacional. Debussy, Ravel. Grieg». Intérpretes: solistas de la Orquesta Filarmónica y Falla. Debussy: *Sonata en trío*; Ravel: *Introducción, Allegro*; Grieg: *Canciones* (cantante Mme. Alvar).

126. CRÓNICAS MUSICALES. *El Sol*, 28-04-1920. «Pianos y pianistas. Friedman, Risler. Sociedad Nacional». Concierto celebrado en la Sociedad Nacional el día 24. Comentario sobre las últimos conciertos ofrecidos por Risler Friedman, (destaca de Ravel: *Le tombeau de Couperin*). Mme Alvar interpreta canciones escandinavas, canciones de Goossens y Luis Durey.

127. NOTAS MUSICALES. *El Sol*, 01-05-1920. «Conciertos Aeolian». Firmado por P. F.

128. GACETILLA MUSICAL. *El Sol*, 05-05-1920. «Semana francesa en Madrid y la Orquesta Sinfónica». (Sin firma). Conciertos Pagés- Rosés.

129. GACETILLA MUSICAL. *El Sol*, 23-05-1920. «Sociedad Nacional. Orquesta Filarmónica. Gabriel Abreu» (pianista). Debussy:

Danza sagrada y profana, Apres midi d'un faune; Falla: *Noche en los jardines de España*. Jesús Aroca: *Arrabales castellanos* (edita el Cancionero de Claudio de la Sablonara). Smetana: *Libusa* (overtura).

130. GACETILLA MUSICAL. *El Sol,* 01-06-1920. «En el Ateneo conferencia de D. Juan D. Berruela». (Temas: Modalidad, Temperamento).

131. GACETILLA MUSICAL. *El Sol,* 03-06-1920. «Del ruiseñor y de otros simbolismos. Música Nueva». Reseñas de partituras de obras nuevas.

132. «EL SOMBRERO DE TRES PICOS» DE MANUEL DE FALLA Y LA CRITICA FRANCESA. *El Sol,* 04-06-1920. Reflexiones de Salazar en torno a la recepción de la obra de Falla en París

133. GACETILLA MUSICAL. *El Sol,* 16-06-1920. (s. f.). «Un nuevo violinista Alfredo Spedalieri». Pedagogía Musical , recopilación de conferencias leídas por D. Gonzalo Castrillo. Memoria de la Sociedad Filarmónica de Oviedo. Himno bolchevique (fox-trot). La guitarra portuguesa, Julio Silva.

134. CRÓNICAS MUSICALES. *El Sol,* 01-07-1920.»La Sociedad nacional y el Quinteto de Madrid. La vida económica de las Sociedades Musicales. Concierto fin de temporada». Cuarteto francés y Joaquín Turina (Quinteto de Madrid). Turina: *Mujeres españolas, Danzas fantásticas.* Conrado del Campo: *Caprichos románticos*; Beethoven: *Cuarteto nº 4.* Dvorak, Franck, Brahms: *Cuartetos.*

135. CRÓNICAS MUSICALES. *El Sol,* 02-07-1920. «Amistades reales y aproximaciones oficiales. Las relaciones musicales de España con otros países». Reflexiones de Salazar sobre la Sociedad Nacional de Música.

136. GACETILLA MUSICAL. *El Sol,* 17-07-1920. «La danza sin música». Nuevo género. Etchessarry y Souday. Nijinsky.

137. REVISTA DE MÚSICA. *El Sol,* 27-07-1920. «Luis Nueda: «De Música». Epistolario de un melómano».

138. CRÓNICAS MUSICALES. *El Sol,* 20-08-1929. «El Instituto de investigación científico-musical de Bückeburg». Reseña de Salazar sobre la importancia de este Instituto dedicado a las diferentes ramas de la musicología, en el que estaba representado F. Pedrell por parte española.

139. CRÓNICAS MUSICALES. *El Sol,* 23-08-1920. «Viejos sistemas. Operas. Concursos»

140. GACETILLA MUSICAL. *El Sol,* 01-10-1920. «La temporada próxima». Anuncio de programación en el teatro real, Sociedad Nacional, Sociedad Filarmónicas, Orquesta Filarmónica, Conciertos Daniel. Pablo Casals.

141. CRÓNICAS MUSICALES. *El Sol,* 03-10-1920. Orientalismo occidental y Occidentalismo oriental». Extenso artículo sobre las influencias mutuas de las culturas musicales (Debussy, Ravel, Stravinsky, etc.).

142. GACETILLA MUSICAL *El Sol,* 14-10-1920. «Orientalismo occidental y occidentalismo oriental (II).»

143. CRÓNICAS MUSICALES. *El Sol, 28-10-1920.* «De Beethoven a Brahms. (Segundo recital Friedman). Beethoven *Sonata en mi menor Sonata en fa m.* Brahms: *Balada en re M, Intermedio en la M, Estudios sobre un tema de Paganini, Variaciones y fuga sobre un tema de Haendel.*

144. CRÓNICA MUSICAL. *El Sol,* 31-10-1920. «Los recitales de Friedman». Conciertos celebrado el día 30. Schumann: *Carnaval, Estudios Sinfónicos;* Liszt: *Nocturnos, Baladas, Berceuses, Sonata.*

145. CRÓNICAS MUSICALES. *El Sol, 06-11-1920.* «La temporada orquestal. ¿Van a desaparecer los conciertos sinfónicos?. Orquesta Filarmónica». Inauguración de la temporada el día 5 con concierto de la orquesta Filarmónica. Debussy: *Nocturnos;* Liszt: *Preludios;* Smetana: *La novia vendida (* overtura).

146. CRÓNICAS MUSICALES. *El Sol,* 17-11-1920 «Los recitales de Emil Sauer». Chopin. Beethoven.

147. GACETILLA MUSICAL. *El Sol*, 25-11-1920. «Bronstein-Lobato». Bronstein violinista ruso presentado el día anterior en el Círculo de Bellas Artes. Tchaikovsky: *Serenata melancólica*; Dvorak: *Humoresca*; Nienarovsky: *Pastoral*; Fibich: *Poema*; Brahms:*Danza húngara nº2*.

148. CRÓNICAS MUSICALES. *El Sol*, 13-11-1920.»Wanda Landowska o la lección universal». Price. Mozart. Bach.

149. CRÓNICAS MUSICALES. *El Sol*, 20-11-1920. «Emil Sauer (II). Primitivos y clásicos. Wanda Landowska en la Sociedad Nacional». Sauer, Chopin: *Balade, Improntu, Berecuse;* Schubert: *Improntu nº2; Beethoven*: *Claro de luna Apasionata, Aurora, Sonata cuasi una fantasia*; Franck: *Preludio, coral y Fuga*; Saint-Saëns : *Murmures de vent,* Frisons des Feuilles, *Boila a musique ;* Granados: *Goyesca (Requiebros)*; Debussy: *Le soirée dan Grenada;* Chopin: *Impromtu*; Landowska (concierto del día 12): Haendel: *Trío en do Menor;,* Bach: *Ofrenda musical*; Rameau: *Piezas concertadas.*

150. CRÓNICAS MUSICALES. *El Sol,* 26-11-1920. «Peter I. Tchaikovsky. «Alassio». D. Elgar. Orquesta Filarmónica». Tchaikovsky: *Sinfonía Patética*; Elgar: *Alassio* (overtura). Pérez Casas.

151. CRÓNICAS MUSICALES. *El Sol*, 27-11-1920.»La ALPINA», La Revoltosa, etc. Orquesta Filarmónica». Chapi: *La Revoltosa* (preludio). Strauss: Sinfonía *Alpina*. Pérez Casas.

152. TEATRO REAL. *El Sol,* 05-12-1920. «El «Anillo del Nibelungo» de Ricardo Wagner «. Primera jornada: «El oro del Rin». Forturia, Alberico, Walter, Kirchoff, Fokin, Latiermann, Max Kauss, Willer, Dahmn, Volker.

153 TEATRO REAL. *El Sol,* 07-12-1920. *MANON,* (dia 6), Rosina Storchio,Cinisaelli, Monaseto, Saco del Valle. *AIDA.* Gerrini, Formichi, Voltolini, Alicia Bronca.

154. CRÓNICAS MUSICALES. *El Sol,* 07-12-1920.»Emmanuel Chabrier. Música francesa. Orquesta Filarmónica». Berlioz:

Carnaval romano. Franck: *Cazador maldito*: Dukas: *Aprendiz de brujo*; Saint-Saëns: *Sinfonía con órgano y piano*. Pérez Casas.

155. LA VIDA MUSICAL. *El Sol*, 08-12-1920. «Weingarten. Disparatario. Fidelio en Madrid. Fortea». Bach: *Preludio y fuga en re*; Liszt: *Rapsodia*; Beethoven: *Sonata en mib nº 31*; Brahmms: *Valses, Scherzo en mi*; Schubert: *Soirée de Viena, Rosamunda;* Debussy*: Estudios*.

156. TEATRO REAL. *El Sol*, 10-12-1920. «El Anillo del Nibelungo de Ricardo Wagner». Segunda jornada: «La Walkyria». Forturia, Alberico, Wal Kirchoff, Fokin, Latiermann, Max Kauss, Willer, Dahmn, Volker.

157. LA VIDA MUSICAL. *El Sol*, 12-12-1920. «La orquesta Lassalle. Celebrado el dia 11. Wagner: *Lohengrin* (preludio), *Preludio y muerte de Tristán e Iseo, Overtura de Cristóbal Colon*. Segundo concierto de Weingarten. Rameau: *Gavota y variaciones*; Mozart: *Sonata en do*; Chopin: *24 preludios*, Korngold: *Gnomos*; Chabrier: *Bouree fantastique*; Debussy: *Children's corner*, Saber: *Caja de música*; Liszt: *Segunda leyenda*.

158. TEATRO REAL. *El* Sol, 14-12-1920. «El Anillo del Nibelungo de Ricardo Wagner». Tercera jornada: «Sigfrido». Forturia, Alberico, Wal Kirchoff, Fokin, Latiermann, Max Kauss, Willer, Dahmn, Volker.

159. LA VIDA MUSICAL. *El Sol*, 16-12-1920. «En el Teatro Real. *Mefistófeles*». El Mansueto, Caracciolo, Ciniselli, Mangili, Guardiola, Pantalis, Saco del Valle. Von Vecsey violinista, concierto día anterior. Tartini, Paganini, Bazzini.

160. TEATRO REAL. *El Sol*, 17-12-1920. «El Anillo del Nibelungo de Ricardo Wagner». Cuarta Jornada: «El ocaso de los dioses». Forturia, Alberico, Wal Kirchoff, Fokin, Latiermann, Max Kauss, Willer, Dahmn, Volker.

161. LA VIDA MUSICAL. *El Sol*, 23-12-1920. «Segundo concierto Lassalle». Orquesta Filarmónica». Beethoven: *Sinfonía en do menor;* Schubert: *Sinfonía incompleta*; Sibelius: *Vals triste*; Vives: *La*

boda de Luis Alonso; Von Vecsey (violinista): Paganini: *Fantasia sobre Moisés de Rossini, Movimiento perpetuo*; Mendelssohn: *Concierto.* Orquesta Filarmónica:Schumannn: *Sinfonía en si menor*; Mendelssohn: *La gruta de Fingal*; Tcherepnin: *Princesa lejana*; Glinka: *Kamarinskaia, lekeu Adagio*; Bretón: *Elegías.*

162. TEATRO REAL. *El Sol*, 24-12-1920. «Segunda representación de El Anillo del Nibelungo, de Ricardo Wagner». (Reseña gráfica con dibujos).

163. CRÓNICAS MUSICALES. *El Sol*, 26-12-1920. «Wanda Landowska en la Sociedad Nacional». Concierto del día anterior. Chopin. Schubert. Bach.

Goger Godier. Schuman, Chopin, Liszt, Rachmaninov. Bach: *Tocata y fuga en re menor.*

164. CRÓNICAS MUSICALES. *El Sol*, 30-12-1920. »La tetralogía de Wagner. II . La Walkyria». Segunda representación. Forturia, Alberico, Wal Kirchoff, Fokin, Latiermann, Max Kauss, Willer, Dahmn, Volker.

1921

165. LA VIDA MUSICAL. *El Sol*, 04-01-1921. «Tercer Concierto Lasalle. Sociedad Nacional». Emilio Serrano: *La primera salida de Don Quijote*; Wagner: Los Maestros Cantores, overtura.

166. LA VIDA MUSICAL. *El Sol*, 10-01-1921.» Orquesta Lassalle». Beethoven: *Novena Sinfonía, Egmont, Concierto para violín y orquesta* (Bordás*)* Vecsey (violinista) Concierto celebrado en diciembre. Beethoven: *Sonata a Kreuzer*; Paganini, Sarasate, Corelli, Bach.

167. TEATRO REAL. *El Sol*, 13-01-1921 «El anillo del Nibelungo de Wagner: IV *El ocaso de los Dioses*»(el mismo reparto que en las anteriores representaciones de la tetralogía).

168. LA VIDA MUSICAL. *El Sol*, 13-01-1921. «El padre Luis Villaba». Musicógrafo. Necrológica. Orquesta Lassalle.

Último concierto: Brahms *Serenata;* Haendel: *Concierto grosso;* Giménez.

169. LA VIDA MUSICAL. *El Sol,* 14-01-1921. »Carmen en el Real.»Opera Cómica de París. Trantoul, Espirac, Dubois, Doumien, Nausen. Messager (director).

170. CRÓNICAS MUSICALES. *El Sol,* 16-01-1921. «Españolería rusticana. Orquesta Filarmónica». Chapi: *La Revoltosa* (introducción); Jiménez, Pérez Casas: *Suite Murciana;* Beethoven: *Heroica;* Wagner: *Maestros cantores.*

171. NOTAS MUSICALES. Conciertos Seollan (no está clara la firma). *El Sol* 22-01- 1921. Beethoven *Sonata en la* (Galindo), Patallo (barítono) Giordano *Caro mio ben,* Wagner *Romanza de la estrella* (*Tannhauser*), Massenet *Herdiade* (fragmentos).

172. CRÓNICAS MUSICALES. *El Sol,* 24-01-1921. «Claudio Debussy y España. Iberia». Reseña revista *Le Revue Musical* de París. Falla, Debussy, España, Iberia.

173. CRÓNICAS MUSICALES. *El Sol,* 25-01-1921 « *Le Tombeau de Debussy.* Iberia y la orquesta Filarmónica». Estreno el día 24 en Madrid, Orquesta Filarmónica, Pérez Casas, *Iberia* de Debussy.

174. TEATRO REAL. *El Sol,* 26-01-1921. «*TRISTAN E ISEO*»» Representación del día 25. Kirchof, Piaseke, Lattermann, Kurt, Metzger, Drach (director).

175. LA VIDA MUSICAL. *El Sol,* 28-01-1921. «El Poema Divino de Alejandro Scriabin» . Orquesta Filarmónica. Presentación del Poema de Scriabin el mismo día por la tarde, Orquesta Filarmónica, Pérez Casas.

176. CRÓNICAS MUSICALES. *El Sol,* 30-01-1921.»Público y Estética. Los rusos. La orquestación moderna. Orquesta Filarmónica. Reflexiones.

177. TEATRO REAL. *El Sol,* 03-02-1921. »*TRISTAN E ISEO*». Comentario sobre la última representación, *dibujos* que representan sobre todo el vestuario de los cantantes.

178. LA VIDA MUSICAL. *El Sol*, 11-02-1921.»Los cantos populares de la raza eslava. El coro nacional de Ukrania en España». Conciertos celebrados en Bilbao los días 3, 4 y 5 de Febrero. Director del coro: Koschitz.

179. TEATRO REAL. E*l Sol*, 15-02-1921. *«Lackme»*. Maria Barrientos, Gandolfi, Mansueto, Villa (director).

180. CRÓNICAS MUSICALES. *El Sol*, 16-02-1921.»El órgano y su música. J. Errandonea, en la Sociedad Nacional.

181. LA VIDA MUSICAL. *El Sol*, 22-02-1921.»Orquesta Filarmónica. Sociedad Nacional». Pérez Casas. Glazunov: *Primavera*. Jesús Aroca: *Arrabales castellanos*. *La muerte de la petenera*. Sociedad Nacional, concierto del día anterior, Quinteto de Madrid, Beethoven: *Cuarteto*; Turina: *Cuadros de España* (estreno). Nuevo catedrático.

182. TEATRO REAL. *El Sol*, 22-02-1921. «Aida» Reaparición de Gagliardi, Gandolfi, Gasaza. *Salomé*. Muerte de Santiago Arimón

183. GACETILLA MUSICAL. *El Sol*, 24-02-1921. «Primer recital de D´Albert»

184. CRÓNICAS MUSICALES. *El Sol*, 27-02-1921.»Bach, Bordas y Sedano, en la orquesta Filarmónica.

185. LA VIDA MUSICAL. *El Sol*, 04-03-1921. «Brailowsky, o Ciencia y Consciencia». Liszt: *Sonata*. Mussorgsky: *Cuadros para una exposición* (dos), Stravinsky: *Estudio*, Balakirev: *Islamey*.

186. LA VIDA MUSICAL. *El Sol*, 07-03-1921». Gabriel Abreu y los «Nocturnos» de Falla

187. TEATRO Real. TRAVIATA. *El Sol* 08-03-1921. Barrientos, Ciniselli, Montesanto.

188. LA VIDA MUSICAL. *El Sol*, 09-03-1921. «Segundo recital de Brailowsky». Schumannn: *Carnaval*, *Scherzo en do sostenido*, *Estudio*. Liszt: *Campanella*, Beethoven: *Sonata op. 53*, Bodrodin: *Scherzo*, Rachmaninof: *Preludio*. Miguel Llobet (guitar-

rista): *Romanza del pescador, Canción del fuego fatuo.* Ana Guillén vuelve a España.

189. CRÓNICAS MUSICALES. *El Sol,* 11-03-1921. «Gustav Mahler y su cuarta sinfonía». Orquesta Lassalle.

190. LA VIDA MUSICAL. *El Sol,* 12-03-1921. «Orquesta Filarmónica. Enrique Iniesta. Obras nuevas». Valdovinos: *Entre montañas.*

191. TEATRO REAL. *El Sol,* 18-03-1921. «Los bailes rusos: El bazar fantástico. Stravinsky en Madrid» *El bazar fantástico,* con fragmentos de música de Rossini, Sílfides con música de Chopin, Idzikowsky, Serezade. Llegada a Madrid de Stravinsky para dirigir *Petruchka* y *Pulcinella.*

192. VARIOS CONCIERTOS. *El Sol,* 19-03-1921. «La semana musical en Madrid. Algunas sorpresas Filarmónicas» M. Pecnzenick, Bach, Scarlatti, Beethoven, Chopin, Ravel y Albéniz. Braliowsky Schumann: *Estudios Sinfónicos.* Scriabin. Liszt. Coro de la Capilla Sixtina en el Real. Victoria, Viadana, Perosi, Palestrina, Galstolfi, Chanequin. Cortes y Segueira (pianistas) Mozart: *Sonata para dos pianos.* Segueira: *Suite Antigua.* Stella Margarita (soprano). Anuncio de nuevos conciertos.

193. CRÓNICAS MUSICALES. *El Sol,* 21-03-1921. Concierto de Bralowsky en la Sociedad Nacional. Obras de Scriabin y de Stravinsky.

194. LOS BAILES RUSOS. I. *El Sol,* 23-03-1921. «Algo de Historia. El teatro de Moscú». Petruchka teatro del arte en Moscú. Stravinsky ha dirigido Petruchka.

195. LOS BAILES RUSOS. III. *El Sol,* 26-03-1921.» Representación y Presentación. Meyerhold.

196. LOS BAILES RUSOS. IV. *El Sol,* 30-03-1921. «El teatralismo. Lo espectacular. La comedia italiana. La compañía de Diaghilev reanuda *La boutique fantasque,* nueva versión del las danzas del Principe Igor.

197. LA VIDA MUSICAL. *El Sol,* 05-04-1921. «Orquesta Sinfónica. J. Turina. Cassadó y Cubiles. Trío Hispania. Otros conciertos». Sinfonía Sevillana (estreno). Strauss: *Sonata para piano*

y violocello. Franeceur: *Sicilianan y Rigodón*. Goldmark: *Sakuntala*. Saint-Saëns: *trío en fa M*, Beethoven: *Trío en do m*.

198. LOS BAILES RUSOS. *El Sol*, 06-04-1921.» Estreno de El sombrero de tres picos. Un gran éxito en el real». Picasso, Massin (coreógrafo), Devillier, Martinez Sierrra, Defosse (director).

199. LOS BAILES RUSOS. V. *El Sol*, 8-04-1921. «Las pequeñas escenas. El monodrama. El ballet.» Cuentos rusos.

200. LOS BAILES RUSOS. LA EVOLUCION DEL BALLET. *El Sol*, 13-04-1921. De Fokin a Masin. Consideraciones finales.

201. LA VIDA MUSICAL. *El Sol*, 14-04-1921. «Orquesta Sinfónica. Las «Evocaciones» de Roussel. «Egmont» de Beethoven. Otros conciertos»

202. LA VIDA MUSICAL. *El Sol*, 22-04-1921. «M. Prunieres en el Instituto Francés, Mille Bonard. Otros conciertos». Conferencia y concierto. Bonard (Cantante acompañada por Turina). Debussy, Ravel, Fauré, Satie Daphenée, Honegger.

203. LA VIDA MUSICAL. *El Sol*, 27-04-1921. «V. Tommasini. Orquesta Sinfonica. Piano y panistas. Memento

204. CRÓNICAS MUSICALES. *El Sol*, 29-04-1921.»Alejandro Glazunov. Su obra y su significado». Necrológica.

205. LA VIDA MUSICAL. *El Sol*, 05-05-1921. «Los cursos de la Escuela Normal de Música de París. Varios conciertos». Actividad de la Schola Cantorum. Cursos impartidos por Wanda Landowska, Blanch Selva, M. T. Philipp, Margueritte Long, Corlot, Cortot, Capet, Dupré, Hekking y Casals, Gaubert. Memento Conciertos Lassalle E. Iniesta (violinista) Saint-Saëns: *Introducción y Rondó- Capricho*. Sarasate, Kreisler, Schubert. En el Ateneo: Mussorgsky: *Cuadros de una exposición*, Glazunov, Borodin, Cui.

206. LA VIDA MUSICAL. *El Sol*, 31-05-1921 «J. Nin y Mlle. Gautier, en la Sociedad Nacional. Soler. Mateo Albéniz. Henri Collet». En la Sociedad Nacional, Nin y Gautier. Schumann: *Gran*

Sonata; Fauré: *Sonata en la menor.* Nin. Soler: *Sonatas*; Mateo Albéniz. Scarlatti. H. Collet: *Sonata castellana, El Escorial, Cantos de Castilla, Burgos.*

207. GACETILLA MUSICAL. *El Sol,* 15-05-1921. (s. f.) «Semana Holandesa. «Festivales de música Española». «Los músicos del Real cuerpo de Alabarderos»».

208. CRÓNICAS MUSICALES. *El Sol,* 17-05-1921 «La vida musical en Holanda. Mengelberg». «Sus características». Obras: Beethoven *Sinfonía en la, Leonora,* Wagner fragmentos, Cesar Franck: *Psiquis y Eros,* Tchaikovsky: *Sinfonía patética.* Liszt: *Preludios,* Strauss: *Muerte y transfiguración.* Saint-Saëns: *Concierto para cello y orquesta* (Cassadó).

209. GACETILLA MUSICAL. *El Sol,* 21-05-1921. «La capilla Sixtina». Director Antonio Rella. Marenzo, Viadana: *Exultate Insti,* Victoria: *O magnum misterium, Ave Maria, Exultate Deo,* Perosi. Palestriana.

210. LA VIDA MUSICAL. *El Sol,* 24-05-1921. Capilla Isidoriana. Otros conciertos. Joaquín Nin y Mademosisselle Gautier en la Sociedad Nacional».

211. LA VIDA MUSICAL. *El Sol,* 18-06-1921. «Los españoles en Paris. Roberto Gerhard. Federico Mompou». Comentario sobre sus obras respectivas.

212. LA VIDA MUSICAL. *El Sol,* 25-06-1921. «La música intima y su difusión». «La S. P. P. A. Músicas y ediciones nuevas». La Musique de Chambre, de Maurice Senart.

213. LA VIDA MUSICAL. *El Sol,* 28-06-1921. «Los espectáculos de «La Cahuve- Souris. Un «Petruchka» de cámara». Teatro Fémina, artistas de La Chauve-Souris (bailes rusos). Nikita Balieff, director de la compañía. Petruchka. Teatro del murciélago.

214. GACETILLA MUSICAL. *El Sol,* 01-07-1921. (Crónica desde Paris) «En la Asociación de compositores». Problemas relacionados con la Sociedad de Autores.

215. LA VIDA MUSICAL. *El Sol*, 03-07-1921. (Crónica desde París) «El ballet de Paul Claudel. El matrimonio de la Torre Eiffel». Actuaciones de la compañía de bailes suecos de Rolf de Maré, estreno en los Campos Eliseos. Eric Satie, J. Cocteau.

216. CRÓNICAS MUSICALES. *El Sol*, 17-07-1921. «El «Sócrates» de Erik Satie» (drama sinfónico, escrito para el teatro particular de la princesa Polignac).

217. CRÓNICAS MUSICALES. *El Sol*, 18-07-1921. ««Los Troyanos» en la ópera. Berlioz y su tiempo.» Representación en el día de hoy.

218. LA VIDA MUSICAL. *El Sol*, 28-07-1921. «La colección de Pedrell de manuscritos musicales. Una nueva Sociedad de Musicología». Publicación de manuscritos de Pedrell por el Departamento de música del Instituto de Estudios Catalanes. Unión internacional de musicología, Societé Unión Musicologique, La Haya.

219. UN POETA NUEVO. «FEDERICO G. LORCA». *El Sol*, 30-07-1921. Comentario sobre la publicación de algunas poesías de Lorca.

220. LA VIDA MUSICAL. *El Sol*, 01-08-1921. «El «cancionero popular vasco» del P. Azkue. Bernardo Pasquín». Publicación de una nueva edición del cancionero vaco de Azkue. Reseña sobre el último número de la Sociedad Francesa de Musicología de Boghen sobre *Pasquín*.

221. CRÓNICAS MUSICALES. *El Sol*, 15-08-1921. «Los nuevos compositores: Alexander Jemnitz y sus obras». Comentario sobre obras de este compositor, según la crítica realizada por Eugen Segtizn.

222. CRÓNICAS MUSICALES. *El Sol*, 20-08-1921. «Don Rafael Mitjana y su obra crítica e histórica». Valoración crítica de obra musicológica. (necrológica).

223. CRÓNICAS MUSICALES. *El Sol*, 28-08-1921. «Un joven músico italiano: Francesco Santoliquido». Comentario sobre algunas de sus obras compuestas.

224. LA VIDA MUSICAL. *El Sol*, 04-09-1921. «Algunas nuevas obras españolas» «Un curso de historia de la música para piano». Comentario sobre obras de Antonio Marques (compositor) editadas por A. de Alberdi. Curso de historia de la música para piano impartido por Gerardo Diego.

225. CRÓNICAS MUSICALES. *El Sol*, 15-09-1921. «Hombres y nombres. Un nuevo músico francés. Georges Migot». Divulgación de los nombres de músicos españoles (Intento de la Sociedad Nacional). Reseña de la figura de G. Migot, compositor.

226. LA VIDA MUSICAL. *El Sol*, 20-09-1921. «Algunas noticias sobre la próxima temporada». (s. f.). En la ópera cómica de París. En la Scala. En Madrid (novedades y programación en todas ellas).

227. FIGURAS DE LA MÚSICA NUEVA. *El Sol*, 27-09-1921. »Jean Bartholoni, Fred Barlow. Paul de Malingreau». Edición de obras de los tres compositores fuera de España.

228. CRÓNICAS MUSICALES. *El Sol*, 06-10-1921. »Los seis de París». Comentario sobre Durey, Auric, Milhaud, Poulenc, Germaine Tailleterre.

229. LA VIDA MUSICAL. *El Sol*, 22-10-1921. «Comienza la temporada». «Schoenberg en la Orquesta filarmónica» ¿La torre del oro. «Boycotage»?». Concierto celebrado el día 21, Orquesta Filarmónica, Schoenberg: *Verklaerte nach*. Jiménez: *La torre del oro*.

230. CRÓNICAS MUSICALES, *El Sol*, 25-10-1921. «Manuel de Falla en Granada. « El retablo de Maese Pedro». Otras obras nuevas de Falla.» Reseña de la obra. Estreno en Londres y Estados Unidos de *Fantasía* por A. Rubistein.

231. LA VIDA MUSICAL. *El Sol*, 01-11-1921. «De la cuarta de Glazunov a la cuarta de Bruckner. Otra obras». Concierto celebrado 28-10. Pérez Casas, orquesta Filarmónica. Bruckner: *Cuarta sinfonía*, Glazunov: *Cuarta Sinfonía*. Lully: *Suite*, Villar: *Las hilanderas*. Repetición de ambas sinfonías con Lassalle y su orquesta dos días después.

232. TEATRO REAL. *El Sol*, 05-11-1921. Se comenta el acto desarrollado en el teatro real por la empresa para dar a conocer a prensa y críticos el próximo programa.

233. LA VIDA MUSICAL. *El Sol*, 08-11-1921. »Oscar Esplá- «La Celestina», de Pedrell- Rossini. Otras obras». Esplá: *El sueño de Eros*. Rossini: *Overtura de Guillermo Tell*. Último concierto orquesta Lassalle, dos obras nuevas españolas, Villar: *Tres danzas*. Julio Gómez: *Balada*.

234. ANOCHE CON PARSIFAL. EN EL TEATRO REAL SE INAUGURA LA TEMPORADA. *El Sol*, 20-11-1921. Wagner: *Parsifal*. Cantantes: Kirchhoff, Willbrunn, Kundry, Braun, Weil, Eck, Cap, Willer, Volker, Hirn, Laguilh, Verdaguer, Ferré. Blech (director).

235. LA VIDA MUSICAL. *El Sol*, 22-11-1921. «Resumen de una quincena» Orquestas y solistas. Brailowsky, etc.». Comentario sobre intérpretes y obras de la quincena pasada. Primera aparición de conciertos de Brailowsky, Chopin: *Sonata op. 35*; Liszt: *Réve d´Amour*; Rachmaninoff: *Estudios*.

236. TEATRO REAL. *El Sol*, 23-11-1921. «El oro del Rin» Interpretación de la ópera de Wagner el día anterior. Cantantes: Braun, Latterman, Eck, Volker, Dahmenn, Kirchhoff.

237. LA VIDA MUSICAL. *El Sol*, 27-11-1921. «Los coros ucranianos. Wanda Landowska. Obras nuevas y pleitos viejos». Conciertos realizados en España, obras de Koschitz, Lyssenko. W. Landowka, conferencia en el Instituto francés, concierto en la Sociedad Nacional, Couperin, Mozart, Chopin. Estreno de *Cuadros Castellanos* de Federico Moreno Torroba por la Orquesta Filarmónica. Conflicto sobre los derechos de autor.

238. TEATRO REAL. *El Sol*, 02-12-1921. «Sigfredo». Willbrunn, Weil, Blech.

239. «GUILLERMO TELL» EN EL TEATRO REAL. *El Sol*, 04-12-1921. representación del día anterior en el Teatro Real. Cigada, Corbetta, Careña, Núñez, Galán, Ferré, Lanskoy, Laguilhoat, Verdager, Foruria, Tanci. Valle, (director).

240. TEATRO REAL. *El Sol,* 11-12-1921. «El Ocaso de los Dioses». Wagner

241. LA VIDA MUSICAL. *El Sol,* 13-12-1921. «Resumen de una quincena. Pianistas y orquestas. Las canciones del hogar», del maestro Serrano.» Recitales de Brailowsky, Mile, Marie Antoniette Aussenac, Fernando Ember. Estrenos: Emilio Serrano: *Canciones del hogar*; Garcia de la Parra: *Tríptico gallego;* Gregorio Bandot: *Dolorosa Sinfonía.* Se menciona la Sociedad de Fomento Musical. Apertura de la casa editorial Orfeo S. A. en Madrid. Conferencia de J. Jean-Aubry.

242. AIDA EN EL TEATRO REAL. *El Sol,* 14-12-1921.

243. TEATRO REAL. «Los maestros cantores de Nurenberg». *El Sol,* 18-12-1921. Dahmenn, Willer, Schipper, Kirchhoff, Bechstein, Lattermann, Eck, Bandler, Rodrigo, Anglada. Muck, (director).

244. LA VIDA MUSICAL. *El Sol,* 20-12-1921. «Orquestas, pianistas y sinfonías». Orquesta Lassalle, director Lassalle. Mahler: *Sinfonía en re menor.* Orquesta Filarmónica: obras de Chapí, Jiménez, Vega. Recitales de Cortot en la Sociedad Filarmónica. Chopín, Debussy, Schumann, Vivaldi.

245. CRÓNICAS MUSICALES. *El Sol,* 21-12-1921. «Camilo Saint-Saëns. Su época y sus significación». Necrológica. Repaso a su obra.

246. LA VIDA MUSICAL. *El Sol,* 28-12-1921. «Un españolista consecuente. G. Jean- Aubry y sus conferencias. Varios conciertos.» Conferencias dictadas en el Instituto francés, con reseña de los conciertos que las acompañaron, Mme Alvar. Carmen Rangel, conciertos de Mozart, Wagner: *Las hilanderas*, Chopin: *Valses* y *Scherzos.* Maria Gironella interpretación en el Ateneo de canciones de Granados, Villar, Borrás de Palau.

1922

247. TEATRO REAL. *El Sol*, 04-01-1922. «AIDA». Presentación de Ofelia Nieto, Hipólito Lázaro y B. Franci. Representación en el real del día anterior. Nieto, Lázaro, Franci, Merando, Fernández. Del Valle, (director).

248. TEATRO REAL. *El Sol*, 09-01-1922. «TOSCA». Barítono: Sr. Franci

249. LA VIDA MUSICAL. *El Sol*, 15-01-1922. «Orquesta Filarmónica. «La valse» de Ravel. Debussy. Falla». Segunda serie de conciertos de la Filarmónica, Pérez Casas. Schuber: *Rosamunda*, Ravel: *La valse*, Falla: *Tricornio*

250. CRÓNICAS MUSICALES. *El Sol*, 19-01-1922. «El estudio y la conservación de nuestra música popular». Comentario sobre la ausencia de estudios serios sobre folklore.

251. LA VIDA MUSICAL. *El Sol*, 22-01-1922. »Bartók y los jóvenes húngaros». F. Santoliquido. Carmen Álvarez». Concierto celebrado el día anterior. Orquesta Filarmónica de Pérez Casas. Bartók: *Dos retratos*; Santoliquido: *Perfume de los oasis del Sahara*; Carmen Álvarez, pianista. También obras de Beethoven, Chopin, Albéniz, Scarlatti.

252. TEATRO REAL. *El Sol*, 25-01-1922. «Rigoletto». Representación del día anterior. Sari, Franci, Laghilhoat, Foruria. Saco del Valle (director).

253. TEATRO REAL. *El Sol*, 27-01-1922. «La Favorita». Franci, Lázaro, Ricardo Villa (director).

254. LA VIDA MUSICAL. *El Sol*, 28-01-1922. «Nikisch. Strauss. Obras españolas. Las orquestas». Necrológica sobre Nikisch, director de orquesta. Concierto del día anterior. Price. Orquesta Filarmónica de Pérez Casas. Strauss y Hoffmannsthal. Orquesta Lassalle. J. Larregla: *Tarantela*; J. L. Lloret: *Rapsodia Asturiana*; J. Jiménez: *Preludio sinfónico*.

255. TEATRO REAL. *El Sol*, 03-02-1922. «TOSCA». Deber de Lauri Volpi.

256. LA VIDA MUSICAL. *El Sol*, 05-02-1922. «Historias y propagandas. Las orquestas. Obras nuevas». Comentario sobre la difusión de la música española en Alemania. Orquesta Lassalle, (colocación de la orquesta según partitura). Mozart: *Divertimento*; Bruckner: *Sinfonía romántica*; Rafael Franco: *Capricho Romántico*; Blanco Recio; *Miniaturas*. Orquesta Filarmónica de Pérez Casas, segunda audición de Ravel: *La valse*; Francisco Balaguer: *El poble esta en festa*. Conciertos Danuiel Sauer, Enesco y Ciampi.

257. TEATRO REAL. *El Sol*, 05-02-1922. «CARMEN» por el tenor Kirchof.

258. TEATRO REAL. *El Sol*, 07-02-1922. «Otro RIGOLETTO». Dr. Saco del Valle.

259. TEATRO REAL. *El Sol*, 10-02-1922. «Otra FAVORITA». Sr. Molinari.

260. LA VIDA MUSICAL. *El Sol*, 10-02-1922. «Pianistas, violinistas, cantantes y orquestas». Conciertos Daniel: Sauer, Ciampi (pianista) Beethoven, Chopin, Liszt, Franck, Enesco (violinista), Corelli: *Folia*, Loure: *Preludio*, Bach: *Gavota*. Landa Landowska, Pura Lago Franck, Brahms, Ravel, Debussy, Chabrier, Paganini: *Caprichos*, Mane: *Entrada rústica*; Mussorgsky: *Gopak*. Conciertos Lassalle. Dolores Palatin, Marino Villalaín Bach: *Concierto para dos violines*.

261. TEATRO REAL. *El Sol*, 12-02-1922.»Los Puritanos». Maria Barrientos, L. Volpi, Massini, Pieralli.

262. LA VIDA MUSICAL. *El Sol*, 12-02-1922. «Una nueva obra de Conrado del Campo. José Iturbi. Artistas valencianos». Estreno el día 10 de febrero. Orquesta Filarmónica. Pérez Casas, Conrado del Campo: *Kasida*; Bretón: *Poema*; Iturbe (pianista) Price. Beethoven: *Concierto en do menor;*. Franck: *Variaciones sinfónicas*; Liszt: *Fantasía húngara*. Leopoldo Querol: Debussy: *Preludios*. Chopin.

263. CRÓNICAS MUSICALES. *El Sol*, 16-02-1922. «Un concurso de música popular andaluza. Procedimientos para su estudio. Su importancia.» Fiesta concurso próxima a celebrar en Granada, Manuel de Falla.

264. LA VIDA MUSICAL. *El Sol*, 22-02-1922. «G. F. Malipiero y su «Oriente imaginario». El piano: J. Iturbi. E. Reuchsel». Orquesta Filarmónica de Pérez Casas: Malipiero: *Oriente imaginario*. Mozart y Liszt con Iturbi. Rugene Reuchel (pianista) en el Instituto francés.

265. TEATRO REAL. *El Sol*, 26-02-1922. «Thais». Massenet: *Thais*. G. Vix, Piaeralli, Ferré, Verdaguer.

266. CRÓNICAS MUSICALES. *El Sol*, 02-03-1922. «Un concurso de música andaluza. Procedimientos para su estudio. Su importancia». Texto: investigación. Música: investigación y técnica instrumental. Danzas. Trajes y adornos.

267. TEATRO REAL. *El Sol*, 02-03-1922. «MASCARADA», de López Roberts.

268. TEATRO REAL. *El Sol*, 0603-1922. «EL BARBERO DE SEVILLA». María Barrientos

269. TEATRO REAL. *El Sol*, 08-03-1922. «El tenor aragonés obtiene un éxito decisivo». Actuación de Miguel Fleta

270. LA VIDA MUSICAL. *El Sol*, 09-03-1922. «De la «Siesta de un Fauno a «El Mar». Las Orquestas. Sociedad Nacional». Repaso por la producción de Debussy.

271. TEATRO REAL. *El Sol*, 12-03-1922. «Tosca» por Ofelia Nieto y Fleta.» Representación del día anterior. Nieto, Fleta, Verdaguer, Franci, Languilhoat. Saco del Valle (director).

272. LA VIDA MUSICAL. *El Sol*, 14-03-1922. «Del clasicismo al simbolismo. «Las Fuentes de Roma» de Respighi. J. Turina. Orquesta Sinfónica»

273. TEATRO REAL. *El Sol*, 16-03-1922. »ORFEO», con G. Besanzoni y O. Nieto-

274. LA VIDA MUSICAL. *El Sol*, 18-03-1922. «Mussorgski, Rimski y Stravinsky en la Sinfónica. J. Zamacois». Últimos programas de Modesto Mussorgsky: *Una noche en el monte pelado*. Stravinsky, Rimsky-Korsakoff: *Sadko*. Estreno del maestro Arbós con la Sinfónica de una obra de Zamacois: *Los ojos verdes*.

275. LA VIDA MUSICAL. *El Sol*, 22-03-1922. «Algo sobre el «sinfonismo» (I). Orquesta Sinfónica. Obras Nuevas». Mussorgski: *Khovanstchina, Marcha turca*. ; Schumann: *Sinfonía en re*; Chabrier: *Gwendolina*; Aroca: *Arrabales castellanos* (estrenados en la Sociedad Nacional).

276. LA VIDA MUSICAL. *El Sol*, 29-03-1922. «El «intimismo» húngaro. Dos jóvenes alemanes. F. Ember». Concierto de Fernando Ember en la Sociedad Nacional. Bartók, Kodaly, Rodolfo Halffter, Ernesto Halffter (*Tres pequeñas piezas líricas*), Chopin, Liszt, Schumann, Grieg, Beethoven.

277. LA VIDA MUSICAL. *El Sol*, 30-03-1922. «Algo sobre el sinfonismo (II). Una sinfonía de V. Arregui» Orquesta sinfónica. Otros conciertos». Comentario sobre la evolución de la sinfonía. Orquesta Sinfónica, estreno el día anterior. Arregui: *Sinfonía en do Mayor*. Circulo de Bellas Artes, recital de Arnal y Gironella, canciones de Liszt, Chopin, Albéniz, Borrás de Palau y Rogelio Villar.

278. LA VIDA MUSICAL. *El Sol*, 02. 04. 1922. «Algo sobre «sinfonismo» (III). Glazunov y Borodin en el cuarteto Rosé». Sociedad Filarmónica, Cuarteto Rosé, Borodin: *Dos cuartetos*; Glazunov: *Noveletas*.

279. LA VIDA MUSICAL. *El Sol*, 05-04-1922. «La guitarra moderna y Andrés Segovia». «Una obra de D´Indy. La Sociedad Coral.» «Orquesta Sinfónica». Andrés Segovia, Teatro de la Comedia, J. M. Franco: *Romanza;* Moreno Torroba: *Danza Castellana*; Falla: *Homenaje a Debussy*. Reseña sobre la obra D'Indy: *Leyenda de San Cristóbal*. Sociedad Coral, estreno de obra *Balada*, del Sr. Frances y letra del Sr. Canalejas (hijo). Mussorgsky: *Una noche en el monte pelado*.

280. LA VIDA MUSICAL. *El Sol*, 11-04-1922. «Algo sobre sinfonismo (IV). El fin de una vieja polémica. Orquesta Sinfónica». Evolución del concepto de sinfonismo. Concierto último de abono celebrado el día anterior por la Sinfónica, Scriabin: *Prometeo*. Bach, Beethoven: *Egmont* (Herminia Peñaranda), Wagner: *Lieder* (Dahmen).

281. LA VIDA MUSICAL. *El Sol*, 12-04-1922. «Arturo Rubinstein. Una buena Jornada para la música moderna». Obras de Prokofief, Debussy y Scriabin (*Visión fugitiva, Sugestión diabólica, Marcha*).

282. LA VIDA MUSICAL. *El Sol*, 20-04-1922. »El «Prometeo» de Scriabin en la Sinfónica. Una conferencia de Arbós. C. Alvarez». Estreno de *Prometeo*.

283. LA VIDA MUSICAL. *El Sol*, 23-04-1922. «La asociación de instrumentos de viento de París. Thibaud-Teran. Otros conciertos». Asociación de Cultura musical. Concierto: Asociación de Instrumentos de viento de París, Beethoven: *Quinteto*; Magnard: *Quinteto*; Rimsky-Korsakoff: *Rondó*. Otro concierto en la Asociación de Cultura Musical, Thibaud: Beeethoven: *Sonata a Kreutzer;* Franck: *Sonata*; Bach: *Chacona*; Grieg: *Sonata en do menor;* Brahms: *Sonata la Mayor*. Carmen Álvarez, concierto repitiendo programa anterior.

284. LA VIDA MUSICAL. *El Sol*, 25-04-1922. «Varios conciertos». Concierto de la Sinfónica con fines benéficos. Briones: *Saudades*; *Lieder* de Schumann, Strauss, Haendel: *Largo de Xerjes*, cantado por Lloret. Guillermo Cases: concierto con obras de Abéniz, Debussy, Scriabin.

285. LA VIDA MUSICAL. *El Sol*, 27-04-1922. «Algo sobre el «Sinfonismo» (V). El Nacimiento del «Poema Sinfónico». Rubinstein y Kochanski.

286. LA VIDA MUSICAL. *El Sol*, 30-04-1922. «Algo sobre el «Sinfonismo» (final). Las pequeñas especies sinfónicas. El momento actual. Calidad y categoría». Evolución de la sinfonía, Beeethoven, Brahms, Mendelssohn, Liszt, Glazunov, Mahler.

287. LA VIDA MUSICAL. *El Sol,* 03-05-1922. «Nuestros artistas en el extranjero. Varios conciertos». El director Henry Wood estrena en Londres: Turina: *Danzas Fantásticas*. Concierto orquesta Erotrian-Steinweig, dirigida por Pablo Sorozabal, estreno de varias de sus obras: *Don Juan de Austria, Capricho español*. Concierto de Rubinstein

(Chopin), Cases (Granados, Liszt), Pilar Torregrosa en el Círculo de Bellas Artes (Chopin, Rachmaninov). Estrenos en el Liceo de América de obras del compositor peruano Alfonso de Silva. Nuevo Trío Hispano, con obras de Haydn, Mendelssohn, Beethoven. Finalización del curso por parte de la Sociedad Filarmónica, último concierto en el que intervienen Orquesta Filarmónica, Maria Tagliaferro y Risler

288. LA VIDA MUSICAL. *El Sol*, 07-06-1922. «Una obra póstuma de Mitjana. Algunos libros nuevos. Varios conciertos». Comentario sobre los trabajos que Mitjana dejó a punto para publicar antes de morir. Publicación de libro de retratos de compositores actuales. Autor André Coeuroy. Publicación de André Himonet de un estudio sobre «Luise» de Charpentier. Conciertos de los solistas de la Capilla Sixtina y Andrés Segovia.

289. LA VIDA MUSICAL. *El Sol*, 22-7-1922. «Mozart en Munich». Crónica fechada en Munich, Junio 1922. Crónica sobre representaciones en Munich de *El rapto en el Serrallo*, *La flauta mágica* y *Cosí fan tutte*, dirigidas por Heger y Bruno Walter. Escenografia de Lotar Weber.

290. CRÓNICAS DE VIAJE. *El Sol*, 09-08-1922. «Mozartito. I»Artículo fechado en Salzburgo. Comentario sobre la ciudad de Mozart.

291. CRÓNICAS DE VIAJE. *El Sol*, 10-08-1922. «Mozartito. II» Crónica sobre la vida de Mozart en su ciudad.

292. CRÓNICAS DE VIAJE. *El Sol*, 16-08-1922. «La joven música vienesa». Crónica fechada desde Viena. Grupos diferentes entre los músicos en Viena, 1922. Conservadores. Progresistas como Schoenberg, y discípulos de Schoenberg. Salazar habla de tres generaciones de músicos vieneses.

293. MUERTE DEL MAESTRO PEDRELL. *El Sol*, 20-08-1922.

294. CRÓNICAS DE VIAJE. *El Sol*, 27-08-1922. «La novia vendida». Crónica fechada desde Dresde. Comentario sobre la ópera de Smetana: «*Prodaná nevesta*» en el Teatro de la Ópera de Praga.

295. CRÓNICAS DE VIAJE. *El Sol*, 29-08-1922. Berlín: «Los teatros». (I). Crónica fechada en Berlín. Descripción de los teatros de Berlín.

296. CRÓNICAS MUSICALES. *El Sol*, 30-08-1922. Berlín: los teatros. (II). Crónica fechada en Berlín. Descripción de los teatros de Berlín.

297. CRÓNICAS DE VIAJE. *El Sol*, 31-08-1922. ««Der Rosenkavalier» en la Ópera.» Crónica fechada en Berlín. Representación en la Opernhaus de Berlín de la ópera de Strauss: *Der Rosenkavalier*.

298. CRÓNICAS DE VIAJE. *El Sol*, 02-09-1922. «Españolismo pintoresco» Sevilla como ubicación histórica de diversas óperas (*Fidelio, Don Juan, Las Bodas de Fígaro*) en la Ópera de Berlín.

299. CRÓNICAS DE VIAJE. *El Sol*, 06-09-1922. «Óperas románticas». Crónica fechada en Berlín. Comentario sobre la representación en diferentes teatros de Berlin de óperas de autores románticos: Schubert, Mendelssohn, Weber.

300. CRÓNICAS DE VIAJE. *El Sol*, 07-09-1922. «Artes y Letras» Crónica fechada en Berlín. Comentario sobre los museos, y monumentos de Berlín.

301. CRÓNICAS DE VIAJE. *El Sol*, 10-09-1922. «»Palestrina», de Hans Pfitzner. Crónica fechada en Berlín. Estreno en Berlín de la ópera de Pfitzner: *Palestrina*.

302. CRÓNICAS DE VIAJE. *El Sol*, 15-09-1922. «La iglesia de Bach y la sala de Mendelssohn». Crónica fechada en Leipzig. Descripción de su visita a ambos lugares.

303. CRÓNICAS DE VIAJE. *El Sol*, 28-09-1922. «Monumentalismo». Desde Leipzig

304. CRÓNICAS DE VIAJE. *El Sol*, 04-10-1922. «La pareja inmortal». Crónica fechada en Weimar. Weimar, cuna de Schiller y Goethe.

305. CRÓNICAS DE VIAJE. *El Sol*, 05-10-1922. «Poesía y realidad». Crónica fechada en Weimar. Continúa su comentario sobre la ciudad y artistas relacionados con ella.

306. CRÓNICAS DE VIAJE. *El Sol*, 07-10-1922. «De Bach a Wagner». Crónica fechada en Eisenach. Cuna de Bach, residencia temporal de Wagner.

307. LA VIDA MUSICAL. *El Sol*, 15-10-1922. «Comienzo de la temporada. Homenaje a Gabriel Fauré. La biblioteca musical del Ayuntamiento» Avance de los primeros conciertos, reseña sobre el nº de la Revue Musicale dedicado a Fauré. Publicación del catálogo de la biblioteca musical del ayuntamiento de Madrid.

308. CRÓNICAS DE VIAJE. *El Sol*, 18-10-1922. «La Wartburg». Crónica fechada desde Eisenach. Visita al castillo de Wartburg.

309. CRÓNICAS DE VIAJE. *El Sol*, 21-10-1922. «El viaje por el Rin» Crónica fechada en Bonn. Comentario sobre su viaje por el Rin.

310. LA VIDA MUSICAL. *El Sol*, 24-10-1922. (s. f.). «Los conciertos de Bellas artes. «La música internacional en los festivales de Salzburgo». Programación de conciertos a desarrollar por la Orquesta Filarmónica. Comentario final sobre los conciertos del festival de Salzburgo.

311. CRÓNICAS DE VIAJE. *El Sol*, 29-10-1922. «Beethovenhaus». Colonia». Mascarilla que el escultor Danhauser sacó del cadáver de Beethoven.

312. LA VIDA MUSICAL. *El Sol*, 31-10-1922. «Alejandro Alexandrowitch. Orquesta Sinfónica». Recitales de canciones rusas por Alexandrowitch. Louis Aula: *Cuadros poéticos*; Schumann: *Sinfonía*.

313. LA VIDA MUSICAL. *El Sol*, 06-11-1922. «Orquesta Filarmónica. La Serva Padrona». Comienzo de la temporada de conciertos de a Orquesta Filarmónica. Pérez Casas, Ravel: *La valse*. Glazunov: *Sinfonía en mi b*. Dvorak: *Danzas eslavas*. Mozart. *Casación*. Pergolesse. *La Serva Padrona* estreno en españa en la Asociación de Cultura Musical, Ángeles Ottein, Crabbé, Carlos del Pozo.

314. CRÓNICAS MUSICALES. *El Sol*, 13-11-1922. Las Orquestas. «La Peri» y el «Preludio a la Siesta de un Fauno». Dukas: *La Peri* en la Sinfónica y Debussy: *Preludio* en la Filarmónica.

315. LA VIDA MUSICAL, *El Sol*, 21-11-1922. «Las orquestas. «Le Tombeau de Couperin» de Ravel». Orquesta Sinfónica. Arbós. Mozart, Schubert. Vicente Arregui: *Historia de una madre;* Moreno Torroba: *Cuadros;* Brahms: *Tercera Sinfonía*. Orquesta Filarmónica, Pérez Casas. Beethoven: *Segunda Sinfonía,* Ravel: *Le Tombeau de Couperin, La Valse.*

316. LA VIDA MUSICAL. *El Sol,* 23-11-1922. «»Rondas de Primavera» de Claudio Debussy. Orquesta sinfónica». Concierto celebrado el día anterior, Orquesta Sinfónica de Arbós. Debussy: *Rondas de Primavera* (tercer número de la serie de *Imágenes*, primera audición), *Dafnis y Chloé* (fragmentos).

317. LA VIDA MUSICAL. *El Sol,* 24-11-1922. «El cuarteto de Londres». Obras de Waldo Warner (*Fairy Suite*); Schoenberg: Sexteto *Verklärte Nacht,* reforzado con los españoles Escobar y Castellanos; Schubert: *Cuarteto en la menor.*

318. LA VIDA MUSICAL. *El Sol,* 25-11-1922. «Orquesta Filarmónica. Parody y Menarguez». Concierto celebrado el día anterior, Parody (pianista) Beethoven: *Concierto en sol Mayor.* Menarguez (arpista): Pierné: *Koncertstück.* Orquesta Filarmónica de Pérez Casas. Liszt: *Preludio;* Granados: *Goyescas* (intermedio); Borodin: *En las estepas del Asia central;* Wagner: *Cabalgata de las Walkyrias.*

319. LA VIDA MUSICAL. *El Sol,* 30-11-1922. «Franckismos y d´índismo. El «Día de verano en al montaña». «El sueño de Eros», de Oscar Esplá». Orquesta Sinfónica. Arbós. D´Indy: *«Día de verano en la montaña»* (estreno); Ravel: *Pavana*; Esplá: *El sueño de Eros.* Corelli.

320. LA VIDA MUSICAL. *El Sol,* 02-12-1922. «H. Allende y la música chilena. El Quinteto Hispania. Orquesta Filarmónica». Conferencia dictada por Humberto Allende sobre la música en Chile en los locales de la Unión Iberoamericana. Audición de algunas obras por Quinteto Hispania. Orquesta Filarmónica, concierto celebrado el día anterior: Schoenberg: *Verklärte Nacht;*, Borodin: *Cuarteto en re m*enor (arreglo de Rimsky Korsakof); Villar: *Égloga*; Dukas: *Aprendiz de Brujo*; Bordin: *El príncipe Igor.*

321. LA VIDA MUSICAL. *El Sol,* 05-12-1922. «De la A a la Z o clasicismo y modernismo. Wanda Landowska. Eduard Erdmann». Elogios a la figura de W. Landowska. E. Erdmann, pianista alemán, concierto reciente en Madrid, con obras de Satie: *Faire fuir de les imbeciles*; Krenek: *Pequeña suite*; Tiessen. Alkan: *Festín de Esopo.*

322. LA VIDA MUSICAL. *El Sol,* 06-12-1922. «La guitarra. Segovia y Sainz de la Maza». Segovia, autores clásicos y virtuosismo guitarrístico. Falla: *Homenaje a Debussy.* Sainz de la Maza interpreta a Milán, Narváez, Mudarra, Roberto de Visco. Sainz de la Maza: *Boceto andaluz*; Pahissa: *Fusa.* Moreno Torroba.

323. LA VIDA MUSICAL. *El Sol,* 08-12-1922. «Inauguración de la temporada en el teatro Real. H. Allende en al Orquesta Sinfónica. Wagner «Los maestros cantores» Erl, Weil, Kirchhoff, Crabbé, Dahmenn, Faber-Strasser. Franz de Hoesslin (director).

324. LA VIDA MUSICAL. *El Sol,* 14-12-1922. «Un «Carnaval» de Saint-Saëns. Orquesta Sinfónica. Ed. Erdmann». Concierto en el Hotel Ritz del pianista Ed. Erdmann organizado por la Asociación de Cultura Musical.

325. CRÓNICAS MUSICALES. *El Sol,* 17-12-1922. «Vera Janacopulos y los conciertos de canciones». *Kunst–lied,* el lied de concierto. Vera Janacopulos conciertos en la Sociedad Filarmónica con autores del siglo XVIII y canciones de Weckerlin, Tiersot, Schubert, Schumann: *Dichterliebe.* Prokofiev: *Vocalizaciones,* Mussorgsky, Falla, Debussy. Sr. Braha Medinha.

326. LA VIDA MUSICAL. *El Sol,* 20-12-1922. »Un concierto popular. Rosenthal. Otros conciertos». Asociación de Cultura Musical. Concierto popular gratuito. Teatro Español: Erna von Hoesalin y Dagmara Renina. Quinteto Hispania. Schumann: *Quinteto*; Villar: *Suite leonesa*; José Luis Lloret: *Escenas Españolas*; Mortis Rosenthal (pianista) en la Asociación de Cultura musical, día 18. Rosenthal: *Papillons.* Haendel, Martín, Scarlatti. Beethoven: *Claro de luna.* Chopin. Scriabin, Liszt: *Rapsodia nº*

2. Rameau: *Tamborin*. Concierto el día 18 en el Hotel Ritz con Cuarteto Español: Arriaga: *Cuarteto en re menor;* Chapí: *Cuarteto en sol;* Canale (pianista mejicana), obras de Albéniz y Esplá, Silva, Sánchez Gavito. Concierto en el Teatro Alfonso, Casadó Cubiles Beethoven: *Segunda sonata, Variaciones sobre un tema de La flauta mágica.* Schumann: *Cinco piezas en estilo popular;* Francisco Pujol: *Una maravillosa rondalla;* Clemente Lozano: *Allegro con fantasía.* Granados: *Goyescas* (intermezzo). Cubiles: *Rapsodia Catalana.*

327. TEATRO REAL. *El Sol,* 22-12-1922. «Tristán e Iseo». Kirchhoff, Emy Kruger, Erl, Khun, Weil, Farber Strasser, Laguilhoat, Verdaguer, Ferré. Hoesslin (director).

328. LA VIDA MUSICAL. *El Sol,* 23-12-1922. »Orquesta Filarmónica. Otros conciertos». La pianista aragonesa Pilar Arnal interpreta el *Concierto en re menor* de Mendelsshon. O. Esplá: *Poema de niños.*

329. LA VIDA MUSICAL. *El Sol,* 24-12-1922. «Los conciertos sinfónicos y su problemas. Los directores sustitutos». Orquesta Filarmónica, dirigida por Saco del Valle (director sustituto). Pilar Arnal (pianista): concierto en el Price, Mendelssohn: *Concierto en re menor;* Debussy: *Preludio, Zarabanda y Tocata.* Chopín. Albéniz.

330. LA VIDA MUSICAL. *El Sol,* 26-12-1922. «Los conciertos sinfónicos y sus problemas. La dirección artística». Comentario sobre los «segundos directores».

331. LA VIDA MUSICAL. *El Sol,* 28-12-1922. «Una compositora: Carmen Barradas. D. Fortea». Concierto en el Ateneo. Obras de Barrada: *Fundición, Fabricación, Zíngaros, El látigo.* Daniel Fortea (guitarrista), último concierto Fortea: *Madrigal, Estudio, Romanza.* Tárrega. Falla: *El amor brujo* (fragmentos).

332. LA VIDA MUSICAL. *El Sol,* 30-12-1923. «José Porta. Orquesta Filarmónica». Saco del Valle sustituye a P. Casas. Esplá: *Escena de niños.*

1923

333. LA VIDA MUSICAL. *El Sol,* 09-01-1923. «Opera y bailes rusos. Perspectivas interesantes. Dos artistas de la danza. Clotilde y Alejandro Sakharof». Anuncio en el teatro Real de la obra de Mussorgsky: *Boris Gudonov.* Anuncio de la actuación de los bailarines rusos.

334. LA VIDA MUSICAL. *El Sol,* 11-09-1923. «Las danzas de Clotilde y Alejandro Sakharof». Debut en el Teatro de la Comedia. Frascobaldi. Medieval (título otorgado por Sakharof). Bach: *Aria, Gavota.* Couperin: *Pavana.* Debussy: *Danzarines de Delfos, Canción negra.* Kreisler: *Chinoiserie.*

335. TEATRO REAL. *El Sol,* 12-01-1923. «La Africana». Meyerber: La Africana. Representación el día anterior. Lázaro, Nieto.

336. LA VIDA MUSICAL. *El Sol,* 13-01-1923. «Orquesta Filarmónica. Contrariedades y remedios». Saco del Valle sustituye a Pérez Casas. «Segundos directores». Debussy: *Nocturno nº 2.*

337. EL ESTRENO DE «BORIS GUDONOF» EN EL TEATRO REAL. *El Sol,* 14-12- 1923. (s. f.).

338. LA VIDA MUSICAL. *El Sol,* 18-01-1923. «Emmy Kruger. A. Borovsky. D. Renina. Otros conciertos». Kruger (cantante), canciones de Schubert, Schumann, Brahms. Tchaikovsky. Chopin. Asociación de Cultura Musical, concierto celebrado el día 13 en Madrid, de Borovsky (pianista) Scriabin, Prokofiev, Liszt: *Mefisto Polka.* Orquesta Sinfónica, Debussy: *Preludio a la siesta de un fauno.* Conferencia dictada por José Mantecón sobre Boris Gudonov. Renina, concierto celebrado en el Ateneo el día 16, canciones de Rachmaninof, Borodin Mussorgsky, Medtner. Krassin. Kudrin. Wasilenko.

339. LA VIDA MUSICAL. *El Sol,* 20-01-1923. «El Trío Hispania. Orquesta Filarmónica». Sociedad Filarmónica, Trio Hispania. Brahms. César Franck. Ravel. Schumann. Magnard. Orquesta Filarmónica, (anunciado, pero detenido en la frontera el

cantante ruso Kubitzky), Saco del Valle, Beethoven: *Sinfonía en do menor*. Schubert: *Sinfonía incompleta*. Strauss: *Muerte y transfiguración*. Bretón: *La Dolores*. Saco del Valle (director).

340. LA VIDA MUSICAL. *El Sol*, 24-01-1923. «Quinteto Hispania». Pura Lago y W. Kirchhof. Otros conciertos». Asociación de Cultura Musical, Quinteto Hispania. Allende. Aguirre. Esplá: *Sonata para violín y piano*. Turina: *Quinteto*. Pura Lago- Kirchhof, concierto canto y piano en el Ritz. Schumann. Brahms. Wolf. Reger. Debussy: *Preludio, Zarabanda y Tocatta* (piano solo). Noelia Cousin, concierto de violín en el Instituto Francés, Porpora, Paganini. Sarasate.

341. LA VIDA MUSICAL. *El Sol*, 25-01-1923. «Pilar Bayona y Ernesto Halffter. Sociedad Filarmónica» Sociedad Filarmónica. Pilar Bayona Chopin. Beethoven. Debussy: *Las colinas de Anacapri. Estudio para los ocho dedos*. Ravel: *La alborada del gracioso*. Ernesto Halfftr: *Lullaby*.

342. TEATRO REAL. *El Sol*, 26-01-1923. «»La Dolores» del maestro Breton». Nieto, Lázaro, Franci, Izal, redondo del Castillo, Galan.

343. LA VIDA MUSICAL. *El Sol*, 27-01-1923. «Nicolás Tcherepnin. La Suite de Pérez Casas. Mancinelli. Orquesta Filarmónica». Orquesta Filamónica, Saco del Valle (director), concierto celebrado el día 26, Manicelli: *Escenas Venecianas*. Pérez Casas: *Suite murciana*. Tcherepnin: *Preludio a la princesa lejana de Edmundo de Rostand*.

344. LA VIDA MUSICAL. *El Sol*, 31-01-1923. «El cuarteto Wendling. Orquesta Sinfónica. Asociación de Cultura Musical, Cuarteto Wendling y Alfred Hochn». Schumann: *Quintetos*. Dvorak: *Quinteto en la*. Brahms: *Quinteto en fa menor*. Beethoven: *Quinteto de la arpas*. Debussy: *Quinteto*. Orquesta Sinfónica, Strauss: *Don Juan*. Tchaikovsky: *Sinfonía Patética*

345. LA VIDA MUSICAL. *El Sol*, 01-02-1923. «Una obra ultramoderna: «Circo» por Juan José Mantecón». Publicación de Circo de Mantecón en la Editorial de Música Española».

346. LA VIDA MUSICAL. *El Sol*, 05-02-1923. «El maestro Arbós y nuestro nacionalismo musical en el extranjero. Orquesta Filarmónica. V. Pizarro». Conciertos dirigidos por Rabos en varias ciudades extranjeras con autores españoles en sus programas. Albéniz. Turina: *Procesión del Rocio*. Esplá. Granados: *Intermedio de Goyescas*. Falla: *Amor Brujo*, *Nocturnos*. Representación en París de *Lalo: le Roi d´Ys*: *Sinfonía española*. Último concierto de la orquesta Filarmónica, Saco del Valle Rimsky-Korsakov: *Suite* (estreno). Ateneo, concierto de Victor Pizarro, Franck: *Preludio, coral y fuga*.

347. TEATRO REAL. *El Sol*, 07-02-1923. «Estreno de «El principe Igor»». Chumof. Smirnova. Zaparojetz Dobriakof. Raiso. Tcherepnin (director).

348. LA VIDA MUSICAL. *El Sol*, 11-02-1923. «Las orquestas. Sauer. Varios conciertos». Sirota (pianista), Pollak (violinista) y Buxbaum (violocellista). Beethoven: *trio en mib*. Schubert. Arensky. Orquesta Sinfóncia, Arbós conciertos matinales. Emil von Sauer Bach-Stradal: *Concierto en remor*. Beethoven: *Sonata*. Schumann: *Romanza*. Chpin. Smetana. Carmen Abella pianista filipina, concierto en el Liceo de América, Beethoven: *Sonata apassionata*. Liszt. Medelssohn, Chopin. Scarlatti. Albéniz. Orquesta Filarmónica, concierto celebrado el día anterior, estreno de Julio Gómez Canciones, Saco del Valle, Renina. Torroba: *Cuadros castellanos*. Rimsky-Korsakov: *Cuentos fantásticos*. Humperdinck: *Hänsel y Gretel*.

349. TEATRO REAL. *El Sol*, 11-02-1923. «Estreno de «Yolanda» de Vicente Arregui». Nieto. Lázaro. Crabbé. Franci. Guariola. Galan. Franci. Foruria. Del Castillo. Villa (director).

350. LA VIDA MUSICAL. *El Sol*, 24-02-1923. «Los cuartetos de Bruselas y de Budapest. A. Kubitzky. Orquesta Filarmónica». Sociedad Filarmónica Cuarteto de Bruselas, concierto Beethoven: *Cuarteto en si bemol*. Sociedad de Cultura Musical: Cuarteto Budapest Schubert: *Cuarteto en re menor*. . Orquesta Filrmónica, Pérez Casas, concierto celebrado el día anterior, Kubitzky Mussorgsky: *Lamento de un mozo lugareño, Una noche en el Monte Pelado*. Hoppak: *Canción de Mefistófeles*.

351. LA VIDA MUSICAL. *El Sol,* 03-03-1923. «José Iturbi. Orquesta Filarmónica» orquesta Filarmónica. Iturbi. Price. Grieg: *Concierto en la menor.* . Bethoven: *Concierto en mi bemol.* Lully. Mozart. Gluck. Liszt: *Fantasía Húngara. Campanella.*

352. LA VIDA MUSICAL. *El Sol,* 04-03-1923. «Beethoven y Stravinsky en el cuarteto de Budapest». Asociación de Cultura Musical, Cuarteto de Budapest, Smetana: *Aus meinem Leben.* Beethoven: *Cuarteto op. 131.* Stravinsky: *Piezas para cuarteto. Piezas para clarinete.*

353. CRÓNICAS MUSICALES. *El Sol,* 6-03-1923.»Ricardo Strauss y el sensacionalismo. La «Sinfonía Alpina». La orquesta Filarmónica». Orquesta Filarmónica. Debussy: *El mar.* Strauss: *Sinfonía Alpina.*

354. TEATRO REAL. *El Sol,* 07-03-1923. «Estreno de «Jardín de Oriente» de Joaquín Turina y G. Martinez Sierra. Revenga. Izal. Vergara. Ferré, Galán. Guardiola. Saco del Valle.

355. LA VIDA MUSICAL. *El Sol,* 09-03-1923. «Ralph Vaughan-Williams y su «London Symphony»». Orquesta Filarmónica. Pérez Casas. Ralph Vaughan- Williams. Concierto benéfico.

356. LA VIDA MUSICAL. *El Sol,* 10-03-1923. «»Amaya» de Guridi. La sinfonía «Londres». Orquesta Filarmónica.». Orquesta Filarmónica, Pérez Casas. Guridi: *Amaya.* (ópera). Ralph Vaughan-Williams: *«London Symphony».* Rimsky- Korsakov: *Scheherezada.*

357 LA VIDA MUSICAL. *El Sol,* 14-03-1923. «Bartók y Debussy en el cuarteto de Budapest. Incultura y hospitalidad.». Sociedad de Cultura Musical. Cuarteto de Budapest. Bartók: *Cuarteto op. 7.* Debusssy: *Cuarteto.*

358. TEATRO REAL. *El Sol,* 16-03-1923. «Rigoletto». Verdi: *Rigoletto.* Fleta. Hidalgo. Traci. Villa (director).

359. LA VIDA MUSICAL. *El Sol,* 17-03-1923. «Una orquesta rusa de «domras» y «balalaikas». Carmen Álvarez». Orquesta rusa de instrumentos populares rusos que recorre España. Carmen Álvarez,

Albéniz. Granados. Falla: *Amor brujo*. Usandizaga: *Rapsodia Vasca*. Infante: *El vito*.

360. CRÓNICAS MUSICALES. *El Sol*, 21-03-1923. «Una sinfonía-ballet, *Hagoromo*», de Georges Migot. Sus últimas obras.» Comentario sobre la Sinfonía-ballet estrena en el teatro de Monte Carlo el pasado año *Hagoromo* de Migot.

361. LA VIDA MUSICAL. *El Sol*, 23-03-1923. «Hubermann. Orquesta Sinfónica. Carmen Álvarez. Autores ingleses. Ejercicios escolares. Rubistein.» Bronilaw Hubermann (violinista) Sociedad Filarmónica. Paul Frenkel (pianista) Orquesta Filarmónica. Pérez Casas. Beethoven: *Concierto violín*. Tchaikovsky. Concierto. Chauson: *Poema para violín y orquesta*. Mozart. Orquesta Sinfónica, Arbós. Lladof: *El lago encantado*. Grainger: *Molly on the Shore*. Luis Aula: *Cuadros poéticos*. Carmen Álvarez, Brigde: *Water nymphis*. Scott: *Lotus Land*. Gossens. Abreu: *Kaleidoscopio*. Ejercicios realizados en el Conservatorio, Conjunto orquestal (Valle) y música de Cámara (Villar).

362. TEATRO RELA. *El Sol*, 23-03-1923. ««Payasos» por Fleta». Leoncavallo: *I pagliacci*. Fleta.

363. LA VIDA MUSICAL. *El Sol*, 25-03-1923. «Rubistein de nuevo. La música infantil. Un compositor brasileño: H. Villalobos». Concierto de Rubistein en el Teatro Lara, Beethoven. Chopin. Albéniz. Prokofiev: *Sugestión diabólica*. Villalobos comentario sobre su obra *O prole do bebe*.

364. LA VIDA MUSICAL. *El Sol*, 29-03-1923. «El buen gusto y el buen tono o la eterna querella. Rubinstein y Falla. Orquesta Sinfónica». Rubinstein, Falla: *Fantasia bética*. Orquesta Sinfónica concierto celebrado el día anterior, Rimsky-Korsakov: *Malada* (estreno). Stravinsky: *Fuegos artificiales*.

365. LA VIDA MUSICAL. *El Sol*, 05-04-1923. «La musa alegre y la ópera de cámara. Una temporada de óperas en miniatura. Orquesta Sinfónica». Comentario sobre la evolución de la ópera. Anuncio de temporadilla de ópera de cámara en el teatro de la Comedia. Orquesta Sinfónica, Arbós, Albéniz: *Rapsodia española*

(piano: Antonio Lucas Moreno). Ravel: *Dafnis y Cloé*. Stravinsky: *El pájaro de fuego*.

366. LA VIDA MUSICAL. *El Sol*, 10-04-1923. «Chopin, clásico, romántico y moderno. Un recital de obras de Chopin, por Rubinstein.» Rubinstein, último recital. Chopin: *Sonata en si menor, Nocturno en fa sostenido.*

367. LA VIDA MUSICAL. *El Sol*, 11-04-1923. «Las «Promenades» de Poulenc. Música contemporánea, por Rubistein. La orquesta de Balalaikas. Concierto celebrado el día 10 por Rubistein, Poulenc: *Promenade*. Szymanowsky: *Serenata de Don Juan*. Prokofiev: *Marcha*. Debussy: *La catedral sumergida*. Orquesta de balalaikas. Eugene Sverkof (director).

368. LA VIDA MUSICAL. *El Sol*, 12-04-1923.»La «Santa Cecilia» del P. José Antonio. Orquesta Sinfónica. Un compositor chileno: E. Soro.» Orquesta Sinfónica, Arbós. Glazunov: *Sinfonía*. Strauss: *Don Quijote*. Henri Gheion: *Santa Cecilia*. Enrique Soro director del conservatorio nacional de Santiago de Chile.

369. LA VIDA MUSICAL. *El Sol*, 14-04-1923. «De Albéniz a Falla. La evolución de nuestra música actual. Un concierto de música español por Rubistein.» Falla y Albéniz como máximos exponentes de la música española.

370. LA VIDA MUSICAL. *El Sol*, 18-04-1923. «Un músico nuevo. Ernesto Halffter. I. Sus obras para piano:»Crepúsculos»». Primer artículo sobre Ernesto Halffter, se ocupa de «*Crepúsculos*», obra para piano, compuesta en 1918.

371. LA VIDA MUSICAL. *El Sol*, 19-04-1923. «M. Henri Pruniéres y la música francesa contemporánea: Szymanowsky y Kochansky. La orquesta Sinfónica y el Sr. E. Soro». Conferencias en el Instituto francés de Pruniéres, compositores posteriores a Debussy y Ravel. Asociación de Cultura Musical, Paul Kochanski (violinista), Szymanowsky: *La fuente de Aretusa*. *Mythes*. Orquesta Sinfónica, Soto: *Sinfonía romántica* (fragmento). Saint-Saëns: *Carnaval de los animales*.

372. LA VIDA MUSICAL. *El Sol*, 22-04-1923. «El Orfeón de Coimbra. El intercambio musical hispanoportugués. Orquesta Sinfónica. E. Goossens. Otros conciertos». Bach: *Coral*. Weber. Costa: *Cotovia*. Orquesta Sinfónica, concierto celebrado el día 20, Beethoven: *Egmont*. Serrano: *Canciones del hogar*, (Nieto). Goossens: *By the Train, Tom o´ shanter*. *Molly on the shore*. Quinteto Hispania, audición para la Infanta Isabel, Serrano. Franco: *Escenas españolas*. Círculo de Bellas Artes, Cousin, tocó Tatini: *Variaciones*. Bach. Beeethoven: *Minué*.

373. LA VIDA MUSICAL. *El Sol*, 25-04-1923. «Un músico nuevo. Ernesto Halffter, II. Música para piano. Otras obras». E. Halffter: *Marche joyeuse, Mouvement Perpetue, Serenata*.

374. FOLLETONES DE «*El Sol*». LA MÚSICA EN PORTUGAL. *El Sol*, 03-05- 1923. «La canción popular portuguesa y los dudosos orígenes del «Fado». Los músicos portugueses contemporáneo».

375. LA VIDA MUSICAL. *El Sol*, 03-05-1923. «M. Risler y el concierto didáctico. Un curso Beethoven». Risler ofreció «un curso Beethoven».

376. LA VIDA MUSICAL. *El Sol*, 05-05-1923. «Un músico nuevo. Ernesto Halffter. III. El anhelo clasicista actual. Su música para cuarteto.» Repaso a la música de cámara de E. Halffter.

377. LA VIDA MUSICAL. *El Sol*, 09-05-1923. Concierto de José Canal, concierto en el Círculo de Bellas Artes. Debussy: *Homenaje a Rameau*. Falla. Albéniz. Conferencia de Arregui sobre las canciones de diferentes regiones españolas. Asociación de Cultura Musical, W. Gleseking (pianista), Debussy, Ravel, Grieg.

378. LA VIDA MUSICAL. *El Sol*, 10-05-1923. ««La vida breve» de Manuel de Falla en Bruselas. La música española contemporánea y la Prensa Belga.»estreno en el Teatro de la Moneda de Bruselas de *La vida breve* de Falla. Soyer. Ballard, Dalmas, Descamps. Chantelaine, Verlaine. Maurice Bastin (director).

379. LA VIDA MUSICAL. *El Sol*, 13-05-1923. «Música de piano y violín. Kochanski y Gieseking. Costa y Gacituaga. Varias noticias» Nueva sociedad musical, Dirección de Espectáculos. Costa y Gacituaga, sendos conciertos de piano.

380. LA VIDA MUSICAL. *El Sol*, 25-05-1923. «Un recital de canciones modernas por Dagma Renina». Prokofiev. Krassyn. Stravinsky. Vives. Moreno Torroba. Turina: *Poema en forma de canciones*. Julio Gómez: *Crepúsculo*. Pujol: *Jugant*. Grieg. Prokofiev. Rachmaninov. Mussorgsky.

381. LA VIDA MUSICAL. *El Sol*, 26-05-1923. «El Quinteto Hispania y el hispanoamericanismo práctico. Obras y nombres nuevos.» Sala Aeolian. Lloret. Bacarisse. Griegnon: *Violetas*. Aguirre: Aires nacionales argentinos.

382. LA VIDA MUSICAL. *El Sol*, 06-06-1923. Incendio en el teatro de la Ópera de Petrogrado. Charlotte Lafarge, violinista. Concierto en París en honor a Paganini.

383. LA VIDA MUSICAL. *El Sol*, 07-06-1923. «Crítica y producción. Nueva música de cámara por el Quinteto Hispania: E. Halffter. J. J. Mantecón. J. Maria Franco.» Mantecón: *Circo*. Halffter: *Bocetos*. Franco: *Impresiones españolas*. Schumann: *Quinteto*.

384. LA VIDA MUSICAL. *El Sol*, 08-06-1923. «Música nueva española y americana por el Quinteto Hispania. El cuarteto de Ernesto Halffter. H. Allende. J. Gil. Otras obras.» E. Halffter: *Cuarteto*. H. Allende: *Tonadas*. Gil: *Sonatina*. Franck: *Quinteto*.

385. LA VIDA MUSICAL. *El Sol*, 10-06-1923. «En la Residencia de Estudiantes. Conferencia-concierto del doctor Ember. Mantecón: *Circo*. Mompou: *Cants Magics*. E. Halffter: *Crepúsculos*. Salazar: *Preludios. Nocturno*.

386. LA VIDA MUSICAL. *El Sol*, 17-06-1923. «Una carta abierta. Las sociedades privadas de música moderna.» Carta de M. Arconada sobre las Sociedades privadas de música y respuesta de Salazar.

387. LA VIDA MUSICAL. *El Sol*, 26-06-1923. «»Pepita Jiménez» de Albéniz, en París.» Estreno en la Opera Comique de París de la obra de Albéniz: *Pepita Jiménez*. Esteve. Max Bussy, Azema, Dupré. Albert Wolf (director).

388. FOLLETONES DE «*El Sol*». ARABIA. *El Sol*, 02-07-1923. «El sentimiento poético y evocativo en la música actual». Artículo de pensamiento sobre las ideas musicales.

389. LA VIDA MUSICAL. *El Sol*, 13-07-1923. «Artes y oficios. Enseñanaza y ficción.» Comentario sobre el público, el artista y el enseñante.

390. LA VIDA MUSICAL. *El Sol*, 19-107-1923. «Más sobre el premio de Roma. Francia y España». Concurso de Roma, Sr. Lalo.

391. LA VIDA MSUCIAL. *El Sol*, 28-07-1923. «La Sociedad Internacional para la Música Moderna y los festivales de música contemporánea de Salzburgo. I.» Sociedad internacional de música contemporánea (moderna) creada a principios de 1923 y programa que se va a escuchar en el festival de música contemporánea de Salzburgo.

392. LA VIDA MUSICAL. *El Sol*, 29-07-1923. «La Sociedad Internacional para la Música Moderna y los festivales de música contemporánea de Salzburgo. II». Objetivos de la Sociedad Internacional de música contemporánea. El público. Comentario sobre varios autores programados para el festival de Salzburgo.

393. FOLLETONES DE «*El Sol*». EL PRIMER CENTENARIO DE BARBIERI. *El Sol*, 04-08. 1923. «Nacionalismo y casticismo en nuestra música actual». Artículo referente al trabajo de Barbieri.

394. LA VIDA MUSICAL. *El Sol*, 08-08-1923. «La futura temporada de ópera en París. Una orquesta de estudios sinfónicos». Comentario sobre el programa real de la próxima temporada de ópera en París, de la preparación de la temporada en Madrid. Fundación de la orquesta de Estudios Sinfónicos en Barcelona gracias al maestro Antonio Ribera. Programa del primer concierto: Haydn, Gluck, Wagner, Dvorak, Wolf-Ribera.

395. LA VIDA MUSICAL. *El Sol*, 11-08-1923.»Nueva música francesa. «la músique de chambre»». Publicación realizada en París por Senart. Publicación de varias obras de autores contemporáneos.

396. LA VIDA MUSICAL. *El Sol*, 23-08-1923. «Musicografía póstuma: Pedrell, Mitjana, Villaba». Publicación de Pedrell, del padre Villalba (monografía sobre Pedrell) y de Mitjana. Ensayos sobre crítica musical (segunda serie).

397. LA VIDA MUSICAL. *El Sol*, 01-09-1923. «Técnica y erudición: Publicaciones de F. Ardévol y F. Rubio Piqueras». Publicación del primer volumen de Técnica musical del Sr. Ardévol. Publicación de música y músicos toledanos. De Rubio Piqueras.

398. LA VIDA MUSICAL. *El Sol*, 09-09-1923. «Los nuevos métodos didácticos: W. Safonoff y la enseñanza del piano». Edición en castellano por la casa J. y W. Chester de Londres del volumen en castellano del *Nuevo formulario*, método para piano de Safonoff.

399. LA VIDA MUSICAL. *El Sol*, 05-10-1923. «La cuestión de las antologías y transcripciones eruditas. Algunas consideraciones». Artículo sobre el criterio moderno en el estudio y clasificación de las obras.

400. LA VIDA MUSICAL. *El Sol*, 14-10-1923. «Para comenzar la temporada: Manen. Toque de atención.» Sociedad Musical Daniel. Manén, Mendelssohnn: *Concierto*.

401. LA VIDA MUSICAL. *El Sol*, 24-10-1923. «Para la actual temporada, música sinfónica. Música de cámara». Orquesta Filarmónica. Círculo de Bellas Artes, invitación a los críticos para conocer el programa de la nueva temporada. Orquesta Filarmónica. Pérez Casas, Quinteto Hispania y Orquesta Sinfónica.

402. LA VIDA MUSICAL. *El Sol*, 26-10-1923. «Cantigas y trovadores. Los estudios y transcripciones de D. Julián Ribera». Publicación de la obra de Ribera: *La música de las cantigas de Alfonso X el Sabio*.

403. LA VIDA MUSICAL. *El Sol*, 31-10-1923. ««El humorismo en la canción» Inauguración de curso en la Sociedad de Cultura Musical. R. Bandler. J. Smeterling. B. Orbón». Concierto de canciones humorísticas. Concierto de piano del Sr. Smeterling. El Sr. B. Orbón ha fundado en La Habana muchos centros de enseñanza musical.

404. LA VIDA MUSICAL. *El Sol*, 02-11-1923. «La «ópera de cámara» y sus diferentes aspectos. Un festival Mozart en la A. de C. M.», programa de la Asociación de Cultura Musical con varias ópera de cámara con Ottein, Del Pozo y Crabbé. Festival Mozar en dicha asociación, Mozart: *Bastián y Bastiana*. Petersdorf, Pola, Destourn, Bandler, Smeterling (pianista), Herr Rudolf Gross (director).

405. LA VIDA MUSICAL. *El Sol*, 03-11-1923. «Inauguración de la temporada orquestal. Orquesta Filarmónica. Obras y auditores. Una obra de Bartók.» Orquesta Filarmónica, Pérez Casas. Beethoven: *Cuarta Sinfonía*. Bartók: *Dos imágenes*.

406. LA VIDA MUSICAL. *El Sol*, 08-11-1923. «Ópera en miniatura. De Gluck a Rimsky-Korsakov. Brailowsky». Asociación de Cultura Musical. Gluck: *Der Hetrgene Kadi*. Kimsky-Korskov: *Escena sobre Mozart y Salieri de Puschkin*. Cantantes: Rich, Pola, Konrechowsky, Petersdorf, Griff. Rudolf Gross (director). Brailowsky. Sposalizio, Años de peregrinación.

407. LA VIDA MUSICAL. *El Sol*, 10-11. 1923. «Orquesta música. Orquesta Filarmónica. Pérez Casas y «los nuevos». Los «Dos bocetos» de Ernesto Halffter». Orquesta Filarmónica, Pérez Casas, E. Halffter: *Dos Bocetos*.

408. LA VIDA MUSICAL. *El Sol*, 11-11-1923. Rectificación a un comentario hecho por Salazar sobre el último concierto de la Orquesta Filarmónica y la obra de E. Halffter. Carta de Esplá.

409. LA VIDA MUSICAL. *El Sol*, 15-11-1923. «Brailowsky y sus recitales románticos». Chopin: *Estudios y preludios, Sonata en si menor*. Schumann: *Gran fantasía*. Bach: *Preludio y fuga*. Liszt.

410. CONCIERTOS. *El Sol*, 17-11-1923. «Orquesta Filarmónica» Orquesta Filarmónica, Pérez Casas. Concierto celebrado el día anterior. Glazunov: *Cuarta sinfonía*. Beethoven: *Leonora*. Rimsky-Korsakov: *El vuelo del moscardón*. *Capricho español*. Arregui: *Melodía religiosa sobre un tema vasco* (Gasset, cello).

411. CONCIERTOS. *El Sol*, 20-11-1923. «Ya tenemos la Gran Scala». Orquesta Sinfónica, concierto realizado en el Monumental

Cinema. Albéniz. Beethoven: *Sinfonía en do menor*. Bretón. Concierto en el Liceo de América, Palatín (violín).

412. LA VIDA MUSICAL. *El Sol*, 21-11-1923. «La eterna historia de los conciertos sinfónicos. Ravel, en la Orquesta Filarmónica. Un autor nuevo: A. Paredes». Orquesta Filarmónica, Pérez Casas. Ravel: *Le tombeau de Couperin*. Beethoven: *Octava Sinfonía*. Wagner: *Encantos del viernes santo* (de Parsifal). Antonio Paredes: *Nocturno*.

413. LA VIDA MUSICAL. *El Sol*, 30-11-1923. «Música y músicos españoles en Portugal. José Lassallle y la Sinfónica de Lisboa. Varios conciertos». Orquesta Sinfónica de Lisboa, Lassalle (director). Tchaikovsky: *Sinfonía patética*. E. Halffter: *Minueto*. Granados: *Goyescas*. Eduardo Granados: *El valle de Ansó*. Orquesta Sinfónica de Madrid, Arbós, Teatro Centro, Concierto a beneficio de la Asociación de Ingenieros y Arquitectos, Franck, Stravinsky, Mussorgsky, Percy Grainger.

414. CONCIERTOS. *El Sol*, 08-12-1923. «Orquesta Filarmónica». Concierto de la violinista Noelia Cousin. Lalo: *Concierto*. Tartini. Paganini.

415. CONCIERTOS. *El Sol*, 12-12-1923. «La temporada del Real. Varios conciertos». Programación del teatro Real. Orquesta Sinfónica, concierto celebrado en el Monumental Cinema. Beethoven: *Segunda Sinfonía*. Sibelius: *Vals Triste*. Wagner: *Preludio de Lohengrin*. Sociedad Filarmónica, concierto de F. Ember. Actuación de la Masa Coral de Madrid. Curso de Historia de la Música Francesa, Poul Guinard.

416. LA VIDA MUSICAL. *El Sol*, 13-12-1923. «El cuarteto de Budapest en la A. de C. M. La sonatina Fantástica de Ernesto Halffter». Cuarteto de Budapest, Haydn, Beethoven. Schubert: *Cuarteto Inacabado*. E. Halffter: *Sonatina Fantástica*.

417. LA VIDA MUSICAL. *El Sol*, 15-12-1923. «Variaciones sobre el españolismo o cada cual es puerto. Un concierto español en la Orquesta Filarmónica». E. Halffter: *Dos bocetos*. Barrios. Turina. Vega.

418. LA VIDA MUSICAL. *El Sol,* 20-12-1923. «El nuevo arte de la guitarra y Andrés Segovia. Obras españolas. El primer concierto del Real. Brahms y Von Holst». En la Sociedad de Cultura Musical, Andrés Segovia; Milan, Sors, Tárrega, Moreno Torroba, Turina, Llobet. Falla: *Homenaje a Debussy.* E. Halffter: *Peacock-Pia.* Primer concierto en el Real, Orquesta Sinfónica, Arbós. Brahms. Gustav von Holst: *Beni-Mora.*

419. LA VIDA MUSICAL. *El Sol,* 27-12-1923. «Leo Weiner en el cuarteto de Budapest. El violinista Szigeti y Brahms. Terribles conjuras». Cuarteto de Budapest, Stravinsky: *Piezas para cuarteto.* Bartók: *Primer cuarteto.* Leo Weimer: *Cuarteto op. 13.* Concierto del día 26 en el Real del violinista Szigeti, Brahms: *Concierto op. 77.*

420. CONCIERTOS. *El Sol,* 30-12-1923. «Una nueva sociedad. El Quinteto Hispania» La nueva sociedad se llama *Unión Ibérica de Amigos de la Música.* Se ha celebrado el primer concierto con el Quinteto Hispania con obras de Schumann: *Quinteto en do menor.* Franco: *Impresiones españolas.* Anuncio de nuevas audiciones del Quinteto Hispania.

1924

421. EL AÑO MUSICAL. *El Sol,* 01-01-1924. Balance musical del año 1923, obras estrenadas, conciertos significativos, compositores muertos y otras novedades significativas.

422. TEATRO REAL. *El Sol,* 02-02-1924. «Óperas pequeñas y óperas de cámara». La ópera «Fantochines» en La Comedia.

423. LA VIDA MUSICAL. *El Sol,* 04-01-1924. «La evolución del gusto popular. Los conciertos de Arbós. Sainz de la Mata». Orquesta Sinfónica, Arbós, Monumental Cinema. Albéniz: *Iberia* (fragmentos orquestados). Strauss: *Ariadna en Naxos* (Hafgren). Creación de una nueva sociedad, *Cultura Guitarrística,* primer concierto por Sainz de la Maza, Sors. De la Maza: *Zambra, Estudio.*

424. TEATRO REAL. *El Sol*, 06-01-1924. «Estreno del «Rosenkavalier» de Ricardo Strauss». Bajo la dirección del Sr. Rabl.

425. LA VIDA MUSICAL. *El Sol*, 10-01-1924. ««El amor brujo» de Falla. Los conciertos del Real. Otras obras». Recorrido de los diez años transcurridos desde estreno de *El amor brujo* de Falla, estrenos en diferentes ciudades, versiones de concierto del mismo Falla. Orquesta Sinfónica, Arbós, Falla: *El amor brujo*; Brahms: *Concierto op. 15*. Beethoven. Borodin. Bach: *Cantata nº 14*.

426. LA VIDA MUSICAL. *El Sol*, 12-01-1924. «Música portuguesa y española. José Lassalle. Orquesta Filarmónica». Actividad de Lassalle al frente de la Orquesta Sinfónica portuguesa. Últimos programas. Viana da Motta: *Sinfonía*. José Henriquez: *Jesús y la samaritana*; Freitas Branco: *Poema compuesto después de la lectura de Anthero do Quintal*; Julio Gómez. Jiménez: *Preludio de Luis Alonso*. Serrano: *La primera salida de Don Quijote*. Orquesta Filarmónica, Mendelsshon, Mussorgsky, Rimsky-Korsakov.

427. CONCIERTOS. *El Sol*, 18-01-1924. «Los de Arbós. Iturbi. Un nuevo Cuarteto»

428. TEATRO REAL. *El Sol*, 21-01-1924. «LOHENGRIN»

429. LA VIDA MUSICAL. *El Sol*, 25-01-1924. «Las orquestas: Obras de Raff, Glazunov y Rimsky. «La canción de la tierra» de Mahler. Orquesta Filarmónica, Glazunov. Rimsky-Korsakov: *Dubinuchka*. Raff: *Sinfonía «en la selva»*, en el Real, Arbós, Mahler: *La canción de la tierra* (Olzewska).

430. LA VIDA MUSICAL. *El Sol*, 29-01-1924. «Orquesta Filarmónica. Una obra de E. Istel. A. Busch y R. Serkin en la A. de C. M. . «El amor brujo» y el gran público». Orquesta Filarmónica, Pérez Casas. Istel: *Eine Lustige Overtur*»; Debussy: *Nocturno nº 2;* Granados: *Goyescas* (fragmentos). Sociedad de Cultura Musical, primer concierto de los violinistas Busch y Serkin. Reacción del público en el pasado concierto de la Sinfónica en el Monumental respecto a la interpretación de *El amor brujo* de Falla.

431. TEATRO REAL. *El Sol*, 30-01-1924. «AIDA».

432. CONCIERTOS. *El Sol*, 31-01-1924. «Orquesta del Real. Óperas y «lieder»». Beethoven: *Quinta sinfonía*. Dukas: *Peri*.

433. LA VIDA MUSICAL. *El Sol*, 02-02-1924. «La «Pastoral de Estío» de Arhur Honegger. Otras obras. Orquesta Filarmónica». Orquesta Filarmónica, P. Casas, concierto celebrado el día 1. Honegger: *Pastoral de Estío*. Paredes: *Nocturno*.

434. LA VIDA MUSICAL. *El Sol*, 06-02-1924.»La visita de un gran director de orquesta. Sergio Kussewitzky. Varios conciertos.» Orquesta Filarmónica, Kussewitzky, Bellas Artes, próximo concierto.

435. LA VIDA MUSICAL. *El Sol*, 08-02-1924. «Un concierto de «concertos» en la A. de C. M. la evolución del tipo «concerto». Otras sesiones». Concierto de Busch y Serkin, Bach. Mozart. Evolución del concepto de concerto y sonata. Orquesta Sinfónica. Arbós, Monumental. Brahms. Wagner. Strauss: *Muerte y transfiguración*; Mussorgsky: *Una noche en el monte pelado*.

436. LA VIDA MUSICAL. *El Sol*, 15-02-1924. «Dos cuartetos modernos: D'Indy y Malipiero en el cuarteto de Bruselas». Sociedad Filarmónica, Cuarteto Zimmer de Bruselas, D'Indy: *Segundo cuarteto, op. 45*. Malipiero: *Rispetti e Strambotti*.

437. LA VIDA MUSICAL. *El Sol*, 22-02-1924. «Un compromiso nacional: La ópera nacionalista checoslovaca en España. Varios conciertos». Representación en el Liceo de Barcelona de Smetana: *La novia vendida*, y próximamente, *Roussalka*. Orquesta Sinfónica. Arbós. Monumental Cinema, Beethoven: *Egmont*; Dukas: *Aprendiz de brujo*.

438. LA VIDA MUSICAL. *El Sol*, 25-02-1924. «Despedida de Kussewitzky. Orquesta Filarmónica. Tchaikovsky y Berlioz» Ultimo concierto del director. Tchaikovsky: *Sinfonía patética*. Berlioz: *Carnaval Romano*. Mussorgsky. Liszt. Wagner.

439. LA VIDA MUSICAL. *El Sol*, 29-02-1924. «Post-Kussewitzky. En el Real y el «cine». Varios conciertos.» Real, Stravinsky: *Petruchka*. Ravel: *La valse*. Beethoven. Orquesta Sinfónica, Arbós,

Monumental, Albéniz: *Triana*. Orquesta Filarmónica, Pérez Casas: *Suite Murciana* (compositor P. Casas). Concierto de José Canel.

440. LA VIDA MUSICAL. *El Sol*, 06-03-1924. «El cuarteto «Pro-Arte» de Bruselas y su labor de cultura». Stravinsky: *Concertino*; Glazunov. Ravel. Milhaud. Mozart. Debussy.

441. TEATRO REAL. *El Sol*, 10-03-1924. «Estreno de «La novia vendida» de Smetana. La compañía del teatro nacional de Praga. El nacionalismo bohemio y el español». Smetana: *La novia vendida*. Compañía del teatro Nacional de Praga. Oscar Nebdal (director).

442. TEATRO REAL. *El Sol*, 12-03-1924. «Debut de Fleta».

443. TEATRO REAL. *El Sol*, 19-03-1924. «AIDA» Verdi: *Aída*. Fleta, Nieto, Aguirre, Buades, Gar, Vela. Saco del Valle (director).

444. LA VIDA MUSICAL. *El Sol*, 20-03-1924. «Más sobre nuestro teatro lírico nacional. El teatro Real. Vera Janacópulos y «La vida breve»». Consideraciones sobre el teatro lírico nacional español. Vera Janacópulos, cantante, su interés por Falla. Conciertos en América y España.

445. LA VIDA MUSICAL. *El Sol*, 22-03-1924. «Borowsky: clásicos y modernos del piano. De Bach a Scriabin. Otros maestros rusos» Asociación de Cultura Musical, Borowsky, Scriabin: *Cuarta sonata*. Liszt. Gluck.

446. LA VIDA MUSICAL. *El Sol*, 24-03-1924. «J. Baranyi y Lilly Hafgren. El cuarteto Wending. Los conciertos dominicales». Lilly Hafgren, lieder de Leo Blech, Reichwein, Thuille, Schillings, Hafgren, Pfitzner, Hildach. Cuarteto Wending de Stuttgart, Beethoven: *Cuarteto op. 130*; Mozart: *Cuarteto KV. 575;* Brahms: *Quinteto*. Sinfónica, Arbós, Monumental. Brahms, Beethoven Tchaikovsky: *Casse- noissete*; Rimsky-Korsakov: *Capricho español*; Usandizaga. Bretón. Larregia.

447. LA VIDA MUSICAL. *El Sol*, 26-03-1924. «Stravinsky. «Pulcinella» «El pájaro de fuego»». Orquesta Filarmónica. Stravinsky: *El pájaro de fuego. Pulcinella*.

448. LA VIDA MUSICAL. *El Sol*, 16-03-1924. «Música de piano: Rubinstein. G. Abreu. Thibaud. Los conciertos dominicales.» Rubistein, Brahms. Liszt: *Sonata*. Franck: *Preludio coral y fuga*. Prokofiev. Falla. Residencia de Estudiantes, Abreu (pianista) Liszt: *Años de peregrinación*. Falla. *Fantasía bética*. Debussy. Ravel. Bartók. Thibaud en el Instituto francés.

449. LA VIDA MUSICAL. *El Sol*, 19-03-1924. «José Lassalle y su labor patriótica en Lisboa. J. M. Torner.» Labor de Lassalle en Lisboa, interpretación de obras de Julio Gómez: *Suite en la*. Blanco Recio: *Acuarelas*. Conferencia en el Centro de Estudios Históricos sobre la Música de vihuela de los siglos XVI y XVII por Torner.

450. TEATRO REAL. *El Sol*, 26-03-1924. «TOSCA».

451. CONCIERTOS. *El Sol*, 29-03-1924. «Carmen Álvarez». Concierto de esta intérprete celebrado el día 28 en el Teatro Lara. Albéniz. Falla. Granados. Pedro Blanco.

452. ARTE ESPAÑOL. *El Sol*, 29-03-1924. «Estreno de «El Retablo de Maese Pedro» de Manuel de Falla». Comentario sobre el estreno efectuado el día 28 en la Sociedad Filarmónica con la Filarmónica de P. Casas y el propio Falla al clave.

453. CONCIERTO. *El Sol*, 03-04-1924. «El segundo recital de Carmen Álvarez». Ciryl Scott. Bridge. D´Erlanger. Debussy. Liapunof. Chopin. Liszt.

454. TEATRO REAL. *El Sol*, 04-04-1924. «MANON»

455. LA VIDA MUSICAL. *El Sol*, 10-04-1924. «El Retablo de Maese Pedro» y las opiniones extranjeras».

456. LA VIDA MUSICAL. *El Sol*, 16-04-1924. «Música de piano: Rubinstein. G. Abreu. Thibaud. Los conciertos dominicales.

457. LA VIDA MUSICAL. *El Sol*, 19-04-1924. «José Lasalle y su labor patriótica en Lisboa. J. M. Torner» Conferencia de éste último en el Centro de Estudios históricos sobre la Música de vihuela. Lasalle ha dado 12 conciertos en Lisboa con 22 estrenos (once, de obras españolas y seis, de música portuguesa).

458. CONCIERTOS. *El Sol*, 29-04-1925. «Carmen Alvarez».

459. LA VIDA MUSICAL. *El Sol*, 30-04-1924. «El centenario de la sinfonía con coros». Hubermann. Brahms y Tchaikovsky. Otros conciertos». Centenario de la *Novena Sinfonía* de Beethoven. Residencia de Estudiantes. Concierto de Palatín y Lefeves (violín-piano). Franck: *Sonata;* Antonio José: *Apasionadamente*. Concierto de canto con Axarina y Rysikof.

460. LA VIDA MUSICAL. *El Sol*, 06-05-1924. «Ravel en Madrid». Ravel en la Sociedad Filarmónica, dirigiendo sus propias obras: *Le Tombeau de Couperin, La Valse*.

461. LA VIDA MUSICAL. *El Sol*, 15-05-1924. «El cuarteto Lener. La «Fantasía» de Eugenio Goossens». Goosens: *Fantasía*.

462. LA VIDA MUSICAL. *El Sol*, 23-05-1924. «M. Otto M. Kling. El sexagésimo aniversario de Strauss en Viena. Festivales de Praga. La música en París durante la Olimpiada». Edición de Kling, publicada por la casa *Chester,* de varias obras de Falla. Concierto conmemorativo de los sesenta años de Strauss (conciertos celebrados los días 2 y 4 de Mayo en Viena). Festival de Praga, Smetana y Concurso de Composición (Mantecón formó parte del jurado), convocado por la Sociedad Internacional de Música Contemporánea. Falla y Andrés Segovia en los conciertos de la Olimpiada de París.

463. LA VIDA MUSICAL. «SCHLAGOBERS». *El Sol*, 07-06-1924. «La última obra de Ricardo Strauss». Comentario exhaustivo sobre la obra, con ejemplos musicales.

464. LA VIDA MUSICAL. *El Sol*, 19- 06-1924. «Sobre la nueva obra de Strauss. La creación de organismos regionales. Nacionalismo y universalismo.» Intento de Falla de formar una Orquesta andaluza y una Orquesta Bética de Cámara.

465. LA VIDA MUSICAL. *El Sol*, 19-06-1924. «La creación de organismos musicales. Nacionalismo y Universalismo».

466. LA VIDA MUSICAL. *El Sol*, 21-06-1924. «La Orquesta Bética de Cámara. Un gran éxito y una viva esperanza». Sociedad

Sevillana de Conciertos, Falla: *Retablo de Maese Pedro*. Torres, presidente de la orquesta.

467. LA VIDA MUSICAL. *El Sol*, 16-07-1924. «Un joven músico vienés. Rudolf Reti». Comentario sobre la obra compositiva (lieder y obras para piano).

468. LA VIDA MUSICAL. *El Sol*, 17-07-1924. «Wagneriana. Los festivales de Beyreuth. «Los maestros cantores» y «Los nibelungos» en el cinematógrafo». Festival de Byreuth. Comentario sobre el *Misterio de Elche*.

469. LA VIDA MUSICAL. *El Sol*, 31-07-1924. «El «Misterio «de Elche. Un poco de historia. I. Sus antecedentes» Historia de «El Misterio de Elche» desde 1266.

470. LA VIDA MUSICAL. *El Sol*, 02-08-1924. «El «Misterio» de Elche. Un poco de historia. II. El teatro primitivo. La música.» Relación de músicos que intervienen en el Misterio.

471. LA VIDA MUSICAL. *El Sol*, 03-08-1924. «El «Misterio» de Elche. III. El asunto. La representación». Sobre la trama y puesta en escena.

472. LA VIDA MUSICAL. *El Sol*, 24-08-1924. «Una representación del «misterio» en Elche. Algunas impresiones». Impresiones sobre la asistencia a la «Representación y Misterio de la Muerte y Tránsito de la Virgen María.»

473. LA VIDA MSUICAL. *El Sol*, 27-08-1924. «Una representación de «Misterio» en Elche. Impresiones y comentarios». Trabajo presentado en la Sociedad Internacional de musicología. Audición de Pedrell. Restauración.

474. LA VIDA MUSICAL. *El Sol*, 04-09-1924. «Ferrucccio Busoni, interprete, creador y maestro». Posicionamiento de Busoni en la música del momento.

475. FOLLETONES DE «*El Sol*». EN EL CENTENARIO DE ANTÓN BRUCKNER. *El Sol*, 18-09-1924. Comentario sobre la obra de Bruckner.

476. LA VIDA MUSICAL. *El Sol*, 26-09-1924. «La estética de Ferruccio Busoni. La «Ur- Musik». Comentario sobre el compositor italiano, su estética y su música.

477. LA VIDA MUSICAL. *El Sol*, 18-10-1924. «La música actual en Grecia. M. Calomiris. P. Petridis». Breve comentario sobre los compositores griegos del momento. Calomiris: *Escenas de la vida griega*.

478. CONCIERTOS. *El Sol*, 21-10-1924. «E. Telmany y Ch. Christian. Otros conciertos.

479. LA VIDA MUSICAL. *EL Sol*, 24-10-1924. «Ópera y Títeres.» Próxima representación del Teatro Píccolí, dos óperas, *Don Juan* y *La serva padrona*. El Quinteto Hispania en Buenos Aires.

480. LA VIDA MUSICAL. *El Sol*, 30-10-1924. «El movimiento musical actual en Leningrado y Moscú. Un artículo de A. N. Rimsky-Korsakov». Nueva situación política y social en Rusia, y su reflejo en la música. Artículo del sobrino de Rimsky-Korsakov (A. N. Rimsky-Korsakov).

481. LA VIDA MUSICAL. *El Sol*, 03-11-1924. «»Don Juan» retorna». Títeres del Teatro Piccolí, Mozart: *Don Juan*.

482. CONCIERTOS. *El Sol*, 05-11-1924. «Norka Ruskaya, violinista y danzarina».

483. LA VIDA MUSICAL. *El Sol*, 06-11-1924. «Gabriel Fauré (1845-1924)». Necrológica sobre Fauré.

484. EL TEATRO. *El Sol*, 07-11-1924. «Zarzuela. Teatro dei Piccoli: «El gato con botas».

485. LA VIDA MUSICAL. *El Sol*, 11-11-1924. ·»El Retablo de Maese Pedro» en Inglaterra.

486. CONCIERTOS. *El Sol*, 17-11-1924. «Cossi fan Tutte». Opera de Mozart, en la A. de C. M.

487. LA VIDA MUSICAL. *El Sol*, 20-11-1924. «El nuevo y el viejo Mozart». Comentario sobre la frase que en el momento se repi-

te nuevamente, el significado de «volvamos a Mozart» (no avance, pasado e inmovilismo).

488. CONCIERTOS. *El Sol*, 22-11-1924. «Orquesta Filarmónica». Luis Auber: *Habanera*. Fauré. Franck: *Sinfonía*; Mozart: *Casación* (andante). Granados. Beethoven. Wagner. Borodin.

489. LA VIDA MUSICAL. *El Sol*, 23-11-1924. «Renzo Massarani y la última generación musical italiana». Comentario sobre el compositor y dos de sus obras, Massarani: *Blanco y negro*, *Sinfonía de cámara*.

490. CONCIERTOS. *El Sol*, 26-11-1924. «Cuarteto Gewandhaus en la S. F. Una obra de Julios Weissman» (*Rondas Fantásticas*, de J. Weismann).

491. CONCIERTOS. *El Sol*, 29-11-1924. «Orquesta Filarmónica». Obras de Ravel (*La Valse*), Paredes (*Atardecer andaluz*), Beethoven (*Sinfonía Heroica*).

492. MUERTE DE UN GRAN ARTISTA. GIACOMO PUCCINI. *El Sol*, 30-11-1924. Necrológica sobre el compositor, fallecido el día anterior.

493. CONCIERTOS. *El Sol*, 03-12-1924. «La Sinfónica en el Real. Carmen Pérez y Jeanne Gautier A. Ribera».

494. CONCIERTOS. *El Sol*, 04-12-1924. «Rubinstein y Petruchka».

495. CONCIERTOS. *El Sol*, 06-12-1942. «Orquesta Filarmónica». Concierto con obras de Ravel (*Le Tombeau de Couperin*), Beethoven (*Octava Sinfonía*), Bretón (*Escenas Analuzas*).

496. CONCIERTOS. *El Sol*, 09-12-1924. «Orquesta Sinfónica. Una obra de Casella: otra del señor Arregui». Orquesta Sinfónica, Arbós, conciertos del Real. Brahms: *Segunda Sinfonía*; Falla: *Amor brujo*; Albéniz-Arbós: *Triana*; Casella: *El convento veneciano*; Arregui: *Impresiones populares, Suite nº 1*.

497. LA VIDA MUSICAL. *El Sol*, 11-12-1924. «Una música de cámara centenaria. Un Schubert de nuestros días. Cuarteto Zimmer». Concierto celebrado por el cuarteto Zimmer el día anterior. Schubert: *Cuarteto en Sol Mayor*. Beethoven. Haydn. Rossini.

498. CONCIERTOS. *El Sol*, 16-12-1924. «Rubinstein, Brahms y Falla». Orquesta Sinfónica, Arbós, Rubinstein, Asociación de Cultura Musical, Brahms: *Concierto en si bemol*, *Concierto en re menor*. Falla: *Nocturnos*. Mozart: *Sinfonía en mib*. Mussorgsky.

499. TEATRO REAL. *El Sol*, 17-12-1924. «Inauguración de la temporada. «Hugonotes»». Meyerbeer: *Los hugonotes*. Representación celebrada en día anterior. Maria Llacer, Sullivan, Vela, Bettoni, Del Monte. Guarnieri (director).

500. CONCIERTOS. *El Sol*, 18-12-1924. «Bordas en la S. F.» Concierto del director del Conservatorio de Madrid Antonio Fernández Bordas. Obras de Corelli, Bach, Beethoven, Schumann, Sarasate. Acompañado por Lucas Moreno.

501. LA VIDA MUSICAL. *El Sol*, 23-12-1924. «Una historia de la escenografía española por D. Joaquín Muñoz Morillejo». Morillejo: *Escenografía española,* publicación de la Academia de Bella Artes de San Fernando de Madrid.

502. TEATRO REAL. *El Sol*, 26-12-1924. «Aida». Verdi: *Aida*. Representación del día anterior. Maria Llacer, Galeffi, Lindi, Del Monte, Vela, Ferré. Guarnieri (director).

503. LA VIDA MUSICAL. *El Sol*, 27-12-1924. «Una nueva obra de Oscar Esplá: Don Quijote Velando las armas». Orquesta Bética de Cámara, Ernesto Halffter (estreno). Esplá: *Don Quijote velando las armas*. (sinfonía).

1925

504. LA VIDA MUSICAL. *El Sol*, 01-01-1925. «Balance musical de 1924: Los nacionales y los extranjeros». Comentario sobre el año 1924, su labor crítica en el periódico *El Sol*. Ernesto Halffter, Quinteto Hispania, Falla y la formación de la Orquesta Bética de Cámara. Visita al país de grandes compositores (Stravinsky, Ravel, Kussewitzky), grandes interpretes y agrupaciones.

505. LA VIDA MUSICAL. *El Sol*, 02-01-1925. «Una nueva ópera de Giordano: 'La cena de las burlas'. León Bakst ha muerto». Giordano: *La cena de las burlas*. Ópera estrenada en Milán. Necrológica sobre León Bakst, extraordinario escenógrafo colaborador con los ballets de Diaguilev.

506. LA VIDA MUSICAL. *El Sol*, 04-01-1925. «Dos cancioneros españoles: Joaquín Nin. Eduardo M. Torner.» Publicación en París de J. Nin: *Vingt chants populaires espagnols* y en la Residencia de estudiantes de Madrid, la obra de Torner: *Cuarenta canciones españolas*.

507. INFORMACION TEATRAL. *El Sol*, 07-01-1925. «Teatro Real. «La Boheme».

508. CONCIERTOS. *El Sol*, 13-01-1925. Coros y canciones populares. Cuarteto de laúdes. Obras para violín y piano». Asociación de C. M.

509. LA VIDA MUSICAL. *El Sol*, 14-01-1925. «En el Centenario de Peter Cornelius»

510. CONCIERTOS. *El Sol*, 16-01-1925. «Szpak y la Orquesta Sinfónica». M. Karlowicz (*Cantos eternos*).

511. LA VIDA MUSICAL. *El Sol*, 18-01-1925. ««Hacia el ballet gallego, por Jesús Bal. Música española fuera de España.» Revista Ronsel de Lugo, publicación del volumen de Bal: *Hacia el ballet gallego*. Música española en la programación de la Orquesta Sinfónica de Lisboa. Pilar Bayona, gira de conciertos en Alemania.

512. LA VIDA MUSICAL. *El Sol*, 27-01-1925. «Orquesta Filarmónica. Sociedad de instrumentos de viento de Madrid. Sonatas de Paganini. Nanclares y Esquembre.W. Schulz. Grisena Galatti». Orquesta Filarmónica, Pérez Casas, Rimsky-Korsakov: *Vuelo del moscardón*; Bach: *Aria*. Sociedad de música de Cámara de Madrid. Huguenin: *Tríos humorísticos;* Albils: *La cigarra*; Martinez Díaz: *Recuerdo de un sueño*; Saint-Saëns: *Capricho;* Beethoven.

Concierto de Nanclares y Esquembre en la Sociedad Guitarrística. Paganini. Schulz (flautista) en la Asociación de Cultura Musical. Mozart. Bach. Grisena Galatti, arias de Scarlatti. Pergolesse. Caldara.

513. CONCIERTOS. *El Sol,* 03-02-1925. Andrés Segovia. Concierto en el Conservatorio. Conferencia de José Subirá.

514. LA VIDA MUSICAL. *El Sol,* 06-02-1925. «Crítica y literatura. Un crítico francés contemporáneo: A. Coeuroy». Libro de Coeuroy (secretario de *La Reveu Musicale*): *Musique et Literature.*

515. INFORMACIÓN TEATRAL. ESTRENO EN EL REAL DE «LA FANCIULLA DEL WEST». *El Sol,* 08-02-1925. «Ópera en tres actos de Giacomo Puccini». Estreno el día anterior en el teatro Real, Puccini: *La Fanciulla del West.* Maria Llacer, Biolina, Vela, Griff, Ferré. Cooper (director).

516. CONCIERTOS. *El Sol,* 10-02-1925. Blanca Selva. Juan Massiá. Pura Lago. Eugen Linz.

517. CONCIERTOS. *El Sol,* 17-02-1925. Masa Coral del Hogar Vasco.

518. CONCIERTOS. *El Sol,* 28-02-1925. «La Orquesta Filarmónica en la S. F. Obras de Bach y Gluck. Serenatas de Strauss y Milhaud». Conciertos en la A. de C.M.

519. CONCIERTOS. *El Sol,* 03-03-1925. «Felix Weingartner y la Orquesta Sinfónica. Un programa romántico.» Estudio de Felix Weingartner y la dirección de las sinfonías de Beethoven. Weingartner fundador de la Orquesta Sinfónica, vuelve a Madrid veinte años después. Programa, Weber, Schubert, Mendelsshon, Beriloz, Wagner, Beethoven: *Sinfonía Heroica.*

520. LA VIDA MUSICAL. *El Sol,* 05-03-1925. «Segundo programa de Weingartner. Su cuarta sinfonía». Sociedad de Cultura

Musical, Orquesta Sinfónica, programa igual que el primero pero con una obra de Weingartner. *Cuarta Sinfonía*.

521. LA VIDA MUSICAL. *El Sol*, 08-03-1925. «Una sesión de tonadillas en la Sociedad Filarmónica». Rivas Cheriff-Julio Gómez: *El pelele*. Otras tonadillas interpretadas, de Laserna, Esteve, Granados. Cubiles, pianista. Estudio de Gómez sobre la tonadilla de Laserna.

522. CONCIERTOS. *El Sol*, 09-03-1925. «Un órgano del siglo XX»

523. LA VIDA MUSICAL. *El Sol*, 11-03-1925. «Ricardo Strauss y su posición en el arte contemporáneo». Strauss en Barcelona. Valoración de la obra de Strauss con respecto a los compositores del momento.

524. LA VIDA MUSICAL. *El Sol*, 13-03-1925. «Lo «no problemático», el «impresionismo» y la superación de Strauss». Consideraciones sobre la estética de Strauss y la llamada superación de la música germánica realizada por el impresionismo (referencia a diferentes conceptos que avalan esta tesis).

525. FOLLETONES DE «*El Sol*». Crítica formalista y crítica significativa. *El Sol*, 14-03-1925. «Un punto de estimativa en la crítica-polémica periodística». Valoración de los distintos enfoques a la hora de hacer una crítica formalista o significativa, indica los aspectos a tener en cuenta y sus consecuencias en la valoración final.

526. LA VIDA MUSICAL. *EL Sol*, 26-03-1925. «Puntos y contrapuntos. Lo narrativo en música. Calidad y cualidad.» Comentario sobre el requerimiento de algún lector para que explique lo narrativo en la música de Strauss, y el verdadero significado (y diferencia) entre cualidad y calidad.

527. CONCIERTOS. *El Sol*, 25-03-1925. «María Barrientos».

528. CONCIERTOS. *El Sol*, 29-03-1925. «Andrés Segovia reaparece». Obras de Federico Moreno Torroba.

529. LA VIDA MUSICAL. *El Sol*, 04-04-1925. «La primera audición de la Novena Sinfonía en Lisboa. Una violinista madrileña en Milán. Conciertos». Beethoven: *Novena Sinfonía*, estreno en Lisboa cien años después de su estreno en Viena (Orfeón Donostiarra). Actuación de Ivonne Canale en Milán. Sociedad Filarmónica, presentación de la pianista Labka Kolessa. Concierto de Maria Barrientos.

530. INFORMACIÓN TEATRAL. *El Sol*, 06-04-1925. «Real. Homenaje a Fleta.»

531. LA VIDA MUSICAL. *El Sol*, 07-04-1925. «Segundo recital de Segovia». Schubert. Grieg: *Pequeño*. Tárrega. Sors. Ponce: *La valentina*. Moreno Torroba: *Sonatina*; Turina: *Sevillanas*.

532. LA VIDA MUSICAL. *El Sol*, 10-04-1925. «Un gran director ruso en España: Emil Cooper». Repaso a la carrera de Cooper; cometario sobre su paso por Madrid y su no inclusión en la dirección de conciertos con alguna orquesta.

533. VIDA MUSICAL. *El Sol*, 13-04-1925. «El cuarteto húngaro Waldbauer, en la Asociación de Cultura Musical». Franck: *Cuarteto en re menor*. Mozart. Beethoven.

534. CONCIERTOS. *El Sol*, 19-04-1925. Orquesta Sinfónica. Coro masculino de Zurich». Ivanof: *Bocetos del Cáucaso*; Respighi: *Fuentes de Roma*; Ravel: *Alborada del Gracioso*.

535. LA VIDA MUSICAL. *El Sol*, 23-04-1925. «Orquesta Sinfónica. Couperin, Sttrauss y Ravel. B. Mosselwitch y Maurice Marechat». Couperin. Strauss. Debussy. Ravel.

536. CONCIERTOS. *El Sol*, 23-04-1925. Roland Hayes, el tenor negro».Beethoven: *Adelaida*; Berlioz: *La infancia de Cristo*. Otros Lieder de Schubert y Schumann.

537. DE LA VIDA MUSICAL. *El Sol*, 24-04-1925. «El violinista Quiroga en la Asociación de Cultura Musical.»Concierto exitoso celebrado en el Real.

538. LA VIDA MUSICAL. *El Sol,* 25-04-1925. «Roland Hayes y la música negra». Recital de R. Hayes con canciones de Mozart. Ravel, Debussy, Wolf. *Cantos espirituales.*

539. LA VIDA MUSICAL. *El Sol,* 26-04-1925 «»Psiquis», la última obra de Manuel de Falla». Asociación de Música de Cámara de Barcelona, Orquesta Bética, Falla: *Psiquis* (estreno), *Retablo de Maese Pedro.*

540. CONCIERTOS. *El Sol,* 27-04-1925.»Segovia. Rousse, Ponce. Otras obras. Otros conciertos».

541. LA VIDA MUSICAL. *El Sol,* 07-05-1925. «Dos muertos: André Caplet. Moritz Moszkowski». Necrológica de ambos compositores.

542. CONCIERTOS. *El Sol,* 04-05-1925.»Canto, arpa y flauta en la S.F. Madeleine Grey, R. Ke Roy. M. Grandjany». Rimsky-Korsakov: *La rosa y el ruiseñor*; Repighi: *Siciliana*; Charles J. Stanley: *Sonata.*

543. CONCIERTOS. *El Sol,* 19-05-1925. «Poldowsky. Olga Linne. Bernard».

544. LA VIDA MUSICAL. *El Sol,* 23-05-1925. «Las últimas sesiones de la A. d C. M. W. Gieseking y E. Feurmann. Un folklorista mallorquín: A. Pol.». Gieseking, pianista, Bach: *Suite en re menor.* Beethoven: *Sonata en la bemol;* Schubert: *Fantasia en do Mayor.* Chopin. Liszt. Debussy. Estudios del folklorista A. Pol.

545. LA VIDA MUSICAL. *El Sol,* 07-06-1925. «La música en la exposición de artes decorativas de París». Falla: *Amor brujo, Retablo de Maese Pedro.* Nin: *Canciones españolas.* Esplá como delegado especial.

546. LA VIDA MUSICAL. *El Sol,* 15-06-1925. «Un concierto de melodías griegas, armenias, celtas, indias y españolas». Coro de voces femenina en la Asociación Gregoriana, formado por el padre

José Antonio de San Sebastián. Ravel: *Tres piezas*; Nin: *Canciones populares españolas;* Padre Donostia: *Canciones de cuna vascas;* Komitas Wardapet*: Canciones armenias.*

547. LA VIDA MUSICAL. *El Sol*, 31-07-1925. «Musica y músicos españoles en Londres. I». Ernesto Halffter en Londres.

548. LA VIDA MUSICAL. *El Sol*, 01-08-1925. Música y músicos españoles en Londres. II.». Obras de Falla (*El Amor Brujo. El Sombrero de Tres picos. El Retablo*), Turina, Nin, Esplá, Halffter, Salazar.

549. LA VIDA MUSICAL. *El Sol,* 06-08-1925. «El tema inagotable del «folklore». Nuevas aportaciones: Manzanares. M. Palau». Palau. Canciones valencianas, Elementos folklóricos.

550. LA VIDA MUSICAL. *El Sol,* 10-08-1925. «Un viejo capítulo de nuestra historia. El segundo cuaderno de canciones populares españolas de Joaquin Nin» Publicación de Nin: *Veinte canciones populares españolas.*

551. LA VIDA MUSICAL. *El Sol,* 15-08-1925. «Un recién llegado. Antonio Ribera». Regreso a España del compositor catalán Antonio Ribera.

552. LA VIDA MUSICAL. *El Sol,* 19-08-1925. «La semicultura y las sociedades musicales. Un buen ejemplo catalán». Las sociedades musicales y artísticas, objetivos que persiguen y funcionamiento. Asociación de Música de Cámara de Barcelona.

553. LA VIDA MUSICAL. *El Sol,* 23-08-1925. «Un «pioneer», Alfredo Casella, compositor, propagandista y teórico». Casella: *La evolución de la música.* Evolución del compositor italiano.

554. LA VIDA MUSICAL. *El Sol,* 26-08-1925. «*La evolución de la música y la historia de la cadencia,* según Casella.» Comentario sobre el citado libro de Casella: *La evolución de la música,* tomando

como elementos, aquellos que posibilitan la evolución de la cadencia, armonía, cromatismo, atonalidad.

555. LA VIDA MUSICAL. *El Sol*, 29-08-1925. «Un libro de M. D. Calvocoressi. El gusto musical y como se desarrolla». Libro publicado recientemente sobre el *gusto musical y su desarrollo* (apreciación musical), es de Calvocoressi y ha sido publicado por Oxford University Press.

556. LA VIDA MUSICAL. *El Sol*, 04-09-1925. «La joven generación musical. Un músico ciego valenciano, J. Rodrigo. Músicos españoles por M. F. Fernández Núñez». Reseña sobre J. Rodrigo: *Cinco piezas infantiles, Juglares, Preludios, Siciliana, Bourrée, Minueto*. Fernández Núñez, publicación de *Opiniones, anécdotas e historia de los músicos españoles*: Chapi y Pérez Casas, Campo y Larrega, Falla y Badía.

557. LA VIDA MUSICAL. *El Sol*, 08-09-1925. «El «concepto de obra» en el renacimiento. La canción polifónica profana». Análisis sobre el *concepto de obra* a lo largo de la composición musical.

558. LA VIDA MUSICAL. *El Sol*, 09-09-1925. «El sentido temático en el renacimiento y las formas fugales.» Análisis de la canción polifónica renacentista, *modalidad*.

559. LA VIDA MUSICAL. *El Sol*, 10-09-1925. «Las canciones de Claudio Lejeune en los «Monumentos de la Música Francesa del renacimiento» de M. Henry Expert. Análisis de *La Chanson* del renacimiento francés.

560. LA VIDA MUSICAL. *El Sol*, 17-09-1925. «El concepto del ritmo en el Renacimiento. El paso a la época moderna» Ritmo, *canción mensurada*.

561. LA VIDA MUSICAL. *El Sol*, 23-09-1925. «Una historia de la música europea. Los periodos clásicos y el contemporáneo. El doctor Guido Adler». Adler: *Manual de historia de la música*.

Comentario sobre cada uno de los capítulos del libro. La musicología como ciencia musical. Salazar ha redactado la parte correspondiente a España en el periodo contemporáneo.

562. CONCIERTOS. *El Sol*, 30-09-1925. «El Cuarteto Roth en la A. de C. M.»

563. CONCIERTOS. *El Sol*, 01-10-1925. «Segundo recital del Cuarteto Roth en la A. de C. M.» *Cuarteto* de Ravel y de Schubert.

564. CONCIERTOS. *El Sol*, 15-10-1925. «L. Querol y N. Brunelli».

565. CONCIERTOS. *El Sol*, 02-11-1925. «Paul Grummer y Sergio Bortkiewiez». Recital en la Sociedad Filarmónica para inaugurar el curso. Obras de Bortkiewiez y de Cassadó (*Sonata en estilo antiguo español*).

566. LA VIDA MUSICAL. *El Sol*, 07-11-1925. «La «Canción de arte» en España. Genealogía y presente. Un artículo de Salvador de Madariaga.» Artículo de Madariaga publicado en *El Sol* el día 5 de noviembre, la «*canción de arte*». Diferencia de opiniones con Salazar, identificación con el Lied.

567. CONCIERTOS. *El Sol*, 07-11-1925. «Inauguración de la temporada sinfónica» orquesta Filarmónica, Saco del Valle. Gluck: *Suite de Balleta*. Turina: *Danzas fantásticas*.

568. LA VIDA MUSICAL. *El Sol*, 11-11-1925. «»Lieder» por Nina Kochitz. Dos Óperas de cámara». Nina Kochitz, mezzosoprano, Debussy: *Green*. Ravel: *Nicolette*. Roussel: *El bachiller de Salamanca*. Mussorgsky: *Gopak, Hopak*. Haendel: *Largo de Jerges*. Óperas de cámara, Maria Rodrigo: *Canción de amor*. Ribera: *Sang-Po*.

569. CONCIERTOS. *El Sol*, 12-11-1925. «Kubelik o veinte años después».

570. CONCIERTOS. *El Sol*, 14-11-1925. «Macbeth», de Strauss en la Orquesta Filarmónica»

571. LA VIDA MUSICAL. *El Sol*, 17-11-1925. «Benne Moseiwitch en la A. de C. M.». Ravel: *Juegos de agua*; Debussy: *Muchacha de los cabellos de lino;* Schumann: *Tocata op.7;* Chopin: *Scherzo en si menor;* Schubert: *Marcha militar;* Kreisler-Rachmaninov: *Liebesleid.*

572. CONCIERTOS. *El Sol*, 18-11-1925.»Orquesta rusa de Balalaikas».

573. CONCIERTOS. *El Sol*, 19-11-1925. «La Sinfónica en Pavón. Primer concierto» Obras de Albéniz *(Corpus de Sevilla, orquestado por Arbós)* y Glazunov *(Elegia a la memoria de un héroe).*

574. CONCIERTOS. *El Sol*, 21-11-1925. «Orquesta Filarmónica. Obras de Debussy y Julio Gómez». Gómez *(Preludio y Romanza),* Debussy: primera audición de *Printemps.* Director, Saco del Valle.

575. LA VIDA MUSICAL. *El Sol*, 23-11-1925. «El «Pacific 231» de Arthur Honegger. Modernidad y «camuflage»». Orquesta Sinfónica, Arbós. Honegger: *Pacific 231.*

576. CONCIERTOS. *El Sol*, 23-11-1925. «El Cuarteto Schachtebeck. Respighi, Sartori, Richard Wetz». Asociación de Cultura Musical.

577. CONCIERTOS. *El Sol*, 28-11-1925. «Orquesta Filarmónica. Crónica retrospectiva». Artículo firmado por A. F. y Salazar. Saco del Valle: *Dos escenas de aldea.*

578. CONCIERTOS. *El Sol*, 30-11-1925. «Wanda Landowska» Concierto en la S.F.

579. CONCIERTOS. *El Sol*, 24-11-1925. «Manen». Acompañamiento al piano de Joaquín Fuster. Obras de Sarasate, Schumann, Bach *(Chacona),* Schubert (La *abeja, Ave María).*

580. CONCIERTOS. *El Sol,* 02-12-1925. «Wanda Landowska, la divina doctora»

581. LOS CONCIERTOS. *El Sol,* 04-12-1925. «Orquesta sinfónica». Orquesta Sinfónica. Arbós. Beethoven: *Quinta Sinfonía.* Wagner. Debussy. Stravinsky. Chávarri: *Acuarelas.* Enesco: *Rapsodia rumana.*

582. LA VIDA MUSICAL. *El Sol,* 07-12-1925. «El Cuarteto Zimmer. El estilo clásico y el moderno en el arte del cuarteto». Joseph Jongen (*Dos serenatas*).

583. LA VIDA MUSICAL. *El Sol,* 10-12-1925. «La declamación musical y la canción moderna. El arte de Berta Singermann». Consideraciones sobre la canción de arte y el lied. Recital ofrecido por Singermann en el Teatro de la Comedia. Klingsor: *Soldadito de plomo, Pájaro azul, Soldadito de madera, Murciélago*; José Asunción Silva: *Nocturno;* Ercastey: *Alegría del mar.*

584. CONCIERTOS. *El Sol,* 12-12-1925. «Orquesta Sinfónica. Falla y Halffter. Orquesta Filarmónica». Orquesta Sinfónica, Arbós. Falla: *Danza del sombrero de tres picos.* Orquesta Filarmónica, Pérez Casas, Halffter: *Dos bocetos* (nueva versión).

585. LA VIDA MUSICAL. *El Sol,* 18-12-1925. «Las dos Iberias. Orquesta Sinfónica». La *Iberia* de Debussy y la de Albéniz. Orquesta Filarmónica.

586. LA VIDA MUSICAL. *El Sol,* 19-12-1925. «Orquesta Filarmónica, Castrillo D´Indy, Roussel». Castrillo (*Oda*), Glazunov (*Cuarta Sinfonía*), D´Indy (*Preludio de Fervaal*), Roussel (*El Festin de la araña*). La A. de C. M. presidida por Xavier Cabello Lapiedra solicita al Ministro de Instrucción pública y Bellas Artes una medalla para Rubinstein (la gran Cruz de Alfonso XII). Emilio Pujol en la Sociedad guitarrística en el hotel Ritz, con obras de G. Sanz, R. de Viso, Sors, etc.

1926

587.- INFORMACION TEATRAL. *El Sol*, 04-01-1926. «Apolo. Rigoletto»

588. CONCIERTOS. *El Sol*, 07-01-1926. «Un nuevo violinista». A. de C. M.. Obras de Bach (*Chacona*), Beethoven, Saint- Saëns, Paganini (*Campanella*).

589. TEATRO REAL. *El Sol*, 11-01-1926. ««Aida». Presentación de Ofelia Nieto, Hipólito Lázaro y B. Franci.». Verdi: *Aida*. Representación del día anterior, Nieto, Lázaro, Franci, Fernández, Liester, Wratislawa. Saco del Valle (director).

590. CONCIERTOS. *El Sol*, 14-01-1926. «Trio de Bruselas». En la Sociedad Filarmónica. Obras de Gossens (*Rapsodia*), Jongen, Franck.

591. VIDA MUSICAL. *El Sol*, 16-01-1926. «Arthur Rubinstein». Stravinsky (*Petrouchka*), Debussy (*Peces de oro, Minstrels*), Ravel (*Alborada del Gracioso*).

592. INFORMACIÓN TEATRAL. *El Sol*, 22-01-1926. «Apolo. «Manon»

593. CONCIERTOS. *El Sol*, 23-01-1926. «Orquesta Filarmónica». Ravel (*Alborada del Gracioso*), Paredes (*Atardecer andaluz*).

594. CONCIERTOS. *El Sol*, 26-01-1926. «Rubinstein, Albéniz, Granados, Falla»

595. INFORMACIÓN TEATRAL. *El Sol*, 27-01-1926. «Apolo. «Tosca»

596. VIDA MUSICAL. *El Sol*, 30-01-1926. «Orquesta Filarmónica. El salto atrás».Orquesta Filarmónica, Tschaikovsky: *Sinfonía Patética*; Rimsky-Korsakov: *Capricho español*. Mozart. Beethoven. Wagner.

597. LA VIDA MUSICAL. *El Sol*, 06-02-1926. «Orquesta Filarmónica. «Pini di Roma, de O. Respighi».

598. INFORMACION TEATRAL. *El Sol*, 15-02-1926. «Apolo. «La Traviata»

599. VIDA MUSICAL. *El Sol*, 15-02-1926. «Cuarteto de arpas cromáticas. G. Bouillon». Cuarteto de arpas cromáticas Casadesus. Debussy: *Danzas sagradas y profanas*. Honegger. Charpentier. Bouillon (violinista).

600. LA VIDA MUSICAL. *El Sol*, 17-02-1926. «Apolo. «La Dolores».

601. LA VIDA MUSICAL. *El Sol*, 18-02-1926. «Una nueva ópera española «La espigadora» de la Viña y Pérez Doíz». I. Teatro Liceo de Barcelona, Facundo de la Viña: *La espigadora*. Estreno. De la Viña ganador del concurso de composición operística en el Liceo.

602. LA VIDA MUSICAL. *El Sol*, 19-02-1926. «Una nueva ópera española: «La espigadora», de La Viña y Pérez Doíz». II. Comentario sobre la estructura musical y dramática de la ópera.

603. VIDA MUSICAL. *El Sol*, 20-02-1926. «Sociedad Filarmónica. J. Turina y C. Galatti». Galatti (cantante) acompañada por Turina, obras de Falla, Nin, Moreno Torroba, Turina. Turina: Sonata «Sanlucar de Barrameda»

604. VIDA MUSICAL. *El Sol*, 22-02-1926. «Sesión de tríos en la A. de C. M.» Trío de instrumentistas formado por los señores Sirota, Pollak y Buxbaum. Mozart: *Trío en si bemol*; Brahms: *Trío en re*.

605. INFORMACIÓN TEATRAL. *El Sol*, 24-02-1926. «Apolo. Fin de Fiesta».

606. LA VIDA MUSICAL. *El Sol*, 25-02-1926. «El violinista Huberman en la Sociedad Filarmónica». Mozart: *Concierto en sol Mayor*; Bach: *Adagio y fuga para violin solo*; Szymanowsky: *Mitos*; Sarasate: *Romanza en sol*.

607. LA VIDA MUSICAL. *El Sol*, 02-03-1926. «Jascha Heifetz, a la perfección». Heifetz violinista. Obras de Beethoven: *Sonata a Kreutzer*; Sarasate: *Zarabanda*; Bach: *Chacona*. Banda municipal y Coros del Hogar Vasco, concierto dirigido por el maestro Villa. Obras de Stravinsky, Debussy, Glazunov, Wagner.

608. CONCIERTOS. *El Sol*, 03-03-1926. «Helena Morsztyn y la Orquesta Sinfónica». Teatro de la Comedia. Comienza la nueva serie de conciertos. Nuevas reformas del Teatro. *Concierto de piano* de Beethoven y Mendelsshon. Segundo y último concierto de Jascha Heifetz.

609. CONCIERTOS. *El Sol*, 06-02-1926. «Orquesta Filarmónica. Eduardo del Pueyo». *Concierto en do menor* de Beethoven. *Concierto en la mayor* de Liszt. Obras de Rabaul (*Égloga*) y Debussy (*Pequeña Suite*).

610. VIDA MUSICAL. *El Sol*, 09-03-1926. «Jascha Heifetz, nuevamente». Mendelssohn: *Rondó caprichoso*. Bach: *Aria*; Chopin: *Nocturno*. Concierto de Pilar Cavero y Rafael Martínez.

611. CONCIERTOS. *El Sol*, 10-03-1926. «Orquesta Sinfónica. Rimsky. Tschaikowsky. Liadov

612. LA VIDA MUSICAL. *El Sol*, 11-03-1926. «Godowsky en la A. de C. M.» Godowsky pianista: Bach. Beethoven. Schumann. Liszt. Chopin: *Estudios en la menor*. Brahms: *Rapsodia*.

613. CONCIERTOS. *El Sol*, 13-03-1926. «Orquesta Filarmónica». Obra de Roussel (*El Festín de la Araña*) y Ravel (*La Valse*).

614. LA VIDA MUSICAL. *El Sol*, 14-03-1926. «El cuarteto vocal Kedroff en la Sociedad Filarmónica». Schumann. Cui. Saint-Saëns. Glinka. Borodin.

615. LA VIDA MUSICAL. *El Sol*, 17-03-1926. «Orquesta Sinfónica: Gustav Holst. Honegger». Orquesta Sinfónica, Arbós. Honegger: *Pacific 231*. Holst: *Los planetas*.

616. LA VIDA MUSICAL. *El Sol*, 18-03-1926. «Orquesta Filarmónica. Fin de curso». Respighi (*Los pinos de Roma*).

617. VIDA MUSICAL. *El Sol*, 23-03-1926. «Emilio Sauer en la A. de C». Programa de Sauer: Chopin: *Balada, Nocturno, Berceuse, Polonesa, Vals.*

618. VIDA MUSICAL. *El Sol*, 24-03-1926. «Walter Damrosch y la Orquesta Sinfónica». Orquesta Sinfónica. Walter Damrosch. Weber: *Der Freischütz*; Debussy: *Fiestas*; Lekeu: *Adagio*; Franck: *Sinfonía*.

619. VIDA MUSICAL. *El Sol*, 31-03-1926. «Orquesta Sinfónica. Fin de curso. «Evocación medieval» de Conrado del Campo». Orquesta Sinfónica, Arbós. Conrado del Campo: *Evocación medieval*. Galatti (soprano), Masa Coral de Madrid. T. L. de Victoria.

620. CONCIERTOS. *El Sol*, 07-04-1926. «Miguel Berdión». Joven pianista zamorano en el domicilio social de la Masa Coral de Madrid.

621. CONCIERTOS. *El Sol*, 08-04-1926. «Ivonne Canale». Violinista. Obras de Beethoven (*Concierto*), Franck (*Sonata*), Schubert (*Canción*), Arbós (*Tango*), Sarasate (*Jota*).

622. CONCIERTOS. *El Sol*, 10-04-1926. «Recital de José Cubiles». Recital en la Comedia.

623. CONCIERTOS. *El Sol*, 13-04-1926. «Recital de José Iturbi» Obras de Chopin, Chabrier y Debussy. Liszt.

624. LA VIDA MUSICAL. *El Sol*, 14-04-1926. «Recital de violín por Carlos Sedano». Ries: *Movimiento perpetuo*; Sarasate: *Habanera, Jota*; Brahms. *Vals*; Kreisler: *Danza eslovánica*.

625. CONCIERTOS. *El Sol*, 17-04-1926. «Doble Quinteto de Madrid». En la sala Aeolian. Quinteto de viento (Garijo: flauta; González: oboe; Fernández: clarinete; Romo: fagot; Mont: trompa) y quinteto de cuerda con piano y contrabajo (Corvino, Cano, Alcoba y Hernández, más Quintero al piano y González al contrabajo. Obras de Lalo, Spohr, Bach, Borodin y Mozart.

626. CONCIERTOS. *El Sol*, 22-04-1926. «Ninon Vallin en la S. F.». Recital de Lieder. Labor de la Filarmónica en este campo

627. LA VIDA MUSICAL. *El Sol*, 25-04-1926. «El cuarteto Flonzaley en la A. de C. M.» Concierto celebrado el día anterior con obras de Beethoven: Cuarteto op. 135. Schumann. Mozart.

628. LA VIDA MUSICAL. *El Sol*, 29-04-1926. «Recital de música de Chopin por Rubinstein. Canciones españolas.» Teatro de la Comedia. Arturo Rubinstein: Chopin. Concierto en la exposición de pintura de Piere Floquet, Alberto, Ana Itarte (cantante): canciones de E. Halffter: *La corza blanca*; Rodolfo Halffter: *Verano*; Gustavo Durán: *Salinero*, enviadas a Rafael Alberti para ilustrar su libro de poemas *Marinero en tierra*. Debussy. Ravel. Durey.

629. VIDA MUSICAL. *El Sol*, 02-05-1926. «Un recital de Alejandro Brailowsky». Liszt: *Sonata*; Chopin: *Fantasía-Impromptu. Mazurca en la menor*; Schumann: *Escenas de niños. Carnaval. Estudios Sinfónicos.*

630. LA VIDA MUSICAL. *El Sol*, 06-05-1926. «Rubinstein se despide. El Cuarteto Flonzaley. Un cuarteto de Szymanowsky. Otros conciertos». *Cuarteto en do mayor, op. 37*, de Szymanowsky

631. LA VIDA MUSICAL. *El Sol*, 08-05-1926. «»Folklore» sudamericano». Teatro de la Comedia, Ana S. de Cabrera, recital de canciones argentinas y algunas peruanas. «Música de Oscar Esplá», Vela y Fuster, recital en la sala Aeolian de música de Esplá: *Sonata para violín y piano, Impresiones musicales, Crepusculum.*

632. CONCIERTOS. *El Sol*, 10-05-1926. «Segundo recital de Brailowsky». Recital de piano con obras de Scriabin (*Preludio op. 74*); Stravinsky (*Estudio en fa sostenido*); Mussorgsky (*Cuadros de una Exposición*), etc.

633. VIDA MUSICAL. *El Sol*, 13-05-1926. «Colaboradores del «folklore»». Cabrea, folklorista argentina; Proudhon, folklorista y registrador fonográfico de canciones de folklore.

634. CONCIERTOS. *El Sol*, 20-05-1926. «Recital de piano por Aline van Barentzen».

635. CONCIERTOS. *El Sol*, 25-05-1926. «Un nuevo recital de Chopin. Brailowsky»

636. CONCIERTOS. *El Sol*, 01-06-1926. «Recital de canciones brasileñas por Antonieta de Souza». Lieder y romanzas de salón.

637. LA VIDA MUSICAL. *El Sol*, 22-07-1926. «Publicaciones: René Vannes, «Ensayo de terminología musical», F. Rubio Piqueras, «Códices polifónicos Toledanos»». Publicación por la editorial Max Eschig de París, de René Vannes: *Ensayo de terminología musical*. Rubio Piqueras, publicación de un Índice detallado del contenido de los Códices de la catedral toledana.

638. LA VIDA MUSICAL. *El Sol*, 24-07-1926. «La próxima temporada de la Zarzuela. Una conversación oficiosa y algunos comentarios».

639. LA VIDA MUSICAL. *El Sol*, 25-07-1926. «BAYREUTH, 1926». Descripción de una peregrinación a Bayreuth.

640. LA VIDA MUSICAL. *El Sol*, 28-07-1926. «Publicaciones «Estudio sobre el canto popular castellano» por Gonzalo Castrillo. Las cartas de Reinecke sobre las sonatas de Beethoven.». Gonzalo Castrillo, maestro de capilla de la catedral de Palencia, publicación de Estudio sobre el canto popular castellano. Publicación de Chavarri sobre las sonatas de Beethoven y las cartas de Reinecke.

641. LA VIDA MUSICAL. *El Sol*, 30-07-1926. «Publicaciones. Rossini de nuevo. "El Barbero de Sevilla» por Guido M. Gatti». Colección Obras maestras de la música explicadas, publicación dedicada a Rossini: *El barbero de Sevilla*.

642. LA VIDA MUSICAL, *El Sol*, 31-07-1926. «Publicaciones: «Pelleas et Melissande», por Maurice Emmanuel». Colección Obras maestras de la música explicadas, publicación dedicada a Debussy: *Pelleas et Melisande*, por Maurice Enmmanuel.

643. LA VIDA MUSICAL. *El Sol*, 07-08-1926. «M. Paullouis Neuberth y la «viola- alta». Un cuarteto de violas». Comentario sobre la evolución de la viola. M. Poul Lous Neuberth, descripción del nuevo instrumento y concierto en París.

644. LA VIDA MUSICAL. *El Sol*, 20-08-1926. «Publicaciones: «Las canciones medievales y la tonalidad medieval», por Manuel F. Fernández Núñez». Excelencia de Fernández Núñez y recopilación y estudio modal de canciones populares.

645. LA VIDA MUSICAL. *El Sol*, 24-8-1926. «El Cuarto Festival Internacional de Música Contemporánea y «El Retablo de Maese Pedro´ de Falla». La primera vez que aparece un español en la programación de estos festivales, según Salazar.

646. LA VIDA MUSICAL. *El Sol*, 31-08-1926. «Lo poco y lo mucho en Musicología. Latinos y anglosajones. Un libro sobre la vida musical en Norteamérica.» Music Year Book, editado por Pierre Key, resumen sobre el año musical en Norteamérica.

647. LA VIDA MUSICAL. *El Sol*, 09-09-1926. «Una nueva generación de músicos alemanes. Los festivales de Donaueschingen». Varios estrenos en el festival de obras de Ruthaus, Lothar, Stavensky, Reuter, Pepping.

648. LA VIDA MUSICAL. *El Sol*, 16-09-1926. «Un músico francés: Eugene Cools y sus obras. Un libro de Ricardo Wagner». Últimas obras aparecidas en el catálogo del compositor Cools en la casa Eschig: Preludio para el drama «La muerte de Tintagiles», poema. Libro de Wagner: *El arte de dirigir la orquesta*. Traducción y publicación de Julio Gómez.

649. LA VIDA MUSICAL. *El Sol*, 17-09-1926. «La última ilusión, o zarzuelismo y españolismo». Consideraciones sobre los motivos por los que la ópera no puede cuajar en España.

650. LA VIDA MUSICAL. *El Sol*, 19-09-1926. «El eterno tópico. El teatro lírico nacional». Más consideraciones sobre los problemas y tópicos del fracaso del Teatro Lírico Nacional.

651. LA VIDA MUSICAL. *El Sol*, 23-09-1926. «Publicaciones. Dos exotistas: G. Samazeuilh y Carol-Berard». En las editoriales de París: Lemoine y Duran.

652. LA VIDA MUSICAL. *El Sol*, 29-09-1926. «Un viejo capítulo en la historia de la música española». I. Publicación en la casa Max Eschig de París: Joaquín Nin: *Diez y seis sonatas antiguas de autores españoles*. Estos autores son Soler, Mateo Albéniz, Cantallos, Blas Serrano y Mateo Ferrer.

653. LA VIDA MUSICAL. *El Sol*, 02-10-1926. «Un viejo capítulo en la historia de la música española». II. Más consideraciones sobre la publicación de Nin y comentario sobre la técnica del clavecín y su composición en España.

654. LA VIDA MUSICAL. *El Sol*, 09-10-1926. «Un viejo capítulo en la historia de la música española.» III. Comentario en esta serie de música española sobre la evolución de la sonata y tocata.

655. LA VIDA MUSICAL. *El Sol*, 10-10-1926. «Un viejo capítulo en la historia de la música española» y IV. Comentarios sobre Cantallos y Mateo Ferrer.

656. CONCIERTOS. *El Sol*, 14-11-1926. «Inauguración del Palacio de la Música. Primer concierto de la orquesta Lassalle». Orquesta Lassalle con obras de Haendel: *Concierto en re menor*; Berlioz: *Sinfonía Fantástica*; Wagner: *Maestros cantores*; Falla: *El amor brujo*.

657. LA VIDA MSUICAL. *El Sol*, 21-11-1926. «Polonia y Chopin». Homenaje a Chopin en Polonia coincidiendo con el aniversario de la Sociedad Filarmónica de Varsovia. Representantes de otras naciones. Monumento escultórico a Chopin por Waclaw Szymanowsky. «Orquesta Lassalle. Una obra de Freitas Branco». Segundo concierto de temporada de esta orquesta. Mahler. Freitas Branco: *Poemas después de una lectura de Anthero do Quintal*; Mussorgsky: *Una noche en el monte pelado*.

658. CONCIERTOS. *El Sol*, 27-11-1926. «Orquesta Filarmónica». *Segunda Sinfonía*, de Borodin; *Egmont*, de Beethoven; *Suite Pastoral*, de Chabrier, entre otras obras.

659. LA VIDA MUSICAL. *El Sol*, 08-12-1926. «Una semana de Música» Semana musical en la que intervienen Cassadó, Landowska, Elisabeth Day, Orquesta Lassalle, Liszt: *Faust-Symphonie*. Julio Gómez: *Suite en la*.

660. LA VIDA MUSICAL. *El Sol*, 09-12-1926. «Wanda Landowska en la Sociedad Filarmónica». Byrd: *Canto irlandés*. Canciones y lieder de autores polacos.

661. CRÓNICAS MUSICALES. *El Sol*, 16-12-1926. «Canciones negras». Asociación de cultura Musical promueve un concierto de canciones espirituales, algunas con versiones orquestadas por Paul Whitemann.

662. LA VIDA MUSICAL. *El Sol*, 24-12-1926. «Orquesta Filarmónica» Orquesta Filarmónica, Pérez Casas. Haendel: *Concierto grosso en re menor*. Paredes: *Atardecer andaluz*; Borodin: *Danzas del Príncipe Igor*; Bach: *Coral*. Pura Lago, R. Cherit. Bach. Weber. Schumann. Liszt. Strauss.

663. LA VIDA MUSICAL. *El Sol* 26-12-1926. «Lassalle. «Heraldos» de S. Bacarisse». Concierto celebrado en el Palacio de la Música. Orquesta Lassalle. Bacarisse: *Heraldos*; Chabrier: *España*; Gerónimo Jiménez: *La boda de Luis Alonso*.

1927

664. CRÓNICAS MUSICALES. *El Sol*, 02-01-1927. «Manuel de Falla». Comentario sobre la figura de Falla como hombre y como compositor, próximo homenaje en España y estreno de «Concerto de Cámara» en Barcelona, con Wanda Landowska.

665. LA VIDA MUSICAL. *El Sol*, 08-01-1927. «Un libro español sobre Claudio Debussy». Reflexiones de Salazar sobre el libro *En torno a Debussy*, publicado por M. Arconada.

666. CONCIERTOS. *El Sol*, 15-01-1927. «Nina Kochitz en la S.F.». Por tercera vez aparece la cantante rusa en la S.F, con un repertorio de lieder de su país.

667. LA VIDA MUSICAL. *El Sol*, 13-01-1927. «Música y músicos españoles en el extranjero. Una excursión triunfal de Arbós». Arbós regresa de una gira como director en Francia, Inglaterra y Suiza, también le acompañó en alguno de los conciertos Pablo Casals. Autores españoles, Albéniz: *Triana, El corpus en Sevilla*; Falla: *El sombrero de tres picos, El amor brujo*; Ernesto Halffter: *Dos bocetos*; Turina: *Danzas fatásticas*. Ravel, Respighi, Stravinsky, Corelli.

668. LA VIDA MUSICAL. *El Sol*, 18-01-1927. «El «Burgués gentilhombre» de Strauss. Una obra nueva de T. Valdovinos. A. Grande. Iturbi». Orquesta Filarmónica, Pérez Casas, Strauss: *Burgués gentilhombre*. (estreno). Valdovinos: *Brisas de España* (estreno). Club Rotario de Madrid, concierto de Ángel Grande, Lalo: *Sinfonía española*; Paganini: *Preludio y allegro*; Grande: *Saeta, Serenata Española*; Bach. Iturbe (pianista): Brahms: *Variaciones sobre un tema de Paganini*; Chopin: *Polonesa en la bemol, Rapsodia nº11*; Albéniz: *Polo*.

669. LA VIDA MUSICAL. *El Sol*, 19-01-1927. «Primer recital de Heifetz» Recital el día anterior en el Teatro de la Comedia. José Cubiles en París.

670. CONCIERTOS. *El Sol*, 23-01-1927. «Jascha Heifetz» Segundo de los conciertos ofrecidos: Vitali: *Chacona*; Locatelli: *Sonata*; Glazunov: *Concierto*; Bach: *Preludio* (arreglado por Kreisler); Debussy: *Preludio*; Fauré: *Berceuse*. Mozart: *Minué*; Paganini: *Variaciones sobre un tema de Tancredi*, de Rossini.

671. INFORMACIÓN TEATRAL. *El Sol*, 26-01-1927. «Zarzuela. La Walkirya. Presentación de la compañía alemana.

672. LA VIDA MUSICAL. *El Sol*, 27-01-1927. «Blanche Selva. «Una sinfonía burocrática». «La espigadora», de la Viña y Dolz en Barcelona». Dolz en Barcelona.» Concierto en el Círculo de Bellas Artes de Madrid. Beethoven. Rameau. Scarlatti. Schmitt: *Sinfonía burocrática*. De la Viña, estreno en Barcelona de *La espigadora*. De la Viña: *Covadonga* (estreno de este poema sinfónico).

673. CONCIERTOS. *El Sol*, 31-01-1927. «Orquesta Lasalle». Segunda serie de conciertos en el Palacio de la Música. *Sueño de una noche de verano*, de Mendelsshon; *Scherezade*, de Rimsky; *Divertimento*, de Mozart.

674. CONCIERTOS. *El Sol*, 01-02-1927. «Bordás y Manén en la A. de C. M». Obras de Bach y Torelli.

675. CONCIERTO. *El Sol*, 04-02-1927. «Recital de canto por Dagmara Renina». Canciones de Balakirev, Vasilenko, Gliere. Manen: Rosinyol; Falla: *Nana*. Debussy.

676. CONCIERTOS. *El Sol*, 05-02-1927. «Orquesta Filarmónica». Orquesta Filarmónica, Pérez Casas. Strauss: *Don Quijote*; Beethoven. De la Viña: *La espigadora*; Franck: *Redención*.

677. FOLLETONES DE «*El Sol*». *El Sol*, 06-02-1927. «»Film» de la vida de Beethoven». Conmemoración del primer centenario de la muerte de Beethoven.

678. LA VIDA MUSICAL. *El Sol*, 08-02- 1927. «Los cantores de San Gervasio. Nathan Milstein o el violinista imprevisto. Otros conciertos». Coro de San Gervasio de París, concierto en la Sociedad Filarmónica. Pierre de la Rue. Claudino el joven. Tomás Luis de Victoria: Motetes. Palestrina. Ravel: *Tres canciones*. Presentación del violinista Milstein en la misma sociedad. Schubert: Berceuse; Haendel: Concierto; Vitali: *Chacona en la menor*; Tartini: *Fuga*. Paganini: *Caprichos*; Sarasate: *Fantasia sobre temas de Carmen de Bizet*; Rimsky-Korsakov: *Vuelo del moscardón*. Orquesta Lassalle, Mahler: *Cuarta sinfonía*. Rectificación sobre el folletón de Beethoven.

679. CONCIERTOS. *El Sol*, 10-02-1927. «Turina, Beethoven y Zanella en el Cuarteto Zimmer». Concierto en la asociación de C. M. Obras del compositor italiano Zanella (*Cuarteto en la mayor*); Beethoven (*Cuarteto op. 127*), Turina (*Cuarteto*).

680. LA VIDA MUSICAL. *El Sol*, 18-02-1927. «Florent Schmitt y la «Tragedia de Salomé». Otros conciertos. Orquesta Filarmónica, Pérez Casas. Florent Schmitt: *Tragedia de Salomé*.

Cuarteto Zimmer, concierto en la S. de C. M. Haydn: *Cuarteto de las»quintas»*; Beethoven: *Cuarteto en mi menor*. Sociedad guitarrística.

681. LA VIDA MUSICAL. *El Sol*, 23-02-1927. «Eugen Szenkar dirige la orquesta Filarmónica». Haydn: *Sinfonía en re*; Beethoven: *Leonora*; Strauss: *Don Juan*. Rossini.

682. CONCIERTOS. *El Sol*, 27-02-1927. «Orquesta Lassalle. Más Wagner». Orquesta Lassalle, Palacio de la Música. Wagner: *Rienzi, Tannhäuser, Los encantos del viernes Santo*, de Parsifal.

683. FOLLETONES DE «*El Sol*». *El Sol*, 26-02-1927. «Beethoven: el artista y la época». Comentario sobre la figura artística de Beethoven, el compositor y el posicionamiento de su música en el Clasicismo.

684. FOLLETONES DE « *El Sol*». *El Sol*, 05-03-1927. «Beethoven: la fuerza; la obra». Más comentarios sobre la obra de Beethoven.

685. CONCIERTOS. *El Sol*, 11-03-1927. «Orquesta Lasalle». Elegía, de Massenet; *Scherezade*, de Rimsky; *L'enfant prodigue*, de Debussy

686. FOLLETONES DE « *El Sol*». *El Sol*, 13-03-1927. «Beethoven: sinfonía y drama.»Comentario sobre la obra sinfónica de Beethoven.

687. CONCIERTOS. *El Sol*, 16-03-1927. «El Cuarteto de Budapest en la A. de C. M.

688. LA VIDA MUSICAL. *El Sol*, 19-03-1927. «El homenaje a Beethoven organizado por el Conservatorio. Conferencia de D. Rogelio Villar». Teatro Cómico, primera conferencia dictada por Villar pertenecientes al homenaje a Beethoven. Concierto de Friedman en el teatro de la Comedia.

689. LA VIDA MUSICAL. *El Sol*, 23-03-1927. «J. Turina y J. Ibert en la O.S. El homenaje a Beethoven en el conservatorio». Orquesta Sinfónica, Arbós. Turina: *Canto a Sevilla*. Ibert: *Escalas*.

690. LA VIDA MUSICAL. *El Sol*, 26-03-1927. «Los conciertos del Cuarteto Gewandhaus. La Coral Zamora. Las conferencias sobre Beethoven en el Conservatorio». Sociedad Filarmónica: Cuarteto Gewandhaus. Beethoven (cinco cuartetos). Mozart. Schubert: *Cuarteto en re menor*. Brahms: *Cuarteto en la menor*. Haydn. Concierto en el Palacio de la Música el día anterior. Coral Zamora.

691. LA VIDA MUSICAL. *El Sol*, 29-03-1927. «El cuarteto de Budapest. El homenaje a Beethoven en el Conservatorio». Asociación de Cultura Musical, Cuarteto de Budapest: Beethoven: *Gran fuga, Cuarteto en do sostenido menor*. Debussy.

692. UN ESTRENO DE ESPLÁ. *El Sol*, 30-03-1927. «»Don Quijote velando las armas». La Orquesta Sinfónica de Arbós interpreta la nueva versión sinfónica de la obra.

693. FOLLETONES DE « *El Sol*». *El Sol*, 31-03-1927. «Beethoven: la música de cámara. Hacia el futuro». Comentario sobre la composición camerística de Beethoven.

694. EN LA ORQUESTA SINFÓNICA. El Sol, 06-04-1927. «La «Sinfonietta», de Ernesto Halffter». Orquesta Sinfónica, Arbós. Concierto celebrado el día anterior. E. Halffter: *Sinfonietta* (estreno). Falla: El sombrero de tres picos.

695. LA VIDA MUSICAL. El Sol, 08-04-1927. «Conferencia de Don Miguel Salvador en el Lyceum». Conferencia cuyo contenido era el ejercitar un sentido crítico sobre la obra musical. Varios conciertos: Masa Coral de Madrid, Orquesta Sinfónica, Cubiles. Emil Sauer en el Teatro de la Comedia. Nathan Milstein en la Sociedad Filarmónica.

696. LA VIDA MUSICAL. *El Sol*, 22-04-1927. «Conciertos de Pascua. Iturbi. Joaquín Nin. Miguel Kousnezof. Una nueva Sociedad». Iturbi, Mozart. Schubert. Liszt. Chopin. Albéniz. Sociedad Filarmónica, conciertos de Nin y Kouznezof (barítono), Nin: *Canciones*. Falla. Turina. P. Donostia. Nueva sociedad de música de cámara llamada Asociación Musical Hispanoamericana,

fundada por José Subirá y Manuel Abril. Concierto de inauguración por el Doble Quinteto Español, Beethoven: *Quinteto*, *Trío-Serenata*, *Septimino*. Turina.

697. LA VIDA MUSICAL. *El Sol*, 26-04-1927. «Kreisler en la A. de C. M.» Conciertos de Beethoven y Brahms. Cultural guitarrística.

698. LA VIDA MUSICAL. *El Sol*, 11-05-1927. « Dagmara Renina, Palacio de la Música. Concierto con canciones de Falla, Respighi, Debussy, Beethoven, Mussorgsky, Wagner, Rachmaninof, Rimsky-Korsakov. Juárez (mezzosoprano), concierto de lied. Pilar Cavero, pianista. Chopin, Fauré, Scriabin, Falla.

699. CONCIERTOS. *El Sol*, 19-05-1927. «Enesco en la A. de C. M.» Mozart: *Concierto en mi bemol*. Fabini: *La isla de los Colbos*. Debussy.

700. CONCIERTOS. *El Sol*, 25-05-1927. «Recital de canciones por Vera Romanova»

701. CONCIERTOS. *El Sol*, 09-06-1927. «Wladimiro Horowitz». Asociación de Cultura Musical, concierto de piano de Horowitz: Chopin, Bach, Scarlatti, Rachmaninov.

702. LA VIDA MUSICAL. *El Sol*, 10-07-1927. «Un capilla de arte. Wanda Landowska en Saint-leu-la foret».

703. LA VIDA MSUICAL. *El Sol*, 17-07-1927. «Un resumen de la música francesa de Postguerra. Los etudes de Darius Milhaud». Artículo que repasa la composición francesa de postguerra, fundamentalmente Milhaud.

704. LA VIDA MUSICAL. *El Sol*, 28-07-1927. «La epidemia del «Jazz-band» su origen y expansión. Un libro de A. Coeuroy y A. Schaeffner».I. Influencia de la música de jazz originaria de Norteamérica en Europa (Ravel, Stravinsky, Schmitt). Publicaciones de Schaeffner y Coueroy relacionadas con la jazz-band.

705. LA VIDA MUSICAL. *El Sol*, 06-08-1927. «La epidemia del «Jazz-Band», de la Manigua al Gran Hotel. Un libro de A. Coeuroy y A. Schaeffner». II. Comentarios sobre la influencia de

la Jazz-band en Francia, su concepción europea e instrumentos utilizados.

706. LA VIDA MUSICAL. FUERA DE ESPAÑA. *El Sol*, 14-08-1927. «La exposición internacional de Francfort». Exposición Internacional de Música. Festivales de la Asociación Internacional de Música Contemporánea. Exposición sobre la evolución de conciertos, programas, curiosidades de músicos, instrumentos, etc. a los largo de los siglos hasta la fecha.

707. LA VIDA MUSICAL. *El Sol*, 28-08-1927. «Los festivales de la Sociedad Internacional de Música Contemporánea». Orquesta de la Ópera de Francfort, Directores: Furtwaengler, Harmati, Scherchen, Straram, Neumann. Obras de Bartók, Nielsen, Axman, Turina (*Trío para piano, violín y cello*), Coplan, Whittaker, Berg, Jannacek, Petit, Mosolow, Vogel, etc. Comentario sobre las nuevas técnicas compositivas.

708. LA VIDA MUSICAL. *El Sol*, 31-08-1927. «Los festivales de la S.I.M.C. El «Doctor Fausto» de Busoni». Representación de la ópera de Busoni: *Doctor Fausto*.

709. LA VIDA MUSICAL. *El Sol*, 01-09-1927. «Los festivales de la Sociedad Internacional de Música Contemporánea». II. Comentario sobre obras interpretadas en dicho festival de Francfort.

710. LA VIDA MUSICAL. *El Sol*, 07-09-1927. «Una ópera relámpago de Darius Milhaud. Operas de cámara en Baden-Baden». Milhaud: *El rapto de Europa*. Weill: *Mahagonny*. Hindemith: Zwischenentreakt-potpourri.

711. LA VIDA MUSICAL. *El Sol*, 14-09-1927. «Josefina Baker «Estrella» negra». Presentación en París de Josefina Baker, cantante de blues.

712. LA VIDA MUSICAL. *El Sol*, 15-09-1927. «El cincuentenario de Bayreuth». Comentario sobre la vida del teatro en Bayreuth.

713. LA VIDA MUSICAL. *El Sol*, 12-10-1927. «Comienzo de temporada. Conciertos de Mozart, Beethoven y Liszt por Iturbi y Arbós.» Orquesta Sinfónica, Arbós, Iturbi, Liszt: *Concierto en mi bemol*. Beethoven: *Concierto en do menor*, *Quinta Sinfonía*; Falla: *El sombrero de tres picos* (farruca), *Danza del fuego*.

714. LA VIDA MUSICAL. *El Sol*, 18-10-1927. «Recitales Iturbi. Liszt y Albéniz». Iturbi, recital en el Teatro de la Zarzuela. Liszt: *Estudios*; Albéniz: *Iberia*.

715. LA VIDA MUSICAL. *El Sol*, 26-10-1927. «Las mañanas del monumental. El concierto sinfónico popular». Orquesta Sinfónica, Dvorak. Albéniz.

716. LA VIDA MUSICAL. *El Sol*, 29-10-1927. «Las Bodas de plata de la Sinfónica. Harold Bauer. Una «Suite» de Prokofieff». *El Amor de las tres naranjas*, de Prokofieff en la Sociedad de Cultura Musical, como homenaje a la Sinfónica.

717. LA VIDA MUSICAL. *El Sol*, 01-11-1927. «Inauguración de temporada en la Sociedad Filarmónica. Clara Haskil en el Monumental.» Concierto celebrado el día anterior, Orquesta Filarmónica, Pérez Casas. Shoenberg: *Verklärte Nacht*. Mozart: *Sinfonía en mi bemol*. C.Ph.E. Bach. *Concerto*. Concierto de Clara Haskil con la Orquesta Sinfónica, Arbós en la Matiné del Monumental, Schumann: *Concierto en la menor*. Falla: *Nocturnos*.

718. FOLLETONES DE «EL SOL». *El Sol*, 03-11-1927. «El «Concerto», de Manuel de Falla. Idioma y estilo. Clasicismo y modernidad».

719. LA VIDA MUSICAL. *El Sol*, 05-11-1927. «La «Sonata XXIX» orquestada por Weingartner. Los conciertos de la orquesta Filarmónica». Orquesta Filarmónica inaugura los conciertos del Círculo de Bellas Artes. Beethoven: *Coriolano*, *Egmont*, *Sinfonía en la*. Orquestación de la *Sonata XXIX* de Beethoven, orquestada por Weingartner.

720. LA VIDA MUSICAL. El Sol, 08-11-1927. «El Festival Falla en el palacio de la Música». Acto celebrado el día anterior, obras de Falla interpretadas: *Amor brujo, Nocturnos, El concerto de clavicémbalo.* Orquesta Lasalle.

721. LA VIDA MUSICAL. *El Sol,* 09-11-1927. «Milstein en la A. de C. M.» Milstein, joven violinista ruso, Tartini: *Sonata;* Mozart: *Rondo* (arreglo de Kreisler); Glazunov: *Concierto en la menor.* Debussy. Ravel.

722. CONCIERTOS. *El Sol,* 10-11-1927. «Clara Haskil y Luisa Pequeño». Concierto en el Club Lyceum, Ravel: *Introducción y allegro.* C.Ph.E. Bach: *Concierto en re menor.* Scarlatti. Rameau. Brahms. Debussy.Godefroy. Granados.

723. LA VIDA MUSICAL. *El Sol,* 11-11-1927. «El Orfeon Pamplonés y la Sinfónica. Brahms, Victoria, Ravel». Brahms: *Un réquiem alemán.* Orlando di Lasso. Jannequin. Victoria. Ravel: *Daphnis et Chloé.*

724. LA VIDA MUSICAL. *El Sol,* 12-11-1927. «La Misa Solemne de Beethoven, por el Orfeón pamplonés y al Orquesta Sinfónica». Beethoven: *Misa Solemnis,* Orfeón Pamplonés, orquesta Sinfónica, Arbós.

725. LA VIDA MUSICAL. *El Sol,* 15-11-1927. «El cuarteto Guarneri en la A. de C. M.» Schubert: *Quinteto.* Haydn. Beethoven: *Trío serenata.*

726. LA VIDA MUSICAL. *El Sol,* 16-11-1927. «Franz Osborn en la Sociedad filarmónica.» Osborn, pianista: Liszt: *Vals de Mefisto;* Debussy: *La catedral sumergida;* Beethoven: *Treinta y dos variaciones.* Chopin.

727. CONCIERTOS. *El Sol,* 17-11-1927. «Recital de José Cubiles. Dos danzas de Halffter». Cubiles, Falla. Turina. Halffter: *Dos danzas.* Debussy.

728. LA VIDA MUSICAL. *El Sol*, 19-11-1927. «Orquesta Fialmónica. Una obra de Calés». Orquesta Filarmónica, Pérez Casas. Gluck: *Alceste*. Haendel. Bach.
729. VIDA MUSICAL. *El Sol*, 20-11-1927.» Los festivales del Palacio de la Música y el maestro Saint-Saéns». Orquesta Lasalle. Apertura de la serie de Festivales.
730. LA VIDA MUSICAL. *El Sol*, 24-11-1927. «El trío Vocal Fémina en la Sociedad Filarmónica». Ibert: *Cantos de carnaval*; Tiersot: *Canción popular*. Mozart. Vidal. Doret. Gaubert.
731. LA VIDA MUSICAL. *El Sol*, 26-11-1927. «Orquesta Filarmónica. Una obra nueva de Ravel» Orquesta Filarmónica, Pérez Casa. Ravel: *La valse, Daphnis et Chloé*. Esplá: *Impresiones musicales*. Wagner: *Idilio de Sigfrido*. Bacanal de *Tannhäuser*.
732. LA VIDA MUSICAL. *El Sol*, 27-11-1927. «Un festival Mozart en el Palacio de la Música». Orquesta Lassalle, Palacio de la Música, Cavero, Iniesta. Mozart: *Sinfonía Júpiter. Concierto*.
733. LA VIDA MUSICAL. *El Sol*, 29-11-1927. «La Sinfónica, en el Monumental». Orquesta Sinfónica, Arbós. Matinal. Haydn: *Sinfonía en sol*. Mendelssohn: *Sueño de una noche de verano*. Turina. Wagner: *Tannhäuser*. Edna Thomas, en el Lyceum, concierto de *canciones espirituales*. Sociedad Guitarrísica. Concierto en el Ateneno de Elena de Guzmán y Vicente Gómez.
734. LA VIDA MUSICAL. *El Sol*, 03-12-1927. Orquesta Filarmónica. Dos obras nuevas de Debussy». *Marcha escocesa* y *Berceuse heroique*, de Debussy.
735. LA VIDA MUSICAL. *El Sol*, 04-12-1927. «Un festival Beethoven en el Palacio de la Música. Las oberturas. El pianista Vianna da Motta.» Palacio de la Música, Orquesta Lassalle, da Motta, pianista. Beethoven: *Séptima Sinfonía, Concierto en mi bemol, Leonora, Egmont, Claro de luna*.

736. LA VIDA MUSICAL. *El Sol*, 10-12-1927. «Orquesta Filarmónica. Scarlatti. El ruiseñor y la tortuga». Orquesta Filarmónica, Pérez Casas, concierto celebrado el día anterior. Scarlatti: *Tres sonatas* orquestadas por Roland-Manuel. Dvorak: *Sinfonía negra*.

737. LA VIDA MUSICAL. *El Sol*, 11-12-1927.» Un festival de música rusa» Palacio de la música. Orquesta Lasalle. Sociedad Filarmónica.

738. LA VIDA MUSICAL. *El Sol*, 12-12-1927. «Recital de órgano por Guridi en el Palacio de la Música».

739. CONCIERTOS. *El Sol*, 20-12-1927. «El pianista Horowitz en la S.C. Otros conciertos». Chopin. Bach: *Preludios*. Scarlatti. Medelssohn: *Variaciones serias*. Schumann: *Estudios Sinfónicos*.

740. LA VIDA MUSICAL. *EL Sol*, 23-12-1927. «Orquesta Filarmóncia. La «Rapsodia española» de Ravel». Orquesta Filarmónica, Pérez Casas. Ravel: *Rapsodia español*. Tschaikovsky: *Sinfonía patética*.

741. LA VIDA MUSICAL. *El Sol*, 25-12-1927. «Un festival en Homenaje a Bretón en el Palacio de la música» Organizado por Lassalle, se interpretaron fragmentos de Bretón no indicados.

742. LA VIDA MSUICAL. *El Sol*, 29-12-1927. «Un músico nuevo: Manuel Palau, primer premio en los concursos nacionales». Palau: *Seis pequeñas composiciones para orquesta sobre letrillas y romances de Góngora (Gongoriana)*.

743. LA VIDA MUSICAL. *El Sol*, 29-12-1927. «El violinista Sr. Peani». Concierto celebrado el día anterior, Tartini. Vitali. Bloch. Paganini. Brahms. Bach.

744. FOLLETONES DE «EL SOL». *El Sol,* 29-12-1927. «España como nación musical». Artículo sobre compositores españoles representativos de los últimos años: Albéniz, Falla, Pedrell, Halffter, del Campo, Esplá, Turina, etc.

1928

745. LA VIDA MUSICAL. *El Sol,* 01-01-1928. «Un festival Wagner en el Palacio de la Música. Las oberturas y los preludios». Orquesta Lassalle. Oberturas de Wagner. Consideraciones sobre el término sinfonismo, obertura y obra de Wagner.

746. LA VIDA MUSICAL. *El Sol,* 03-01-1928. «Un concurso internacional para conmemorar el centenario de la muerte de Schubert.»(s.f.).

747. LA VIDA MUSICAL. *El Sol,* 07-01-1928. «Un Festival de Música catalana en el Palacio de la Música». Con Lamote de Grignon

748. LA VIDA MUSICAL. *El Sol,* 07-01-1928. «Juan Crisóstomo de Arriaga. Un centenario y un monumento». I. Primera entrega de la cronología de Arriaga.

749. LA VIDA MUSICAL. *El Sol,* 13-01-1928. «Orquesta Sinfónica». Prokofiev. *El amor de las tres naranjas.* Bartók: *Danzas rumanas.* Falla: *El sombrero de tres picos.* Sociedad Filarmónica, Trío Scharrés, Mozart: *Cuarteto en sol menor.* Schumann: *Quinteto.* Franck: *Quinteto.* Sociedad Filarmónica: Quinteto de Bruselas. *Quintetos* de Schumann y Brahms

750. LA VIDA MUSICAL. *El Sol,* 14-01-1928. «Un festival de música romántica en el Palacio de la Música. El Romanticismo y sus matices». Orquesta Lassalle. Schumann. Schubert. Concepto de romanticismo y de naturaleza.

751. LA VIDA MUSICAL. *El Sol,* 17-01-1928. «Juan Crisóstomo de Arriaga. Un centenario y un monumento». II. Segunda entrega sobre la vida y obra de Arriaga, estudios en París.

752. LA VIDA MUSICAL. *El Sol,* 18-01-1928. «Un organista vasco: V. de Zubizarreta. La Schola Cantorum de Bilbao». Concierto de Zubizarreta, organista. Bach, Franck, Mailly, Guliman, Widor: *Gran tocatta.*

753. LA VIDA MUSICAL. *El Sol,* 21-01-1928. «El Trío de la corte belga en la A. de C. M.» Franck: *Trio.* Ravel. Schumann. «*Una conferencia sobre Barbieri*», conferencia dictada por Carlos Bosch en el Circulo de Bellas Artes de Madrid.

754. LA VIDA MUSICAL *El Sol,* 23-01-1928. «Un festival de música alemana. Eugen Szenkar. Brahms. Schoenberg. Hindemith.». Concierto el día anterior en el Palacio de la música, director Szenkar. Beethoven: *Gran fuga.* Schoenberg: *Sexteto. Verklärte Nacht.* Brahms: *Cuarta sinfonía.* Hindemith: *Suite Nush-Nuschi.*

755. CONCIERTOS. *El Sol,* 24-01-1928. «Un festival Chapí, dirigido por Acevedo» Teatro Apolo, Guridi: *El Caserio*; Chapí: *La Revoltosa.*

756. LA VIDA MUSICAL. *El Sol,* 29-01-1928. «Un festival de música vasca en el Palacio de la Música». Lassalle. Pagola: *Sinfonía.* Sorozabal. Padre Donostia.

757. LA VIDA MUSICAL. *El Sol,* 01-02-1928. «Dos programas de música antigua en la Sociedad Filarmónica». Sociedad de Instrumentos antiguos de París. «Orquesta Sinfónica, una obra de La Viña». Rimsky-Korsakov. *La ciudad invisible de Kitej* (ópera). La Viña: *La espigadora.*

758. CONCIERTOS. *El Sol,* 03-02-1928,. «G. Piatigorsky e I. Rensin». Sociedad de Cultura Musical, recital de cello y piano, Piatigorsky y Rensin. Frescobaldi: *Tocata.* Mainardi:

Exótica, Reverte. Granados: *Goyescas*. Bach: *Suite en do mayor*. Tschaikovsky: *Variaciones sobre un tema rococó*.

759. LA VIDA MUSICAL. *El Sol*, 05-02-1928. «Un Festival Beethoven.En el Palacio de la Música. Interpretación y tradición». Consideraciones sobre la interpretación. Concierto de Fermín Fernández Ortiz, violinista.

760. ZARZUELA. *El Sol*, 07-02-1928. «Mefistófeles»

761. CONCIERTOS. *El Sol*, 07-02-1928. «Orquesta Sinfónica y Banda Municipal». *Novena Sinfonía* de Beethoven en el Monumental con la Orquesta Sinfonica

762. LA VIDA MUSICAL. *El Sol*, 08-02-1928. «Sainz de la Maza, en la Comedia». Obras de Turina, Torroba, Tárrega y Adolfo Salazar.

763. CONCIERTOS. *El Sol* 10-02- 1928. «Orquesta sinfónica». Orquesta Sinfónica, Rabos, concierto celebrado el día anterior. Tschaikovsky: *Concierto*, con Minovih (pianista). Rachmaninov. Mussorgsky. Liszt. Pizetti: *La pissanella*.

764. CONCIERTOS. *El Sol*, 11-02-1928. «Conchita Supervía canta el «Amor brujo».Concierto de Falla: *El amor brujo*. Gluck.

765. LA VIDA MUSICAL. *El Sol*, 12-02-1928. «El festival de las obras de Ernesto Halffter». Orquesta Lassalle, Hallfter director. Bach: *Coral Durch Adam falls*. Halffter: *La muerte de Carmen* (fragmento), *Sonatina* (ballet). Alicia Cámara Santos, pianista.

766. CONCIERTOS. *El Sol*, 16-02-1928. El Cuarteto Zimmer en la Cultural

767. LA VIDA MUSICAL. *El Sol*, 22-02-1928. «Un festival de música francesa en el Palacio de la Música». Concierto con obras de Debussy, Dukas, Ravel, Schmitt, Busser.

768. LA VIDA MUSICAL. *El Sol*, 29-02-1928. «Un festival Liszt-

Wagner en el Palacio de la Música». Dr. Lassalle: Liszt: *Fausto, Sonata en si menor*; Wagner: *Faust-Overture;* Berlioz: *Sinfonía fantástica.*

769. CONCIERTOS. *El Sol,* 01-03-1928. «El cuarteto Roth, en la S. F. Bartók, Casella, Stravinsky». Stravinsky: *Tres piezas.* Bartók. Casella.

770. LA VIDA MUSICAL. *El Sol,* 07-03-1928. «Un festival Oscar Esplá en el Palacio de la Música». Orquesta Lassalle, Esplá: *La Nochebuena del diablo, Don Quijote, El contrabandista.*

771. LA VIDA MUSICAL. *El Sol,* 08-03-1928. «Sauer. Eldman. A. Grande. Otros conciertos». Sauer: Beethoven. Schumann. Liszt. Chopin. Eldman (violinista), invitado por la Asociación de Cultura Musical. Grande en el palacio de la Música, Bruch: *Concierto.* Bach. Tartini. Mouret. Arreglos de fragmentos de Stravisky y Pergolesse. Falla. Nin. Moreno Torroba: *Bulerías.*

772. LA VIDA MUSICAL. *El Sol,* 09-03-1928. «Orquesta Filarmónica. Las Danzas de Hallfter». Orquesta filarmónica. Pérez Casas. Schubert: *Sinfonía incompleta*; Beriloz: *Sinfonía Escocesa*; Saint-Saëns: *Danza Macabra;* Halffter: *Ballet Sonatina* (fragmentos).

773. LA VIDA MUSICAL. *El Sol,* 10-03-1928. «Un festival Lassalle. Mischa Elman». Orquesta Lassalle. Beethoven: *Pastoral.* Gretry. Wagner: *Parsifal, Rienzi.* «Mischa Elman» en la A. de C. M., Beethoven: *Sonata nº 5*; Grieg: *Nocturno.* Bach: *Aria, Chacona*: Mendelssohn. Lalo: *Sinfonía.* Bloch. Gaubert. Hurlebuch-Press, *Adagio.*

774. LA VIDA MUSICAL. *El Sol,* 11-03-1928. «Orquesta Filarmónica. Un gran éxito de Manuel Palau» Orquesta Filarmónica, Pérez Casas. Estreno de *Gongoriana* de Manuel Palau.»Marthe Braequemond, Bach: *Fantasía y fuga en sol menor.* Schumann. Couperin. Buxtehude: *Fuga en do Mayor.*

Mendelssohn. «Cuarteto Milanés», Schumann, Mozart: *Kleine Nachtmusik*. «Juan Manen» (violinista) Teatro de la Comedia. Manen: *Concierto para violín y orquesta*. Gluck. Mozart: *Sonata*. Bach. Sarasate: *Aires Bohemios*.

775. LA VIDA MUSICAL. *El Sol*, 20-03-1928. «Oscar Strauss y sus operetas. Una «suite» de Rodolfo Halffter. Otros conciertos. «Orquesta Lassalle. Fragmentos de operetas de Oscar Strauss. Orquesta Filarmónica con Pérez Casas. Rodolfo Halffter: *Suite*.

776. CONCIERTOS. *El Sol*, 22-03-1928. «Rubinstein otra vez». Liszt. Chopin: *Sonata en si*. Bach: *Fuga;* Villalobos: *Le rude poema*; Debussy: *Marcha alegre*. Albéniz.

777. LA VIDA MUSICAL. *El Sol*, 24-03-1928. «Un cursillo de «Lieder en la Sociedad Filarmónica»» Elena Gehardt, cantante. Schubert. Wolf. Mahler. Schumann: *Frauenliebe und Leben*. Strauss. Brahms: *Canciones gitanas*. Purcell. Haendel.

778. LA VIDA MUSICAL. *El Sol*, 30-03-1928. «Música española en la Orquesta Filarmónica». Albéniz: *Córdob*a. Falla. Granados: *Liliana*. Arregui: *Historia de una madre*. Bretón. Usandizaga. Chapí: *El cortejo de la Irene*.

779. LA VIDA MUSICAL. *El Sol*, 31-03-1928. «Orquesta Filarmónica. «La Sinfonía Alpina». Una obra de J. J. Mantecón». Concierto celebrado en el Círculo de Bellas Artes. Orquesta Filarmónica con Pérez Casas. Strauss: *Sinfonía Alpina*; Mantecón: *Parada;* Fabini: *Campo*; Brahms. Wagner.

780. LA VIDA MUSICAL. *El Sol*, 05-04-1928. «El cuarteto Aguilar de instrumentos punteados. Un punto de órgano. Grafía antigua». Comentario sobre los instrumentos punteados, antiguos y actuales.

781. CONCIERTOS. *El Sol*, 12-04-1298. «Un recital de Iturbi» Recital de Iturbi, Schumann: *Las noveletas*. Couperin. Rachmaninov.

Borodin. Sherzo. Falla. Granados. Debussy. Liszt: *Rapsodia*. Albéniz: *Córdoba*. «Marina Chevi». Concierto de arpa.

782. CONCIERTOS. *El Sol,* 18-04-1928.» Brailowsky». Reaparición de Brailowsky. Beethoven: *Variaciones en do menor.* Debussy. Chopin. Wagner: *Tannhaüser,* obertura arreglada por Liszt. «Casals y la Sinfónica. Una solemnidad», Orquesta Sinfónica, Arbós, Haydn: *Concierto.* Bach. Albéniz. Turina. Ganados. Falla. Wagner.

783. LA VIDA MUSICAL. *El Sol,* 21-04-1928. «Brailowsky y la Sinfónica». Chopin: *Concierto en mi menor. La campanella.*

784. CONCIERTOS. *El Sol*, 25-04-1928. «Recital de canciones por Conchita Supervía».

785. CONCIERTOS. *El Sol*, 27-04-1928. «El Trío Sandor en la Sociedad Filarmónica». El Trío de Berlín interpreta obras de Beethoven y Mozart, junto al *Trío* de Turina.

786. LA VIDA MUSICAL. *El Sol,* 01-05-1928. «El Cuarteto Flonzaley en la A. de C. M. El Cuarteto de Ernesto Halffter». Cuarteto Flonzaley de Nueva York. Halffter: *Cuarteto en la menor.*

787. LA VIDA MUSICAL. *El Sol*, 04-05-1928. «Las obras de Falla en la Ópera Cómica y la crítica francesa». Representación de obras de Falla en París: *La vida breve, El retablo de Maese Pedro, El amor brujo.* Comentario sobre la crítica francesa referente a estas obras de Falla.

788. LA VIDA MUSICAL. *El Sol*, 15-05-1928. «Wilhem Backhaus en la A. de C. M.». Schubert: *Impromptu*; Schumann: *Noveleta en mi Mayor. Estudios Sinfónicos.* Chopin.

789. CONCIERTOS. *El Sol*, 24-05-1928. «Una nueva Sociedad de Música de cámara». Primer concierto de la Sociedad Música Internacional de Cámara de Madrid en el salón de la calle

Príncipe. Actúa el Cuarteto Milanés: *Cuarteto nº 4*, de Beethoven; *Cuarteto op. 98*, de Dvorak; *Londoderry Air* de F. Bridge

790. CONCIERTOS. *El Sol*, 26-05-1928. «Amparo Garrigues». Concierto celebrado el día anterior en el salón del Círculo de la Unión Mercantil. Haendel. Haydn. Chopin. Falla. Albéniz.

791. CONCIERTOS. *El Sol*, 30-05-1928. «Un programa Turina en la S. de C.». Comentario sobre la nueva formación: *Sociedad Internacional de Cámara* o de *Conciertos de Cámara*. Concierto de cámara de Turina, Palatin y Casaux. Turina: *Impresiones de Mallorca, Poema de una Sanriqueña*. «Cuadros Líricos madrileños». Concierto de varios cantantes López Peña, Martinez Sánchez, Delgado, Cisneros, Villa. Fragmentos de cuadros líricos como *La cruz de mayo, A majo indiferente, maja discreta, Dos majas y un estudiante, La maja misteriosa*.

792. LA VIDA MUSICAL. *El Sol*, 08-06-1928. «Un músico boliviano: Eduardo Caba. Guillermina Suggia». Caba (piano), Carmen Carrero (voz). Caba: *Tres cantos indios, Indiecita, Gusiña*. Asociación de Cultura Musical. Suggia (cello), concierto celebrado el día anterior, Bach: *Suite en do*. Arreglos de Dandrie y Guerini.

793. LA VIDA MUSICAL. *El Sol*, 11-07-1928. «El concurso internacional de Viena. Bajo el signo de Schubert». I. Concurso celebrado en Viena, conmemoración del primer centenario de Schubert, y de la Sociedad de Amigos de la Música. El delegado de EEUU, mecenas del Concurso. Composición del jurado y lugares de conciertos.

794. LA VIDA MUSICAL. *El Sol*, 12-07-1928. «El concurso internacional de Viena. Bajo el signo de Schubert.» II. Comentario sobre los delegados de distintos países en Viena, Max von Schilling, de Alemania; Nielsen, de los países escandinavos;

Bruneau, de Francia, Suiza y Bélgica; Alfano, de Italia; Tovey de Inglaterra; Glazunov, de Rusia; Milnarsky de Polonia, Salazar representante de España y Portugal (el delegado más joven). Comentario sobre las distintas obras de sus respectivos países llevadas por sus representantes al concurso de Viena. Obras españolas: *Tres Movimientos sinfónicos*, de Esplá; *Ofrenda a Schubert*, de Conrado del Campo

795. LA VIDA MUSICAL. *El Sol*, 14-07-1928.» El concurso internacional de Viena. Bajo el signo de Schubert.». III. Comentario sobre *la vuelta a la melodía*, ideal preconizado en dicho concurso. Votación final.

796. LA VIDA MUSICAL. *El Sol*, 20-07-1928. «Después del Concurso de Viena. El gran litigio: ¿París o Berlín?». Repaso a las distintas tendencias de la música moderna, música compuesta a partir de Debussy.

797. LA VIDA MUSICAL. *El Sol*, 27-07-1928. «Consecuencias del Bulevar. Baile popular y «Ballet»». Consecuencias de la composición musical en París. Diferentes perspectivas del ballet, ballets rusos, franceses, españoles y argentinos.

798. LA VIDA MUSICAL. *El Sol*, 01-08-1928. «El incendio de la Sala Pleyel. Un nuevo piano: El piano Moor». Comentario de la sala Pleyel de París, recorrido sobre su historia. Características del nuevo piano Moor.

799. LA VIDA MUSICAL. *El Sol*, 06-08-1928. «Figuras del concurso de Viena. I. Frederik N. Sard». Frederik N. Sard, autor del proyecto del concurso. Labor organizativa y divulgativa.

800. LA VIDA MUSICAL. *El Sol*, 11-08-1928. «. Figuras del concurso de Viena. II. Walter Damrosch». Comentario sobre Walter Damrosch, delegado de Estados Unidos, director de la orquesta de Nueva York.

801. LA VIDA MUSICAL. *El Sol*, 17-08-1928. «Figuras del concurso de Viena. III. Glazunov. «Comentario sobre el compositor ruso.

802. LA VIDA MUSICAL. *El Sol*, 21-08-1928. «Figuras del concurso de Viena. IV. Adler. V. Madyczewski». Comentarios sobre el musicólogo Adler y el compositor Madyczewski.

803. LA VIDA MUSICAL. *El Sol*, 24-08-1928. «Figuras del concurso de Viena. VI. Max von Schilling.» Comentario sobre la personalidad de Schilling.

804. LA VIDA MUSICAL. *El Sol*, 25-08-1928. «Musicografía española: algunos libros». Publicaciones de Carlos Bosch, de Mateo H. Barroso, Rafael Benedito, Santos Moreno.

805. LA VIDA MUSICAL. *El Sol*, 30-08-1928. «Figuras del concurso de Viena. VII, Bruneau. VIII, Tovey.» Comentario sobre los compositores Bruneau y Tovey.

806. LA VIDA MUSICAL. *El Sol*, 01-09-1928. «Figuras del concurso de Viena. IX, Alfano. X, Milnarsky». Repaso a la composición de Alfano, cita algunas obras del compositor italiano. Milnarsky, compositor polaco, director de la ópera de Varsovia.

807. LA VIDA MUSICAL. *El Sol*, 05-09-1928. «Figuras del concurso de Viena: y XI Carl Nielsen». Comentario sobre las características del representante de los países escandinavos: Nielsen. Comentario también de otros músicos de la misma franja geográfica, Gade de Dinamarca, Grieg de Noruega, Atterberg de Suecia. Nacionalismo.

808. LA VIDA MUSICAL. *El Sol*, 07-09-1928. «Rectificaciones a una interviú». Sobre la bailarina Antonia Mercé, «La Argentina»

809. LA VIDA MUSICAL. *El Sol*, 08-09-1928. «La muerte de Leos Janacek». Necrológica sobre Janacek, nacionalismo checo. Características de su música.

810. LA VIDA MUSICAL. *El Sol*, 14-09-1928. «Rogelio Villar y sus series de «músicos españoles»». Vertiente musicológica y crítica de Villar. Publicación de dos series sobre músicos españoles.

811. LA VIDA MUSICAL. *El Sol*, 21-09-1928. «La última ópera de Ricardo Strauss: «Helena en Egipto»». Comentario sobre la nueva ópera de Strauss: *Helena en Egipto*, relación con otras óperas de Strauss, (*Ariadna en Naxos, y Burgués gentilhombre*). Estreno en Viena, repercusión de la obra en el mundo germánico y novedades estilísticas que presenta la ópera de Strauss.

812. LA VIDA MUSICAL. *El Sol*, 29-09-1928. «Los festivales de la S.I.M.C. en Siena. Un punto de honor nacional». I. Festivales anuales de la S.I.M.C. este año en Siena. Comentarios sobre «La Corporazione delle Nuove Musiche».

813. LA VIDA MUSICAL. *El Sol*, 29-09- 1928. «Trío de Budapest». Inauguración de la temporada en la A. de C. Musical. *Trío en re mayor*, de Laloux.

814. CONCIERTOS. El Sol, 01-10-1928. «Orquesta Filarmónica». Obras de Beethoven, Wagner y Falla: *El Amor Brujo*. Concierto inaugurado por *El Imparcial*. Alejandro Uninsky (pianista ruso joven) en la A. de C.M. *Sonata* de Liszt.

815. LA VIDA MUSICAL. *El Sol*, 03-10-1928. «Insultos y agresiones en periódicos franceses. Caballeros críticos y críticos de otra suerte». Comentario de Salazar sobre los insultos aparecidos en dos periódicos de París, *Comedia* y *L 'Intransigent*, sobre una venganza contra Salazar (opinión de éste en un artículo suyo publicado en agosto pasado sobre el modo que

la Argentina había interpretado ballets de músicos españoles, Falla, en París).

816. LA VIDA MUSICAL. *El Sol*, 06-10-1928. «Los festivales de la S.MI.C. en Siena. Obras, autores y experiencias». II. Programas seleccionados por el jurado, obras de Hindemith, Zemlinsky, Karel Haba, Tiessem, Blurn, Alfano, Ravel, Falla, Walton, Burian. Comentario sobre diversas investigaciones musicológicas.

817. LA VIDA MUSICAL. *El Sol*, 17-10-1928. «La representación española en la Asociación Internacional de Música Contemporánea». Dos comités son los representantes de España, el comité de Barcelona y el de Madrid. Compositores representantes: Pujol, Lamote, Pahissa, Arbós, Pérez Casas, Conrado del Campo, Esplá, Turina, Halffter y Salazar. Salazar se hace eco de la propaganda y difusión de sus obras.

818. LA VIDA MUSICAL. *El Sol*, 31-10-1928. «En la jubilación del maestro Tragó». Comentarios sobre su carrera internacional y escuela docente en Madrid.

819. LA VIDA MUSICAL. *El Sol*, 24-10-1928. «La «Sinfonietta» de Halffter en Buenos Aires. Juicios de la crítica». Eugen Szendar, director del teatro de la Ópera de Colonia interpreta en el teatro Colón de Buenos Aires la *Sinfonietta* de E. Halffter.

820. LA VIDA MUSICAL. *El Sol*, 04-11-1928. «Orquesta Lassalle. Ember. Bacarisse». Concierto inaugural de la temporada, concierto nocturno del día anterior. Beethoven: *Concierto en do menor* (Ember pianista). Liszt: *Vals*. Bacarisse: *Tres marchas burlescas* (estreno).

821. CONCIERTOS. *El Sol*, 07-11-1928. «Cuarteto Poltronieri». El Cuarteto de Milán en Madrid. Obras de Bocherini y Dvorak.

822. FOLLETONES DE «EL SOL». PINTURA Y MÚSICA. TRES MIL CUADROS Y UNA LECCIÓN. *El Sol*, 09-11-1928. «Música y pintura en Munich». Comentarios sobre el concepto de moderno, estética moderna y música moderna.

823. CONCIERTOS. *El Sol*, 11-09-1928. «Orquesta Lasalle. F. Remacha» Obras de Schubert y Remacha.

824. CONCIERTOS. *El Sol*, 13-11-1928. «Orquesta Sinfónica. Ravel. Arbós». Concierto del día 11 en el Monumental Cinema. Beethoven: *Serenata para trío* (trío sonata); Ravel: *Septeto, Introducción y Allegro*. Luisa Pequeño, pianista. Rimsky-Korsakov: *Vuelo del moscardón*. Schubert. Arbós: *Noche de Arabia*. Vives: *La boda de Luis Alonso*. Sociedad de Música de Cámara, concierto a cargo de Francisco Cruz y Miguel Ramos.

825. LA VIDA MUSICAL. *El Sol*, 17-11-1928. «Jaime y Narciso Figueroa». Dúo de piano y violín, concierto celebrado el día anterior. Beeethoven: *Sonata a Kreutzer*. Friedmann Bach: *Grave*. Schubert: *Rondó*. «Mardonea y la Sinfónica». Concierto celebrado en el Monumental Cinema, fragmentos de ópera con Fuster como pianista, Verdi: *Simon Bocanegra*. Rossini: *Calumnia, Barbero de Sevilla*. Respighi. Mozart. Meyerbeer. Orquesta sola, Berlioz, Corelli, Wagner.

826. EN EL CENTENARIO DE LA MUERTE DE SCHUBERT. (Viena, 31 de Enero de 1797-19 de Noviembre de 1828). *El Sol*, 18-11-1928. Comentario sobre la figura de Schubert compositor, trascendencia y cronología de su vida.

827. CONCIERTOS. *El Sol*, 18-11-1928. «Orquesta Lasalle. Alvarez Cantos» Poema de A. Cantos.

828. CONCIERTOS. El Sol, 21-11-1928. «Orquesta Sinfónica. Orquesta Filarmónica. Sociedad Filarmónica. Andrés Segovia» (con obras de Torroba: *Sonatina* y Turina: *Fandanguillo*).

829. CONCIERTOS. *El Sol*, 29-11-1928. «El pianista Sanromá». Concierto de Jesús Mª Sanromá, celebrado el día anterior. Honegger. Vatier Romand. Bethoven: *Sonata en Si bemol.* Soler: *Sonatas.* Mateo Albéniz.

830. LA VIDA MUSICAL. *El Sol*, 02-12-1928. «Orquesta Lassalle. Esquembre». Concierto celebrado el día anterior, orquesta Lassalle. Esquembre guitarrista y cellista, ahora director. Esquembre: *Guitarra andaluza* (estreno). Como director, Lassalle. Obras de Turina, Haydn, Rimsky-Korsakov.

831. LA VIDA MUSICAL. *El Sol*, 04-12-1928. «Las orquestas». Coincidencia de conciertos de la orquesta Sinfónica y la Filarmónica. Filarmónica, Beethoven: *Pastoral*; Glazunov: *Concierto*, con Jaime Figueroa. Orquesta Sinfónica en el Monumental. Wagner: *Tannhäuser*. «El cuarteto de Londres» concierto en la A. de C. M., celebrado el día anterior. Waldo Warner: *Suite antigua*. Beethoven. Debussy.

832. LA VIDA MUSICAL. *El Sol*, 06-12-1928. «In Memoriam: Arthur Eaglefield Hull». Comentario sobre la muerte de Hull, músico inglés fundador de la British Music Society. Necrológica sobre el musicólogo.

833. LA VIDA MUSICAL. *El Sol*, 09-12-1928. «El último maestro del «Bel Canto»: Matias Battistini». Muerte en Italia de Battistini (barítono), necrológica, vida, personalidad e intérprete.

834. CONCIERTOS. *El Sol*, 12-12-1928. «Orquesta Filarmónica». Teatro Fuencarral. Sinfonía negra. Falla: *Amor brujo*. Ravel: *La Valse*.

835. LA VIDA MUSICAL. *El Sol*, 11-12-1928. «El «lied» de Schubert. Elena Gerhardt». I. Consideraciones sobre el lied como género musical desde su nacimiento hasta Schubert.

Conexión con la poesía. Concierto de ciclos de lied de Schubert celebrado en la Sociedad Filarmónica con Elena Gerhardt.

836. LA VIDA MUSICAL. *El Sol*, 15-12-1928. «El «lied» de Schubert. Sus géneros, los ciclos». II. Artículo sobre Schubert, su obra liederística, los ciclos; referencia al concierto de Elena Gerhardt.

837. CONCIERTOS. *El Sol*, 16-12-1928. «Orquesta Lasalle. Mahler».

838. CONCIERTOS. *El Sol*, 19-12-1928. «José Cubiles». Obras de Albéniz y Halffter

839. LA VIDA MUSICAL *El Sol*, 18-12-1928. «Orquesta Filarmónica». Orquesta Filarmónica, Pérez Casas. *Scherezada*. Moreno Torroba. Beethoven: *Egmont*. Wagner: *Maestros cantores* (fragmento). «Orquesta Sinfónica y Masa Coral». Rafael Benedito (director), concierto benéfico en la Zarzuela, Brahms, Mendelssohn, Martín, Borodin. Benedito: *Villancio popular andaluz*. Fauré*: Réquiem*. «Herr y Frau Pembaur». Liszt: *Leyenda*.

840. CONCIERTOS. *El Sol*, 21-12-1928. El pianista Joseph Pembauer». *Romanzas sin palabras*, de Mendelsshon; *Sonata*, de Weber.

841. CONCIERTOS. *El Sol*, 25-12-1928. «José Cubiles en Palacio. Orquesta Lasalle»

842. CONCIERTOS. *El Sol*, 27-12-1928. «Milstein en la A. de C. M.» Milstein, violinista, concierto con obras de Albéniz: *Malagueña, tango*. Falla: *Asturiana, Danza de la vida*. Bach. Tartini: *Fuga*. Vivaldi. Corelli. (Janopoulos, pianista acompañante).

1929

843. CONCIERTOS. *El Sol*, 02-01-1929.»Orquesta Filarmónica. Concierto matinal». Orquesta Filarmónica, Pérez Casas. Chapí. Bretón. Turina: *Intermedio de Goyescas*. Guridi: *La meiga* (intermedio). Beethoven: *Quinta Sinfonía*.

844. LA VIDA MUSICAL. *El Sol*, 10-01-1929. «Greta de Harman». Concierto de la cantante en el Lyceum celebrado el día anterior. Marcello. Jaernefelt: Lina. Jomelli. Brahms. Palgrem: *villancico*. «Marlones y Criso Galatti», concierto de bel canto, dúos y arias de ópera.

845. CONCIERTOS. *El Sol, 11-01-1929*. «Sainz de la Maza» Obras de Falla, Turina, Albéniz, Malats, Moreno Torroba, Ponce y Villalobos

846. LA VIDA MUSICAL. *EL Sol,* 13-01-1929. «Orquesta Lassalle. Autores españoles». Autores españoles, Barrera: *La Virgen capitana* (colaboran Espinosa, Garmendía, Parallo). Julio Gómez: *Los dos cromos españoles*. Gasca: *Obertura*. Interviene también Fuster con obras de Albéniz, Turina, Halffter.

847. CONCIERTOS. *El Sol,* 31-01-1929. «Joseph Wolfsthal y Egon Petri» Franck: *Sonata*. Bach: *Preludios corales* (trascripción del órgano al piano por Busoni). Beethoven: *Quince variaciones*. Liszt: *Rapsodia*. Pergolesse.

848. CONCIERTOS. *El Sol,* 01-02-1929. «Emilia Quintero y Dolores Muñoz de la Riva» Conciertos de lieder celebrado el día anterior en la sala Lyceum. Haendel. Gluck: *Gavota*. Brahms. Fauré. Schubert. Leroux.

849. LA VIDA MUSICAL. *El Sol,* 02-02-1929. «Huberman en la A. de C. M.». Mendelssohn. *Concierto para violín*. Szymanowsky: *Mitos*. Smetana: *A mi patria*. Brahms: *Danzas húngaras*. Sarasate: *Habanera*.

850. LA VIDA MUSICAL. *El Sol*, 02-02-1929. «Orquesta Lassalle». Concierto celebrado el día anterior. Beethoven: *Concierto*. «Florence Stage» pianista norteamericana. Couperin. Mendelssohn. Beethoven. Debussy. Chopin. Ibert: *Asnito blanco*. Falla: *Andaluza*.

851. LA VIDA MUSICAL. *El Sol*, 05-02-1929. «Un concierto de Alejandro Glazunov». Comentario de Glazunov con motivo de su estancia en Madrid. Borodin: *Segundo concierto para piano y orquesta*. Glinka: *Kamarinakaia, Noche en Madrid*.

852. LA VIDA MUSICAL. *El Sol*, 06-02-1929. «Sainz de la Maza» Concierto dedicado a compositores españoles. Coste. Sors. Tárrega. Turina. Torroba. Sainz de la Maza. «Festival a beneficio de la Cruz Roja». Zarzuela, Nieto, Ottein, Falla: *Nocturno*.

853. CONCIERTO. *El Sol*, 13-02-1929. «El violoncellista Arturo Bonucci». Teatro de la Princesa, concierto celebrado el día anterior. Haydn: *Concierto en re Mayor*. Veracci. Boccherini: *Concierto en si bemol*. Bach: *Suite, Fantasía cromática*. (arreglo de Busoni).

854. CONCIERTOS. *El Sol*, 16-02-1929. «Graziella Valle en el Lyceum». Recital con acompañamiento de Sandro Fuga. Obras de Debussy, Rachmaninov, Santoliquido y Fuga.

855. CONCIERTOS. *El Sol*, 17-02-1929. «Orquesta Lassalle. Nena Juárez». Palacio de la Música. Dupré. Tchaikovsky. Rubinstein. López Buchado. Williams. Haendel: *Concierto en re m para cuerda sola*. Berlioz: *Sinfonía Fantástica*.

856. LA VIDA MUSICAL. *El Sol*, 23-02-1929. «Oscar Fried y la Orquesta Filarmónica». Teatro de la Zarzuela. Fried, director. Schubert: *Sinfonía incompleta, Sinfonía en do*. Beethoven: *Sinfonía*. Strauss: *Muerte y transfiguración*.

857. LA VIDA MUSICAL. *El Sol*, 24-02-1929. «Orquesta Lassalle. Jaime Pahissa. J. Bautista. O. Prieto». Concierto celebrado en el día anterior. Bautista: *Sinfonía para cuerda sola*. Pahissa: *Suite intertonal, Obertura sobre un tema catalán*. Obdulia Prieto: *Saudade*.

858. CONCIERTOS. *El Sol*, 26-02-1929. «El cuarteto Aguilar. Los hermanos Aguilar con su cuarteto de laúdes. Elogios a su actuación durante la gira europea y americana. «Santos Gandía y Daniel Monterio en la A. de C. M. Dúo de cello y piano. Strauss: *Sonata*. Bach: *Arioso*.

859. CONCIERTOS. *El Sol*, 28-02-1929. «El Cuarteto Belga en al S. F.» Mozart: *Cuarteto en sol menor*. Schumann: *Cuarteto en Mi bemol*. Brahms: *Cuarteto*. Sanmartíni: *Sonata*. Nin: *Cantos de España*. Boellman: *Variaciones Sinfónicas*.

860. LA VIDA MUSICAL. *El Sol, 02-03-1929*.» Segundo Concierto de Oscar Fried». Obras de Mozart, Beethoven y Wagner.

861. LA VIDA MUSICAL. *El Sol*, 03-03-1929. «!Sus! y al fichero! O los eruditos picados. Tonadilla ratonera». Comentario sobre la *competencia investigadora del momento*. Subirá.

862. CONCIERTOS. *El Sol*, 05-03-1929. «Eugenia Schostakowsky». Cantante rusa. Mussorgsky: *Trepak*. Schubert: *La muerte y la muchacha*. «Cuarteto Calvet» A. de C. M. Debussy.: *Cuarteto*. Mozart. Borodin: *Cuarteto n° 2*.

863. LA VIDA MUSICAL. *El Sol*, 09-03-1929. «Cuarteto Aguilar». Cuarteto de Laúdes, obras de Falla, Turina, Nin y Halffter.

864. LA VIDA MUSICAL. *El Sol*, 12-03-1929. «Sainz de la Mata» Concierto celebrado en el Palacio de la Prensa. Borodin: *Danzas del príncipe Igor*. «Orquesta Filarmónica», dirigida por Pérez Casas, Debussy: *Preludio a la siesta de un fauno*. Falla. Albéniz. Beethoven: *Séptima Sinfonía*. Wagner: *Tannhäuser*, (bacanal).

865. LA VIDA MUSICAL. *El Sol,* 14-03-1929. «Una ilustre familia Musical. I: Alejandro Scarlatti. Algunos puntos oscuros, nuevos datos». Repaso a la vida y obra del compositor.

866. LA VIDA MUSICAL. *El Sol,* 16-03-1929. «Orquesta Filarmónica. Stravinsky y Falla». Concierto celebrado el día anterior, Pérez Casas. Mozart: *Sinfonía, Sinfonía concertante.* Stravinsky: *Petruchka.* Wagner. Falla.

867. LA VIDA MUSICAL. *El Sol,* 17-03-1929. «Una ilustre familia de músicos. II. José Scarlatti. Personaje celebre y misterioso. Estudio sobre Scarlatti, compositor, y recorrido por su vida.

868. LA VIDA MUSICAL. *El Sol,* 21-03-1929. «Arthur Schnabel». Concierto dado en la Sociedad Filarmónica, Bach: *Concierto al estilo italiano.* Mozart: *Sonata.* Beethoven: *Tres sonatas, 32 variaciones sobre un tema de Diabelli.* Schubert: *Sonatas, impromptus, Humoresque.* Brahms: *Rapsodia.*

869. LA VIDA MUSICAL. *El Sol,* 23-03-1929. «El maestro Arbós y la orquesta Sinfónica». Reseña sobre la gira del maestro Arbós en USA con la Orquesta Sinfónica de Nueva York. Excelentes críticas.

870. LA VIDA MUSICAL. *El Sol,* 24.03-1929. «Una ilustre familia de Músicos. III: Doménico Scarlatti. Un napolitano en la corte de España». Comentario sobre la labor del clavicembalista Domenico Scarlatti en la corte borbónica. Composición y vida en España.

871. LA VIDA MUSICAL. *El Sol,* 29-03-1929. «Una ilustre familia de músicos. IV (y último): Doménico Scarlatti. Las sonatas y su instrumento». Estudio sobre las composiciones en forma de sonata para clave de Doménico Scarlatti.

872. CONCIERTOS. *El Sol, 03-04-1929.* «El pianista Antonio Martín». Obras de Bach, Schumann, Beethoven, Chopin, Turina, Granados, Falla.

873. CONCIERTOS. *El Sol*, 03-04-1929. «Arbós y la orquesta Sinfónica». Sociedad de cultura Musical, Orquesta Sinfónica, Arbós. Prokofiev: *Sinfonía Clásica*. Brahms: *Cuarta Sinfonía*. Manuel Palau: *Tres Siluetas*.

874. CONCIERTOS. *El Sol*, 06-04-1929. «Orquesta Sinfónica. De Stendhal a Stravinsky». Orquesta Sinfónica, Arbós, Beethoven: *Heroica*. Stravinsky: *Apollon Musagete*. Bloch: *Concerto grosso*. Referencias a un libro publicado por Salazar (*Sinfonía y ballet*).

875. CONCIERTOS. *El Sol*, 07-04-1929. «Aurelio Castrillo». Recital del pianista con obras del repertorio: Falla, Albéniz, Borodin

876. LA VIDA MUSICAL. *El Sol*, 09-04-1929. «Helena Larrieu». Concierto de esta pianista el día anterior en el Teatro de la Comedia. Chopin. Saint-Saén: *Allegro*. Rachmaninov: *Preludio*. Mgiagalli: *Danza de Olaf*. Liszt: *Rapsodia*. «La crítica de mala fe». Subirá.

877. LA VIDA MUSICAL. *El Sol*, 10-04-1929. «Cómo se hace una obra su camino. La «Sinfonietta» de Halffter en el París de Lindberch. Recorrido de la obra de Halffter, *Sinfonietta*, como ha sido interpretada por Arbós en diferentes partes del mundo (Nueva York, Buenos Aires).

878. LA VIDA MUSICAL. *El Sol*, 13-04-1929. «Orquesta Sinfónica. Casella. Vaughan Williams». Concierto celebrado el día anterior por la Orquesta Sinfónica, Arbós. Casella: *Scarlattiana*. Vaughan-Williams: *Rapsodia de Norfolk*. Cherubini: *Obertura de Anacreonte*. Franck: *Sinfonía*. Debussy: *Preludio a la siesta de un fauno*.Falla.

879. LA VIDA MUSICAL. *El Sol*, 19-04-1929. «Darius Milhaud». Repaso a la labor de Milhaud, prototipo de una generación de músicos.

880. LA VIDA MUSICAL. *El Sol*, 20-04-1929. «Orquesta Sinfónica. Obras de Darius Milhaud». Concierto celebrado el día anterior. Villalobos: *Saudades del Brasil*. Ravel: *La Valse*. Milhaud (*Saudade del Brasil, Carnaval d'Aix*)

881. CONCIERTOS. *El Sol*, 24-04-1929. «Orquesta Sinfónica». Concierto celebrado el día anterior, fin de la temporada, breve repaso. Schubert: *Misa en mi bemol*. Beethoven. *Novena Sinfonía*. (Masa coral).

882. LA VIDA MUSICAL. *El Sol*, 27-04-1929. «El Cuarteto de Dresde en la S. F.» Sociedad Filarmónica, Cuarteto Dresde, *Cuarteto* de Haydn, Mozart, Beethoven, Dvorak, Tchaikovsky, Verdi y Respighi: *Cuarteto dórico*.

883. CONCIERTOS. *El Sol*, 29-04-1929. «El Cuarteto Lener en la A. de C. M.» Cuarteto Lener, Ravel: *Cuarteto*.G Haydn, Schubert, Beethoven. Schumann.

884. LA VIDA MSUICAL. *El Sol*, 04-05-1929. «Un músico español en Paris. Las «Piezas infantiles» de Joaquín Rodrigo». Estreno en París de una obra de Joaquín Rodrigo: *Cinco piezas infantiles*.

885. CONCIERTOS. *El Sol*, 07-05-1929. «La violinista Tonié Noder». Concierto del día anterior en el teatro de la Comedia. Brahms: *Sonata op. 100*. Bruch: *Concierto*. Ries: *Movimiento Perpetuo, Adagio*. Purcell: *Aria*. Kreisler: *La gitana*. Rimskykorsakov: *Fantasía del gallo de oro*.

886. CONCIERTOS. *El Sol*, 09-05-1929. «La Sociedad de Instrumentos antiguos en la S.F.»

887. LA VIDA MUSICAL. *El Sol*, 11-05-1929. «La Capilla Real de Viena en la A. de C. M.» Asociación de Cultura Musical, concierto celebrado el día anterior Capilla Real de Viena, Obras de Müller, Schubert, Loti.

888. LA VIDA MUSICAL. *El Sol*, 14-05-1929. «Un concertista de bandurria: Antonio Saez Ferrer». Concierto con obras de Rameau, Kirnberger, Schumann, Grieg. Albéniz, Granados Falla.

889. CONCIERTOS. *El Sol*, 19-05-1929. «Dos pianistas: Pura Lago y Conchita Rodríguez «. Obras del repertorio.

890. CONCIERTOS. *El Sol,* 05-06-1929. «Orquesta Filarmónica. Mardones-Cubiles». Concierto patrocinado por el Ayuntamiento de Madrid. Orquesta Filarmónica, Pérez Casas. Mardones, Cubiles. Filidor: *Don Quijote* (fragmentos de la ópera). Boito: *Mefistofele.* Falla*: Noches en los jardines de España.* Halffter: *Danzas.* Turina. Albéniz, Chapí. Pérez Casas: *Suite murciana.*

891. ARTE. *El Sol*, 06-06-1929. Ghidini, Luigi: «La caccia nell'arte», Ulrice Hoepli, Milán (crítica libros).

892. CONCIERTOS. *El Sol*, 11-06-1929. «Un folleto sobre la Banda Municipal». Folleto sobre la labor de la Banda Municipal realizado por Miguel Tato Amat. Círculo de Bellas Artes, fiesta de declamación y música, acto organizado por la Sociedad de Estudiantes del Conservatorio de Madrid.

893. NOTAS CRÍTICAS. LITERATURA. *El Sol*, 12-06-1929. Zweig, Stefan: *Tres maestro*s. Balzac, Dickens, Dostoieski. Editorial, Cenit. Madrid.

894. LA VIDA MUSICAL. *El Sol*, 21-06-1929. «Un crítico norteamericano en Europa. I. La vida musical en los Estados Unidos». Olin Downes, visita del crítico norteamericano, repaso a su labor en el New York Times.

895. LA VIDA MUSICAL. *El Sol,* 21-06-1929. «La Orquesta Filarmónica en la A. de C. M. «La Nochebuena del Diablo». Horace Brito» (violonchelista belga).

896. LA VIDA MUSICAL. *El Sol*, 05-07-1929. «Un crítico norteamericano en Europa. II: las orquestas y su organización. El «jazz»». Organización de las orquestas en Estados Unidos, directores, mantenimiento económico, músico, etc. Comentarios sobre la música nacida en el Harlem de Nueva York.
897. LA VIDA MUSICAL. *El Sol*, 13-07-1929. «Un crítico norteamericano en Europa. III: Los compositores. Hacia el futuro». Comentario sobre la Tin Pan Alley, colección de obras. Comentario sobre varios compositores norteamericanos y su forma de publicar e interpretar sus obras.
898. REVISTA DE LIBROS. *El Sol*, 18-07-1929. Psicoanalismo. Freud, Sigmund: psicología de la erótica», Biblioteca Nueva.
899. LA VIDA MUSICAL. *El Sol*, 24-07-1929. «La tremenda injusticia». Referencia al artículo de Julio Gómez publicado en *El Liberal*, sobre la aversión de Salazar a los músicos del siglo XIX.
900. LA VIDA MUSICAL. *El Sol*, 28-07-1929. «Hugo von Hofmannsthal, el poeta de Ricardo Strauss». Repaso a la labor de Hofmannsthal como dramaturgo musical y su colaboración con Strauss.
901. LA VIDA MUSICAL. *El Sol*, 01-08-1929. «Veinte años de bailes Rusos». I. serie que repasa los ballets rusos desde 1909 en el Teatro Chatelet de Paris. Diaghilev.
902. LA VIDA MUSICAL. *El Sol*, 03-08-1929. «Veinte años de bailes Rusos». II. Relación entre el espíritu oficial de la danza en San Petesburgo y el arte tradicional. Comentario sobre figuras representativas, Cecchetti. Diaghilev.
903. LA VIDA MUSICAL. *El Sol*, 04-08-1929. «Veinte años de bailes Rusos». III. Principales ballets de Stravinsky estrenados por los bailes rusos de Diaghilev.

904. LA VIDA MUSICAL. *El Sol*, 06-08-1929. «Veinte años de bailes Rusos». Y IV. Cumbre artística europea de Diaghilev; Satie, Picaso y Cocteau: *Parade*.

905. LA VIDA MUSICAL. *El Sol*, 10-08-1929. «Una colección de canciones vascas: «Gure Herria», del P. José Antonio Donostia» Colección de canciones populares presentadas por el padre Donostia. Consideraciones sobre *lo popular en la música*.

906. LA VIDA MUSICAL. *El Sol*, 14-08-1929. «El futuro del Teatro Real». Encuesta realizada por la revista semanal *Actualidades* sobre el futuro del teatro Real. Respuesta ambiciosa a la renovación en todos los campos del Real.

907. LA VIDA MUSICAL. *El Sol*, 22-08-1929. «En el Aniversario de Antón Dvorak». Reflexiones sobre Dvorak y la música checa.

908. ARTE Y POLÍTICA. *El Sol*, 25-08-1929. «El «Beethoven» de Herriot». Publicación de un libro de Herriot sobre Beethoven.

909. LA VIDA MUSICAL. *El Sol*, 29-08-1929. «Una gran figura que desaparece: Pilar F. de la Mora». Necrológica sobre Pilar F. de la Mora, profesora de piano del Conservatorio de Madrid.

910. LA VIDA MUSICAL. *El Sol*, 05-09-1929. «Un Congreso de críticos en Bucarest». Próximo congreso en Bucarest, noticia dada por el Heraldo de Madrid, anuncio de envío de sus representantes.

911. LA VIDA MUSICAL. *El Sol*, 14-09-1929. «Plagio y hurto en las obras musicales». Explicitación del caso de plagio de un autor francés, Laderoin, de una canción suya, *Ramona*, por parte de Mabel Wayne. Consideraciones sobre el *plagio en la música*.

912. LA VIDA MUSICAL. *El Sol,* 21-09-1929. «Proteccionismo y Confusionismo». Carta del maestro Lassalle al periódico *La Voz,* sobre la protección necesaria a las orquestas.

913. DISCOS. *El Sol,* 24-09-1929. Venta de discos con música grabada, Cuarteto Rosé, de Viena, Beethoven: *Cuarteto en do menor,* obertura Leonora, *Octava sinfonía.* obra impresionada en tres discos grandes.

914. REVISTA DE LIBROS. *EL Sol,* 24-09-1929. «Folklore. Geiger, Raimundo: *Cuentos judios.*», comentario de este libro, Editorial Cenit, Madrid 1929. traducido por Gorkia.

915. LA VIDA MUSICAL. *El Sol,* 27-09-1929. «Un concierto de «Música española» en Berlín». Concierto celebrado en Berlín con obras de pacotilla, de Gravina, Renato, Escolá, Rodoch, Peralto, etc.

916. DISCOS. *El Sol,* 01-10-1929. «Memento de nuevos discos». La voz de su amo, Rubinstein: Música española de concierto, obras de Albéniz: *Evocación,* Cordoba. Casals registra de Granados: *Danza española.* Andres Segovia: *Preludio, Fandanguillo* de Torroba. Otros discos de Rosita Rodes, Miguel Fleta. Orquesta Filarmónica. Selecciones de zarzuelas, obras de Usandizaga. Coblas y coros.

917. REVISTA DE LIBROS. *El Sol,* 02-10-1929. «Arte y erudición. El santuario del monte Aralar». Publicación de El santuario de San Miguel de Excelsis, de Juaristi en la casa Espasa Calpe.

918. CONCIERTOS. *El Sol,* 05-10-1929. «José Echaniz en la A. de C. M. «. Concierto celebrado el día anterior de este pianista cubano. Bach: *Suite en sol mayor.* Chopin: *Polonesa en la bemol.* Liszt: *Campanella.* Falla: *Danza del fuego.* Turina. Halffter: *Danza de la gitana.* Referencia al violinista Jaime Kachiro.

919. NOTAS CRÍTICAS. *El Sol,* 06-10-1929. «Historia. Von Boehn, Max: *la Moda,*((Historia del traje). Ediciones Salvat.

920. DISCOS. *El* Sol, 08-10-1929. «Memento de Nuevos discos». Discos de canto, orquesta sinfónica de Londres, Melchoior. El barítono italiano Granforte canta con la orquesta de la Scala de Milán. Discos de música española, casa Odeón, José Oto, canta acompañado por rondalla. Canciones mejicanas interpretadas por Rosita Rodrigo. Canciones interpretadas por Celia Gámez.

921. LA VIDA MUSICAL. *El Sol,* 12-10-1929. «La próxima temporada de ópera en Barcelona. Música hispanoamericana en la exposición». Programación en la próxima temporada del Teatro del Liceo. Festivales sinfónicos de musica hispanoamericana en la exposición de Barcelona, comisión organizadora y países participantes.

922. NOTAS CRÍTICAS. *El Sol,* 13-10-1929. «Novela» Barriobero, Eduardo: El airón de los Torre-Cumbre, editor Mundo latino, Madrid.

923. CONCIERTOS. *El Sol,* 15-10-1929. «Claudio Arrau, en la A. de C. M.» concierto con obras de Beethoven, Brahms: *Variaciones.* Bach. Chopin. Paganini.

924. CONCIERTOS. *El Sol,* 16-10-1929. «Georg Scheenevoigt con la Orquesta Sinfónica». Obras de Strauss y Tschaikowsky.

925. LA VIDA MUSICAL. *El Sol,* 18-10-1929. «El segundo concierto de Scheenevoigt. Sibelius y su primera sinfonía». Orquesta Sinfónica, dirigida por Scheenevoigt, Falla, Stravinsky, Wagner, Beethoven*: Leonora.* Sibelius: *Sinfonía primera.*

926. CONCIERTOS. *El Sol,* 23-10-1929. «El Octeto de Viena en la Sociedad Filarmónica». Beethoven: *Septimino.* Schubert: *Octeto.* Brahms: *Quinteto.*

927. LA VIDA MUSICAL. *El Sol*, 24-10-1929. «Vladimiro Golschmann en la Orquesta Sinfónica». Golschamann dirige la Sinfónica, Ravel: *La Valse*. Beethoven: *Eurianthe*.

928. REVISTA DE LIBROS. *El Sol*, 31-10-1929. Filosofía. Bonilla y San Martín: Luis Vives y la filosofía del renacimiento, nueva biblioteca Filosófica. Espasa Calpe, Madrid, 929.

929. LA VIDA MUSICAL. *El Sol*, 03-11-1929. «Dos conciertos de la orquesta Bética. La versión para concierto de la «Sonatina» de Ernesto Halffter». Orquesta Bética de Cámara, Halffter, director. Conciertos celebrados en Sevilla. Falla: *El amor brujo*. Ernesto Halffter: *Sonatina*.

930. CONCIERTOS. *El Sol*, 05-11-192. «Heinrich Laber, en la Orquesta Sinfónica». El director alemán dirige obras de Beethoven y Wagner.

931. REVISTA DE LIBROS. *El Sol*, 06-11-1929. Filosofía. Pitágoras: los versos de oro. Herocles. Comentario a los versos de otro de los Pitagóricos. Traducción del francés de J.M.Q. nueva Biblioteca Filosófica. Espasa Calpe. Madrid 1929.

932. DISCOS. *El Sol*, 08-11-1929. «*La Consagración de la Primavera* en discos.

933. LA VIDA MUSICAL. *El Sol*, 09-11-1929. «El segundo concierto de Laber». Orquesta Sinfónica, maestro Laber, Mozart: *Sinfonía Júpiter*. J. Cristian Bach. Prokofiev: *El amor de las tres naranjas*. Albéniz: *Triana*. Orquesta Lassalle, Mahler: *Sinfonía*.

934. CONCIERTOS. *El Sol*, 15-11-1929. «Orquesta Lassalle». Sibelius (*Vals Trist*e) Liszt (*Los Preludios*)

935. NOTAS CRÍTICAS. *El Sol*, 17-11-1929. Biografía. Constantin Weyer: William Shakespeare. Edition Rieder. Paris. 843.

936. VIDA MUSICAL. *El Sol*, 17-11-1929. «Laber en la orquesta Sinfónica». Repercusiones del concierto de Laber en el Monumental Cinema. «Albina Madinaveltia y Pilar Cavero». Concierto violín-piano celebrado el día anterior en la Asociación de Cultura Musical. Obras de Franck, Turina, Falla, Paganini, Vienawsky. «La Schola Cantorum de Bilbao». Concierto de la Schola Cantorum de Bilbao en Madrid. (Hogar vasco de Madrid). Obras de Esnaola, Zubizarreta.

937. CONCIERTOS. *El Sol*, 20-11-1929. «La orquesta Clásica en Royalty». Presentación oficial de la orquesta Clásica fundada por Saco del Valle, en el teatro Royalty (Calle Génova). Mendelssohn: *Mar tranquilo y viaje feliz*. Conrado del Campo: *Bocetos castellanos*. Mozart: *Sinfonía en mi b*emol Roger-Ducasse: *Suite*. Grainger: *Canción popular*. Francoeur: *Siciliana y rigodon*. Schubert: *Overtura en estilo italiano*.

938. DISCOS. *El Sol*, 22-11-1929. la Voz de su Amo, discos de Menuhin: Vivaldi, Bach, Kreisler.

939. CONCIERTOS. *El Sol*, 23-11-1929. Música valenciana en la orquesta Lassalle». Orquesta Lassalle, director José Manuel Izquierdo, obras de Cuesta, Moreno Gans, Rafael Guzmán: *Elegía*.

940. VIDA MUSICAL. *El Sol*, 26-11-1929.»Despedida del maestro Laber». Programa de su último concierto con la orquesta Sinfónica, Beethoven: *Sinfonía Heroica*. Wagner: *Tannhäuser, Bacanal*. Schubert: *Intermedio de rosamunda*.

941. CONCIERTOS. *El Sol*, 27-11-1929. «Saber». Obras de Chopin.

942. VIDA MUSICAL. *El Sol*, 28-11-1929. «Lotte Leonard, en la S. F.» Concierto celebrado el día anterior por la cantante de

Hamburgo, Lotte Leonard. Bach, Haendel, Schubert: *An die Musik*, *La Pastorella*, *Bei dir*. Brahms: *Canción de cuna*.

943. DISCOS. *El Sol*, 29-11-1929. Odeón, grabación de obras de Falla: *El amor brujo*, orquesta Sinfónica de Paris, G. Coleta. Usandizaga: *Mendi-Mendiya*, cantada por Gavivia. «La Voz de su Amo» publica un disco de Miscah Levitski, pianista, con obras de Liszt, Rubinstein. Cuarteto Rafael: *Cuarteto*, de Arriaga. Conrado del Campo: *Cuarteto*. Disco de Miguel Fleta.

944. LITERATURA. *El Sol*, 29-11-1929. Cheng Tcheng: *Mi madre y yo a través de la revolución china*. Editorial Cenit, Madrid 1929.

945. VIDA MUSICAL. *El Sol*, 30-12-1929. «Orquesta Lassalle. «La tragedia de doña Ajada». Concierto celebrado el día anterior en el Palacio de la música, Manuel Abril: *La tragedia de doña Ajada*, poema bufo siniestro, recitado por Carlos del pozo. Algunos números musicales están escritos por Bacarisse.

946. VIDA MUSICAL. *El Sol*, 01-12-1929. «Tabuyo y sus discípulos». Círculo de Bellas Artes, concierto de los alumnos de canto de Tabuyo, fragmentos de ópera y zarzuela.

947. CONCIERTOS.*EL Sol*, 03-12-1929. Conchita Rodríguez. Recital de piano con obras de Beethoven, List y Halffter (*Danza de la Gitana*).

948. CONCIERTOS. *El Sol*, 04-12-1929. «Coro de cosacos del Don».

949. CONCIERTOS. *El Sol*, 05-12-1929. «Robert Casadesus en la Asociación de Cultura Musical». Concierto celebrado el día anterior en la Asociación de Cultura Musical, con obras de Debussy, Ravel, Chopin, Schumann, Albéniz.

950. DISCOS. *El Sol*, 06-12-1929. «Música wagneriana». Disco de Dania Guazalewicz. Música coral, tres discos pequeños de «La voz de su amo». Orfeó Catalán, Orfeón Pamplonés.

951. CONCIERTOS. *El Sol*, 07-12-1929. «Orquesta Lassalle. H. Gillinska». Reaparición de Lassalle como director. Grieg: *Peer Gynt*. Franck: *Psyché*. Gillinska, canciones rusas, Rimsky Korsakov: *El gallo de oro*, *Himno al Sol*. «Raya Garbousova, en la A. de C. M», Garbousova violoncellista, concierto con la Orquesta Filarmónica celebrado el día anterior. I. *Sonata en la mayor*. Beethoven: *Variaciones sobre un tema de Mozart*.

952. VIDA MUSICAL. *El Sol*, 10-12-1929. «Programa de la semana». Programación de todos días de la semana. «Antonio Ribera y Conchita Rodríguez en la O.S.» Orquesta Sinfónica dirigida por Ribera, Beethoven: *Concierto en do menor*, Conchita Rodríguez. Wagner: *Cabalgata de las Walkyrias*. «Jan Dahmen en la S.F.» Dahmen, violinista en la Sociedad Filarmónica, Mozart: *Concierto en la Mayor*. Haendel: *Sonata*. Dvorak: *Concierto*. «Sobre la «sonata», de Breval». Rectificación de errores.

953. CONCIERTOS. *El Sol*, 11-12-1929. «Recital de piano». Arthur Shattuck, teatro de la Comedia, Bach. Chopin. Liszt.

954. LA VIDA MUSICAL. *El Sol*, 12-12-1929. «Una excursión de la Orquesta filarmónica. Proyectos. Sauer. J. Dahmen». Gira de la Orquesta Filarmónica por Levante, Castilla, Vascongadas, Asturias. Pérez Casas. Ravel: *La Valse*. Stravinsky: *Petruchka*. Strauss: *Burgués gentilhombre*. Falla: *El sombrero de tres picos*. Esplá: *La nochebuena del diablo*. Turina: *La oración del torero*.

955. DISCOS. *El Sol*, 13-12-1929. Compañía del Gramófono, «La voz de su amo», Brahms: *Primera sinfonía en do menor. Serenata*. Cuatro discos grabados por la Orquesta Sinfónica de Filadelfia, L. Stokowsky. Palyphom, disco de interpretaciones de Sauer. Mozart. Brahms.

956. LA VIDA MUSICAL. *El Sol*, 14-12-1929. «Un festival en honor del maestro Serrano. J. M. Sanromá: un programa de música moderna». Palacio de la Música, Orquesta Lassalle, Lassalle director. Obras de Maria Rodríguez, Facundo de la Viña, Julio Gómez, Conrado del Campo; participó también Fuster, Celso Diaz. Concierto del pianista Sanromá. *Concierto italiano, Sonata cuasi una fantasia, Kreisleriana*. Schoenberg: *Seis pequeñas composiciones para piano*. Malipiero: *Homenaje*. Halffter: *Marcha alegre*.

957. CONCIERTOS. *El Sol*, 15-12-1929. «Giuseppe Piccioli, en la Comedia». Concierto de este pianista, Liszt: *Leyendas*. Chopin. Vivaldi. Beethoven. Alfano: *Danza romana*. Massetti: *Sonatina*.

958. VIDA MUSICAL. *El Sol*, 17-12-1929. «La «Novena sinfonía» en la Orquesta Sinfónica». Orquesta Sinfónica, Masa Coral, Villa, director, Beethoven: *Novena Sinfonía*. «El cuarteto Rafael en la S. F.». Concierto celebrado en la Sociedad Filarmónica. Arriaga, Grieg. Toldrá.

959. CONCIERTOS. *El Sol*, 19-12-1929. «Los conciertos de obras de Silva». Concierto celebrado el día anterior, Silva, canciones de M. de Franqueza y el barítono Patallo. Páginas portuguesas.

961. REVISTA DE LIBROS. *El Sol,* 21-12-1929. Música, Riemann, Hugo. *Manual del organista*, traducción de la quinta edición alemana por Antonio Ribera y Maneja. Manuales Labor.

962. CONCIERTOS. *El Sol*, 24-12-1929. «El trío de la Corte de Bélgica, en la A. de C. M». Trío de la Corte Belga, concierto celebrado el día anterior en al Asociación de Cultura Musical. Schumann: *Trío en sol menor*. Purcell: *Sonata a tres*. Rameau: *Concierto*.

963. CONCIERTOS. *El Sol*, 31-12-1929. «José Szigeti, en la A. de C. M.» Concierto celebrado el día anterior en el teatro de la Comedia. Paganini: *Capricho nº 24*. Tartini. Bach. Bloch: *Baal Shem*. Szymanowski. *Canto de Roxana*. «La próxima serie de la orquesta Filarmónica». «Coro de Cosacos del don», teatro de la Comedia.»Vela, Fuster, Marend-Bos», serie de conciertos que comenzaron el día anterior.

1930

964. REVISTA DE LIBROS. MUSICOGRAFIA. *El Sol,* 02-01-1930. «Collet, Henri: «L´essort de la musique espagnole au XX siecle», París, Max Eschig et Cie, editores». Comentario de Salazar sobre este libro.

965. REVISTA DE LIBROS. *EL Sol*, 09-01-1930. «Otra novela de Guerra: «Cuatro de Infantería», por Ernst Johannse». Comentario de Salazar.

966. LA VIDA MUSICAL. *El Sol*, 15-01-1930. «Alfredo Cassella en Madrid. Un concierto de sus obras en la Sociedad Filarmónica» Repaso a la figura artística de Cassella. Concierto celebrado en la Sociedad Filarmónica, Cassella: *Sonata*, (*Bonnucci*, piano), *Scarlattiana* (Arrigo Serranito, violín), *Siciliana y burlesca* (trío), *Serenata*. Asociación de Cultura Musical. Kempff, pianista alemán: Beethoven: *Sonata*, Schumann: *Fantasía en do menor*.

967. LA VIDA MUSICAL. *El Sol*, 18-01-1930. «Orquesta Clásica. El «tríptico botticelliano» de Respighi». Orquesta Clásica, Saco del Valle. Saint-Saëns: *Segunda Sinfonía*. Conrado del Campo: *Bocetos castellanos*. Respighi: *Tríptico botticelliano*.

968. CONCIERTOS. *El Sol*, 19-01-1930. «Niedzielski». Concierto de este pianista en el Club Lyceum, Instituto francés y el día

anterior en el Teatro de la Comedia. Obras de Chopin, Padereswky, Schubert: *La marcha militar*. Liszt: *Marcha de Rackozy*. Schumann: *Arabescos*. Turina: *Cuentos de España*.

969. LA VIDA MUSICAL. *El Sol*, 22-01-1930. «El Cuarteto belga en la Sociedad Filarmónica». Brahms: *Cuarteto op. 60*. Chausson. *Cuarteto en la menor*, Fauré. *Cuarteto op.15*.

970. CONCIERTOS. *El Sol*, 23-01-1930. «Orquesta Filarmónica. Una obra de Julio Gómez». Orquesta Filarmónica, Pérez Casas. Concierto celebrado el día anterior. J. Gómez: *El Pelele* (orquesta dirigida por Gómez). Herbert Bedford: *Hamadriada*. Rimsky-Korsakov: *La princesa de nieve* (fragmentos), *La gran Pascua Rusa* (Obertura). Wagner: *El buque fantasma* (obertura). Beethoven: *Sinfonía Pastoral*.

971. DISCOS. *El Sol*, 24-01-1930. «Música para violín, para coro y para banda»

972. CONCIERTOS. *El Sol*, 25-01-1930. «Joaquín Fuster». Concierto celebrado el día anterior. Chopin: *Sonata*. Liszt. Mendelssohn: *Rondó caprichoso*. Youverof: *Fileuse*. Debussy. Ravel. Halffter. Albéniz. Falla.

973. LA VIDA MUSICAL. *El Sol*, 29-01-1930. «Orquesta Clásica. Obras nuevas». Concierto celebrado el día anterior, Saco del Valle. Halffter: *Automne Malade*. (Crisena Galatti, colaboradora).Debussy: *Nocturnos*. Gluck (*Aria*). Beethoven: *Primera Sinfonía*. Mendelssohn. Weber.

974. DISCOS. *El Sol*, 31-01-1930. «Música sinfónica»

975. LA VIDA MUSICAL. *EL Sol*, 02-02-1930. «Recital de José Cubiles». Concierto celebrado el día anterior. Mozart: *Marcha turca*. Brahms: *Variaciones sobre un tema de Paganini*. Chopin: *Polonesa op. 22, Andante spianato, Vals*. Debussy: *Minstrels*. Borodin: *Serenata*. Balakirev: *Islamey*. Albéniz: *La viudita del*

Conde Laurel. Esplá: *La pájara pinta*. Halffter: *Sonatina, danza final*. Consideraciones sobre la próxima cobertura de dos cátedras de piano en el Conservatorio de Madrid.

976. LA VIDA MUSICAL. *El Sol*, 05-02-1930. «Sainz de la Maza en la A. de C. M.» concierto de Regino Sainz de la Maza en la A. de C. M., Falla: *Homenaje a Debussy*. Consideraciones de Salazar sobre la guitarra, su resurgimiento como instrumentos solístico en los últimos años, repertorio.

977. CONCIERTOS. *El Sol*, 05-02-1930. «Orquesta Filarmónica. El «Bolero», de Ravel». Orquesta Filarmónica, Pérez Casas. Concierto celebrado el día aterior. Ravel: *Bolero* (estreno, diferentes reacciones del público). Esplá: *La nochebuena del diablo*. Franck: *Sinfonía*. Rimsky-Korsakov: *Canto indio*. Wagner: *Tannhäuser* (obertura).

978. LA VIDA MUSICAL. *El Sol*, 07-02-1930. «La nueva música española y los jóvenes». Reproducción de una carta recibida por Salazar sobre el interés que sí tienen los jóvenes españoles por la nueva música española, en contra de lo que reflejan varias encuestas realizadas por el periódico El Sol.

979. CONCIERTOS. *El Sol*, 08-02-1930. «Orquesta Lassalle. «La novena Sinfonía» de Bruckner». Schubert: *Sinfonía inacabada*. Bruckner: *Novena Sinfonía*.

980. CONCIERTOS. *El Sol*, 09-02-1930. «Rosenthal». Chopin: *Dos mazurcas, Estudio*. Beethoven: *Apasionata*. Schumann. Albéniz: *Oriental*. Rosenthal: *Papillon*. Liszt: *Rapsodia, nº 2*.

981. CONCIERTOS. *El Sol*, 11-02-1930. «Vecsey, en la A. de C. M.» Concierto de Vecsey (violinista), celebrado el día anterior, acompañado por el pianista José Mª Franco. Honegger: *Sonata en do sostenido menor*. Debussy: *Minstrels* (transcripcion). Ravel: *Pieza en forma de habanera*. Scott: *Danza*. Vecsey: *Cascada*.

982. LA VIDA MUSICAL. *El Sol*, 12-02-1930. «Orquesta Ibérica». Orquesta de instrumentos de púa y pulso, dirigida por Germán Lago, concierto celebrado el día anterior. Obras de Gluck, Bach, Grieg, Chapí, Turina, Falla, Villar, Granados.

983. LA VIDA MUSICAL. *El Sol*, 13-02-1930. «Orquesta Filarmónica.» Orquesta Filarmónica, Pérez Casas. Ravel: *La Valse*. Salazar: *Paisajes*. Liadof: *Kikimora*. Mozart: *Sinfonía concertante*. Wagner.

984. DISCOS. *El Sol*, 14-02-1930. «Operetas». Juan Strauss, (hijo): *Die Fledermaus*. «La Voz de su Amo», Canciones (canciones de blues, de películas, un fox-trot).

985. CONCIERTOS. *El Sol*, 14-02-1930. «Vela y Fuster». Concierto celebrado la noche anterior en Unión Radio, Trío Renacimiento, Vela: *Miniaturas*. Concierto el día 12 en el Círculo de Bellas Artes de Madrid, Rogelio Villar: *Sonata para violín y piano*. Bazzini: *Calabresa*. Beethoven: *Romanza en Fa*. Albéniz: *Corpus*. Chopin: *Fantasía impromptu*. Liszt: *Tarantela*.

986. CONCIERTOS. *El Sol*, 15-02-1930. «Orquesta Lassalle». Orquesta Lassalle, concierto celebrado el día anterior. Interviene el bajo Sr. Picatoste. Wagner: fragmentos de *Los maestros cantores, Tannhäuser*. Verdi: *Don Carlo (La calumnia)*.

987. CONCIERTOS. *El Sol*, 18-02-1930. «Carlo Zocchi, en la S. F.» Concierto del pianista Zocchi celebrado el día anterior en la Sociedad Filarmónica. Chopin. Liszt: *Tercer estudio*. Bach. Vivaldi. Mario Castelnuovo-Tedesco: *Danzas del rey David*.

988. LA VIDA MUSICAL *El Sol*, 20-02-1930. «Orquesta Filarmónica. «Fiestas romanas», de Respighi». Concierto celebrado el día anterior, por al Orquesta Filarmónica, dirigida por Pérez Casas. Respighi: *Fiestas romanas*. C. F. M. Bach: *Concerto*. Dvorak: *Sinfonía negra*. Gluck: *Ifigenia en Aulide*. Turina: *Orgía*.

989. DISCOS. *El Sol*, 21-02-1930. «Música de orquesta», Orquesta Ópera Nacional de Berlín, Otto Klemplerer. Strauss. Orquesta Sinfónica de Madrid dirigida por el maestro Arbós, obras de Albéniz, Granados. «Música instrumental», Wanda Landowska. «Música de canto». Albert Coatas, Rosa Ponselle, Margaret Sheridan.

990. LA VIDA MUSICAL. *El Sol*, 22-02-1930. «Orquesta Lassalle» Concierto celebrado en el Palacio de la Música, Orquesta Lassalle, director Lassalle. Obras de Haydn: *Sinfonía de los adioses*.

991. LA VIDA MUSICAL. *El Sol*, 25-02-1930. «Carlo Zocchi, en la S.F.». Bach. *Partita*. Beethoven: *Sonata op.31*. Schumann: *Davidbündlertänze*. Goossens: *Danzas*.

992. LA VIDA MUSICAL. *El Sol*, 26-02-1930. «Rosenthal, de nuevo». Weber: *Sonata en la bemol*. Schubert: *Fantasía*. Chopin: *Berceuse, Mazurca, Canto polaco*. Debussy: *Reflejos en el agua*.

993. LA VIDA MUSICAL. *El Sol*, 28-02-1930. «Orquesta Filarmónica». Concierto celebrado el día 26, Orquesta filarmónica, Pérez Casas. Ravel: *Bolero*. Rimsky- Korsakov: *Capricho español*. Beethoven: *Sinfonía en do menor*. Germán Alvarez Beigbelder: *Campos jerezanos*. Strauss. *Buergués gentilhombre*.

994. CONCIERTOS. *El Sol*, 04-03-1930. «Dos conciertos matinales». Serie de conciertos que comienzan en el Palacio de la Música, concierto de Moreno Ballesteros (organista), trío formado por Vela, Fuster y Barend-Bos. Concierto de Rosenthal en el teatro de la Comedia, Schubert: *Momento musical*.

995. LA VIDA MUSICAL. *El Sol*, 07-03-1930. «Orquesta Lassalle». Orquesta Lassalle, Palacio de la Música. Galatti, cantó canciones de Haendel, Tschaikovski y José Mª Franco. Turina: *Cantares, Anhelos*. María Rodríguez: *Canción*. Torroba: *Petenera*. Haendel. Tschaikovski: *Sinfonía patética*.

996. LA VIDA MUSICAL. *El Sol*, 11-03-1930. «El Cuarteto Rafael, en la S.F.» Sociedad Filarmónica, Cuarteto Rafael, Chapí: *Cuarteto*. Debussy: *Cuarteto*. Haydn: *Cuarteto Kaiser*. «Segundo concierto matinal». Palacio de la Música, hermanas Chelvi, Posse: *Andante*. Gounod: *Marcha solemne*. Godafroid. *Melancolía*, Hasselmana: *Priere*. Intervencion de Juan Telleria, organista, Boelimann: *Coral, Suite Gótica*. «Una comida en honor a Conchita Supervía».

997. LA VIDA MUSICAL. *El Sol*, 12-03-1930. «Orquesta Sinfónica». Orquesta Sinfónica, Arbós, Mussorgsky-Ravel: *Cuadros de una exposición*.

998. LA VIDA MUSICAL. *El Sol*, 16-03-1930. «Orquesta Filarmónica». Orquesta Filarmónica, Pérez Casas. Halffter: *Sonatina*. Esplá: *Nochebuena del diablo*. Respighi: *Fiestas romanas*. (Laura Nieto, Aurelio Castrillo).

999. CONCIERTOS. *El Sol*, 23-03-1930. «Rubinstein». Obras de Bach y Chopin

1000. CONCIERTOS. *El Sol*, 25-03-1930. «Cuarteto Roth. Cuarteto Weiss. Orquesta Matinal». El Cuarteto Roth en la S.F. con obras de Mozart, Haydn y Ravel (*Cuarteto*).

1001. LA VIDA MUSICAL. *El Sol*, 26-03-1930. «Borowsky, en la A. de C. M.». Borowsky. Beethoven. Mozart. Rachmaninov. Rimsky-Korsakov. Stravinsky: *Carnaval* . Lladof: *Caja de música*. Chopin: *Preludios*.

1002. LA VIDA MUSICAL. *El Sol*, 27-03-1930. «Orquesta Sinfónica». Orquesta Sinfónica, Arbós, Beethoven: *Sinfonía Pastoral*. Ravel: *Rapsodia española*. Fernández Blanco: *Tres piezas breves*. Prokofiev: *Marcha, del Amor de las tres naranjas*. Gruenberg: *Rascacielos*. Carpenter. *Adventures in a perambulator*.

1003. LA VIDA MUSICAL. *El Sol*, 28-03-1930. «Gaspar Cassadó». Concierto del día anterior, en la Asociación de Cultura Musical. Breval: *Sonata*. Beethoven: *Sonata en fa*. Tschaikovsky: *Melodia*, Dunkler: *Capricho húngaro*. «Orquesta Sinfónica». Unión Radio, Halffter: *Sinfonietta*. Corelli: *Sinfonía italiana*, Ravel: *Suite*. Debussy: *Preludio a la siesta de un fauno*. Falla. Esplá. Turina. Conchita Supervía.

1004. VIDA MUSICAL. *El Sol*, 30-03-1930. «La Biblioteca Musical Circulante», del Ayuntamiento de Madrid con el responsable Victor Espinós. Surgió en 1922.

1005. CONCIERTOS. *El Sol*, 01-04-1930. «El Cuarteto Roth en la S. F. «. Mozart: *Cuarteto en sol Mayor*. Schubert: *La Muerte y la doncella*. Beethoven: *Cuarteto op. 59*.

1006. LA VIDA MUSICAL. *EL Sol*, 02-04-1930. «Orquesta Sinfónica». Orquesta Sinfónica, Arbós. Corelli: *Zarabanda, Giga y Badinarie*. Cassella: *Scarlattina*. Miaskowsky: *Sinfonía nº 5*.

1007. DISCOS. *El Sol,* 04-04-1930. Discos de las Casas Odeon y Columbia.

1008. LA VIDA MUSICAL. *El Sol,* 05-04-1930. «La cena de los Apóstoles. Orquesta Lassalle, Lassalle, Grupo de cantores. Palacio de la Música, Wagner: *La cena de los Apóstoles*. Coros de diferentes óperas de Wagner. Haendel: *Concierto en re menor*. Eslava: *Motete*. Goicochea: *Ave Maria*.

1009. LA VIDA MUSICAL. *El Sol*, 06-04-1930. «Despedida de Rubinstein». Concierto de despedida: Falla, Albéniz, Chopin. Szymanowsky: *Mazurca*. Repaso a los conciertos ofrecidos en este su último viaje.

1010. LA VIDA MUSICAL. *El Sol*, 08-04-1930. «El cuarteto Lener en la A. de C. M.». Mozart: *Cuarteto en sol*. Beethoven. Dvorak. Debussy. Ravel.

1011. LA VIDA MUSICAL. *El Sol*, 09-04-1930. «Francis Poulenc, en la Sociedad de Conferencias». Conferencia de Poulenc, el *Grupo de los seis*, y las innovaciones en el campo de la composición.

1012. LA VIDA MUSICAL. *El Sol*, 11-04-1930. «Orquesta Sinfónica. M. Tagliaferro». Visita de la pianista brasileña Marta Tagliaferro, Concierto celebrado el día anterior con el maestro Arbós y la orquesta Sinfónica. Schumann: *Concerto*. Villalobos: *Momo precoz*. Moreno Gans: *Pinceladas goyescas*.

1013. LA VIDA MUSICAL. *El Sol*, 12-04-1930. «Elisabeth Schumann, en la Asociación de Cultura Musical». Concierto de lied: Schubert. Schumann. Brahms. Wolf. «La pianista Florinda Santos». Club Lyceum, concierto de Santos: Bach. Beethoven: *Variaciones*. Schumann: *Carnaval*. Fragoso: *Danza popular. Dos preludios*.

1014. LITERATURA ROMÁNTICA. *El Sol*, 12-04-1930. Hoffmann, E.T.A. *Lettres a son ami Theodore Hippei*, Editorial Stock, traductor Juan López Núñez.

1015. VIDA MUSICAL. *El Sol*, 15-04-1930. «Antonio Saenz Ferrer». Ferrer, bandurria, concierto en Madrid con obras de Falla, Beethoven, Bach, Halffter, Granados,

1016. VIDA MUSICAL. *El Sol*, 16-04-1930. «Orquesta Sinfónica». Arbós. Beethoven: *Heroica*. Bacarisse: *Concertino*. Esplá: *Canciones playeras*. Liszt: *Concierto en mi bemol*. Chopin: *Estudio, Mephiste vals* (Luis Galvez).

1017. DISCOS. *El Sol*, 18-04-1930. «Música de orquesta».

1018. CONCIERTOS. *El Sol*, 24-04-1930. «El Trío Húngaro, en la S.F.» *Tríos* de Beethoven.

1019. DISCOS. *El Sol*, 25-04-1930. «El Barbero de Sevilla».

1020. LA VIDA MUSICAL. *El Sol* 28-06-1930. «Teorías acústicas y teorías artísticas. Experiencias españolas en la música en tercios de tono». Comentarios sobre el compositor valenciano, Eduardo Panach y los cuartos de tono (*Los ojos verdes*). Consideraciones acústicas y artísticas.

1021. LA VIDA MUSICAL. *El Sol*, 09-07-1930.»Regiones españolas: Antonio José en Burgos». Comentario sobre el talento y la abundante obra del compositor burgalés.

1022. LA VIDA MUSICAL. *El Sol*, 12-07-1930. «Paisajes de Cuba: La Habana, 1930». Viaje de Salazar a Cuba, huella española.

1023. LA VIDA MUSICAL. *El Sol*, 13-07-1930. «Paisajes de cuba: por las calles y las plazas». Descripción de La Habana.

1024. LA VIDA MUSICAL. *El Sol*, 18-07-1930. «Paisajes de Cuba: La rumba en el Alambra». Conciertos en el teatro Alambra.

1025. LA VIDA MUSICAL. *El Sol*, 23-07-1930. «Paisajes de Cuba: del Malecón a las «Fritas»». Comentario sobre las orquestas negras y la música popular cubana.

1026. LA VIDA MUSICAL. *El Sol*, 24-07-1930. «Paisajes de Cuba. El «Son» en las «Fritas»». I. Conciertos al aire libre, resurgimiento del *son* en toda Cuba.

1027. LA VIDA MUSICAL. *El Sol*, 26-07-1930. «Paisajes de Cuba. El «Son» en las «Fritas»». II. Más comentarios sobre el *son* y cómo Salazar intenta recoger sus ritmos.

1028. LA VIDA MUSICAL. *El Sol*, 30-07-1930. «Paisajes de Cuba. El «Son» en las «Fritas»». III. Comentario sobre los diferentes tipos de *sones*, y la literatura que sobre ellos existe (Guillén).

1029. LA VIDA MUSICAL. *El Sol*, 01-08-1930. «Paisajes de Cuba. El «Son» en las «Fritas»». IV. La percusión. Comentario sobre los instrumentos de percusión que acompañan a las melodías, reproducción de algunos ritmos.

1030. LA VIDA MUSICAL. *El Sol*, 02-08-1930. «Paisajes de Cuba. El «Son» en las «Fritas»». V. La Forma. Estudio sobre la forma de los diferentes sones. Relación con otras formas populares.

1031. LA VIDA MUSICAL. *El Sol*, 05-08-1930. «Paisajes de cuba. Café carretero» Descripción de los cafés situados en el centro de las poblaciones en cuba. Gusto por el *café'*.

1032. LA VIDA MUSICAL. *El Sol*, 08-08-1930. «En memoria de Sigfredo Wagner». Repaso a la vida de Richard Wagner. Comentario sobre la labor de Sigfredo Wagner, fundador de una Sociedad en Stuttgart, «Bayreuther Bund».

1033. LA VIDA MUSICAL. *El Sol*, 09-08-1930. «Paisajes de Cuba. Mariel y el lirio blanco». Descripción de su viaje a Mariel dentro de Cuba.

1034. LA VIDA MUSICAL. *El Sol*, 14-08-1930. «La vida musical en Cuba. I. Las Sociedades de conciertos». Características de la Sociedad pro Arte Musical. Asociación de Música Contemporánea, principales figuras.

1035. LA VIDA MUSICAL. *El Sol*, 16-08-1930. «La vida musical en Cuba. II: La enseñanza. Las orquestas». Sistema de incorporaciones en la enseñanza. Conservatorio Bach. Maria Muñoz. Señala la orquesta sinfónica de La Habana, la Banda Municipal, y la escuela Municipal de Música, así como la Orquesta Falcón y la orquesta nacional.

1036. LA VIDA MUSICAL. *El Sol*, 21-08-1930. «Paisajes de Cuba. La playa y Baracoa». Más comentario sobre sus excursiones a diferentes playas y balnearios.

1037. DISCOS. *El Sol*, 22-08-1930. «Obras de Manuel de Falla por la Orquesta Bética»

1038. LA VIDA MUSICAL. *El Sol*, 17-09-1930. «Las reuniones internacionales de Lieja. I: Vanity Fair». Reuniones musicales, Comisiones de estudios, sala de exposiciones del Conservatorio. Compositores importantes.

1039. VIDA MUSICAL. *El Sol*, 21-09-1930. «De las reuniones en Lieja. II: Ojeada general. El punto de vista en 1930».

1040. LA EDICIÓN MUSICAL. *El Sol*, 28-09-1930. «Publicaciones de la Casa Chester y Casa Durand.

1041. CONCIERTOS. *El Sol*, 01-10-1930. «Asociación de Cultura Musical». Recital de Angeles Ottein con el acompañamiento de Carmen Rose.

1042. LA VIDA MUSICAL. *El Sol*, 04-10-1930. «Las reuniones de Lieja III: la musicología». Trabajos presentados en Lieja, conferencias y comunicaciones (Borren, Fellowes, Gurllit, Lenaers, Dent, Simons).

1043. LA EDICIÓN MUSICAL. *El Sol*, 05-10-1930. Editorial Alphone Leduc, publica la última obra de Migot: *Le livre des danceries*. Mompou: *Cuatro preludios*, edición de Heugel. Scott: *Valse des papillon*, en la edición de Schott's.

1044. LA VIDA MUSICAL. *El Sol*, 09-10-1930. «Las reuniones internacionales de Lieja. IV: La música de cámara». Conciertos de música de cámara en el Palacio de Bellas Artes de Bruselas. Obras de Karel Haba y Echard Michel. Tailleferre. Bax. Roussel, Stimer, Casella, Milhaud, Satie. Bartók.

1045. CONCIERTOS. *El Sol*, 09-10-1930. «Banda de obreros de Potsdam»

1046. LA EDICIÓN MUSICAL. *El Sol*, 12-10-1930. Casa Eshig, Villa-Lobos: *Dos choros*. *Primera sonata fantasía*

1047. LA VIDA MUSICAL. *El Sol*, 16-10-1930. «La orquesta filarmónica en la S. de C. M. Fred Elizalde». Sociedad de Cultura Musical, Orquesta Sinfónica, Pérez Casas. Mozart: *Sinfonía en sol menor*. Wagner: fragmentos de *Maestros cantores*. Florent Schmittt: *Tragedia de Salomé*. Federico Elizalde: *Bataclán*.

1048. LA VIDA MUSICAL. *El Sol*, 18-10-1930. «Los festivales internacionales de Lieja. IV: la música orquestal». Programas de conciertos con obras de Szymanowsky. Toch. Hindemith. Fittelber, Schmitt, Stravinsky, Hauer, Massolow, Mihalovici, Andreae, Varetti y Poot.

1049. LA EDICIÓN MUSICAL. *El Sol*, 19-10-1930. Unión musical franco espagnole. Facundo de la Viña: *Seis impresiones*. Editorial de Maguncia, B. Schott's, publica de Autenrieth-Schleusser: *Das neue Klavierbuch*.

1050. LA VIDA MUSIAL. *El Sol*, 22-10-1930. «De Budapest a Madrid. Cuarteto Garay. Fernando Ember». Cuarteto Garay, Asociación de Cultura musical, Toni: *Sonatina*. Ember, obras de Mantecón: *Atardecer y danza*. Schumann: *Carnaval*. Rodolfo Halffter: *Dos sonatinas de El Escorial*. Turina: *Niñerías*.

1051. LA VIDA MUSICAL. *El Sol*, 23-10-1930. «Orquesta Clásica». Orquesta Clásica, dirigida por Saco del Valle. Conrado del Campo: *Obertura madrileña*. Julio Gómez: *Égloga*. Holst: *St. Paul Suite*. Rameau. Beethoven: *Cuarta Sinfonía*. Honegger. Schubert.

1052. LA EDICIÓN MUSICAL. *El Sol*, 26-10-1930. Casa Maurice Senart, Alejandro García Caturla: *Dos poemas afrocubanos*, sobre textos de Carpentier. Casa Alphone Leduc, publica Ettich, una colección de vocalizaciones de Copland, Honegger, Kalomiris, etc. Nin: *Canto elegíaco*.

1053. LA VIDA MUSICAL. *El Sol*, 28-10-1930. «Rock Ferris» Pianista norteamericano, concierto celebrado el día anterior, obras de Chopin, Scott, Liszt: *Rapsodia*. Falla: *Cubana*. Forgues: *Concierto nº 2*.

1054. LA VIDA MUSICAL. *El Sol*, 30-10-1930. «Orquesta Clásica. G. Pittaluga.». Orquesta Clásica, Saco del Valle, concierto celebrado el día anterior. Pittaluga: *Romería de los cornudos*. Vivaldi: *Concierto en la menor* Mozart: *Sinfonía en sol menor*. Schubert: *Obertura*.

1055. LA EDICIÓN MUSICAL. *El Sol*, 02-11-1930. Casa Chester, trascripción para violín de la *Danza del Fuego* de Falla, hecha por Paul Kochanki. José André publica en la editorial Gurina y Compañía, una edición nueva de canciones infantiles, *Las canciones de Natacha*.

1056. LA VIDA MUSICAL. *El Sol*, 06-11-1930. «Orquesta Clásica. R. Halffter. M. Rodrigo». Concierto celebrado el día anterior, enfermedad de Juan Quintero, sustitución por parte de Turina y Rodolfo Halffter en Falla: *Danza del fuego*. R. Halffter: *Suite*. Maria Rodrigo: *Rimas infantiles*. Haydn: *Sinfonía Oxford*. Mozart: *Las bodas de Fígaro*, obertura. Beethoven: *Prometeo*.

1057. LA EDICIÓN MUSICAL. *El Sol*, 09-11-1930. Edición Schott, Toch: *Tres Burlesken*. Wolfgang Korngod: tres fragmentos de la opera: *Viel Laerm um nichts*. Unión Musical Española, Benjamín Orbon: *Rapsodia asturiana*. En edición privada, Hector Melo Gorigoytia publica *Manchas de color*, para piano.

1058. LA VIDA MUSICAL. *El Sol*, 13-11-1930. «Orquesta Clásica. M. Palau. Turina». Concierto celebrado el día anterior, Orquesta Clásica, Saco del Valle. Arriaga: *Sinfonía*. Palau: *Ho-*

menaje a Debussy. Turina: *Danzas gitanas*. Holst: *Saint Paul's Suite*. Sibelius: *Canzonnetta*. Mozart: *Obertura de Don Juan*.

1059. LA EDICIÓN MUSICAL. *El Sol*, 18-11-1930. Edición Max Eschig, Martinu: *Tríos danses tcheques*. Erwin Strauss: *Sonatine de jazz, Trois Etudes de jazz*.

1060. LA VIDA MUSICAL. *El Sol*, 22-11-1930. «Orquesta Lassalle». Concierto con el maestro Lassalle y su orquesta dedicado a la música rusa. Tschaikovsky: *Patética, Eugenio Oneguin* (fragmentos), intervención de Hellena Gillinska.

1061. LA EDICIÓN MUSICAL. *El Sol*, 23-11-1930. Obras de Manuel Rosenthal y Swan Hennessy en la editorial Max Eschig.

1062. LA VIDA MUSICAL. *El Sol,* 25-11-1930. «Varios conciertos». Orquesta Filarmónica, Emilio Vega, Tschaikovsky: *Sinfonía patética*. En el palacio de la Música, Hellena Gillinska. En la Sociedad Filarmónica, Luis Gálvez, con obras de Liszt: *Polonesa en mi mayor*. Nicanor Zabaleta, concierto de arpa con obras de Fauré, Gallés, Respighi y Goossens. En el palacio de la Prensa, orquesta ibérica de instrumentos de púa y pulso. Círculo de Bellas Artes, la Wagneriana y el Hogar Vasco, *Trío de cello, violín y piano*.

1063. CONCIERTOS. *El Sol,* 29-11-1930. «Orquesta Lasalle». Obras de Beethoven (*Egmont, Coriolano, Sinfonía en la y Concierto de violín*, con Enrique Iniesta, como solista).

1064. LA EDICIÓN MUSICAL. *El Sol*, 30-11-1930. Obras de Alejandro Tansmann en la editorial Schott.

1065. INFORMACION TEATRAL. *El Sol*, 02-12-1930. «El Teatro de Mozart.»Don Juan», en el Teatro Calderón». Representación de la ópera de Mozart: *Don Juan*, en el Teatro Calderón de Madrid. Compañía Nied-Oesterr-Stadtebund-Oper de Viena. Mala recepción del público.

1066. LA VIDA MUSICAL. *El Sol*, 06-12-1930. «La Orquesta Sinfónica, dirigida por Ernesto Halffter».Concierto celebrado el día anterior, Orquesta Sinfónica, E. Halffter, director. Falla: *El amor brujo*. Halffter: *Sinfonietta*. Bacarisse: *La Tragedia de Doña Ajada*. Rodolfo Halffter: *Suite*. Pittaluga: *La romería de los cornudos*. Retransmisión de la Unión Radio de Madrid.

1067. LA EDICIÓN MUSICAL. *El Sol*, 07-12-1930. Editorial Schirmer de Nueva York, publicación de *Método progresivo para la ejecución de los cuartetos de cuerda* de Alfredo Pochon (Traducción al castellano por Paz Gainsborg); del mismo autor *Indian suite*, en la editorial Carl Fischer Inc, de Boston y Nueva York.

1068. LA EDICIÓN MUSICAL. *El Sol*, 14-12-1930.»Una colección de obras para guitarra». Editorial Eschig, Bibliotheque de musique ancienne et moderne pour guitarre, colección dirigida por Pujol, con obras de Pujol, Petit, Grau, Falla, Villa-lobos, Salazar. Además, obras de Luis Millan, Gaspar Sanz, Corbetta, Fuenllana y J.S. Bach.

1069. LA VIDA MUSICAL. *El Sol*, 16-12-1930. «Golschmann con la orquesta Sinfónica». Concierto celebrado el día 14, matiné. Haydn: *Sinfonía Sorpresa*. Julio Gómez: *Suite en la*.»Wiener y Doucet en la Sociedad Filarmónica». Dúo pianístico de Wiener y Doucet en el Circulo de Bellas Arte, música negra, jazz. Gershwin: *Rapsody in blue*.

1070. CONCIERTOS. *El Sol*, 19-12-1930.»Joaquin Nin Culmens en el Círculo de Bellas Artes». Obras de Debussy (*L 'Isle joyeuse, Poissons d 'or*), Rodolfo Halffter (*Dos sonatas de El Escorial*), Falla: *Danza del Fuego*.

1071. LA EDICIÓN MUSICAL. *El Sol*, 21-12-1930. Obras de Tibor Harsanyi.

1072. LA VIDA MUSICAL. *El Sol*, 23-12-1930. «Hans Weissbach, en la orquesta Sinfónica». Orquesta Sinfónica, Weissbach, Esplá: *Don Quijote velando las armas*. Beethoven: *Séptima sinfonía*. Stravinsky: *El pájaro de fuego*.

1073. DISCOS. *El Sol*, 26-12-1930. *El Bolero* de Ravel en la editorial Regal

1074. LA VIDA MUSICAL. *El Sol*, 27-12-1930. «F. Elizalde con la orquesta Filarmónica». Asociación de Cultura Musical, Elizalde: *Bataclan, Espiritual, Modos*, Halffter: *Sinfonietta*.

1075. LA EDICIÓN MUSICAL. *El Sol*, 28-12-1930. Obras de Migot

1076. LA VIDA MUSICAL. *El Sol*, 30-12-1930. «La Masa Coral y la Orquesta Clásica». Orquesta Clásica, Saco del Valle, Masa Coral Madrileña, Saint-Saëns: *Oratorio de Navidad*. Villancicos españoles. «El Cuarteto Rafael, en la Sociedad Filarmónica», concierto del día anterior en la Sociedad Filarmónica. Mozart: *Cuarteto en re menor*.

1931

1077. LIBROS. *El Sol*, 01-01-1931. «Musicología. Ruthand Boughton: *Bach*. Colección Masters of Music, Londres»

1078. LA EDICIÓN MUSICAL. *EL Sol*, 04-01-1931. Ediciones de Rovart y Lerolle, con obras de Rodrigo, Falla, Turina, Albéniz, Granados.

1079. LA EDICIÓN MUSICAL. *El Sol*, 10-01-1931. «Obras de Henry Cowell»

1080. LA VIDA MUSICAL. *El Sol*, 10-01-1931. «Benno Moisewitch, en la A. de C. M.» Programa con obras de Brahms: *Variaciones sobre un tema de Paganini*. Liszt. Weber: *Movimiento*

Perpetuo. Falla: *La vida breve*. Jacques Ibert: *El anillo blanco*. Stravinsky: *Estudio en fa sostenido menor*.

1081. CONCIERTOS. *El Sol*, 14-01-1931. «Egon Petri en la Sociedad Filarmónica.Obras de Debusy (*Preludios*) y Rachmaninov (*Preludios*).

1082. LA VIDA MUSICAL. *El Sol*, 16-02-1931. «Primer Festival del Orfeón Pamplonés y de la orquesta Filarmónica». Concierto celebrado el día anterior en el Monumental Cinema. Villa, director de orquesta, Múgica director del coro. Beethoven: *Novena sinfonía*. Usandizaga: *Umezuriza*. Julio Gómez: *La parábola del sembrador*. Salazar: *Cuatro canciones sobre textos de poetas españoles de los siglos XVI y XVII*.

1083. LA VIDA MUSICAL. *El Sol*, 17-01-1931. «Segundo concierto del Orfeón pamplonés y de la Orquesta Filarmónica. «Le Roi David» de Arthur Honegger». Comentario sobre la obra de Honegger. Orquesta Filarmónica, Orfeón Pamplonés, director Saco del Valle. Solistas: del Pozo, Topitz, Sottmann, Niemeyer. Ravel: *Ronda*. Debussy: *En la noche de San Juan*.

1084. LA EDICIÓN MUSICAL. *El Sol*, 18-01-1931. M. J. Herscher-Crément: *Douze espagnola* (no se indica editor).

1085. VIDA MUSICAL. *El Sol*, 18-01-1931. «La Misa de Beethoven en el Orfeón Pamplonés»

1086. LA EDICIÓN MUSICAL. *El Sol*, 25-01-1931. Unión Musical publica obras del padre Eduardo González Pastrana: *Cien canciones leonesas*.

1087. LA VIDA MUSICAL. *El Sol*, 27-01-1931». «El cuarteto Belga en la Sociedad Filarmónica». Concierto celebrado el día anterior con obras de Brahms: *Cuarteto op. 26*. Schubert. Haydn. Beethoven.

1088. CONCIERTOS. *El Sol*, 28-01-1931. «Rock ferris». Concierto de este pianista norteamericano con obras de Brahms: *Sonata*. Debussy. Falla. Turina. Infante.

1089. LA VIDA MUSICAL. *El Sol*, 29-01-1931. «El cuarteto Belga en la Sociedad filarmónica». Segundo concierto. Obras de J. Cristian Bach. Fauré: *Cuarteto en sol menor*. Lekeu: *Cuarteto*. Mozart: *Cuarteto en sol menor*.

1090. LA EDICIÓN MUSICAL. *El Sol*, 01-02-1931. Edición de Max Eschig et Cia, obras de Manuel Palau: *Chiquilla*, traducido por H. Collet. Publicación en Montevideo de una obra de Carmen Borradas: *Cantos infantiles*. Publicación en Buenos Aires del padre S. Legarda: *Laudes Eucarísticas*.

1091. LA VIDA MUSICAL. *El Sol*, 08-02-1931. «Wanda Landowska, en Madrid». Bach: *Clave bien temperado*. Vivaldi: *Concierto*. Haydn: *Sonata*. Mozart: *Sonata en fa*.

1092. LA EDICIÓN MUSICAL. *El Sol*, 08-02-1931. Obras de Jacques Ibert

1093. CONCIERTOS. *El Sol*, 11-02-1931. «El maestro Arbós en la A. de C. M.» comentario sobre Jazz-band. Orquesta Sinfónica, con obras de Haendel, Strauss. Mendelssohn: *Sinfonía Italiana*. Albéniz. Falla. Sorozabal.

1094. LA EDICIÓN MUSICAL. *El Sol*, 15-02-1931. Max Eschig, padre Donostia: *Menuet basque, Priére Plaintire a Notre Dame de Socorri*. (Piano). Blande (compositor suizo): *Prelude e sarabande* (piano y violín), *Divertimento op. 47*.

1095. LIBROS. *El Sol*, 19-02-1931. «Musicografía. Bofaruli, Salvador: «Anuario Musical de España»- 1930-1931

1096. LA VIDA MUSICAL. *El Sol,* 19-02-1931. «Los hermanos Corma en la A. de C. M.» (pianistas infantiles). Concierto con obras de Mozart. Grieg. Beethoven: *Patética.* Chopin. Schumann. Daquin. Mendelssohn: *Rondó caprichoso.*

1097. DISCOS. *El Sol,* 19-02-1931. Obras de Tschaikowsky. Música para coro

1098. LA VIDA MUSICAL. *El Sol,* 21-02-191931. «Lassalle y sus festivales. La música española». Comentario sobre los festivales dedicados a un autor en solitario. Concierto con Guillinska con obras de Tschaikovsky: fragmentos de *Eugenio Oneguin.* Rachmaninov. Pedro de San Juan: *Rondó fantástico.*

1099. LA EDICIÓN MUSICAL. *El Sol,* 22-02-1931. Max Eschig, obras de Joaquin Nin: *Rapsodia Ibérica.* Chevallier: *Fox-trot, tangos y final.* Piero Coppola: *Revérie.* Godofredo Andolo: *Berceuse.*

1100. CONCIERTOS. *El Sol,* 26-02-1931. «Arnold Foldesy en la S. F.»Recital del violonchelista húngaro acompañado por Juan Quintero.

1101. CONCIERTOS. *El Sol,* 28-03-1931. «Orquesta Lasalle. Festival Puccini».Segundo Festival Lasalle dedicado a la memoria de Puccini»

1102. LA EDICIÓN MUSICAL. *El Sol,* 01-03-1931. Editor, Vitor Suarez. Manuel del Fresno: *Veinte canciones populares asturianas.* Alejandro Tasman: *Sonatina trasatlántica,* publicada por Alphonse Leduc. *Sonata para cello y piano* (en la casa Max Eschig).

1103. CONCIERTOS. *El Sol,* 04-03-1931.»Asociación del Palacio y Antonio Piedra»

1104. LA VIDA MUSICAL. *El Sol,* 07-03-1931. «Zino francescatti en la A. de C.M.» Concierto con obras de Tartini: *Concierto.*

Beethoven: *Sonata a Kreutzer*. Paganini: *Variaciones sobre un tema de Rossini*. Galliard. Ravel: *Tzigane*.

1105. LA EDICIÓN MUSICAL. *El Sol*, 08-03-1931.A. Gradstein: *Mazurcas*. A. Brinquet-Idiartborde: *Andorre, tres cantos para violín y piano*. Scott: *Rainbow truit*. Edición de Max Eschig.

1106. CONCIERTOS. *El Sol*, 10-03-1931. «El Trío Pozniak en la Sociedad Filarmónica». Obras de Beethoven, Dvorak y Mendelsshon.

1107. CONCIERTOS. *El Sol*, 13-03-1931. «Helena Gillinska, en el Club Lyceum». Concierto celebrado en el Palacio de la Música con obras de Mozart: *Las bodas de Fígaro* (fragmentos). Wagner: *Tannhäuser*. Schumann: *Du bist die Ruth*. Rachmaninov. Frack: *La mariage des roses*.

1108. CONCIERTOS. *El Sol*, 14-03-1931. «El Cuarteto Genzel en la A. de C.M.» Obras de Haydn y Beethoven.

1109. LA EDICIÓN MUSICAL. *El Sol*, 15-03-1931. «*El marraguero bailarín*». Comentario sobre el primer congreso de estudios vascos. Juan Carlos de Cortazar, publicación de los cantos y danzas de Juan Ignacio de Iztueta.

1110. LA VIDA MUSICAL. *El Sol*, 15-03-1931. «Berlioz, Stravinsky y Sorozábal» Concierto celebrado el día anterior, Sorozábal director. Stravinsky: *Petruchka*. Berlioz: *Sinfonía fantástica*. Rodolfo Halffter: *Suite*. Mussorgsky. *La Khovantchina* (preludio). Schubert: *Rosamunda*.

1111. DISCOS. *El Sol*, 20-03-1931. «La Voz de su Amo». *El Bolero* de Ravel.

1112. CONCIERTOS. *El Sol*, 21-03-1931. «Brailowsky». Recital del pianista. Obras de Bach, Scarlatti, Debussy, Scriabin.

1113. LA EDICIÓN MUSICAL. *El Sol*, 22-03-1931. «Obras de Alejandro Jemmits». Comentario sobre el compositor húngaro Alejandro Jemmits en distintas ediciones: *Sonata de danza, Tanzsonate, Serenade para violín y piano.*

1114. LA VIDA MUSICAL. *El Sol*, 22-03-1931. «Arbós y la orquesta Sinfónica». Beethoven: *Séptima Sinfonía.* Turina: *Sinfonía Sevillana.* Rossini: *Obertura de Ifigenia en Argel.* Wagner: *Overtura de la Cabalgata de las Walkyrias.* Rachmaninov: *Vocalise.* Bach: *Pasacalle en do menor,* orquestado por Respighi.

1115. LA VIDA MUSICAL. *El Sol*, 27-03-1931. «Elena Gerhardt» Concierto celebrado en la Sociedad Filarmónica. Schubert. Schumann. Brahms. Strauss. Wolf. «Rubinstein» concierto celebrado en el teatro de la Zarzuela. Gradstein: *Mazurcas.* Falla. Albéniz. Granados. Prokofiev. Villa-Lobos.

1116. LA VIDA MUSICAL. *El Sol,* 28-03-1931. «Pérez Casas, Respighi y J. Gómez. Orquesta Filarmónica». Pérez Casas, Orquesta Filarmónica, concierto celebrado el día anterior. J. Gómez: *Siete canciones infantiles.* Ravel: *La Valse.* Beethoven. Wagner. Debussy.

1117. LA EDICIÓN MUSICAL. *El Sol*, 28-03-1931.»Ernesto Halffter y la «canción» de arte española»

1118. LA VIDA MUSICAL. *El Sol*, 29-03-1931. «Weinberger. Zamacois. En la Orquesta Sinfónica» Beethoven: *Sinfonía pastoral.* Wagner. *Tannhäuser: Bacanal.* Debussy: *Preludio a la siesta de un fauno.* Strauss: *Till Eulenspiegel.* Weinberger: *Don Quijote, Schwanda.* Zamacois: *Los ojos verdes.*

1119. LA VIDA MUSICAL. *El Sol*, 02-04-1931. «Carlota Dahmen, en al A. de C. M.» Concierto de lieder, Wolf: *Canción de Weyla.* Schumann: *Amor y vida de mujer.* Fragmentos de Oberon de Weber, y de Tschaikowsky: *Eugenio Oneguin.* Ember, pianista.

1120. LA EDICIÓN MUSICAL. *El Sol*, 05-04-1931. Editor, Alphonse Leduc. Migot *Cloché d'aube*. Alejandro García Caturla: *Son para piano*.

1121. LA VIDA MUSICAL. *El Sol*, 08-04-1931. «Orquesta Sinfónica: Haendel. Mossolof, P. Minguella. Orquesta Ibérica». Arbós. Mossolof: *Fundición de acero*. Haendel: *Water Music*. Beethoven: *Coriolano*. *Egmont*. Cherubini: *Anacreonte*.

1122. LIBROS. *El Sol*, 09-04-1931.»Musicología. Egon Wellesz: *Música bizantina*, en la editorial Labor.

1123. CONCIERTOS. *El Sol*, 11-04-1931. «Alma Moodie, en la Sociedad Filarmónica. *Sonata en re*, de Mozart; *Partita* (con la *Chacona*), de Bach; *Sonata a Kreutzer*, de Beethoven.

1124. LA EDICIÓN MUSICAL. *El Sol*, 12-04-1931. «Obras para canto de F. Mompou».

1125. CONCIERTOS. *El Sol*, 16-04-1931. «Cuarteto de Budapest». Primer concierto con el nuevo Régimen de la Sociedad de Cultura Musical

1126. LA EDICIÓN MUSICAL. *El Sol*, 19-04-1931. «Músicos españoles». Max Eschig. Ernesto Halffter: *Dos bocetos Sinfónicos*.

1127. LA VIDA MUSICAL. *El Sol*, 19-04-1931. «La Orquesta Sinfónica y la Masa Coral vallisoletana». Coral dirigida por García Blanco. Borodin: *Danzas del príncipe Igor*. Wagner: *Maestros cantores*, coro final. Bach: *Coral*. Palestrina: *Misa del Papa Marcello*. Guerrero: *Si tus penas no pruebo*. Arcadelt: *Canción de trilla*. Halffter: *Dos bocetos*. Corelli: *Suite*.

1128. DISCOS. *El Sol*, 24-04-1931. «Una sinfonía inmortal». Sinfonía para la ópera Aureliano en Palmira», de Rossini.

1129. LA VIDA MUSICAL. *El Sol*, 25-04-1931. «Cuarteto Rafael». Obras de Stravinsky (*Piezas para cuarteto*); Turina (*La oración del torero*); Salazar (*Rubalyal*); Conrado del Campo (*Trío*).

1130. LA MÚSICA EN LA REPÚBLICA. *El Sol*, 25-04-1931. «La reorganización del teatro lírico nacional y de los conciertos sinfónicos» II.

1131. LA VIDA MUSICAL. *El Sol*, 26-04-1931. «Orquesta Sinfónica. Vaughan Williams. Esplá». Bach. Mozart. Beethoven. Wagner. Esplá: *Suite*. Vaughan Williams: *Fantasía*.

1132. LA MÚSICA EN LA REPÚBLICA. *El Sol*, 26-04-1931. «La reorganización del teatro lírico nacional y de los conciertos sinfónicos» III.

1133. CONCIERTOS. *El Sol*, 26-04-1931. «Cuarteto de Budapest». En la Asociación de Cultura Musical. Obras de Mozart, Brahms y Schubert (*La Muerte y la doncella*)

1134. LA EDICIÓN MUSICAL. *El Sol*, 03-05-1931. Celebración próxima del congreso en Oxford de la Asociación Internacional de Música Moderna. Hindemith: *Wir bauen eine Stadt*, publicado por la editorial Schott´s Sohne.

1135. LA EDICIÓN MUSICAL. *El Sol*, 10-05-1931. Arriaga: *Pastoral*, partitura para banda. Juan Maria Ugarte: *Laus Deo*, Editor Maurice Senart. Ugarda: *Caeciliana*, Ricordi (Ambas obras para órgano).

1136. LA VIDA MUSICAL. *El Sol*, 10-05-1931. «Cuarteto Rafael». Concierto en la Sociedad Filarmónica, con obras de Hadyn, Dvorak y Debussy.

1137. LA VIDA MUSICAL. *El Sol*, 13-05-1931.»El Cuarteto Vandelle». Concierto celebrado en el Ateneo e Instituto Francés. Obras de Debussy, Remacha, Bautista: *Sonatina a trío*. Milhaud: *Cuarteto nº 7*. Bacarisse. Salazar: *Rubalyal*.

1138. DISCOS. *El Sol*, 15-05-1931.»La tercera Sinfonía de Brahms».

1139. LA MÚSICA EN LA REPÚBLICA. *El Sol*, 16-05-1931. «La reorganización del teatro lírico nacional y de los conciertos sinfónicos» IV.

1140. LA EDICIÓN MUSICAL. *El Sol*, 17-05-1931. Eschig editor. Albéniz: *Zorziko, La vega, Crepúsculo, Tristese, Azulejos*.

1141. LA VIDA MUSICAL. *El Sol*, 18-05-1931. «Fin de curso en la Sociedad Filarmónica». Cuarteto Rafael: Beethoven. Boccherini. Schumann. Comentario sobre las Sociedades musicales privadas y su mala situación. Salazar tacha su programación de ecléctica.

1142. LA VIDA MUSICAL. *El Sol*, 21-05-1931. «Eugenio Ysaye». Reseña de Salazar sobre la muerte del célebre violinista.

1143. LA VIDA MUSICAL. *El Sol*, 23-05-1931. «»Elisa Bullé». J. Cela. El cuarteto Rafael en la residencia de estudiantes». Concierto en la sala Daniel, Schubert: *Impromtu*. Chopin. Mozart. Falla. Turina. William. Jesús Cela, concierto en el Ateneo. Vitali: *Chacona*. Wienawsky: *Concierto en re menor*. Schubert: *Ave Maria*. Sanmartín- Elman: *Liebeslied*. Paganini: *Capricho*. Cuarteto Rafael, concierto en la Residencia de Estudiantes, Stravinsky. R. Halffter. Bacarisse. Goossens.

1144. LA EDICIÓN MUSICAL. *El Sol* 24-05-1931. «Música española» Transcripción de obras de Falla, *El Amor Brujo, Siete canciones populares españolas, Danza del Fuego*. Ediciones de la casa Eschig de París y Chester de Londres. Nin: *Seguidilla española*. Padre Donostia, publicación de canciones con motivos vascos.

1145. CONCIERTO. *EL Sol*, 27-05-1931. Georges Garay en la A. de C. M.» Concierto del Cuarteto Garay el día anterior en el teatro de la Comedia. Bach. Beethoven. Bloch.

1146. CONCIERTO. *El Sol*, 30-05-1931. «M. Monnier, Orquesta Clásica y Masa Coral, en la A. de C. M.» Antonio José: *Suite*. Benedito, director Masa Coral. Orquesta Saco del Valle. Haendel: *Mesias*. Floren Schmitt: *Soira*. Monnier, interpretó obras para cello.

1147. LA EDICIÓN MUSICAL. *El Sol*, 31-05-1931. «Música española». Publicación en Eschig de una serie de canciones de E. Halffter sobre poemas de Dense Cools.

1148. LA EDICIÓN MUSICAL. *EL Sol,* 07-06-1931. «Música moderna». M. Eschig, Gaillard: *Suite anglaise*. Guerra: *Diez esquises*. Bolch: *Poema sinfónico para voz y piano sobre poemas de Miguel Zamacois*. S. Demarquez: *Rapsodie Lyrique*. Bringuet-Delaborde: *Suite para violoncelo y piano, Au lac de Corne*.

1149. NACIÓN Y MUNDO. *El Sol*, 11-06-1931. «Stravinsky y la universalidad». Repaso a la figura de Stravinsky, su obra y relación con otros músicos y artistas.

1150. LA EDICIÓN MUSICAL. *El Sol,* 14-06-1031. Migot: *Primer livre de divertiments francais*. (Casa Leduc). Pittaluga: *Homenaje a Mateo Albéniz*, en la Unión Musical Franco-española.

1151. DISCOS. *El Sol*, 17-06-1931. «Música patriótica».

1152. LA VIDA MUSICAL. *El Sol,* 19-06-1931. «Rosita G. Ascot, en el Lyceum».Concierto de esta pianista en el Club femenino Lyceum, el día anterior. Obras de Bach, Soler, Gluck, Scarlatti, Falla, Debussy. E. Halffter: *Danza de la gitana*. Reger: *Humoresca*. «J. Ruiz Jiménez y D. Kuby en el *Círculo* de bellas Artes» J. Ruiz, Halffter: *Sonatina*. Bach. Sains-Saëns. Chopin. Liszt: *San Francisco*.

1153. LA EDICIÓN MUSICAL. *El Sol,* 21-06-1931. «Una partitura modelo». Formato de edición de partitura. Falla: *Psyché*.

1154. LA VIDA MUSICAL. *El Sol*, 25-06-1931. «La Habanera de «La muerte de Carmen», de Ernesto Halffter». Estreno de la obra de Halffter, por el maestro Pérez Casas con la Orquesta Sinfónica (Música compuesta en 1926 para una película de Feyder, basada en la novela de Mérimée).

1155. LA EDICIÓN MUSICAL. *El Sol*, 28-06-1931. Salvador Martín: *Método del hogar para el piano*. Edición músical de Valencia.

1156. LA EDICIÓN MUSICAL. *El Sol*, 05-07-1931. Dandelot: *Concerto*, en la casa Eschig. Hennessy: *Tríos, chans celtiques*, en la casa Eschig.

1157. DISCOS. *El Sol*, 10-07-1931. «Música instrumental». Discos de 30 centímetros en «La Voz de su Amo». Intérpretes: Pablo Casals y Andrés Segovia.

1158. LA EDICIÓN MUSICAL. *El Sol*, 12-07-1931. Cools: *Developpement rapide* de *la technique moderna du piano*. Casa Eschig. Jose André, publica en la casa Maurice Senart, *Melodies et chansons*.

1159. LA VIDA MUSICAL. *El Sol*, 07-08-1931. «La novena reunión de la S.I.M.C. en Oxford». I. Presencia de la música española en esta reunión. Salazar, delegado especial del gobierno provisional de la República española.

1160. LA VIDA MUSICAL. *El Sol*, 08-08-1931. «La novena reunión de la S.I.M.C. en Oxford». II. «Oxford, la muerta viva». Descripción de la ciudad.

1161. LA EDICIÓN MUSICAL. *El Sol*, 09-08-1931. «Dos obras de Esplá» Esplá: *Tres movimientos para piano. Piezas infantiles*. Unión musical franco-española.

1162. LA VIDA MUSICAL. *El Sol*, 11-08-1931. «La novena reunión de la S.I.M.C. en Oxford». III. Comentario sobre diferentes naciones que se han conocido en el festival. Veintisiete compositores han estrenado sus obras de Europa y América, lugares físicos para las interpretaciones musicales.

1163. LA VIDA MUSICAL. *El Sol*, 15-08-1931. «La novena reunión de la S.I.M.C. en Oxford». IV. Comentario sobre las obras de cámara estrenadas en el festival. E. Halffter, y repercusión en el *Times*.

1164. LA EDICIÓN MUSICAL. *El Sol*, 16-08-1931. «Dos trascripciones de Halffter». *Danza de la pastora y danza de la gitana*, pertenecientes al ballet *Sonatina*, de Halffter, transcritas por Heifetz en la casa Fischet de Nueva York.

1165. LA VIDA MUSICAL. *El Sol*, 18-08-1931. «La novena reunión de la S.I.M.C. en Oxford». V. Obras de Maklakiewicz, Knipper,

1166. LA VIDA MUSICAL. *El Sol*, 22-08-1931. «La IX reunión de la S.I.M.C. en Oxford». VI. Interpretación de música de cámara, Cartan, Sessions, Delannoy, Bax, Anson, Benjamín.

1167. LA EDICIÓN MUSICAL. *El Sol*, 23-08-1931. «Obras de H. Villa-Lobos». Casa Eschig, Villa-Lobos: *Poema da criança e sua mama*.

1168. LA VIDA MUSICAL. *El Sol*, 26-08-1931. «La IX reunión de la S.I.M.C. en Oxford». VII. Música coral. Williams, Stewart, Holst, Whittaker.

1169. LA EDICIÓN MUSICAL. *El Sol*, 30-08-1931. «Un nuevo cancionero leonés». Editor Faustino fuente, Manuel Fernández Núñez. Folklore leonés.

1170. LA VIDA MUSICAL. *El Sol*, 02-09-1931. «La IX reunión de la S.I.M.C. en Oxford». VIII. Música Coral, obras de Szabo, Vaughan-Williams, Roussel.

1171. LA EDICIÓN MUSICAL. *El Sol*, 06-09-1931. Ediciones de la Oxford University Press. Comentario sobre el catálogo de esta editorial. Publicación de la obra de W. Walton: *Portamoyth Point*. Vaughan-Williams: *Benedicite* (Obras dadas a conocer durante esta reunión de la S.I.M.C).

1172. LA VIDA MUSICAL. *El Sol* 08-09-1931. «La IX reunión d la S.I.M.C. en Oxford». IX. Sesión dedicada al ballet. Interpretación de dos ballets, uno de Vaughan-Williams (*Job*) y otro de Lambert (*Pomona*).

1173. DISCOS. *El Sol*, 12-09-1931. «Obras de Bach en «La Voz de su Amo»

1174. LA EDICIÓN MUSICAL. *EL Sol*, 13-09-1931. «Una historia «viva» de la música». Publicación de una obra de Perry A. Scholez sobre la historia de la música con ejemplos musicales grabados en discos, publicados en la Oxford University Press.

1175. LA VIDA MUSICAL. *El Sol*, 16-09-1931. «La IX reunión d la S.I.M.C. en Oxford» y X. Comentario sobre obras seleccionadas en la interpretación de dos conciertos: Halffter: *Sinfonietta*. Webern: *Sinfonía*. Lambert: *Música para orquesta*. Juan José Castro: *Tres piezas sinfónicas*.

1176. LA EDICIÓN MUSICAL. *El Sol*, 20-09-1931. «Obras de L. R. Sanmartine». Publicación de Sanmartine en la casa Roeder «*Acuarelas*». En la casa Porgi publica *Nuevos cantos escolares*.

1177. LA VIDA MUSICAL. *El Sol*, 23-09-1931. «En el aniversario de Don Rafael de Mitjana». Recuerdo del musicólogo en el décimo aniversario de su muerte.

1178. LA EDICIÓN MUSICAL. *El Sol*, 27-09-1931. «Un estudio sobre Rameau». Migot publica un estudio sobre Rameau.

1179. LA VIDA MUSICAL. *El Sol*, 29-09-1931. «El cuarteto húngaro en la Asociación de Cultura Musical». Interpretación de cuartetos de Debussy, Mozart y Freíd.

1180. LA VIDA MUSICAL. *El Sol*, 30-09-1931. «El Teatro experimental»

1181. LA VIDA MUSICAL. *El Sol*, 10-10-1931. «La gran duda pedagógica. Un ensayo curioso en Italia». Publicación de este ensayo que trata sobre las cuestiones pedagógicas, de método en la enseñanza de la música en Italia, pero cuyas razones se extrapolan a España.

1182. LA EDICIÓN MUSICAL. *El Sol*, 11-10-1931. «William Walton: *Concerto para viola y orquesta*». Oxford University Press. Publicación de esta obra de Walton y de Lambert: *The Rio Grande*, también en la Oxford University Press.

1183. LA VIDA MUSICAL. *El Sol*, 15-10-1931. «Orquesta Filarmónica. Mancinelli y Wagner. Haydn. Ravel». Concierto inaugural de la temporada, Orquesta Sinfónica, Pérez Casas. Mancinelli: arreglo de *Tristan e Iseo* de Wagner. Haydn: *Sinfonía en re*. Ravel: *La Valse*.

1184. CONCIERTOS. *El Sol*, 17-10-1931. Alejandro Uninsky en la A. de C.M.» Recital del pianista ruso. Obras de Chopin, Liszt y Debussy.

1185. LA EDICIÓN MUSICAL. *El Sol*, 18-10-1931. «Compositores franceses». Publicación en la casa Senart, de M. Chevillar: *Zacarias*. Ch. Koechlin: *Cuarteto*. Louis Vierne: *Quinteto*.

1186. LA VIDA MUSICAL. *El Sol*, 24-10-1931. «La Junta Nacional de Música toma posesión. Orquesta Filarmónica». Creación de una junta nacional de Música por el Ministerio de Instrucción Pública en el Bellas Artes. (Domingo y Esplá). Orquesta Filarmónica, Pérez Casas, Esplá: *Nochebuena del diablo*. Schumann: *Sinfonia Renana*. Wagner. Glazunov.

1187. LA EDICIÓN MUSICAL. *El Sol*, 25-10-1931. «Compositores franceses.» Autores publicados en la editorial Senart, P.

Baxilaire, Hussonmorel (*Elegía*), Gaillard (*Sonata*), Deré (*Sonata*).

1188. LA VIDA MUSICAL. *El Sol*, 27-10-1931. «Orquesta Sinfónica». Concierto celebrado el día 25 en el Monumental Cinema, matinal. Orquesta Sinfónica, Arbós. Beethoven: *Primera sinfonía*. Rachmaninov: *Vocalise*. Mendelssohn: *Sueño de una noche de verano*. Bach: *Pasacaglia* (arreglo de Stokowsky).

1189. LA EDICIÓN MUSICAL. *El Sol*, 01-11-9131. «Ediciones de la Oxford University Press». Comentario sobre la obra publicada por esta casa de autores nuevos y otros más antiguos (Young).

1190. LA VIDA MUSICAL. *El Sol*, 01-11-1931. «Una cátedra de Folklore en el Conservatorio. Albina Madinaveltia y Fernando Ember, en al Sociedad Filarmónica. Orquesta filarmónica». Comentario sobre el comunicado dado a conocer por el claustro del Conservatorio de Madrid sobre la importancia de instaurar una plaza de folklore en dicho conservatorio. Sociedad Filarmónica, Ember, Madinaveltia, programa de sonatas para piano y violín, Schumann: *Tres sonatas*. Orquesta Filarmónica, Pérez Casas, Franck: *Sinfonía*, Wagner: *Tannhäuser (Bacanal)*. Palau, Bacarisse.

1191. LA VIDA MUSICAL. *El Sol*, 03-11-1931. «Orquesta Sinfónica. De Bach a Mossolow». Concierto matinal y vespertino. Monumental, obras de Bach, Beethoven, Wagner. En la S. de C. M. Dvorak: *Sinfonía negra*. Ravel: *Rapsodia española*. Mossolow: *Fundición de acero*. Jesús Arambarri: *Cuatro Impromptus*.

1192. LA VIDA MUSICAL. *El Sol*, 07-11-1931. «Dos conciertos de música panamericana. Obras de Pedro San Juan. Carlota Dahmen en la Sociedad Filarmónica». Asociación panamericana de compositores, conciertos en París de Pedro San Juan Norte y Roldan. Sociedad Filarmónica, C. Dehmen, recital de lieder.

1193. LA EDICIÓN MUSICAL. *El Sol*, 08-11-1931. «Obras para canto». Publicación en la casa Alphonse Leduc de la obra de Migot: *Trois poémes de Guilles Normand*. Publicación de Alejandro García Caturla de *Bito Manué*, en la Edición de Senart.

1194. LA VIDA MUSICAL. *EL Sol*, 12-11-1931. «Caviar, Mossolow. Sanjuán y la liturgia negra. «Lieder» por Carlota Dehmen. Otros conciertos». Comentario sobre la sensación después de la escucha de la obra de Massolow: *Fundición de acero*. Monumental Cinema, Orquesta Sinfónica, Pedro Sanjuán: *Rondó fantástico*, *Babaluayé*, *Liturgia negra*. Sociedad Filarmónica, concierto de Lieder de Dehemn-Chao, Brahms, Mahler, Strauss, Wolf. Concierto en el Ateneo de Blecher, violinista húngara. Zaamboski: *Intermezzo*. Falla.

1195. DISCOS. *El Sol*, 13-11-1931. «El Septimino de Beethoven».

1196. LA EDICIÓN MUSICAL. *El Sol*, 15-11-1931. «Willem Piper» publicación en la Oxford University Press, de una obra de Piper. *Concierto para piano y orquesta*. York Bowen: *Segunda Balada en la menor*.

1197. LA VIDA MUSICAL. *El Sol*, 17-11-1931. «De la Sinfónica a la Clásica». Asociación de Cultura Musical, orquesta Clásica, concierto celebrado el día anterior, Saco del valle (director). Duchase: *Suite para pequeña orquesta*, Mangiagalli: *Tres miniaturas*. Beethoven: *Concierto en do Mayor*. José Maria Franco: *En la aldea*. Schubert: *Rosamunda*.

1198. LA VIDA MUSICAL. *El Sol*, 19-11-1931. «Sainz de la Maza». Concierto celebrado el día anterior, Bach, Mozart, Haydn, Villa-Lobos: *Choros*. Julián Bautista: *Preludio y danza*. Rodolfo Halffter: *Giga*. Tárrega. Malat: *Serenata*.

1199. LA EDICIÓN MUSICAL. El Sol, 22-11-1931. Publicación en Senart de José André: *Elogio de las rosas*. Publicación de la Editorial Mundial Música de Valencia, obras de Salvador Martí. Escuela de solfeo. Curso de caligrafía musical.

1200. LA VIDA MUSICAL. *El Sol*, 24-11-1931. «Música panamericana y española. Orquesta Sinfónica». Orquesta Sinfónica, Arbós, Monumental Cinema. Sociedad de Cultura musical. Pedro Sanjuán: *Sones de Castilla*, Riegger. Estudios de sonoridad. Mussorgsky. Turina.

1201. DISCOS. *El Sol*, 27-11-1931. «Una colección de canciones españolas antiguas»

1202. LA EDICIÓN MUSICAL. *El Sol*, 29-11-1931. «Los «Dos bocetos» de Ernesto Halffter». Publicación en la casa Eschig, Ernesto Halffter: *Dos bocetos, Sinfonietta*.

1203. LA VIDA MUSICAL. *El Sol*, 01-12-1931. «Orquesta. Piano. Guitarra». Concierto de la orquesta Sinfónica en el Monumental, Arbós. Wagner: *Obertura de Tannhäuser*. Jose Maria Franco. Berlioz: *La reina Mab* (orquestada por Ravel). Asociación de Cultura Musical, actuación de Ney (piano), Schubert: *Impromptus*. Beethoven. Brahms: *Rapsodia en mi bemol*. Chopin. Debussy. Círculo de Bellas Artes, recital de Daniel Fortes con obras de Sors, Tárrega, Coste, Aguado.

1204. UN GRAN MÚSICO. *El Sol*, 04-12-1931. «Ha muerto Vicent d'Indy». Necrológicas sobre el compositor francés fallecido el día 3 de diciembre en París.

1205. LA EDICIÓN MUSICAL. *El Sol*, 06-12-1931. «El «Chopin» de Zdislas Jachimecki» Publicación de la obra *Los ensayos síntesis en el estilo de Chopin y el papel de su arte en la historia de la música moderna*, de Jachimecki.

1206. LA VIDA MUSICAL. *El Sol*, 09-12-1931. «Varios conciertos». Concierto en el Lyceum de Marion de Ronde (cello),

Casella, Falla, Ravel, Fauré. Circulo de Bellas Artes de Madrid, Carreras (cantante). Monumental Cinema, Orquesta Sinfónica, Arbós. Beethoven: *Septimino, Egmont*. Albéniz: *Corpus, Triana*. Bach: *Passacaglia* (arreglo de Respighi). Concierto el día anterior de Sainz de la Maza, Pittaluga: *Junior.*

1207. LA VIDA MUSICAL. *El Sol*, 10-12-1931. «Amadeo Baldovino». Asociación de Cultura Musical. Baldovino, (violoncellista). Teatro de la Comedia. Cassadó. Mainardi. Schubert: *Concierto en la menor*. Frescobaldi: *Tocata*. Rachmaninov: *Vocalise en forma de habanera*. «Luis Kentner». Sociedad Filarmónica, recital de Kentner, pianista. Falla: *Fantasía Bética*.

1208. LA EDICIÓN MUSICAL. *El Sol*, 13-12-1931. «Una guía para «Wozzeck»» Publicación en la League of composers de Nueva York, una revista cuatrimestral, Modern Music, ensayo de J. Yasser: *El futuro de la tonalidad*. Publicación de un análisis de Berg y su obra Wozzeck escrito por Reich.

1209. LA VIDA MUSICAL. *El Sol*, 15-12-1931. «El presidente de la República en el concierto de Jan Dahmen». Concierto de la Orquesta sinfónica, Arbós en el Monumental Cinema. Presencia de Alcalá Zamora. Comentario sobre los inicios de la formación de una Orquesta Nacional. Asociación de Cultura Musical, concierto de Jan y Mona Dahmen, obras de Corelli, Mozart, Brahms, Haendel.

1210. LA VIDA MUSICAL. *El Sol*, 19-12-1931. «Quinteto Zimmer. J. Parody. El centenario del conservatorio». Asociación de Cultura Musical. Schubert. *Cuarteto en sol*. Beethoven: *Quinteto en do Mayor*. Glazunov. Boccherini: *Quinteto*. Julia Parody en el Círculo de Bellas Artes, con obras de Chevillard, Cui, Rachmaninov. Conciertos en el centenario del conservatorio.

1211. LA EDICIÓN MUSICAL. *El Sol*, 20-12-1931. Casa italiana. Bongiovanni, *Piezas fáciles para piano*, Trecatte: *Memorie d'infanzia*. Casa Pizzi, Guiseppe Piccioli: *Cinque pezzi facili*.

1212. EL ESPEJO DE FRANCIA. *El Sol*, 23-12-1931. «Un film de la joven música francesa». Film de José Bruyr, en el que aparecen los tres grandes compositores europeos como modelos para los jóvenes músicos franceses: Stravinsky, Schoenberg y Falla.

1213. LA EDICIÓN MUSICAL. *El Sol*, 27-12-1931. Publicación de un número extraordinario de la *Revue Musicale* de París, dedicado a Chopin (varios autores).

1214. LA VIDA MUSICAL. *El Sol*, 29-12-1931. «El conservatorio conmemora su centenario. F. Ember, en la Casa del Pueblo. M. V. Iniesta». Comentario sobre los actos organizados por el director del Conservatorio, Fernández Bordas. Fernando Ember concierto en la Casa del Pueblo, Mozart. Chopin. Soler. Albéniz. Beethoven y Liszt. Círculo de Bellas Artes, concierto de Victoria Iniesta (Pianista), Mozart. Debussy. Albéniz. Falla. Gilart.

1215. LA EDICIÓN MUSICAL. *El Sol*, 29-12-1931. «Ernesto Halffter y la «canción de arte» española». Casa Eschig, E. Halffter: *la Chanteuse*.

1932

1216. FOLLETONES DE «EL SOL». *El Sol*, 01-01-1932. «Hacia un mejor futuro. El estado de la música en España al terminar el primer año de la República». I. Comentario sobre el estado de las investigaciones musicales en el primer año de gobierno de la Segunda República. I. Teatros. II. La ciencia musical. III La enseñanza.

1217. FOLLETONES DE «EL SOL». *El Sol*, 02-01-1932. «Hacia un mejor futuro. El estado de la música en España al terminar el primer año de la República». IV. Las orquestas (juicios a título personal ya que Salazar es en este momento secretario de la Junta Nacional de Música). V. El teatro lírico. VI. El tesoro popular. Final.

1218. LA EDICIÓN MUSICAL. *El Sol,* 03-01-1932. «Un editor de los clásicos italianos». Casa Ricordi: «Instituzioni o Monumenti dell'arte musical italiano», colección de diez volúmenes, el primero dedicado a G. Gabrielli y a la música instrumental en San Marcos a cargo de Giacomo Benvenuti.

1219. LA EDICIÓN MUSICAL. *El Sol,* 10-01-1932. «Paris-Habana» Publicación de una obra de Francoise Galliard: *Para Alejo.*

1220. LA VIDA MUSICAL. *El Sol,* 12-01-1932. «El cuarteto Lener en la A. de C. M.». Asociación de Cultura Musical, Cuarteto Lener, concierto celebrado el día anterior. Schubert. Beethoven. Haydn: *Cuarteto de las quintas.* Comentario sobre la relación de estas obras.

1221. LA VIDA MUSICAL. *El Sol,* 13-01-1932. «Una embajada musical en Sudamérica». Gira de concierto de Telmo Vela y Joaquin Fuster por Sudamérica.

1222. LA VIDA MUSICAL. *El Sol,* 14-01-1932. «Cuarteto Lener. Coros Moravos. Música holandesa». Obras de Beethoven (*Cuarteto en do sosenido menor*), Schubert (*Dos cuartetos póstumos*) y Brahms (*Cuarteto en la menor, op. 51*)

1223. LA VIDA MUSICAL. *El Sol,* 16-01-1932. «José Cubiles». Último concierto, Bach: *Preludio y fuga en la menor.* Chopin: *Sonata en si bemol menor.* Liszt: *Rapsodia nº 6.* Debussy: *La soirée dans Grénade.* Rodolfo Halffter: *Sonatas de El Escorial.* E. Halffter: *Danza gitana.* «Maurice Elsonberg», violoncellista en la Asociación de Cultura Musical (acompañado por Rafael Gálvez). Chopin: *Sonata en sol menor.* Turina. Locatelli. Ravel. Granados. Senaillé.

1224. LA EDICIÓN MUSICAL. *El Sol,* 16-01-1932. Una colección de canciones españolas en ultramar.». Canciones españolas recopiladas por Federico Onís, imprenta de Zoil Ascasibar, Madrid (adquiridas por Salazar en Nueva York).

1225. LA VIDA MUSICAL. El Sol, 20-01-1932. «Generación y promoción.-La Promoción de la República». I. Reflexiones sobre la Generación de la República (Remacha, Halffter, Bacarisse, Bautista), que sigue a la Generación de los Maestros (Gerhard, Palau, Rodrigo, Blancafort, Ernesto Halffter)

1226. LA VIDA MUSICAL. *El Sol,* 21-01-1932. «Tita Rufo, redivo». Concierto en el Cine Avenida, fragmentos de arias de diferentes óperas.

1227. LA EDICIÓN MUSICAL. *El Sol,* 24-01-1932. Publicación en la casa Eschig de París, Wojtowicz: *Deux mazurcas.* Fritz Buechtger: *Le petit sonate.*

1228. LA VIDA MUSICAL. El Sol, 24-01-1932. La Generación de los Maestros y la actual.- La primera promoción».II. Reflexiones de Salazar sobre la música española en torno a Manuel de Falla. Se habla de Conrado del Campo, Arregui, Esplá. Reflexiones sobre la crítica musical de la época.

1229. LA VIDA MUSICAL. *El Sol,* 26-01-1932. «Intérpretes españoles». Concierto el día 24, festival artístico, Albina Madinabeltia y Gloria de Lizaga, teatro Español. Turina: *Sonata.* Vivaldi: *Concerto.* Brahms. Jesús Cela, violinista. Schubert: *Ave Maria.* Wienawsky: *Scherzo, Tarantela.* Palacio: *Canto del moro triste.* Vitali. Tartini: *El trino del diablo* (sonata). Sociedad filarmónica, concierto celebrado el día anterior, dúo de piano y cello, Franco y Casaux, Brahms. Juan Bautista Breval y Dohnayi.

1230. LA VIDA MUSICAL. *El Sol,* 30-01-1932. (Sin título).Repaso del propio Salazar a su labor crítica y a la divulgación de la actividad de diferentes entidades como la Sociedad Nacional (fundada en 1915) y los compositores españoles. Reflexiones sobre las nuevas generaciones de músicos, tanto en España como en el extranjero. Relevancia de los jóvenes compositores en la radio, en el cine y en los conciertos.

1231. LA EDICIÓN MUSICAL. *El Sol*, 31-01-1932. «Una historia de la guitarra». Edición de Romero y Fernández en Buenos Aires, Emilio Pujol: *La guitarra y su historia*.

1232. LA VIDA MUSICAL. *El Sol*, 02-02-1932. «Memento».Asociación de Cultura Musical, Nicolas Orloff, Prokofiev: *Tocata*. Ventura Navas: *Scherzo*. Concierto de la Orquesta Sinfónica, matiné en el Monumental Cinema con al asistencia del presidente de la República. Ateneo, Iniesta, Beethoven: *Sonata op. 13*.

1233. LA VIDA MUSICAL. *El Sol*, 06-02-1932. «La reforma de la enseñanza musical. C. Rodríguez». Documento aparecido el día 4 de febrero por el que se concretan las funciones de la Junta Nacional de la Música y teatros Líricos. Concierto celebrado el día anterior en el teatro Maria Guerrero: Conchita Rodríguez, obras de Mozart. Beethoven. Ravel. Glazunov: *Variaciones*. María Rodrigo: *La copia intrusa*. Esplá.

1234. LA EDICIÓN MUSICAL. *El Sol*, 07-02-1932. Edición de la casa Eschig. Gradstein: *Humoresque, berceuse, Scherzo. Vals*. Emilio Lehember: *Granada*.

1235. CONCIERTOS. *El Sol*, 09-02-1932. «Orquesta Sinfónica». Obras de Beethoven, Rimsky, Albéniz (*Pepita Jiménez, El Albaicin*), Strauss (*Danza de Salomé*)

1236. LA EDICIÓN MUSICAL. *El Sol*, 13-02-1932. «Una edición completa de Couperin». Publicación de la obra de Couperin en 12 volúmenes a cargo de varios autores como Cartot, Maurice Cauchie, Pincherie, Brunold, Laurencie. Edición de Roiseau-lyre.

1237. LA VIDA MUSICAL. *El Sol*, 16-02-1932. «Orquesta Sinfónica. Andrés Segovia». Tschaikowsky: *Sinfonía Patética*. Beethoven: *Trío-serenata*. Bach: *Tocata y fuga en re menor*. Orquesta dirigida por Varela. Segovia, concierto celebrado el día anterior en la Asociación de Cultura Musical, obras de Torroba, Turina, Ponce: *Sonatina*. Falla: *Homenaje a Debussy*.

1238. LIBROS.*El Sol*, 16-02-1932.»Musicología». Robert Lachmann: *Música de Oriente*. Traducción del alemán por Antonio Ribera Manels. Ed. Labor. Barcelona. 192 pags. 5 pesetas.

1239. LIBROS. *El Sol*, 18-02-1932. «Arte y Estética».I. La crítica, ciencia exacta. Reflexiones de Salazar sobre la estética, a raíz de la publicación de George D. Birkhoff: *Una aproximación matemática a la estética*.

1240. LA VIDA MUSICAL. *El Sol*, 19-02-1932. «Madame Schveitzer en el Instituto francés». Concierto dado en el Instituto francés por la cantante francesa Schveitzer acompañada al piano por Alfredo Romero con obras de Debussy, Ravel: *Histoires naturelles*. Duparc. Franck. Recuerdo de las características de la Sociedad Nacional.

1241. LA EDICIÓN MUSICAL. *El Sol*, 21-02-1932. Casa Eschig. Tansman: *Estudio sobre Schwerke*. En la misma casa, publicación de Salazar: *Romancillo* (obra para guitarra), dentro de la colección que dirige Emilio Pujol.

1242. LA VIDA MUSICAL. *El Sol*, 23-02-2932. «Orquesta y Bandas. El trío Pozniak. Otros conciertos». Orquesta Sinfónica, Arbós con Cubiles en el Teatro Monumental. Chopin. Bach. Liszt: *Campanella*. Concierto Banda Republicana, obras de

Respighi: *Pinos de Roma.* Cassella: *Italia.* Sociedad Filarmónica, Trío Pozniak, obras de Brahms y Mozart.

1243. LIBROS. *El Sol*, 25-02-1932. «Arte y Estética». La crítica, ciencia exacta. II

1244. LA VIDA MUSICAL. *El Sol*, 25-02-1932. «Un recital de Música Española por José Cubiles». Concierto celebrado el día anterior. Obras de Granados, Halffter: *danza final, de Sonatina.* Falla: *Fantasía Bética.* Turina: *La andaluza sentimental.* Serrano. Soler. Albéniz.

1245. LA EDICIÓN MUSICAL. *El Sol*, 28-02-1932. Publicación del segundo volumen de Alfred Cortot: *La musique française de piano.* Estudios sobre la música de Ravel. Saint-Saéns, Severac, Schmitt, Debussy, Franck, Fauré, Chabrier, Dukas. Editor, Rieder.

1246. LA VIDA MUSICAL. *El Sol*, 28-02-1932. «Una nueva serie de la orquesta Filarmónica». Comentario sobre los intentos de crear la orquesta Nacional. Orquesta Filarmónica, Pérez Casas. Rivier: *Overtura para opereta imaginaria.* Esplá: *Don Quijote.* Ravel: *La valse.* Gluck. Franck. Beethoven: *Pastoral.*

1247. LA VIDA MUSICAL. *El Sol*, 01-03-1932. «Dos orquestas. Dos conciertos». Orquesta Sinfónica, Arbós, Beethoven: *Heroica.* Orquesta Clásica, Saco del Valle (director) con Dofmann en la Asociación de Cultura Musical. Mendelssohn, Saint- Saéns, Haydn: *Sinfonía Oxford.*

1248. LA VIDA MUSICAL. *El Sol*, 02-03-1932. «Albina Madinabeltia. Un concierto de despedida». Concierto de la violinista en la Asociación de Cultura Musical. Obras de Dvorak: *Humoresca.* Falla: *Jota.* Beethoven. Grieg. Turina. Sarasate: *Romanza.*

1249. LA VIDA MUSICAL. *El Sol*, 06-03-1932. «Un congreso de música árabe en El Cairo» Congreso celebrado en Egipto auspiciado por el rey Fuad I, con Lechmann, Hindemith, Haba, D'Erlanger, Curt Sachs. Diferentes comisiones de estudio.

1250. LA VIDA MUSICAL. *El Sol*, 19-04-1932. «Ethel Barlett y Rae Robertson». Concierto para dos pianos en la Asociación de Cultura Musical. Bax: *Homenaje a Grieg*. Infante: *Danza andaluza*. Bach. Mozart.

1251. VIDA MUSICAL. *El Sol*, 20-04-1932. «Rubistein». Concierto con obras de Ravel, Chopin, Debussy. Granados: *La maja y el ruiseñor*. Prokofiev: *Rondó*. Szymanowsky: *Sonata*.

1252. LA VIDA MUSICAL. *El Sol*, 21-04-1932. «Orquesta Sinfónica. Tansman, Ravel, Schubert, etc». Orquesta Sinfónica. Arbós. Tansman: *Sonatina transatlántica, Danzas tudescas* (Luisa Pequeño). Moreno Gans: *Scherzo*. Beethoven: *Sinfonía en mi bemol*. Ravel: *Rapsodia española*. Dukas: *Aprendiz de brujo*.

1253. LA VIDA MUSICAL. *El Sol*, 23-04-1932. «Un Congreso de música árabe en El Cairo. I.- Golpe de vista.- De aquí para allá». Salazar asiste a este Congeso celebrado entre el 24 de marzo y el 3 de abril. Este es el primero de una serie de artículos sobre este tema.

1254. LA EDICIÓN MUSICAL. *El Sol*, 24-04-1032. Un catálogo del Museo Archivo del teatro de la Ópera. Archivo del Teatro Opera, es decir del Teatro Real. Iniciativa de Luis Paris.

1255. LA VIDA MUSICAL. *El Sol*, 24-04-1932. «Música española en la Orquesta Filarmónica. Rubinstein. Sainz de la Maza. Otros conciertos.». Orquesta Filarmónica, Pérez Casas, concierto celebrado el día anterior. Obras de Jiménez, Bretón, Chapí, Granados, Julio Gómez, Falla: *Nocturnos*. Esplá: *Don Quijote*. Sainz de la Maza, concierto en el Comité de Cooperación Intelectual. Sociedad Filarmónica, concierto del Cuarteto Rafael, (Haydn, doscientos años de su nacimiento). Elisa Bullé: *Urtazum*. Rubisntein.

1256. LA VIDA MUSICAL. *El Sol*, 25-04-1932. «Un congreso de música árabe en El Cairo. II. En el siglo XIV, Camino adentro». Comentario sobre la técnica y teoría de la música árabe, cuartos de tono, etc. CONCIERTO. «Un nuevo trío». La A. de C. M. da a conocer un trío formado por flauta travesera, cello y arpa, Migot: *Concierto*. Goossens: *Divertimento*. Bacarisse: *Sonata trío*. «G. de Lolzaga», concierto de esta pianista la tarde anterior en el Instituto Francés con obras de Debussy.

1257. LA VIDA MUSICAL. *El Sol*, 28-04-1932. «"El ruiseñor" de Stravinsky, en la Orquesta Sinfónica. "Juerga" de Bautista. Heifetz.» Comentarios sobre la suite sinfónica de *El ruiseñor* hecha por el mismo Stravinsky a partir de su ópera. Bautista: *Juerga* (ballet). Concierto de Heifetz, violinista, obras de Halffter, Ravel, Falla, Sarasate.

1258. LA VIDA MUSICAL. *El Sol*, 29-04-1932. «Un congreso de música árabe en el Cairo. III. Las gentes» Comentario sobre la gente de El Cairo y las vivencias en el Instituto de Música Oriental con las delegaciones de diferentes países.

1259. LA EDICIÓN MUSICAL. *El Sol*, 30-04-1932. «Goethe y la música». Número de la *Revue Musicale* de Paris dedicado a Goethe y a su relación con Beethoven. Publicación dirigida por Pruniéres.

1260. LA VIDA MUSICAL. *El Sol*, 01-05-1932. «El "Concerto" de Ravel en la Orquesta Filarmónica. L. Querol». Orquesta Filarmónica. Ravel: *Concerto*. Querol

1261. LA MESA Y LA MUSA. *El Sol*, 05-05-1932. «Música y cocina».Comentario sobre las peculiaridades de la cocina de cada región y la música correspondiente, menú español y regional.

1262. LA VIDA MUSICAL. *El Sol*, 05-05-1932. «Un Congreso de música árabe en El Cairo. IV. Más gentes». Participantes en dicho congreso, Bartók, Schilder, Hindemith, Djmel.

1263. LA EDICIÓN MUSIAL. *El Sol*, 08-05-1932. «El *"Septeto" op. 8*, de Arthur Hoerés». Casa Eschig de París, publicación de Hoerés: *Septeto.*

1264. LA VIDA MUSICAL. *El Sol*, 08-05-1932. «Orquesta Filarmónica. Una "suite" de J. Bautista». Orquesta Filarmónica, Pérez Casas, concierto celebrado el día anterior. Bautista: *Suite.* Ravel: *Concierto para piano.* Querol. «La junta Nacional de Música y sus comentaristas».

1265. LA VIDA MUSICAL. *El Sol*, 10-05-1932. «Un Congreso de Música árabe en El Cairo V. En busca de Maruf». Comisión de enseñanza en dicho Congreso.

1266. LA EDICIÓN MUSICAL. *El Sol*, 15-05-1932. Edición francesa de Lerolle et Cte. Turina: *Cuarteto en la menor para piano, violín, viola y cello, Jardín de niños.*

1267. LA VIDA MUSICAL. *El Sol*, 15-05-1932. «Un Congreso de música árabe en el Cairo. VI. La Comisión de registración.» Comentarios sobre las aportaciones de dos musicólogos egipcios, El Hefny y All Bay. Otras aportaciones.

1268. LA VIDA MUSICAL. *El Sol*, 17-05-1932. «Los "tres estudios" de W. Vogel. Obras de Ruy Coelho». Orquesta Filarmónica, Pérez Casas. Vogel: *Dos estudios.* Ruy Coelho: *Alcacer.*

1269. LA VIDA MUSICAL. *El Sol*, 24-05-1932. «Un Congreso de música árabe en El Cairo. VII. Intermezzo». Descripción del encuentro con el hijo del critico musical Fesser y con Gortazar.

1270. LA VIDA MUSICAL. *El Sol*, 26-05-1932. «Un concierto de música española para auditores europeos. "Música sinfónica" de Salvador Bacarisse». Concierto en la Unión de Radio Europea, desde el Monumental Cinema. Orquesta Filarmónica, Pérez Casas, Rosita García, Laura Nieto, Chapí, Turina, Esplá, Falla. Bacarisse: *Música sinfónica*.

1271. LA EDICIÓN MUSICAL. *El Sol*, 29-05-1932. Milhaud publica obras para canto e instrumentos de Cámara. Casa Eschig, publica colección de Dandelot.

1272. LA VIDA MUSICAL. *El Sol*, 01-06-1932. «La temporada preliminar del teatro Lírico Nacional. Opera. Ópera Cómica. Zarzuela». Repaso a la labor realizada por Esplá y la Junta Nacional de Música para la creación del Teatro Lírico Nacional, con un llamamiento a la composición de dicho arte.

1273. LA VIDA MUSICAL. *El Sol*, 04-06-1932. «El Concurso nacional de música a favor de nuestro folklore». Convocatoria del concurso nacional de música por parte del Círculo de Bellas Artes y bajo el auspicio de la Junta Nacional de música, cuyo tema único es la colección inédita de cantos populares de alguna región española.

1274. LA VIDA MUSICAL. *El Sol*, 11-06-1932. «Schubert. J. Gasca. Ruggero Gerlin». Asociación de Cultura Musical. Pérez Casas, Orquesta Filarmónica, Ruggero Gerlin. Bach. Schubert. Gasca: *Díptico Ibero*.

1275. LA EDICIÓN MUSICAL. *El Sol*, 12-06-1932. Edición de Deles, publica Rieti: *Serenata* para violín y pequeña orquesta. *Tres preludios* para piano.

1276. LA EDICIÓN MUSICAL. *El Sol*, 19-06-1932. Schweitzer, canciones sobre poemas de Lassigne.

1277. LA VIDA MUSICAL. *El Sol*, 23-06-1932. «Ernesto Lecuona y sus canciones cubanas». Visita de Lecuona a España, concierto con Maria Fantoli de canciones del compositor cubano.

1278. LA VIDA MUSICAL. *El Sol*, 24-06-1932. «El décimo festival de la Sociedad Internacional de Música Contemporánea». Relación de participantes en el décimo festival de la S.I.M.C. en Viena, a los diez años de su fundación en la misma ciudad. Se celebra este año entre el 16 y el 24 de junio. En esta ocasión se interpreta la obra de Gerhard: *Sechs katalanische Lieder* (*Seis lieder catalanes*). En otras ocasiones la presencia de España se ha reducido a Falla (*Concerto y Retablo*), Halffter (*Sinfonietta*) y Turina (*Trío*). Las ciudades que han acogido hasta ahora el Festival desde 1922 han sido: Viena, Salzburgo, Praga, Francfort, Venecia, Siena, Lieja, Oxford y Ginebra.

1279. LA EDICIÓN MUSICAL. *El Sol*, 26-06-1932. «Las Sinfonías de Beethoven». Publicación en la casa Mellote, «Las obras maestras de la música explicadas», publicación de las sinfonías de Beethoven, colección dirigida por Landormy.

1280. LA VIDA MUSICAL. *El Sol*, 08-07-1932. «El mundo danza. Nuevas compañías de "ballets". Nuevos espectáculos». Espectáculos representados en París, ballets dirigido por Nijisky. Teatro Lírico Nacional Francés, Sergio Lifar como máximo bailarín. Woizivowski.

1281. LA EDICIÓN MUSICAL. *El Sol*, 10-07-1932. Publicación de un estudio realizado por Le Cerf sobre instrumentos antiguos, de los siglos XV y XVI, en la casa Picard.

1282. LA VIDA MUSICAL. *El Sol*, 13-07-1932. «La nueva cátedra de Folklore en el Conservatorio. Nuevos procedimientos y nuevos regímenes». Publicación oficial de la creación de una cátedra sobre Folklore en el conservatorio de Madrid, impulsada por Oscar Esplá. Consideraciones sobre el folklore.

1283. LA EDICIÓN MUSICAL. *El Sol*, 17-07-1932. Publicación de la Oxford University Press de una colección de Oxford orchestal series; aparece en la última publicación una sonata de Haendel.

Alphonse Leduc publica *Prelude a deux,* de Migot. La casa Senart publica *Cinco piezas para piano* de Juan Maria Ugarte.

1284. LA VIDA MUSICAL. *El Sol,* 19-07-1932. «Angel Grande y su orquesta de cámara». Orquesta de Cámara, Angel Grande, Ateneo de Madrid. Stravinsky: *Suite.* Schmitt: *Pastoral de estío, Reverie.* Chavarri: *Estival.* Nin: *Murciana.* Turina: *La oración del torero.* Mozart. Purcell.

1285. LA EDICIÓN MUSICAL. *El Sol* 24-07-1932. «Una historia de la danza». Valentin Parnac: *Histoire de la Danse.* Ediciones Rieder.

1286. LA VIDA MUSICAL. *EL Sol,* 28-07-1932. «In memoriam». Necrologica de Jean Cartan, Carl Nielsen, Ricardo Specht, Teresa Carreño.

1287. LA EDICIÓN MUSICAL. *El Sol,* 31-07-1932. «Chopin digitado por Chopin». Edición por la Oxford University Press de las obras completas de Chopin para piano, a cargo de Eduard Ganche.

1288. LA VIDA MUSICAL. *El Sol,* 06-08-1932. «Un proyecto interesante para un Congreso internacional en Florencia. Italia y su prestigio artístico nacional». Propuesta de congreso para el próximo año en Florencia a petición de Gatti con la intención de estudiar los problemas de la música actual, y de los compositores del momento; no se hablará de cuestiones históricas.

1289. LA EDICIÓN MUSICAL. *El Sol,* 07-08-1932. «Una colección de críticas». Publicación de una colección de críticas musicales del escrito norteamericano Paul Rosenfeld, a cargo de Harcourt, Brace and Company.

1290. LA VIDA MUSICAL. *El Sol,* 07-08-1932. «El monumento a Arriaga en Bilbao». Monumento a Arriaga, autor Durrio, en el parque del Ensanche de Bilbao.

1291. LA EDICIÓN MUSICAL. *El Sol*, 14-08-1932. «Canciones castellanas». Jacinto Ruiz Manzanares, publica en la Unión Musical Española *Canciones castellanas*.

1292. LA EDICIÓN MUSICAL. *El Sol*, 21-08-1932. «El "Concerto" de Ravel». Casa Durand et Cie, Maurice Ravel: *Concerto*.

1293. NACIONALISMO Y UNIVERSALISMO. *El Sol*, 30-08-1932. «LA DRAMÁTICA DISYUNTIVA EN LA MÚSICA ESPAÑOLA». Comentario sobre regionalismo político y su vinculación con el regionalismo artístico y musical, repaso histórico, exotismo y situación del momento.

1294. LA VIDA MUSICAL. *El Sol*, 24-08-1932. «Un alto en la crítica. Público y autores. Silencio fecundo y algarabía estéril». Articulo sobre el hecho de hacer crítica, su intención e influencia en público, intérpretes y autores.

1295. LA EDICIÓN MUSICAL. *El Sol*, 28-08-1932. «Un nuevo diccionario biográfico». Publicado en la casa Sonsogno de Milán, a cargo del musicólogo de Trieste, Carlo Schmidt. Diccionario de músicos en dos volúmenes.

1296. LA VIDA MUSICAL. *El Sol*, 02-09-1932. «Un festival internacional en Venecia». Programación de todos los conciertos a celebrar en dicho festival. Europeos, suramericanos, norteamericanos.

1297. LA VIDA MUSICAL. *El Sol*, 03-09-1932. «Concurso de música y teatro radiofónicos». Organización de concursos de composición de zarzuela, de teatro, de obras sinfónicas, organizado por la Unión Radio de Madrid.

1298. DISCOS. *El Sol*, 10-08-1932. «Boito y Mefistófeles». Aparición en la casa Regal de San Sebastián del *Mefistóteles* de Arrigo Boito.

1299. LA EDICIÓN MUSICAL. *El Sol*, 11-09-1932. «Las sinfonías de Mozart». Saint-Foix: *Las sinfonías de Mozart*. Colección dirigida por Paul Landormy, Casa Melloté.

1300. LA VIDA MUSICAL. *El Sol*, 14-09-1932. «El teatro lírico en Francia. Su situación actual.» I. Comentario sobre la próxima reanudación en España del teatro Lírico nacional, comentario sobre la situación en Francia, en el aspecto económico y artístico.

1301. LA VIDA MUSICAL. *El Sol*, 16-09-1932. «El teatro lírico en Francia. Las últimas temporadas». II. Definición del término nacional relacionado con música. Repaso a obras y compositores en la última temporada en Francia.

1302. LA EDICIÓN MUSICAL. *El Sol*, 18-09-1932. «Viejos músicos ingleses». Oxford University Press, publicación de *English Ayres Elizabethan and Jacobean*, canciones inglesas de los siglos XVI y XVII, referencia a los métodos de trascripción utilizados por Warlock.

1303. LA VIDA MUSICAL. *El Sol*, 21-09-1932. «El teatro lírico en Francia. Los teatros subvencionados». III. Situación económica y artística existente en los cinco teatros de opera y música de París.

1304. LA VIDA MUSICAL. *El Sol*, 24-09-1932. «El teatro lírico en Francia. La administración. Los teatros provinciales». IV. Comentario a los presupuestos destinados a los teatros exclusivamente en Paris.

1305. LA EDICIÓN MUSICAL. *El Sol*, 25-09-1932. «Una historia de la música contemporánea». Hoepel editores, Antonio Capri: *Música e musicisti d´Europa dal 1800 al 1930*.

1306. LA VIDA MUSICAL. *El Sol*, 28-09-1932. «El Consejo Superior para la Música Popular en Francia. La representación de la música en nuestros Consejos Superiores». Creación de una nueva sección dentro del gobierno. Consejo Superior para la Música Popular, presupuesto y funciones.

1307. LA EDICIÓN MUSICAL. *El Sol*, 02-10-1932. «Educación y reeducación de la voz». Reflexiones sobre el libro : *Education et rééducation de la voix chantée*

1308. LA VIDA MUSICAL. *El Sol*, 02-10-1932. «Una nota sobre los esclavos negros en España y su música. El trío Pasquier en la A. de C. M. Un trío de Jean Cras. Música y músicos españoles en el Extranjero». Comentario sobre las posibles influencias de la música de los esclavos negros de la península en la música española. Asociación de Cultura Musical, Trío Pasquier, Beethoven: *Cuartetos*. Schubert. Cras: *Trío*.

1309. LA EDICIÓN MUSICAL. *El Sol*, 09-10-1932. Joaquin Nin: *Tres impresiones, Sonatina*. Editadas por Rourat y Lerolle.

1310. LA VIDA MUSICAL. *El Sol*, 09-10-1932. «Los archivos de catedrales y el tesoro artístico nacional. Un caso de urgencia». Referencias al mal estado de los archivos, robos y venta de libros sustraídos de los archivos.

1311. LECTURAS DE OTRO TIEMPO. *El Sol*, 13-08-1932. «La canción del farolero»

1312. LA EDICIÓN MUSICAL. *El Sol*, 16-10-1932. «Trascripciones de Bach». Oxford University Press. Granville Bantok: Trascripción de doce obras de J Sebastián Bach (*A Bach book*).

1313. LA VIDA MUSICAL. *El Sol*, 18-10-1932. «Música y músicos españoles en Bruselas. Otras noticias». Concierto realizado en el Instituto Nacional Belga de radiofusión por el maestro Arbós y José Cubiles. Obras de Falla: *Noches en los jardines de España*. Granados: *Goyescas*. Albéniz: *Triana* (orquestada por Arbos). Esplá: *Tres piezas breves*. Guridi: *Leyenda vasca*. Críticas extraordinarias.

1314. LA VIDA MUSICAL. *El Sol,* 25-10-1932. «Orquesta Sinfónica». Segundo concierto de la A. de Cultura Musical. Orquesta Sinfónica. Ponce: *Dos bocetos sinfónicos.* Stravinsky: *Suites* (pieza nº 29). Schumann: *Cuarta sinfonía.* «Los conciertos dominicales». Conciertos dominicales en el Monumental Cinema. Arbós Rossini: *Guillermo Tell.* Esplá: *El sueño de eros.* Reger. «Obras nuevas». Algunas obras de progrograma próximo. Arambarri: *Canciones vascas.* Esplá. *Cíclopes de Ifach, Poemas de niños.* «Emilia Quintero», concierto conmemorativo de sus 25 años de carrera, Nin: *Los mozos de cántaro, habanera.* «Zino Francescatti» (violinista), concierto celebrado en la A. de C. M., Haendel: *Sonata.* Frack: *Suite.* Tartini. Dvorak. Sarasate.

1315. LA VIDA MUSICAL. *El Sol,* 28-10-1932. «Una sala de conciertos para Madrid. Las obras del teatro de la Ópera». Publicación del proyecto del Ayuntamiento de Madrid para el teatro de ópera. Salazar continúa con la idea de la creación de un Teatro Lírico Nacional.

1316. LA VIDA MUSICAL. *El Sol,* 29-10-1932. «Orquesta Filarmónica». Orquesta Filarmónica, Pérez Casas. Debussy: *El mar.* Beethoven: *Heroica.* Cumpleaños de Ricardo Strauss, Strauss: *Schlagobers.* Guridi: *Una aventura de Don Quijote.*

1317. CONCIERTOS. *El Sol,* 01-11-1932. «Herriot, critico. Orquesta Sinfónica. A. Arambarri. J. Alós». Orquesta Sinfónica de Bilbao, Arambarri: *Buenas noches, bruja.* Debussy: *The childrens's corner.* Visita de Herriot. Circulo de Bellas artes, concierto del violinista valenciano Alós, Tartini: *concerto.*

1318. LA VIDA MUSICAL. *El Sol,* 08-11-1932. «Orquesta Sinfónica. "Castilla", de Sanjuán». Orquesta Sinfónica, Arbós, Monumental Cinema. Sanjuán: *Castilla,* Liturgia negra. Gliere: *Danza de marineros.* Saint-Saéns: *Tarantela.* Beethoven: *Segunda Sinfonía.*

1319. LA VIDA MUSICAL. *El Sol*, 16-11-1932. «Música polifónica del 500 y 600. Otros conciertos». Concierto en la Residencia de Estudiantes del grupo New Englisch singers con obras de Morley, Greaves, Bennet. Expresividad. Concierto de Wanda Landowska, en la A. de C. M., Tomas Barrera en el Monumental.

1320. LA VIDA MUSICAL. *El Sol*, 20-11-1932. «Era una errata. Congresos y no conciertos. Un hombre, una obra: Don Quijote en el Ayuntamiento. Austeridad y asfixia». Comentario sobre la construcción de una sala de conciertos, Próximo concierto de la Orquesta Sinfónica. Referencias al teatro Lírico Nacional.

1321. LA VIDA MUSICAL. *El Sol*, 22-11-1932. «Wanda Landowska. Clásicos y primitivos». Concierto en el Instituto Francés, A. de C. M., Couperin.

1322. LA VIDA MUSICAL. *El Sol*, 27-11-1932. «Orquesta de Cámara de Madrid. Obras nuevas. Orquesta Sinfónica. Sociedad Filarmónica». Concierto en el teatro español, orquesta de Cámara, dirigida por Ángel Grande. Purcell: *Suite*. Suk: *Meditación*. Dudley-Shaw: *Tres canciones rusas*. Nin: *En el jardín de Lindaraja*. Mantecón: *Sonatina*. Grande: *Serenata española*. Turina: *La oración del torero*. Orquesta Sinfónica, Arbós en el Monumental, matiné. Sociedad Filarmónica, serie de conciertos dedicados a las sonatas para piano y violín, Beethoven.

1323. LA VIDA MUSICAL. *El Sol*, 02-12-1932. «El Coro Voces cántabras en el T. L. N.». Concierto celebrado en el local donde actúa el Teatro Lírico Nacional. Coro Cántabro, Matilde de la Torre (directora), conciencia del folklore.

1324. LA VIDA MUSICAL. *El Sol*, 11-12-1932. «Las sonatas para piano y violín de Beethoven en la Sociedad Filarmónica. Emil Sauer. Cuarteto Iberia. J. Cubiles». Comentario sobre los conciertos de la Sociedad Filarmónica en la serie de *Sonatas de Beethoven*. Concierto de Emil Sauer en el teatro de la Comedia, concierto a dos pianos con Ángeles Morales (A. de C. M.). Cuarteto Iberia en Teatro Español, (dos guitarras, laúd, bandurria). José Cubiles en el teatro Español, obras de Maria Rodrigo: *La copia intrusa*. Falla: *Fantasía Bética*.

1325. LA VIDA MUSICAL. *El Sol*, 14-12-1932. «Racha de conciertos, Ángel Grande y su orquesta de cámara. Lola Palatín e Iniesta, El "Magnificat" de Bach en la Masa Coral. Cuarteto Kolisch». *Concierto a dos violines* de Bach, Palatín e Iniesta. Orquesta de Cámara con Angel Grande. Malipiero: *Grotesco*. Orquesta Sinfónica, Masa Coral, Teatro Calderón, Bach: *Magníficat*. Sociedad de Cultura Musical, Cuarteto Kolisch, Mozart, Schubert: *La muerte y la doncella*. Brahms.

1326. LA VIDA MUSICAL. *El Sol*, 19-12-1932. «Músicas para Don Quijote. Música y poesía. D. Haralambis». Obras de Strauss, Esplá, Falla, alusivas al Quijote. El pianista griego Demetrios Haralambis da un recital en la sala del Instituto Francés con obras de Mussorgsky (*Cuadros de una exposición*) y obras de Falla y Debussy.

1327. LA VIDA MUSICAL. *El Sol*, 24-12-1932. «"La Consagración de la Primavera", en la Orquesta Sinfónica». Stravinsky: *La consagración de la primavera*. Estreno en Madrid con la Orquesta Sinfónica deArbós.

1328. LA VIDA MUSICAL. *El Sol*, 25-12-1932. «En la Comedia». Danza en el teatro de la Comedia, Nati Morales. «En el Español», orquesta de cámara de A. Grande, Beethoven: *Septimino*, Boccherini: *Concierto*. «En el Ateneo» Fernando Ember, Verneuli: *Danza*. Cuarteto Rafael, Bacarisse, Mantecón, Toldrá: *Con vistas al mar*.

1329. DISCOS. *El Sol*, 31-12-1932. «El "Concierto de Ravel" y las "Danzas" de Debussy» en la casa Regal, de San Sebastián.

1933

1330. CONCIERTOS. *EL Sol*, 02-01-1933. «En la A.F.E.C.» Asociación Femenina de Educación Cívica, conferencia del crítico y compositor Juan Mantecón sobre la alabanza y diatriba de la galantería. Gloria de Lozaga tocó obras al clave de Scarlatti, Porpora, Rameau, Lully, Muffat y el padre Soler. «En el Español». También organizado por la A.F.E.C. conciertos de danzas con el trío de Madrid y la pianista Maruja Hernández. «En el Ateneo», actuación del violinista Manuel Pérez Díaz. Obras de Haendel, Bach, Mozart, Rimsky-Korsakov. «Daniel Germany», concertista del laúd español.

1331. CONCIERTOS. *El Sol*, 13-01-1933. «Desire Defauw y la Orquesta Sinfónica». Orquesta Sinfónica, Defauw director, obras, Wagner: *El cazador maldito, Maestros cantores*. Brahms: *Segunda Sinfonía*. Stravinsky: *El pájaro de fuego*. «El cuarteto Lener, en la A. de C. M.», Actuación del Cuarteto Lener el día anterior. «Elisa Bullé, en el Círculo Militar», la pianista Elisa Bulle con obras de Bach, Beethoven, Liszt, Chopin, Turina: *Partita en do*. María Rodrigo: *La copia intrusa*. Albéniz: *Sevillanas*. «José Salvador y la nueva pedagogía», conferencia dada por el profesor Salvador en el Ateneo de Madrid sobre *pedagogía musical*.

1332. LA VIDA MUSICAL. *El Sol*, 17-01-1933. «El Teatro Lírico Nacional en Francia y sus críticos». Reflexiones sobre el Teatro en Francia y las subvenciones concedidas.

1333. CONCIERTOS. *El Sol*, 20-01-1933. «Orquesta Sinfónica. E. W. Korngold. J. Bautista.» Concierto organizado por la Unión

Radio, Monumental Cinema, Orquesta Sinfónica, Arbós. Beethoven: *Sinfonía Pastoral*. Rimsky-Korsakov: *Capricho español*. Korngold: *Música de escena*. Bautista: *Obertura para una ópera grotesca*. «Carlota Dahmen en la S.F.» Concierto de Dahmen, obras de Beethoven, Schumann, Wolf, Schubert sobre textos de Goethe.

1334. LA VIDA MUSICAL. *El Sol,* 26-01-1933. «Orquesta Sinfónica: la "Chacona" de Bach y la "Obertura concertante", de Rodolfo Halffter. J. Costa. Otros conciertos». Tercer concierto organizado por la Unión Radio, Orquesta Sinfónica, Rodolfo Halffter: *Obertura concertante*. Bach: *Chacona* (Trascripción para orquesta del violinista húngaro Jeno Hubay). Intervención de José Cubiles. Concierto en el Ateneo, de Juan Costa, con obras de Scarlatti, Glazunov, Granados, Bach, Chopin, Liszt.

1335. LIBROS. *El Sol,* 29-01-1933. «Restituciones. Un nuevo Chopin». Un grupo de musicólogos escriben en la Oxford University Press sobre la nueva figura de Chopin. Frente a las "revisiones" del siglo XIX, surgen ahora las "restituciones" del XX»

1336. CONCIERTOS. *El Sol,* 03-02-1933. «La Orquesta Filarmónica, en el teatro Español». Concierto de la Orquesta Filarmónica en el Teatro Español, después del concierto en Lisboa (referencias a las buenas críticas de Freitas Branco). Rodrigo: *Preludio para un poema de la Alambra*. Mozart: *Serenata nocturna*. Glazunov: *Cuarta Sinfonía*. Wagner: *Maestros cantores* (obertura). Strauss: *Schlagobers*. «Vasa Prihoda en la A. de C. M.» Concierto del violinista Prihoda, Bach: *Adagio y fuga*. Schubert: *Fantasía en do*. Liszt: *Sonata*. Brahms: *Sonata*.

1337. CONCIERTOS. *El Sol,* 05-02-1933. «Orquesta Sinfónica. Filarmónica y Jane Evarard. Brailowsky». Orquesta Sinfónica,

Mozart: *Concierto para arpa y flauta.* Bacarisse: *Los Heraldos.* Concierto de Brailowsky en la Asociación de Cultura Musical. Orquesta Filarmónica, Pérez Casas, C. Ph. E. Bach: *Concierto.* Debussy: *Nocturnos.* Beethoven: *Séptima Sinfonía.* Benjamín Orbon: *Dos danzas asturianas.* Wagner: *El jardín encantado, Parsifal.*

1338. CONCIERTOS. *El Sol*, 09-02-1933. «Brailowsky» Concierto celebrado en la Asociación de Cultura Musical, Liszt: *Mefisto vals.* «En el Ateneo» Concierto del pianista cubano Eduardo Hernández, obras de Beethoven, Bach, Tartini, Corelli. «Amparo Garrigues y Manuel Pérez Díaz,» conciertos ofrecidos por estos discípulos de Landowska.

1339. CONCIERTOS. *El Sol*, 11-02-1933. «Zubizarreta, Prokofiev, Querol y Wagner en la Orquesta Filarmónica». Orquesta Filarmónica. Prokofiev: *Tercer concierto para piano y orquesta.* (Querol, como pianista). Zubizarreta: *Kardin.* Wagner.

1340. CONCIERTOS. *El Sol*, 14-02-1933. «El sexteto Zimmer, en la Sociedad Filarmónica». Sexteto Zimmer en la Sociedad Filarmónica. Beethoven. Reger. Brahms: *Sexteto op. 18.* «Wagner en el Monumental» Orquesta Sinfónica, Arbós. Festival en memoria de Wagner, con Carlota Dahmen.

1341. CONCIERTOS. *El Sol*, 16-02-1933. «Sexteto Zimmer.- Mozart. Brahms: *Sexteto, op. 36*) Korngold (Sexteto).

1342. CONCIERTOS. *El Sol*, 18-02-1933. «Paul Hindemith y su hermano Rodolfo, en la Orquesta Filarmónica». Orquesta Filarmónica, concierto celebrado el día anterior, dirigida por Rodolfo Hindemith. P. Hindemith: *Konzertmusik, obertura op.24, Neues von Tage.*

1343. LA VIDA MUSICAL. *El Sol*, 21-02-1933. «Henri Duparc». Necrológica sobre el compositor francés. «"Don Quijote" en el

Monumental». Orquesta Sinfónica, Arbós, concierto dedicado a Don Quijote, con obras de Esplá, Falla, Strauss.

1344. CONCIERTOS. *El Sol*, 25-02-1933. «Orquesta Filarmónica.- Malipiero (*Tres comedias goldonianas*), Pedro San Juan (*Liturgia negra*), etc.

1345. VIDA MUSICAL. *El Sol*, 28-02-1933. «La orquesta Sinfónica y la Masa Coral». Orquesta Sinfónica, masa Coral de Madrid, Arbós, concierto matinal. Beethoven: *Novena sinfonía*. Bach: *Magnificat*.

1346. LA VIDA MUSICAL. *El Sol*, 12-03-1933. «Enseñanzas de la estadística: El teatro de Wagner en Alemania». Publicación de Julio Gómez de una reproducción de la *Allgemeine Musikzeitung*, sobre las operas representadas en Alemania entre 1931 y 1932, siendo Wagner el afortunado ganador. Consideraciones sobre el drama wagneriano. «Otra estadística: Una orquesta mejicana». Orquesta Sinfónica mejicana dirigida por Chavez, envía sus programas a la Sinfónica.

1347. LA VIDA MUSICAL. *El Sol*, 14-03-1933. «El centenario de Brahms en la Sociedad Filarmónica. Cuarteto Rafael. Orquestas Filarmónica y Sinfónica. Otros conciertos». Programa encargado por la Sociedad Filarmónica al Cuarteto Rafael, Brahms: *Quinteto con clarinete*, *Segunda sonata para piano y violín*, *Cuarteto con piano en sol menor*. Orquesta Filarmónica, Pérez Casas concierto celebrado el día 11, Haendel: *Concerto grosso*. Ribaud. Beethoven: *Octava sinfonía*. Orquesta Sinfónica. Arbós, concierto celebrado el día 12. Concierto celebrado el día anterior en Madrid por estudiantes de Yugoslavia.

1348. LA VIDA MUSICAL. *El Sol*, 15-03-1933. «Una orquesta universitaria de Belgrado. El folklore yugoeslavo y el Oriente próximo». Concierto de la orquesta Sinfónica de la Sociedad

Musical Universitaria de Yugoeslavia, obras inspiradas en el folklore servio y bosnio; consideraciones sobre la influencia de elementos populares de Turquía y Egipto. Stravinsky: *Suite.* Grinsky: *Suite.*

1349. LA VIDA MUSICAL. *El Sol*, 19-03-1933. «Sergio Prokofiev y su "Suite escita". ¿Primero o segundo? La orquesta Filarmónica en aniversario». Felicitaciones a la Orquesta Filarmónica y a su director. Prokofiev: *Suite escita.* Rimsky-Korsakov: *Capricho español.* Tschaikowsky: *Sinfonía patética.* Bacarisse (*Corrida de Feria*), Wagner.

1350. LA VIDA MUSICAL. *El Sol*, 23-03-1933. «Las primeras audiciones de Prokofiev en Madrid. Varios conciertos». Ricardo Viñes, pianista, interpreta Prokofiev: *Sarcasmos para piano.*

1351. LA VIDA MUSICAL. *El Sol*, 24-03-1933. «Recital de folklore mejicano, poético y musical». Disertación y concierto de Josefina Velázquez Peña sobre el folklore mejicano, con comentarios de varios folklorisitas y poetas mejicanos y españoles.

1352. LA VIDA MUSICAL. *El, Sol*, 25-03-1933. «En el conservatorio» reuniones-conciertos de la Asociación Profesional de estudiantes del Conservatorio de Madrid, concierto de Martín Imaz. «En el Centro de la Unión Mercantil», Concierto de la cantante Guillermina Criado y la recitadora Amparo Reyes en el Centro de Unión Mercantil.

1353. LA VIDA MUSICAL. *El Sol*, 26-03-1933. «Félix Antonio y sus "Figuras de barro". Orquesta Filarmónica». Orquesta Filarmónica, Pérez Casas. Félix Antonio González: *Figuras de barro.* Mozart: *Sinfonía concertante.* Weber. Wagner. Debussy: *Pequeña suite* (orquestación de H. Busser).

1354. LA VIDA MUSICAL. *El Sol,* 28-03-1933. «Cuartetos españoles en la S.F. Una obra nueva de Salvador Bacarisse. Otros conciertos». Sociedad Filarmónica, Cuarteto Pro-arte de Bruselas. Bacarisse: *Cuarteto en Mi bemol Mayor.* Arriaga. Chapí. Concierto de Ángel Grande en el salón del Circulo de Bellas Artes. Vicente Salas: *Suite.* Rodrigo: *Canzoneta.* Purcell: *Suite.*

1355. LA VIDA MUSICAL. *El Sol,* 29-03-1933. «Stravinsky en la Orquesta Sinfónica». Serie de primavera de la Sinfónica de Arbós en el teatro Calderón. Programa monográfico dedicado a Stravinsky: *Le Sacre, El Pájaro de Fuego, Petruchka,* «Todo el programa recibido con un entusiasmo delirante. Los tiempos cambian!!» (comenta Salazar).

1356. LA VIDA MUSICAL. *El Sol,* 30-03-1933. «Mme. D´Avezzo en la A. de C. M.» En la Asociación de Cultura Musical, recital de la cantante D´Avezzo con obras de Gluck: *Divinidades de la Laguna Estigia.* Lied.

1357. LA VIDA MUSICAL. *EL Sol,* 02-04-1933. «En el Español». Primer concierto de música concertante del Cuarteto Rafael con instrumentistas de la Orquesta Sinfónica y de la Banda de la Guardia Republicana. Brahms: *Quinteto.* Mozart. Bach: *Suite en si menor.* «En la A. de C. M.» Cuarteto de Dresde, Cassella: *Cuarteto en do Mayor.* Mendelssohn: *Cuarteto en mi bemol.*

1358. LA VIDA MUSICAL. *El Sol,* 04-04-1933. «Orquesta Filarmónica y de Cámara. Cuarteto Rafael. Obras nuevas». Orquesta Filarmónica, Pérez Casas. Debussy: *El martirio de San Sebastián.* Franck: *Sinfonía.* Julio Gómez: *Suite en la.* Ángel Grande y su pequeña orquestilla, Pepuschy y Gay: *Beggars Opera.* Cuarteto Rafael, Wolf-Ferrari: *Sinfonía de cámara, Septimino.* J. J. Mantecón: *Cuarteto, Andante.*

1359. LA VIDA MUSICAL. *El Sol*, 06-04-1933. «Un concierto de música española. Orquesta Sinfónica. E. Toldrá, director y compositor». Orquesta Sinfónica, Arbós. Conrado del Campo: *Divina Comedia*. Falla: *La vida breve* (dirigida por Toldrá y cantada por Planas). Esplá: *Poema de niños*. Bacarisse: *Heraldos*. Manuel Navarro: *Evocación, Danza*. Guridi: *Así cantan los chicos*. (Masa Coral).

1360. LA VIDA MUSICAL. *El Sol*, 07-04-1933. «F. Contreras y A. Romero Bravo». Concierto para dos pianos, Mozart: *Sonata en Fa Mayor*. Saint-Saëns: *Variaciones sobre un tema de Beethoven*. Arensky: *Siluetas*. Vicenzo Gallel: *Gallarda*. Liszt. Chabrier. Chopin. «Pura Lago». Concierto de Lago con obras de Mozart: *Sonata*. Bach: *Concierto italiano*. Schubert. Chopin. Liszt.

1361. LA VIDA MUSICAL. *El Sol*, 09-04-1933. «Ernest Halffter. Cubiles. Franck, en la Orquesta Filarmónica. Concierto celebrado en París, Cubiles, Pérez Casas. E. Halffter: *Sonatina*.. Franck: *Variaciones Sinfónicas*.

1362. LA VIDA MUSICAL. *El Sol*, 11-04-1933. «La Orquesta Clásica en la Asociación de Cultura Musical. Una obra de Rodolfo Halffter». Fallecimiento de Saco del Valle, orquesta Clásica dirigida por J. M. Franco. Brahms. *Serenatas*. Conrado del Campo: *Bocetos castellanos*. Rodolfo Halffter: *Divertimento*. Haydn: *Sinfonía en mi bemol*.

1363. LA VIDA MUSICAL. *El Sol*, 13-04-1933. «Un programa alemán en la Sinfónica. Los alemanes de Hitler y los músicos judíos». Concierto celebrado el día anterior, Orquesta Sinfónica, Arbós, Brahms: *Concierto en re menor* Bach: *Conciertos de Brandenburgo*. Wagner: *Canciones*. Strauss: *Salomé*, escena final. Hindemith. Carlota Dahmen. Consideraciones sobre compositores judíos y músicos judíos actuales alemanes que están huyendo al exilio.

1364. MUSICÓLOGOS. *El Sol*, 14-04-1933. «La República y el Cancionero de Barbieri». Publicación de una nueva edición del Cancionero Musical de los siglos XV y XVI, por la Sección de Música de la Academia de Bellas Artes. Importancia del Cancionero de Barbieri y los añadidos de Mitjana.

1365. LA VIDA MUSICAL. *El Sol*, 13-05-1933. «La Orquesta Filarmónica, en el Circo. Heinz Unger». Salazar comenta su justificada ausencia durante varias semanas en la crítica musical. Orquesta Filarmónica, dirigida por Unger. Circo Price de Madrid, concierto celebrado el día anterior, Tschaikowsky: *Sinfonía Patética*. Liszt: *Preludios*. Beethoven: *Octava Sinfonía*. Weber: *Der Freischütz*.

1366. LA VIDA MUSICAL. *El Sol*, 14-05-1933. «Un Congreso de crítica y de cuestiones musicales en Florencia. I: Vista general». Visión general de Florencia.

1367. LA VIDA MUSICAL. *El Sol*, 16-05-1933. «El Congreso de Florencia. II: El programa. Los organizadores». Repaso a los participantes italianos (Gaetano Cesari), los franceses (Prunieres), ingleses (Dent), austriacos (Stefan), España (Esplá y Borrás Prim).

1368. LA VIDA MUSICAL. *El Sol*, 19-05-1933. «El Congreso de Florencia. III: Verdi en Milán. «"Nabucco" en el Politeama». Representación en el teatro alla Scala de Milán de Verdi: *Aída*. Descripción del Museo Teatrale. Representación de *Nabuccodonosor*, de Verdi en el Teatro Politeama Florentino.

1369. LA VIDA MUSICAL. *El Sol*, 20-05-1933. «Orquesta Filarmónica». Orquesta Filarmónica, Circo Price de Madrid, Pérez Casas. Ravel: *La Valse*. Bacarisse: *Música Sinfónica*. Wagner. «Otros conciertos». Sala Lyceum, concierto de Turina como pianista acompañando a la soprano Lola Rodríguez Aragón. Concierto de Ángeles Abruño en el Instituto Francés con obras de Schumann: *Carnaval.* Liszt. Scarlatti. Debussy. Guervós. Turina.

1370. VIDA MUSICAL. *El Sol,* 25-05-1933 «El Congreso de Florencia. IV: Críticos y autores. Las directrices de la crítica contemporánea.» Compositores que son críticos de música y musicólogos. Participación de Gaetano Cesari, Luigi Ronda.

1371. LA VIDA MUSICAL. *El Sol,* 27-05-1933. «Orquesta Filarmónica. Otros conciertos». Fin de temporada de la Orquesta Filarmónica: posible formación de una Orquesta Nacional, cambios en la política de estado sobre música.

1372. LA VIDA MUSICAL. *El Sol,* 28-05-1933. «En el Ateneo». Concierto en el Ateneo de música cubana por el conjunto artístico salvadoreño Atlacati con instrumentos de percusión, marimba, treses, et. Aclaración de Salazar sobre la crónica del día anterior.

1373. CONCIERTOS. *El Sol,* 04-06-1933. «Los hermanos Aguilar». Cuarteto Aguilar, obras de Mateo Albéniz, Falla: *Danza del fuego.* Turina: *La oración del torero.* Nin: *De Murcia.* Paco Aguilar: *Toccatinna.* Halffter: *Danza de la pastora.* Mozart: *Rondó en sol.* Haydn. Bach.

1374. LA VIDA MUSICAL. *El Sol,* 06-06-1933. «El Congreso de Florencia. «V. La consideración del "estilo" en la crítica nueva». «Consideraciones del crítico Pannain en su defensa de la crítica musical como *crítica d´arte.* Disertación de Ronga, estilo de crítica, dos vertientes.» «Conciertos de Arrau y la Orquesta Filarmónica en la A. de C. M.» Arrau interpreta el *Concierto op. 54,* de Schumann.

1375. LA VIDA MUSICAL. *El Sol,* 14-06-1933. «Música Moderna en la residencia de estudiantes». Concierto en la Residencia de Estudiantes, Compañía de los quince, Concepción Badía.

Markevich: *Partita*. Gerhard: *Canciones*. Bautista: *La flute de jade*. Fernando Remacha: *Suite*. Rodolfo Halffter: *Divertimento*. Pitatluga: *Un torero hermosísimo*.

1376. LA VIDA MUSICAL. *El Sol*, 16-06-1933. «El Congreso de Florencia. VI: La interpretación. En busca de la realidad musical.» Estudios sobre la esencia y realidad de la música desde diferentes ángulos. Consideraciones del intérprete como recreador de la obra.

1377. EL AMOR BRUJO EN EL ESPAÑOL. *El Sol*, 16-06-1933. «Español. El Amor Brujo bailado». Con la orquesta bética de Sevilla.

1378. LA VIDA MUSICAL. *El Sol*, 24-06-1933. «El Congreso de Florencia. VII: La organización de los teatros de ópera». Análisis de las diferentes tendencias de los teatros líricos según Bekker; referencias a España.

1379. LA VIDA MUSICAL *El Sol*, 29-06-1933. «Dos conciertos de la Orquesta Bética. Otros conciertos». Características del funcionamiento de la Orquesta Bética. Beethoven: *Sinfonía nº 1 y nº 2*. Alexandrow: *Suite Clásica*. Halffter: *Sonatina*.

1380. LA VIDA MUSICAL. *El Sol*, 04-07-1933. «El Congreso de Florencia. VIII: Estado actual de la ópera en las principales naciones». Situación de la ópera en Francia, Italia, Inglaterra, España. Características diferenciadoras. Ballet.

1381. LA VIDA MUSICAL. *El Sol*, 08-07-1933. «El Congreso de Florencia. IX: operas nuevas en Europa». Continua el artículo de la ópera en países donde si se está produciendo un interés de renovación por el género, Francia, Inglaterra, Alemania. Ejemplos de Holst, Vaughan-Williams.

1382. LA VIDA MUSICAL. *El Sol*, 21-07-1933. «El Congreso de Florencia. X: «"La vestal" de Spontini». Representación de

Spontini: *La Vestal*. Características de la obra, representación en España.

1383. LA VIDA MUSICAL. *El Sol*, 03-08-1933. «Las relaciones internacionales en el Congreso de Florencia. Categoría e internacionalismo frente a proteccionismo y mediocridad.».Estudios sobre las repercusiones de las medidas políticas y económicas en la música como producción artística en los diferentes países. Intervenciones de E. Dent, P. Stepahn y Alfredo Casella. Salazar alaba el internacionalismo de la Sociedad Nacional de Música, dirigida entre 1915 y 1922 por Miguel Salvador

1384. LA VIDA MUSICAL. *El Sol*, 13-08-1933. «La música mecánica en el Congreso de Florencia. La evolución de la Música en la sociedad Moderna. Pervivencia del artista y sustitución del profesionalismo por la máquina». Disertaciones de diferentes autores sobre la música mecánica. Maine, Fleicher. Comentarios de Salazar.

1385. LA VIDA MUSICAL. *El Sol*, 16-08-1933. «La música mecánica en el Congreso de Florencia. Superproducción y vulgarización». Disertaciones de Salazar sobre la cultura europea; Posiciones de Fleicher, Maine, Vullermor. Casas discográficas.

1386. LIBROS. *El Sol*, 15-08-1933. «Musicología. Hermann Scherchen: *El arte de dirigir la orquesta*. Ed. Labor. Barcelona, 306 págs. Reseña del libro.

1387. LA VIDA MUSICAL. *El Sol*, 18-08-1933. «La música mecánica en el congreso de Florencia. El "film" sonoro. Sus vicios y sus posibilidades». Disertaciones sobre los principios de las bandas sonoras en cuanto a forma, modo de producción, aspectos rítmicos, plásticos, etc.

1388. LA VIDA MUSICAL. *El Sol*, 23-08-1933. «La música mecánica en el Congreso de Florencia. La radiofonía y la formación del gusto popular. Hacia una música radiogénica». Disertación de Coeuroy sobre las características de la radiofonía y su repercusión en la evolución y desarrollo de la música.

1389. LA VIDA MUSICAL. *El Sol*, 20-09-1933. «Hitler-Parsifal o el wagnerianismo, religión de estado». I. Representaciones durante el verano en el teatro de Bayreuth. Relación con el estado actual de Alemania, y referencia a otros músicos del pasado.

1390. CONCIERTOS. *El Sol*, 30-09-1933. «Inauguración de curso.- Ania Dorfmann, en la A. de C. M.» Obras de Mozart, Weber, Chabrier, Fauré.

1391. LA VIDA MUSICAL. *El Sol*, 07-10-1933. «José Iturbi se presenta como director de orquesta». Reflexiones de Salazar sobre el arte de dirigir, sobre la especialización. Toscanini.

1392. LA VIDA MUSICAL. *El Sol*, 10-10-1933. «El segundo concierto dirigido por Iturbi con la Orquesta Sinfónica». Wagner: *Tannhäuser*, obertura. Beethoven: *Quinta sinfonía*.

1393. LA VIDA MUSICAL. *El Sol*, 14-10-1933. «Orquesta Filarmónica. Dr. Heinz Unger. Sravinsky viene a Madrid». Orquesta Filarmónica, concierto celebrado el día anterior. Unger, director, Strauss: *Till Eulespiegel*. Próxima visita de Stravinsky a Barcelona y Madrid, Orquesta Sinfónica y conferencia en la Residencia de estudiantes. La *Sinfonía de los Salmos* en Barcelona

1394. LA VIDA MUSICAL. *El Sol*, 20-10-1933. «Un recital de piano de Iturbi». Schumann: *Escenas infantiles*. Doménico Scarlatti: *Dos sonatas*. Chopin: *Mazurcas, valses*.

1395. CONCIERTOS. *El Sol*, 21-10-1933. «Orquesta Filarmónica». Obras de Mozart y Wagner.

1396. LA VIDA MUSICAL. *El Sol*, 25-10-1933. «Cuarteto Roth. Despedida de Iturbi». Cuarteto Roth en la Asociación de

Cultura Musical. Brahms: *Cuarteto en la mayor y cuarteto en do menor*. Haydn. José Iturbi, concierto con la Orquesta Sinfónica, Masa Coral, Monumental Cinema. Beethoven: *Novena Sinfonía, Concierto en mi bemol.*

1397. LA VIDA MUSICAL. *El Sol*, 28-10-1933. «Orquesta Filarmónica. G. Pittaluga»- Orquesta filarmónica, Pittaluga director. Mozart: *Sinfonía en do Mayor*. Falla: *Nocturnos* (José Cubiles). Debussy: *Preludio a la siesta de un fauno*. Ravel: *Bolero.*

1398. LA VIDA MUSICAL. *El Sol*, 01-11-1933. «Orquesta Sinfónica. Otros conciertos». Anuncio de próximos conciertos para celebrar el 70 cumpleaños de Arbós y sus 30 años al frente de la Orquesta Sinfónica. Próxima visita de Stravinsky a Madrid, conciertos y conferencias. Concierto de la guitarrista Rosario Huidobro en el Conservatorio, Falla: *Homenaje a Debussy.* Concierto en el Ateneo del pianista Georg Kuhlmann, Stravinsky, Debussy.

1399. LA VIDA MUSICAL. *El Sol*, 07-11-1933. «Orquesta Sinfónica. Una Suite del maestro Arbós». Concierto celebrado el día 5, en el Monumental Cinema. Arbós: *Pequeña suite española*. Ravel: *Joyeuse marche, Pavana*. Liszt: *Rapsodia en do menor.*

1400. LA VIDA MUSICAL. *El Sol*, 16-11-1933. «Orquesta Sinfónica. F. de la Viña. Rubinstein. Otros conciertos.» Concierto celebrado el día 12, en el Monumental Cinema, matiné de la Orquesta Sinfónica. Facundo de la Viña: *Covadonga*. Asociación de Cultura Musical, orquesta Clásica dirigida por José Mª Franco, Jaernefeldt: *Preludio, Berceuse.* Joaquín Rodrigo: *Tres viejos aires de danza*. En la A. de C. M. concierto de Rubistein, Liszt: *Sonata*. Ravel. Debussy, Prokofiev. Concierto de danzas de Ulla Pers, en el Circulo de

Bellas Artes. Concierto de Armando Salas en la Asociación Cívica de la Mujer.

1401. LA VIDA MUSICAL. *El Sol*, 18-11-1933. «Orquesta Filarmónica. Debussy. Pérez Casas». Concierto celebrado el día anterior en el Price, Orquesta Filarmónica, Pérez Casas. Debussy: *Iberia*. Beethoven: *Sinfonía Pastoral*. Pérez Casas: *Suite Murciana*.

1402. LA VIDA MUSICAL. *El Sol*, 23-11-1933. «Una nueva visita de Stravinsky. "Le Baiser de la Fée". El "Concerto" para violín. El "Dúo"». Repaso a la carrera compositiva de Stravinsky. Concierto de la orquesta Sinfónica, dirigida por Stravinsky en el Capitol, tercera visita a España del autor, acompañado por el violinista Dushkin. Stravinsky: *Concerto para violin, Le Baiser de la Fée, Dúo*. Actuación del hijo de Stravinsky en la Union de Radio, Sulma Stravinsky, Stravinsky: *Cuatro estudios*.

1403. LA VIDA MUSICAL. *El Sol*, 25-11-1933. «El estilo y la manera. Obras de J. Pahissa. Sáenz Ferrer». Consideraciones sobre *el estilo y la manera* en la obra artística, más concretamente en la obra musical. Orquesta Filarmónica, Pahissa: *El Camí, Segunda Sinfonía*. Antonio Sáenz Ferrer, bandurrista, Mantecón: *Jota castellana*. Cabas: *Fandanguillo del Perchel*. Lohmberg: *Suite malagueña*.

1404. LA VIDA MUSICAL. *El Sol*, 06-12-1933. «Las orquestas. Segovia. Paláu. Otros conciertos». Concierto celebrado en el Monumental. Orquesta Sinfónica, Arbós. Beethoven: *Octava Sinfonía*. Bach: *Aria*. P. Donostia: *Acuarelas*. Concierto ofrecido por Andrés Segovia, Castelnuovo-Tedesco: *Variación a traverso i secoli*. Orquesta Filarmónica, Pérez Casas, Berlioz: *Sinfonía escocesa*. Debussy: *Nocturnos*. Wagner: *Los encantos del viernes santo, Parsifal*. La bailarina Asunción Granados en el Teatro Español.

1405. LA VIDA MUSICAL. *El Sol*, 13-12-1933. «Las orquestas. E. Halffter. N. Zabaleta. G. Diego». Orquesta Filarmónica, Pérez Casas, Bretón: *Bolero*. Brahms: *Segunda Sinfonía*. Ravel: *Dafnis y Chloé*. Rimsky Korsakov: *Scherzada*. Orquesta Sinfónica, Ernesto Halffter: *Sinfonietta*. Mendelssohn: *Sueño de una noche de verano* (Scherzo). Concierto del arpista Nicanor Zabaleta en el Ateneo de Madrid y transmitido por Unión de Radio. Albéniz: *Himno de Riego*. Disertación de *Gerardo Diego* en el Instituto francés sobre la *sugestión* que España y sus músicas populares han despertado en músicos franceses, hispanismos en el *Cuarteto* de Debussy o en el *Trío* de Ravel.

1406. LA VIDA MUSICAL. *El Sol*, 17-12-1933. «Orquesta Filarmónica. El "Concierto militar" de G. Pittaluga. Cuarteto de Londres. Otros conciertos». Orquesta Filarmónica, Pittaluga, director. Pittaluga: *Concierto militar*. Schumann: *Carnaval*. Cuarteto de Londres en la Asociación de Cultura Musical, *cuartetos* de Beethoven, Brahms, Debussy. Concierto del guitarrista Pedro Carrasco en el Ateneo de Madrid.

1407. LA VIDA MUSICAL. *El Sol, 19*-12-1933. «Orquesta Sinfónica. Nathan Milstein». Orquesta Sinfónica, dirigida por A. Dúo Vital. Beethoven: *Pastoral*. Vital: *Molinos isleños*. Nathan Milstein, concierto de este violinista con obras de Beethoven, Kreisler: *Rondino*. Haendel: *Sonata*. Bach: *Partita*.

1408. LA VIDA MUSICAL. *El Sol,* 23-12-1933. «La orquesta Filarmónica rinde homenaje al maestro Arbós. El "Concerto" para piano de S. Bacarisse». Orquesta Filarmónica, Pérez Casas, Teatro Español. Tschaikowsky: *Sinfonía patética*. Bacarisse: *Concerto*. L. Querol al piano (obra para orquesta y piano).

1409. LA VIDA MUSICAL. *El Sol,* 26-12-1933. «Homenaje al maestro Arbós en el Monumental. La "Sinfonía de los Salmos", de Stravinsky». Homenaje al maestro Arbós el día 24 en el Monumental Cinema, matiné a la que asiste el presidente de la Republica.Arbós condecorado por el gobierno. Esplá como presidente de la Junta Nacional de Música. Stravinsky: *Sinfonía de los Salmos*. Beethoven: *Quinta Sinfonía*. Albéniz: *Triana*

1934

1410. LA VIDA MUSICAL. *El Sol*, 07-01-1934. «D. Haralambis y la música griega». Breve repaso a la música griega, intérpretes como Galattim compositores como Calomiris; Concierto de Haralambis con obras de autores griegos, como Sapthy, Levidis, Mitropoulos y de Chopin: *Preludios*. Liszt: *Spozializio*. Debussy. Joaquín Rodrigo: *Suite antigua*.

1411. VIDA MUSICAL. *El Sol*, 23-01-1934. «La nueva escenografía lumínica de la opera de París. Dalia Iñiguez». Comentarios sobre la creatividad y realización en el teatro de la Opera Cómica de París. Concierto de recitación Dalia Iñiguez, *Platero y yo*, de J. Ramón Jiménez.

1412. LOS LIBROS. *El Sol*, 25-01-1934. «Aciertos y omisiones en los manuales de la historia de la Música». Musicología: J. Wolf: *Historia de la Música*. Traducción de Roberto Gerhard. Ed. Labor. Barcelona.

1413. LA VIDA MUSICAL. *El Sol*, 30-01-1934. «L. Duntonn Green: "In memoriam". Cuarteto Lener». Necrológica sobre el crítico Dunton Green. Actuación del Cuarteto Lener en la Asociación de Cultura Musical, obras de Dvorak: *Cuarteto*. Borodín. *Cuarteto nº2*. Beethoven: *Cuarteto en do sostenido menor*.

1414. CONCIERTOS. *El Sol*, 03-02-1934. «Cuarteto Lener. Un cuarteto de Kodaly».Concierto celebrado el día anterior, Kodaly: *Cuarteto*. Haydn. Schumann: *Cuarteto nº3*.

1415. LETRAS GERMANIA. *El Sol*, 04-02-1934. «De cómo Hitler encarna el sueño wagneriano». Adolfo en casa de Ricardo.

1416. VIDA MUSICAL. *El Sol*, 11-02-1934. «Memento de varios conciertos.: Orquesta Sinfónica. E. F. Blanco. Gilies Gilbert. Música coral y de órgano. Massalska. En el Ayuntamiento». Orquesta Sinfónica, Arbós, Couperin. Ravel. F. Blanco: *Dos danzas leonesas*. Recital en el Instituto francés de Giles Gilbert, obras de Brahms, Schubert, Franck, Mozart. Conciertos en San Francisco el Grande, organizado por el Patronato de la obra Pía, Masa Coral de Madrid. Recital de lieder de la cantante polaca Mallalska, obras de Schumann, Brahms, Karlowiez. Se inaugura el servicio de préstamo gratuito de instrumentos en la biblioteca del Ayuntamiento.

1417. LETRAS.GERMANIA. *El Sol*, 11-02-1934. «De cómo Hitler encarna el sueño wagneriano». *Parsifal y el Nibelungo*.

1418. CONCIERTOS. *El Sol*, 16-02-1934. «Orquesta Sinfónica. Obra de J. Turina. Otros conciertos». Concierto celebrado el dia anterior en la Asociación de cultura musical, Orquesta Sinfónica, Arbós, Rachmaninov: *Sinfonía en mi m, op. 27*. J. Turina: *El castillo de Almodóvar*. Pedro San Juan: Iniciación, de su *Liturgia Negra*. Corelli. Gluck. Falla. Concierto anterior de la misma orquesta con obras de Wagner.

1419. LETRAS.WAGNERIANA. *El Sol*, 18-02-1934. «Ariana en Bayreuth».

1420. VIDA MUSICAL. *El Sol*, 20-02-1934. «Ania Derfmann con la Orquesta Sinfónica. Paul kochansky ha muerto». Concierto matinal celebrado el día 18 en el Monumental Cinema. Orquesta Sinfónica, Rabos y la pianista rusa Ania Derfmenn, Grieg: *Concierto*. Tchaikovsky: *Sinfonía Patética*. Necrológica del violinsta Paul Kochansky.

1420. VIDA MUSICAL. *El Sol*, 23-02-1934. «Operas rusas en Madrid. Al hilo de una candidez. Los pobrecitos hambrientos y los pobrecitos hambrones». Consideraciones sobre representaciones de opera canceladas, indemnizaciones, subvenciones, Junta Nacional y Gobierno de la República.

1421. VIDA MUSICAL. *El Sol*, 27-02-1934. «En la muerte de Sir Edward Elgar» Necrológica sobre la muerte de Elgar.

1422. LOS LIBROS. *El Sol*, 06-03-1934. «Arcangello Corelli, Cristóbal Colón de la música». Biografía: Marc Pincheble: Corelli. París.

1423. VIDA MUSICAL. *El Sol*, 06-03-1934. «Orquesta Sinfónica. La "Iberia" en el Monumental. Muñoz Molleda. Otros conciertos». Orquesta Sinfónica, Arbós, concierto celebrado en el Monumental el día 3, matiné. Debussy: *Iberia*. Molleda: *En Tierras altas*. Velada conmemorativa en honor a Ocón en el Conservatorio de Málaga. Massalska, concierto en el Ateneo y en el Lyceum.

1424. VIDA MUSICAL. *El Sol*, 10-03-1934. «El príncipe Igor y el Zar Boris, en la historia de Rusia». Creación de la ópera rusa en los últimos compositores rusos. Relato del Principe Igor, Boris Gudonov, y relación con Rusia.

1425. EL TEATRO. *El Sol*, 11-03-1934. Calderón. «Sadko»

1426. LA VIDA MUSICAL. *El Sol*, 20-03-1934. «Memento de varios conciertos». Comentario sobre la actividad de músicos españoles fuera de España, Halffter. Nin. Turina. Falla. Concierto de alumnos del conservatorio, Ataulfo Argenta. Formación y primer concierto del trío Internacional, concierto de Cubiles el día 14 en la Asociación de Cultura Musical.

1427. LIBROS. *El Sol*, 23-03-1934. «La etapa actual de la música rusa». Biografía: Rimsky Korsakov: *Mi vida musical (1844-1906)*. Madrid

1428. CONCIERTOS. *El Sol*, 23-03-1934. «Orquesta Sinfónica». Teatro Calderón, orquesta Sinfónica, Arbós. Beethoven: *Segunda Sinfonía*. Fauré: *Pavana para una infanta difunta*. Dukas: *La Péri*. Ravel: *Le Tombeau de Couperin*. Vladimir Vogel: *Rítmica ostinata*. Strauss: *Till Eulenspiegel*. Albéniz.

1429. CONCIERTOS. *El Sol*, 28-03-1934. «Música sacra. Música de cámara». Conciertos organizados por el Patronato seglar de la Obra Pía en el templo de San Francisco el Grande de Madrid. Orquesta Clásica, Masa coral de Madrid, Jose Mª Franco. T L. de Victoria. Franck: *Canción finlandesa*, coral (solo para órgano).Saint-Saëns: *El diluvio* (oratorio). Bach: *Aria*. Haendel: *El Mesías* (fragmentos). Mendelssohn: *Ellias* (fragmentos).

1430. LA VIDA MUSICAL. *El Sol*, 22-04-1934. «Orquesta Filarmónica. El "Retablo" de Falla. Los "Nocturnos", de Debussy». Interpretación de *El Retablo de Maese Pedro* de Falla en dos ciudades casi al mismo tiempo, Paris en la sala de la Escuela Normal dirigida por E. Halffter. En el mismo concierto se interpretan el *Concierto para clave* con el clavecinista Macario Kastner. El concierto de Madrid estuvo a cargo de la Orquesta Filarmónica y Pérez Casas, intervienen los cantantes Lloret, Garmendía y el niño Aguirre. La misma situación ocurre con la obra de Debussy: *Nocturnos*. En París estuvo interpretada por la Orquesta Filarmónica de Berlín dirigida por Furtwangler, y en Madrid se interpretó en la A. de C.M.

1431. LA VIDA MUSICAL. *El Sol*, 26-04-1934- «La XII reunión de la A.I.M.C. en Florencia. El aspecto internacional». Asociación Internacional de Música Contemporánea. Repaso a los doce años de su existencia bajo la dirección de Edward J. Dent, áreas geográficas, *secciones nacionales*.

1432. VIDA MUSICAL. *El Sol*, 29-04-1934. «La dozava (sic) reunión de la A.I.M.C. en Florencia. Varias gentes. Orquestas. "La lupa de Malipiero". Reflexiones de Salazar sobre la presencia de Britten y Malipiero y la poca presencia de los españoles, que no "sabemos explotar nuestros recursos naturales».

1433. CONCIERTOS. *El Sol*, 04-05-1934. «Los concursos de Unión radio. Solistas». Concurso organizado por Unión Radio, concierto de los premiados (Mª Luisa Estremera, Josefina Toharia, Enrique Iniesta) con la Orquesta Filarmónica en el Monumental Cinema con Pérez Casas. Concierto de Ivonne Canale (violinista) el día anterior en el teatro de la Comedia. Concierto de Josefina Ribero y Victoria Iniesta (pianista) en el Lyceum.

1434. CONCIERTOS. *EL Sol*, 10-05-1934. «F. Ember. Orquesta Filrmónica. Coro de Cosacos. Otros conciertos». Concierto de Ember, Schubert: *Romanza con variaciones*. Schumann: *Sonata en sol menor*. D´Albert: *Suite en estilo antiguo*. Chopin: *Nocturno en do sostenido menor*. *Nocturno en Fa mayor, Segunda balada*. Villa-Lobos. Orquesta Filarmónica, Pérez Casas. Pedro Sanjuán: *Castilla*. Franck. Sinfonía. Haendel: *Concierto grosso*. Concierto del coro de Cosacos del Don dirigido por Sergio Jaroff.

1435. VIDA MUSICAL. *El Sol*, 16-05-1934. «Madame Jenine-Weil en el Instituto francés. Leopoldo Querol en la A. de C. M. Una sonata de Ernesto Halffter» Concierto de Jenine-Weil en el Instituto francés, obras de Schumann. Debussy. Consideraciones sobre el impresionismo. Ravel: *Valses nobles y sentimentales*. Franck: *Preludio, Coral y Fuga*. Concierto de la orquesta Filarmónica, Pérez Casas, L. Querol, obras de Falla: *Nocturnos*. Prokofiev. Conciertos. Ravel: *Concierto*. Querol solo, Chopin: *Sonata en si menor,Barcarola, Mazurca, Berceuse, Polonesa en la bemol.*Halffter: *Sonata* (primera audición).

1436. VIDA MUSICAL. *El Sol,* 18-05-1934. «La duodécima reunión de la A.I.M.C. en Florencia. La música sinfónica. Los italianos.» Conciertos realizados en la sala Politeama o Teatro Comunale de Florencia, Franco Alfano: *Sinfonía nº3.* Luigi dalla Piccola: *Partita.* Malipiero: *Sinfonía.* Giuseppe Mulé. Alfredo Cassella: *Introudzione, aria e tocata.*

1437. LA VIDA MUSICAL. *El Sol,* 20-05-1934. «Orquesta Filarmónica. Toch. Milhaud. La Viña. Schumann». Concierto celebrado el día anterior, Orquesta Filarmónica, Pérez Casas. Obras de La Viña: *Sierra de Gredos.* Schumann: *Sinfonía Renana.* Toch: *Preludio.* Milhaud: *Serenata.*

1438. CONCIERTOS. *El Sol,* 23-05-1934. «Manén». Obras de Bach, Schubert, Paganini y Sarasate.

1439. VIDA MUSICAL. *El Sol,* 29-05-1934. «La duodécima reunión de la A.I.M.C. en Florencia. Música Sinfónica no italiana». Segundo concierto de la Asociación Internacional de Música Contemporánea. Obras estrenadas de Honegger: *Movimiento Sinfónico.* Ravel: *Concierto para piano.* Bartók: *Rapsodia para violín y orquesta.* Boris Schechter: *Turkmenia.*

1440. VIDA MUSICAL. *El Sol,* 02-06-1934. «La duodécima reunión de la A.I.M.C. en Florencia. La música de cámara». Concierto en la sala Politeama. Concierto de ganadores del concurso en Florencia. Boulanger, Casella, Krenek, Rosenberg, Vogel. Concierto final de los italianos, Martelli. Berg: *Suite Lírica.*

1441. LA VIDA MUSICAL. *El Sol,* 07-06-1934. «La duodécima reunión de la A.I.M.C. en Florencia. La música de cámara. Final». Concierto con obras de E. Apostel: *Quartettino per archi.* Osterc: *Quatro Liriche.* Jazek: *Sonata para piano y violín.* Hofzmann: *Suite para piano, trompeta, saxofón y clarinete bajo.* Sturzenegger: *Cantata.* Britten: *Fantasía para oboe, violín, viola y violoncello.* Laraso: *Sinfonietta.*

1442. LA VIDA MUSICAL. *El Sol*, 08-06-1934. «En el Instituto Francés. G. De Loizaga y D. Palatín. Piedra y A. del Palacio. En el Ateneo. Otros conciertos.».Concierto en el Instituto Francés de la soprano francesa madame D´Avezzo acompañada por Pilar Cavero. Obras de Debussy, Hausson, Ravel, Poulenc, Lully, Gréty. Concierto de Lola Palatin (violín) con Gloria Loizaga (piano). Beethoven: *Sonata op.73*, *Sonata para violín y piano op.12*, *Sonata op.90*. Concierto de lieder en la sala Lyceum por Asunción del Palacio y Antonio Piedras, obras de Strauss, M. Rodrigo, Turina, Bacarisse. Concierto en el Ateneo del barítono Benito Toral, obras de Obradors, Nin, Falla.

1438. LA VIDA MUSICAL. *El Sol*, 09-06-1934. «Fin de curso en la A. de C.M. Orquesta Filarmónica. Schubert. Turina.» Orquesta Filarmónica, Pérez Casas, obras de Schubert: *Sinfonía en do*. Turina: *Fantasía coreográfica "Ritmos"*. Pérez Casas: *Suite murciana*.

1439. LA VIDA MUSICAL. *El Sol*, 15-06-1934. «Música contemporánea en la Sociedad de Cursos y Conferencias: Poulenc, Rieti, Weill. G. Pittaluga». Sociedad de Cursos y Conferencias en la Residencia de Estudiantes. Intervienen un grupo de profesores de la Orquesta Filarmónica dirigidos por Pittaluga. Obras de Rieti: Barabeu. Poulenc: *Audabe*. Berg: *Suite Lírica*. Weill: *Drei Groschen Oper*.

1440. LA VIDA MUSICAL. *El Sol*, 17-06-1934. «Maestros que mueren: Franz Schreker, Gustav Holst, Fritz Delius, Alfred Bruneau». Necrológicas sobre Schreker, Holst, Delius, Bruneau.

1441. LA VIDA MUSICAL. *El Sol*, 20-06-1934. «Música contemporánea en la Sociedad de Cursos y Conferencias». Segundo concierto en la Residencia de Estudiantes, con el mismo grupo de intérpretes. Obras de Stravinsky: *Octeto para instrumentos de viento*. Schoenberg: *Sinfonía de cámara*. Falla: *Concierto para clave e instrumentos*.

1442. LA VIDA MUSICAL. *El Sol*, 05-07-1934. «Los muertos de Luca». Artículo dedicado a Luca, localidad italiana cuna de nacimiento de L. Boccherini y de Puccini.

1443. LA VIDA MUSICAL. *El Sol*, 13-07-1934. «La lista negra de la música en Nazilandia». Publicación del libro *Braunbuch (...)Reichstagsbrand und Hitler-Terror* en Basilea en la que se recoge la lista de músicos y compositores no queridos por el gobierno nazi (entre ellos Arthur Schnabel, Busch, Sachs, Scherchen, Schrecker, Weill, Schoenberg).

1444. LA VIDA MUSICAL. *El Sol*, 20-07-1934. «Un experimento musical en la U. de Santander. El estudio del arte en nuestras instituciones docentes». I. Universidad Internacional de Santander, cursos en el Palacio de la Magdalena. Cursos y estudios de diversos ámbitos artísticos y científicos; comienzo del Festival internacional de Santander.

1445 LA VIDA MUSICAL. *El Sol*, 22-07-1934. «Un experimento musical en la U. de Santander. La musicología como disciplina filosófica». II. Curso específico sobre las primeras incursiones de la filosofía en el campo musical.

1446. LOS LIBROS. *El Sol*, 24-07-1934. «Músicos y Escuelas de música británicos». Musicología. Publicacion de English Musica de Hadw, introducción a cargo de Vaughan-Williams. Estudios de músicos ingleses desde Dunstable a Walton, Elgar, Mackenzie.

1447. LA VIDA MUSICAL. *El Sol*, 26-07-1934. «Un experimento musical en la U. de Santander. El curso sobre el siglo XX» III. Reseña del curso destinado a las transformaciones en el siglo XX en todos los ámbitos. Conferencias de Gerardo Diego sobre músicas y conferencias de Salazar.

1448. LA VIDA MUSICAL. *El Sol*, 01-08-1934. «Alejandro Arnoux y el Cinematógrafo». Comentario sobre la repercusión de la música en el cine; referencias al crítico Arnoux respecto al cinematógrafo.

1449. LA VIDA MUSICAL. *El Sol*, 03-08-1934. «El teatro musical y el cinematógrafo sonoro». Nacimiento del cine sonoro y las nuevas versiones de la música, ballet en los dibujos animados, silly symphonies, operetas, el nuevo arte.

1450. VIDA MUSICAL. *EL Sol*, 05-08-1934. «La música en el teatro y en el cinematógrafo». Reflexión sobre lo apropiado o inapropiado de músicas de Gluck (Orfeo y Eurídice), Rossini, Wagner, zarzuelas, etc, en el cine.

1451. VIDA MUSICAL. *El Sol*, 07-08-1934. «La música en el "cine" sonoro. Condiciones generales. El "leitmotiv"». Consecuencias del nuevo arte, producción y utilización de la música ya compuesta. El leitmotiv de Wagner, se empieza a utilizar en el cine (Oliver y Ardí), Verdi. Massenet.

1452. VIDA MUSICAL. *El Sol*, 11-08-1934. «El lenguaje hablado y la música en el "cine" sonoro. Nueva estética y nueva técnica. Hacia lo por venir». Artículos sobre los músicos europeos y americanos que comienzan a trabajar para el cine. Butting, Weill, Sarnette, Halffter (compone la música para el filme *La traviesa molinera*), Satie.

1453. VIDA MUSICAL. *El Sol*, 16-08-1934. «Un gran folklorista. Cecil Sharp. Ensayos históricos sobre músicos clásicos y románticos». Sharp publica en la Oxford University Press las conclusiones sobre sus estudios de la canción folklórica (*Oxford History of music*). H. J. Foss, publica una serie de estudios sobre músicos. *The Heritage of music* en la Oxford University Press. (Bach, Palestrina, Schumann). Estudios de Fellows sobre Byrd, estudios de Radcliffe sobre Alessandro y Doménico Scarlatti. Estudio de Wotton sobre Berlioz.

1454. VIDA MUSICAL. *El Sol*, 21-08-1934. «La acústica de las salas. Una nueva ciencia: la "acústica arquitectural"». La acústica como incipiente ciencia, salas europeas y la influencia del nuevo cinematógrafo.

1455. VIDA MUSICAL. *El Sol*, 13-09-1934. «Musicografía francesa: Un libro sobre Bach y otro sobre Berlioz. Obituario». Publicación de Tiersot: *Bach*. Leon Costantin: *Berlioz*.

1456. VIDA MUSICAL. *El Sol*, 14-09-1934. «Un diario inédito de Roberto y Clara Schumann. Un "menage" de artistas. Presentimiento». I. Publicación del diario inédito de Roberto y Clara Schumann por su hija Eugenia (85 años). El diario comienza el día de su boda y refleja su actividad musical del momento, Bach y otros músicos.

1457. LA VIDA MUSICAL. *El Sol*, 15-09-1934. «Un diario inédito de Roberto y Clara Schumann. Sus gustos musicales. Bach. Beethoven». II. Comentarios sobre la música de Bach y Beethoven en el diario. Conciertos del Gewandhaus con Medelssohn. Mozart. Beethoven. Liszt.

1458. VIDA MUSICAL. *El Sol*, 19-09-1934. «Un diario inédito de Roberto y Clara Schumann. Los contemporáneos: Berlioz, Liszt. El romanticismo francés. III. Reflejo en el diario de la evolución de Schumann. El diario termina el 31 de diciembre de 1843.

1459. LA VIDA MUSICAL. *El Sol*, 22-09-1934. «Barbieri, la zarzuela, la opereta y la euforia». Comentario sobre la altura compositiva de Barbieri. Temporada de zarzuela, artículo de Angel Ossorio y Gallardo. Monumento a Barbieri. Otros autores de zarzuela.

1460. VIDA MUSICAL. *El Sol*, 28-09-1934. «Inauguración del curso. El Cuarteto de Barcelona, en la Asociación de Cultura

Musical». Inauguración del curso por el Cuarteto de Barcelona en la Asociación de Cultura Musical. Obras de Beethoven: *Cuarteto en sol Mayor, op. 18*. Kodaly: *Cuarteto en re menor, op. 10*. Mendelssohn: *Cuarteto en mi menor, op. 41*.

1461. LA VIDA MUSICAL. *El Sol*, 03-10-1934. «La temporada última. Varias tandas de "ballets". Ida Rubistein. Lifar y la danza española». Repaso a la temporada 33-34, ausencia de la desmembrada compañía de los ballets de Diaguilev. Los ballets de Ida Rubistein. Elogios de Lifar a la bailarina española Antonia Argentina.

1462. LA VIDA MUSICAL. *El Sol*, 17-10-1934. «Los "ballets" de Lifar y de Miassin. "Persephone" de Igor Stravinsky. La Nariz y el "frigidaire"». Estrenos en la ópera dirigidos por Lifar, Pierné: *Giration*. Nabokoff: *La vida de Polichinela*. Primera representación de *Perséphone* de Stravinsky en París, declaraciones polémicas del compositor.

1463. LA VIDA MUSICAL. *El Sol*, 19-10-1934. «Una Sonata vasca del siglo XVIII. El sueño de la razón en Musicología». Publicación en la casa de París, Max, Eschig de la sonata para violín y bajo de Joachin de Arana, bajo el auspicio musicológico del padre Donostia.

1464. LA VIDA MUSICAL. *El Sol*, 26-10-1934. «Notas de paso sobre las Sinfonías de Beethoven. La "Sinfonía en do mayor."» Orquesta Filarmónica inaugura la temporada con el anuncio de la interpretación de las nueve sinfonías de Beethoven. Estudio de la *Sinfonía en do mayor* de Beethoven.

1465. VIDA MUSICAL. *El Sol*, 28-10-1934. «Orquesta Filarmónica. "Jeux", de Claudio Debussy». Orquesta Filarmónica, Pérez Casas, Teatro Español concierto celebrado el día anterior. Beethoven: *Sinfonía en do mayor*. Debussy: *Jeux*. Comentarios sobre esta obra.

1466. LA VIDA MUSICAL. *El Sol*, 31-10-1934. «Musicología española de reciente publicación. Una antología de polifonistas de los siglos XV y XVI.» I. Edición de la Librería Casulleras de Barcelona de Antología musical. Siglo de oro de la música litúrgica de España. Polifonía vocal de los siglos XV y XVI. Y de la obra *Sis quintets per a instruments d'ar i orgue o clave obligat* de Antonio Soler. Ediciones a partir de los estudios de Castrillo, Anglés y Gerhard.

1467. LA VIDA MUSICAL. *El Sol*, 01-11-1934. Orquesta Clásica. Rosa Balcells. Un «"ballet" vasco». Sustitución del segundo de los concierto de Lotte Schoenne en la Asociación de Cultura Musical, por la Orquesta Clásica, Boccherini. Franco: *Aria*. Attenberg: *Suite*. Intervención de Rosa Balcells. Mozart: *Concierto*. Intervención de Franco y Gurmensindo Iglesias.

1468. LA VIDA MUSICAL. *El Sol*, 02-11-1934. «Musicología española de reciente publicación. Una Antología de polifonistas de los siglos XV y XVI» II. Enlaza con el artículo del día 31. Polifonistas de los que se ocupa la publicación: Anchieta, Rivaflecha, Escobar, Morales, Pedro y Francisco Guerrero, Francisco de Montanos, Juan Navarro. Robledo, Andrés de Villalar, Rodrigo de Ceballos.

1469. VIDA MUSICAL. *El Sol*, 03-11-1934. «Notas de paso sobre las sinfonías de Beethoven. La "Sinfonía en re mayor"». Pequeño estudio sobre la *Sinfonía en re mayor* de Beethoven, estudios sobre ella. Concierto de la Orquesta Filarmónica, Pérez Casas, Beethoven: *Sinfonía en re mayor, Cristo en el monte de los Olivos* (Oratorio).

1470. VIDA MUSICAL. *El Sol*, 04-11-1934. «Orquesta Filarmónica. El doble concierto de Brahms». Movimiento de reacción favorable a Brahms por parte del público. Orquesta Filarmónica,

Pérez Casas, Brahms: *Concierto en la menor*, Iniesta y Juan Ruiz como solistas. Beethoven: *Sinfonía en re mayor*. Turina: *Ritmos*. Liszt: *Preludios*.

1471. VIDA MUSICAL. *El Sol*, 08-11-1934. «Los cantores ingleses». Concierto del grupo New English Singer, en la residencia de Estudiantes. Obras de Morley, motetes ingleses, madrigales italianos, Byrd, Victoria, Ford.

1472. LA VIDA MUSICAL. *El Sol*, 10-11-1934. «Notas de paso sobre las Sinfonías de Beethoven. La "Sinfonía en mi bemol". Pequeño estudio sobre la *Sinfonía Heroica*».

1473. LA VIDA MUSICAL. *El Sol*, 17-11-1934. «Las Orquestas. Las "Serenatas" de Mozart. Una estadística beethoviana. "Más 'Quijotes' a la vista». De Barbieri a Antonio José". Del *Quijote* de Esplá a la *Danza Popular* de Antonio José». Alusión a las obras de Barbieri (*Aires de Manchegas*) y Ventura de la Vega (*Don Quijote de la Mancha en la Sierra*).

1474. LA VIDA MUSICAL. *El Sol*, 18-11-1934. «Notas de paso sobre las "Sinfonías" de Beethoven. La "Sinfonía en si bemol». Orquesta Filarmónica, Pérez Casas, Beethoven: *Cuarta Sinfonía*. Rachmaninof: *Concierto para piano y orquesta* (Intervención de Lucas Moreno).

1475. CONCIERTOS. *El Sol*, 20-11-1934. Orquesta Sinfónica. Mischa Eiman en la A. de C.M.

1476. LA VIDA MUSICAL. *El Sol*, 21-11-1934. «Musicología española de reciente publicación. III: Fray Antonio Soler. Sus obras. Su biografía». Revisión y trascripción de algunas obras de la Biblioteca Nacional por Anglés. Obras y biografía de Soler. Referencias a Teixidor, José de Nebra.

1477. LA VIDA MUSICAL. *El Sol*, 24-11-1934. «Notas de paso sobre las Sinfonías de Beethoven. La "Sinfonía en do menor"».

Estudio sobre Beethoven, su *Quinta Sinfonía* y la relación musical con algunas obras de Mozart.

1478. LA VIDA MUSICAL. *El Sol*, 27-11-1934. «Las orquestas. J. Rodrigo. P. Sanjuán». Aforo completo en el concierto de la Orquesta Filarmónica el día 24 en el Circo. Orquesta Filarmónica, Pérez Casas, Rodrigo: *Por la flor del lirio azul*. Orquesta Sinfónica, día 25 matinal. Querol interpretó de R. Schumann: *Concierto en la menor*. Pedro Sanjuán: *Liturgia negra*.

1479. LA VIDA MUSICAL. *El Sol*, 01-12-1934. «Notas sobre las Sinfonías de Beethoven. La "Sinfonía pastoral"». Estudio sobre la *Sinfonía Pastoral* de Beethoven.

1480. LA VIDA MUSICAL. *El Sol*, 04-12-1934. «Querol en las tres orquestas. Obras de Goma, Bacarisse, etc». Orquesta Filarmónica, Pérez Casas, Querol, Beethoven: *Sinfonía Pastoral*. Halffter: *Sonata para piano, Fantasía para coros y orquesta*. Bacarisse: *Concierto en do mayor para piano y orquesta*. Orquesta Sinfónica, Schumann: *Concierto en la menor*. Barberá: *Alfeo y Artusa*. Turina: *Canto a Sevilla*. Orquesta Clásica, Enrique Goma: *Concierto para piano y orquesta*.

1481. CONCIERTOS. *El Sol*, 06-12-1934. «Orquesta del Conservatorio. Orquesta clásica».

1482. LA VIDA MUSICAL. *El Sol*, 08-12-1934. «Notas de paso sobre las sinfonías de Beethoven. La "Sinfonía en la"». Estudio de Salazar sobre la *Sinfonía en la* de Beethoven.

1483. LA VIDA MUSICAL. *El Sol*, 09-12-1934. «Orquesta Filarmónica. C. Del Campo. Ch. Koechlin. Zino Francescatti, en la A. de C. M.» Orquesta Filarmónica, Pérez Casas, Beethoven: *Séptima Sinfonía*. Ravel: *La valse*, Koechlin: *Cinco corales*. Conrado del Campo: *Suite madrileña*. Schumann:

Carnaval. Zino Francescatti, Concierto de este violinista en la A. de C. M., Paganini: *Concierto.* Fauré: *Sonata.* Bach: *Chacona.* Dohnanyi: *Ruraria hungarica.*

1484. LA VIDA MUSICAL. *El Sol,* 11-12-1934. «Josef Hofmann, en la A. de C. M. Orquesta Filarmónica. J. Barberá». Concierto del pianista norteamericano Hofmann, Bach-D'Albert. *Preludio y fuga en re menor.* Chopin: *Sonata en si bemol menor.* Liszt. Rachmaninov. Concierto de la Orquesta Filarmónica, Pérez Casas, José Barberá: *Alfeo y Aretusa* (poema sinfónico).

1485. LA VIDA MUSICAL. *El Sol,* 13-12-1934. «Orquesta clásica». Obras de Fauré, Ravel y Liadov.

1486. LA VIDA MUSICAL. *El Sol,* 15-12-1934. «Notas de paso sobre las sinfonías de Beethoven. La "Sinfonía en fa"». Estudio de Salaza sobre la *Sinfonía en f*a de Beethoven.

1487. LA VIDA MUSICAL. *El Sol,* 16-12-1934. «Orquesta Filarmónica. C. Dahmen. El monólogo de "Elektra"». Orquesta Filarmónica, Pérez Casas, Carlota Dahmen, Strauss: *Elektra.* Beethoven: *Octava Sinfonía.* Weber: *Euryanthe.*

1488. LA VIDA MUSICAL. *El Sol,* 18-12-1934. «Orquesta Sinfónica. El "Capriccio" de Stravinsky. L. Querol. Otros conciertos.» Orquesta Sinfónica, Arbós, Stravinsky: *Capriccio* (comentario sobre la obra).

1489. LA VIDA MUSICAL. *El Sol,* 20-12-1934. «El Cuarteto Pro Arte en la Sociedad Filarmónica. Otros conciertos». Concierto del Cuarteto Pro Arte en la Sociedad Filarmónica, obras de Beethoven, Franck, Brahms, Schumann. Haydn. Mozart.

1490. LA VIDA MUSICAL. *El Sol,* 21-12-1934. «Musicología española de reciente publicación. IV. El folklore en Extremadura. Un cancionero extremeño». Comentario sobre la contribución de Mitjana al desarrollo de la musicología en España. Publicación de la colección del Folklore español dirigida por Antonio Machado y Álvarez. Estudio del folklore Extremeño.

1491. LA VIDA MUSICAL. *El Sol*, 22-12-1934. «Notas de paso sobre las Sinfonías de Beethoven. La "Novena Sinfonía"». Estudio de Salazar sobre la *Novena Sinfonía* de Beethoven.

1492. LA VIDA MUSICAL. *El Sol*, 25-12-1934. «La "Novena Sinfonía" de Perez Casas. Las Masa Coral. Orquesta Sinfónica. J. Turina. L. Rodríguez Aragón. Otros conciertos». Orquesta Filarmónica, Pérez Casas, Masa Coral de Madrid, Beethoven: *Novena Sinfonía*. Orquesta Sinfónica. Arbós, concierto matinal del día 23. Turina: *Canto a Sevilla*, solista Lola Rodríguez Aragón. Club Lyceum, conferencia de Pittaluga, con la audición de Pittaluga: *Concierto militar*.

1493. LA VIDA MUSICAL. *El Sol*, 29-12-1934. «"In memoriam": El padre Azara. Don Eduardo Torres. Las danzas de Teresina. Otras noticias». Necrológica del padre Azar, organista de Zaragoza. Necrológica de Eduardo Torres (Sección de música del Ateneo de Sevilla). Necrológica de la pianista francesa, Francis Planté. Concierto en la sala Pleyel de Paris con Orquesta Sinfónica de Paris, dirigida por Pierre Monteux, intervención de la bailarina española Teresina, obras de Albéniz, Falla, Halffter.

1935

1494. LA VIDA MUSICAL. *El Sol*, 06-01-1935. «La Historia de la Música, en discos. Un cursillo práctico de música medieval. I. Siglo XIV». Colección de discos de Kurt Sachs, *Dos mil años de música. L'Anthologie Sonore*, siglos XIII y XIV.

1495. CONCIERTOS. *El Sol*, 08-01-1935. «G. Piatigorsky, en la A. de C.M.» Obras de Scriabin (*Estudios*), Bach, Schumann, Ravel (*Habanera*), Falla (*Danza del fuego*).

1496. LA VIDA MUSICAL. *El Sol*, 10-01-1935. «Los recitales de Rubinstein». Dos recitales en el teatro de la Comedia, Brahms: *Sonata op. 5*. Debussy: *Masques*. Chopin: *Sonata op. 58*. Liszt. Franck.

1497. LA VIDA MUSICAL. *El Sol*, 12-01-1935. «La Historia de la Música, en discos. Un cursillo práctico de música medieval. II. Siglo XV». Comentario sobre la parte teórica de la música del Ars Nova y Renacentista. Disco nº 2 de la colección Antologgie Sonore. Machaut, Ockehem, Dufay, P. De la Rue, Isaac.

1498. LA VIDA MUSICAL. *El Sol*, 15-01-1935. «Andrés Segovia». Éxito del concierto de Segovia en Madrid. Un homenaje a Ernesto Halffter en Sevilla.

1499. LA VIDA MUSICAL. *El Sol*, 20-01-1935. «La Historia de la Música, en discos. Un cursillo práctico de música medieval. III. Siglos XV y XVI». Instrumentos de los siglos XV y XVI, Antología sonora de Kurt Sachs.

1500. VIDA MUSICAL. *El Sol*, 24-01-1935. «Segovia y la "Chacona" de Bach». Recital de Segovia con la trascripción para guitarra de la célebre *Chacona* de la segunda *Partita en re menor* para violín solo, de Bach.

1501 LA VIDA MUSICAL. *El Sol*, 30-01-1935. «Goldberg y Neumark, en la Sociedad Filarmónica». Sociedad Filarmónica. Dúo de Golberg y Neumark, Reger: *Sonata*. Chausson: *Poema*. Corelli. *Sonatas* de Bach, Mozart y Beethoven.

1502. LA VIDA MUSICAL. *El Sol*, 03-02-1935. «La Historia de la Música, en discos. Un cursillo práctico de música medieval y del renacimiento. IV. Los organistas». Comentarios sobre la música en el renacimiento. Antologie Sonore de Kurt Sachs. Obras de Josquin Despréz, Fresobaldi. Disco nº 2, siglo XVII, instrumentos.

1503. LA VIDA MUSICAL. *El Sol*, 12-02-1935. «Los sesenta años de Schoenberg. Cómo vemos a los otros y cómo ellos nos ven». Felicitaciones para Schoenberg en varios periódicos. Comentarios al hilo de varias críticas en periódicos americanos sobre autores y obras españolas. Referencias al libro de Davie Ewen: *Composers of to day*.

1504. LA VIDA MUSICAL. *El Sol*, 13-02-1935. «El cuarteto Lener, en la S. de C. M. Un cuarteto de Verdi». Concierto del cuarteto húngaro Lener en la asociación de Cultura Musical. Cuartetos de Beethoven, Mozart, Franck y la novedad Verdi. Cuarteto. Recital en el Círculo de Bellas Artes del pianista Javier Alfonso. Concierto en el Círculo de la Unión Mercantil del cuarteto Pro Arte de pulso púa, obras de Marqués, Caballero, Tárrega, Granados, Albéniz.

1505. LA VIDA MUSICAL. *El Sol*, 16-02-1935. «Kurth Pahlen, en la Orquesta Sinfónica». Orquesta Sinfónica, Pahlen, director. Tschaikowsky: *Quinta Sinfonía*. Schubert: *Sinfonía en si bemol*. Beethoven: *Sinfonía en re*. Granados: *Obertura de Goyescas*.

1506. LA VIDA MUSICAL. *El Sol*, 22-02-1935. «Concierto fin de siglo». Josefina de la Torre, Enrique Casals y Rivas Cherif, Concierto 1900, obras de Puccini, Caballero, Barbieri. Concierto extraordinario de la Orquesta Sinfónica y Cubiles.

1507. LA VIDA MUSICAL. *El Sol*, 27-02-1935. «En 1915 y en 1935. Un salto atrás de veinte años». Recuerdo de la Sociedad Nacional de música inaugurada en 1915. Repaso a la actividad musical durante veinte años, de orquestas e interpretes, instituciones, intervención del gobierno, etc. Visión pesimista de la actualidad.

1508. LA VIDA MUSICAL. *El Sol,* 28-02-1935. «Orquesta Sinfónica. Conmemoraciones. J. Cubiles»

1509. LA VIDA MUSICAL. *El Sol,* 05-03-1935. «Un gran músico chileno en España. Acario Cotapos y sus "Voces de gesta"». Repaso a la obra de Cotapos, comentarios sobre su obra *Voces de gesta.*

1510. LA VIDA MUSICAL. *El Sol,* 07-03-1935. «Orquesta Sinfónica. "Voces de gesta" de A. Cotapos». Orquesta Sinfónica, Arbós, Cotapos: *Voces de gesta,* con Ottein, Angerri. Schumann. Wagner. Beethoven. Strauss.

1511. LA VIDA MUSICAL. *El Sol,* 09-03-1935. «Recital de J. Cubiles». Orquesta Sinfónica, Cubiles, concierto celebrado el día anterior. Tansmannn: *Sonatina.* Schubert: *Impromptu.* Beethoven. Turina: *Danzas gitanas.* Albéniz. Falla. Esplá.

1512. LA VIDA MUSICAL. *El Sol,* 12-03-1935. «L. Rodríguez Aragón, en la Asociación de Cultura Musical». Concierto de lied de la Asociación de Cultura Musical de la cantante española Lola Rodríguez A. Turina: *Tres poemas, Lo mejor del amor.* Nin: *Villancicos.* Maria Rodrigo. Ernesto Halffter: *La corza blanca.*

1513. LA VIDA MUSICAL. *El Sol,* 13-03-1935. «Jan Sibelius, Un sinfonista de otros climas». Breve repaso a los sinfonistas más importantes después de Brahms y César Franck hasta el finlandés J. Sibelius.

1514. LA VIDA MUSICAL. *El Sol,* 14-03-1935. «Sibelius y su Cuarta Sinfonía. Orquesta Sinfónica». Orquesta Sinfónica, Arbós. Sibelius: *Sinfonía en re menor* Jesús García Leoz: *Tres danzas.* Ravel: *La Valse.*

1515. LA VIDA MUSICAL. *El Sol*, 16-03-1935. «Coro de cosacos de Jarof». Coro de cosacos dirigido por Jarof. Tschaikowsky, fragmentos de su *Misa*, Gretchaninof: *Benedicite*. Mussorgsky. Rimsky-Korsakov.

1516. LA VIDA MUSICAL. *El Sol*, 17-03-1935. «Orquesta Filarmónica. Kleiber». Capitol: Orquesta Filarmónica dirigida por Kleiber. Tschaikowsky: *Cuarta Sinfonía*. Schubert: *Sinfonía incompleta*. Weber: *Euryanthe*.

1517. LA VIDA MUSICAL. *El Sol*, 21-03-1935. «Brailowsky». Obras de Beethoven, Scarlatti, Mussorgsky.

1518. LA VIDA MUSICAL. *El Sol*, 22-03-1935. «Orquesta Sinfónica. Ingelbrecht». Orquesta Sinfónica dirigida por Ingelbrech. Obras de Berlioz. Debussy: *Iberia*. Chabrier: *Le roi malgré lui*. Dukas: *Aprendiz de brujo*. Ingelbrech: *Sinfonía breve*.

1519. LA VIDA MUSICAL. *El Sol*, 23-03-1935. «El segundo concierto de Kleiber». Obras de Beethoven: *Sinfonía en do*. Tschaikowsky: *Cuarta Sinfonía*. Mozart.

1520. LA VIDA MUSICAL. *El Sol*, 26-03-1935. «Un músico que se reintegra a su patria. Federico Elizalde». Recorrido por la carrera de Elizalde. Grupo de profesores de la Orquesta Filarmónica, dirigidos por Elizalde, L. Rodríguez Aragon, Elizalde: *Canciones*.

1521. LA VIDA MUSICAL. *El Sol*, 28-03-1935. «Brailowsky». Segundo recital del pianista. Obras de Chopin y Schumann

1522. LA VIDA MUSICAL. *El Sol*, 29-03-1935. «Orquesta Sinfónica. Querol. Ravel. Stravinsky, R. Halffter, Sanjuan». Concierto de la Orquesta Sinfónica, dirigida por Arbós y celebrado el día anterior. Ravel: *Concierto para piano y orquesta*. R. Halffter: *Impromptu*. Stravinsky: *Capriccio*. Sanjuan: *Iniciación*.

1523. LA VIDA MUSICAL. *El Sol*, 30-03-1935. «Juan José Mantecón». Doble quinteto formado por profesores de la Sinfónica tocan obras españolas: Juan Vazquez, Mudarra, P. Soler (*Quinteto*), Esteve y Manuel García. Dos piezas de Juan José Mantecón sobre letrillas del Marqués de Santillana.

1524. LA VIDA MUSICAL. *El Sol*, 31-03-1935. «Orquesta Fialrmónica». Orquesta Filarmónica, Pérez Casas. Debussy: *El martirio de San Sebastián*. Haendel: *Concerto grosso*. Wagner: *Los encantos del Viernes Santo*. Dvorak: *Sinfonía*.

1525. LA VIDA MUSICAL. *El Sol*, 04-04-1935. «"El pintor Matias" de Hindemith, en la Orquesta Sinfónica». Orquesta Sinfónica, Arbós. Hindemith: *Matias el pintor*. Beethoven: *Sinfonía Pastoral*.

1526. LA VIDA MUSICAL. *El Sol*, 09-04-1935. «Rachmaninov en la A. de C. M. Orquesta Filarmónica. Las "Levantinas" de Moreno Gans». Concierto en la A. de C. M. con Rachmaninov, obras de Borodin, Brahms, Rachmaninov: *Preludio en do sostenido menor*. Orquesta Filarmónica, Pérez Casas. Moreno Gans: *Levantinas*. Franck. Weber.

1527. LOS LIBROS. *EL Sol*, 11-04-1935. «Una imagen de Hugo» Notas del jueves. Varios libros en Francia sobre Victor Hugo.

1528. LA VIDA MUSICAL. *El Sol*, 17-04-1935. «Nuevas obras e intérpretes: Rosa García Faria, Rodríguez Albert, Juan Alós. Orquesta Filarmónica»

1529. LOS LIBROS. *El Sol*, 18-04-1935. «El pobre Villón». Reseña bibliográfica hecha por Salazar, Villón, libro de la Edad Media.

1530. LOS LIBROS. *El Sol*, 26-04-1935. «La olla de hierro y la olla de barro». Reseña bibliográfica de Salazar sobre el libro Mediterráneo de Istratt. Egipto.

1531. LA VIDA MUSICAL. *EL Sol*, 02-05-1935. «Orquesta Filarmónica. Toch. Milhaud. La Viña. Schumann». Concierto del día anterior, Orquesta Filarmónica, Pérez Casas. La Viña: *Sierra de Gredos*. Schumann: *Sinfonía Renana*. Toch: *Preludio*. Milhaud: *Serenata*.

1532. LA VIDA MUSICAL. *El Sol*, 26-05-1935. «Un concierto de "conciertos" en el Auditorio de la Residencia». Conciertos para piano de Bach, Poulenc y Stravinsky dirigidos por G. Pittaluga

1533. LA VIDA MUSICAL. *El Sol*, 02-06-1935. «El segundo Mayo Musical Florentino. Vista general». Breve repaso al programa que se va a desarrollar en Florencia, Rossini: *Moisés*. (Comentario de su representación).

1534. LA VIDA MUSICAL. *El Sol*, 04-06-1935. «El segundo Mayo Musical Florentino. Sites auriculares». Sala Politeama, Mozart: *Réquiem*, dirigido por Bruno Walter. Beethoven: *Novena Sinfonía*, dirigida por Weingartner.

1535. II. MAYO MUSICAL FLORENTINO. *El Sol*, 05-06-1935. «Los "Convegni"». Congresos o reuniones en el Mayo Musical de Florencia, cuestiones de la música en la radio y en el cinematógrafo, crítica musical, etc.

1536. LA VIDA MUSICAL. *El Sol*, 05-06-1935. «Lotte Schoene». Concierto de Lotte Schoene desde Florencia, en la Asociación de Cultura Musical, junto con la pianista Claire Lippmann, lieder.

1537. II MAYO MUSICAL FLORENTINO. *El Sol*, 06-06-1935. «El Congreso de Críticos». Palazzo Vecchio, escenario de las reuniones de críticos musicales, directores de teatro de ópera, representantes de emisoras de radio.

1538. II MAYO MUSICAL FLORENTINO. *El Sol*, 07-06-1935. «La crítica en la vida del espíritu». La visión de algunos crítícos italiano como Torrefranca y Máximo Mila sobre la crítica musical.

1539. II MAYO MUSICAL FLORENTINO. *El Sol*, 08-06-1935. «La crítica en la vida del espíritu». Reflexiones sobre Busoni y su versión para piano de la *Chacona* de Bach.

1540. LA VIDA MUSICAL. *El Sol*, 09-06-1935. «El Profesor Kurt Sachs, en la Residencia de Estudiantes». Publicación de manuales del profesor Sachs en la editorial Labor, referencia a su serie titulada *Dos mil años de música*.

1541. II MAYO MUSICAL FLORENTINO. *El Sol*, 15-06-1935. «La crítica en el ejercicio cotidiano. I. Diferenciación entre la crítica de libro, de revista o de periódico. Reflexiones de algunos críticos como Adelmo Damerini, Michele Lesiona y Mario Rinaldi. Cualidades del buen crítico.»

1542. II MAYO MUSICAL FLORENTINO. *El Sol*, 17-06-1935. «La crítica en el ejercicio cotidiano. II.» Salazar habla del deseo de algunos críticos de formar escuelas para críticos. Salazar está en contra. Tesis inductiva de Boris Schloezer.

1543. II. MAYO MUSICAL FLORENTINO. *El Sol*, 25-06-1935. «Las óperas: "Castor y Pólux", de J. Ph. Rameau. Representación en los Maggi de óperas antiguas y poco representadas. Pequeño repaso a la música y mecanismos de Rameau en la composición del siglo XVIII. Representación en Florencia por la Opera de París, coreografía dirigida por Incola Guerra, Slohan director del coro, Gaubert director de la orquesta, decorado y vestuario por Dlesa.

1544. LOS LIBROS. Autores del día. *El Sol*, 27-06-1935. «Notas del Jueves. Villa Careggi». I. Venus-Maria. Reseña sobre las tertulias en villa Careggi en Florencia, literatura y arte renacentistas.

1545. II MAYO MUSICAL FLORENTINO. *El Sol*, 02-07-1935. «Las óperas: El "Moisés" de Rossini».

1546. MAYO MUSICAL FLORENTINO. *El Sol*, 04-07-1935. «Las Óperas. El "Orséolo" de Ildebrando Pizzetti».

1547. LA MUSICAL. *El Sol*, 07-07-1935. «Musicografía reciente. Historias (I).» Publicación reciente de varias historias de la Música, biografías, memorias, estudios folklóricos, obras eruditas sobre temas de estética y crítica. Dentro de la colección *Historia de la Música de Oxford*, volumen de H. C. Colles *Symphony and drama*, reseña y comentario de los conceptos explicitados por Colles, orquesta, instrumentación, música coral, vocal, sin referencias a la música española.

1548. II MAYO MUSICAL FLORENTINO. *El Sol*, 10-07-1935. «Las óperas. Mozart, Verdi, Bellini. Interpretación de Mozart: *El rapto en el serrallo* (dirigida por Graf), Verdi: *Un ballo in mascaara*. Interpretada por Aurora Buades, Lauri Volpi, Bogioli, Cigna, Grani, Rakowsky, Tomei, Serafín como director y Bianchini como coreógrafo. Bellini: *Norma*. Interpretada por Pedrezini, Merli, Pasero, dirigida por Vitorio Gui».

1549. LOS LIBROS. NOTAS DEL JUEVES. *El Sol*, 11-07-1935. «Villa Careggi». III. El laurel y el ruiseñor. Reflexiones de Salazar sobre el renacimiento, la pintura y la vida relacionada con el arte de Lorenzo Médici.

1550. VIDA MUSICAL. *El Sol*, 16-07-1935. «Musicografía reciente. Historias (II)». Comentario sobre el crítico musical Peroy A. Scholes, acerca de su colección de artículos y en concreto del titulado «Purhanism and music» (Puritanos y música).

1551. II MAYO MUSICAL FLORENTINO. *El Sol*, 23-07-1935. «El "Réquiem" de Mozart y el de Verdi». Interpretación en el segundo Mayo Florentino, Mozart: *Réquiem*, dirigido por

Bruno Walter, coro y orquesta del Politeama con Rokyta, Kullmann, Szantho y Zitek como cuarteto solista. Verdi: *Réquiem*, dirigido por Tulio Serafín, con Maria Caniglia, Stignani, Marcato, y Pinta como solistas. Comentario sobre las leyendas de los últimos días en la vida de Mozart y sobre las circunstancias en la composición del *Réquiem* de Verdi.

1552. LIBROS. AUTORES DEL DIA. NOTAS DEL JUEVES. *El Sol* 25-07-1935. «La casa de Leon Bautista Alberti». Descripción del recorrido de Salazar en Florencia para encontrar la casa-taller de León Bautista Alberti, autor del renacimiento italiano.

1553. VIDA MUSICAL. *El Sol*, 27-07-1935. «Musicografia reciente. Historias. (III)». Reseña del libro de Henry Pruniéres: *Nouvelle histoire de la musique*, volumen primero, editado en Ediciones Rieder. Alfred Eisntein: *Geschichte der Musik*. Editado en Leide, A.W. Sitjhoff editor.

1554. VIDA MUSICAL. *El Sol*, 30-07-1935. «Historiografía reciente. Historias. (IV). Monografías». Publicación de René Dumesnil: *Histoire de la musique illustrée*, en Editions d'Histoire et d'Art de Plon. Publicación dentro de la serie The Musical Pilgrim, la obra de Cecil Gray: *Sibelius, The Symphonies*. Editada por Arthur Somerwell, en The Oxford University Press.

1555. II MAYO FLORENTINO. *El Sol*, 03-08-1935. «Las discusiones sobre la música en el cinematógrafo.I.». Proyección de películas francesas e italianas de los últimos cinco años. Un arte que está todavía en el crisol.

1556. II MAYO FLORENTINO. *El Sol*, 06-08-1935. «Las discusiones sobre la música en el cinematógrafo.II.» Reflexiones de Roland Manuel sobre el tema.

1557. II MAYO FLORENTINO. *El Sol*, 06-08-1935. «El último Convengo. La "Alceste" de Gluck. Final». Reflexión final sobre el II Mayo Florentino, dentro del cual se celebró el Congreso relativo a la música en el film (protagonismo francés). El último Convengo fue *La poesía musicada*. Representación de la ópera de Gluck: *Alceste*, en los jardines de Boboli. Dirigido por Herbert Graf.

1558. LOS LIBROS. NOTAS DEL JUEVES. *El Sol*, 08-08-1935. «El "Verdi" de Franz Werfel». Publicación del libro de Werfel. *Verdi, Il romanzo dell'opera*. (dos volúmenes). Traducido del alemán al italiano por Willy Dias. Editores Fratelli Trevers. Milano.

1559. LA VIDA MUSICAL. *El Sol*, 11-08-1935. «Musicografía reciente. Monografías (II)». Publicación reciente de una obra de Fernando Ortiz: *La "clave" xilofónica de la música cubana*, ensayo etnográfico de la música cubana. Editado por Molina y compañía, en La Habana, Cuba.

1560. LA VIDA MUSICAL. *El Sol*, 13-08-1935. «Musicografía reciente. Biografías (I)». Publicación de Markevich: *Rimsky Korsakof*, Colección Maestros de la Música Antigua y Moderna. Ediciones Rieder. Paris. También reseña la publicación de Carlos Bosch: *"Roberto Schumann"*, con prologo de Manuel García Morente. Publicado en Espasa Calpe, S.A.

1561. LA VIDA MUSICAL. *El Sol*, 17-08-1935. «Musicografía reciente. Biografías. (II)». Publicación de dos libros sobre compositores. Adolphe Boschot: *Mozart*. Colección Les Maitres de l'Histoire, Editores Libraire Pion, París. También del volumen de Tom S. Wotton: *Héctor Berlioz*. Publicado en The Oxford University Press, con Humphrey Milford como editor.

1562. LA VIDA MUSICAL. *El Sol*, 20-08-1935. «Musicografía reciente. Ensayos (I)». Reseña sobre la publicación de Constant Lambert: *Music, ho! (A study of Music in decline)*. Editado por

Fáber and Fáber, Londres. Incluye una serie de ensayos sobre los movimientos musicales antes y después de la guerra, el nacionalismo y el futuro musical. Referencia a la publicación de un libro del propio Salazar: *Hazlitt el egoísta*. Aquí se incluye un ensayo (*Tres bocetos ingleses*) relacionados con los del libro de Lambert.

1563. LOS LIBROS. NOTAS DEL JUEVES. *El Sol*, 22-08-1935. «Vieja Provenza». Segunda entrega del estudio de los cátaros con la leyenda de Parsifal, *II: El Graal, piedra de herejía*. Salazar parte del libro de Otto Rahn: *La epoisade contre le Graal*, editado por Stock, París.

1564. LA VIDA MUSICAL. *El Sol*, 27-08-1935. «Musicografía reciente. Ensayos. Estudios. (II)». Reseña sobre la publicación de Eugéne Borrel: *L'interpretacion de la musique francaise*, dentro de la Colección *Les maitres de la musique*, editado por Feliz Alcan, París.

1565. LOS LIBROS. NOTAS DEL JUEVES. *El Sol*, 29-08-1935. «PAPIOL». Reseña sobre el libro de Victor Balaguer: *Los trovadores*, volumen I, publicado en Barcelona. Comentarios sobre la poesía trovadoresca.

1566. LA VIDA MUSICAL. *EL Sol*, 31-08-1935. «La duodécima reunión de la Sociedad Internacional para la Música Contemporánea». Próxima reunión de la Sociedad Internacional de Música Contemporánea a celebrar en Praga. Reseña del programa a desarrollar y llamada de atención sobre la posibilidad de que se celebre la del próximo año (1936) en Barcelona.

1567. LA VIDA MUSICAL. *El Sol*, 18-09-1935. «La décimotercera reunión de la S.I.M.C. en Praga. España en el concierto europeo». Interpretación en el Carlsbad de Praga de obras de Schoenberg: *Variationen* (60 horas de ensayo bajo la dirección de Heinrich Jalowetz), Webern: *Concierto para ocho instrumentos*. Alan Bush: *Cuarteto*. Se asigna (después de una reñida votación) a Barcelona como sede del festival para el próximo año.

1568. LOS LIBROS. NOTAS DEL JUEVES. *El Sol*, 19-09-1935. «T. S. Eliot y el teatro isabelino». Primera entrega del estudio sobre la publicación de T. S. Eliot: *Elizabeth* ensayos, referencias a la historia de los dramaturgos ingleses, relación con el arte y la historia.

1569. LA VIDA MUSICAL. *El Sol*, 22-09-1935. «La decimotercera reunión de la S.I.M.C. en Praga. La labor de los delegados. Los jurados internacionales». Relación de los delegados de la Secciones nacionales de los países europeos y americanos, destaca la presencia del maestro Arbós como representante del comité de Madrid, Lamote de Grignon como presidente del comité de Barcelona, y Gerhard y Salazar como secretarios de ambos comités, de España. Breve reseña de la interpretación de obras contemporáneas, Berg: *Lulú*, interpretación de fragmentos de la ópera.

1570. LA VIDA MUSICAL. *El Sol*, 24-09-1935. «La decimotercera reunión de la S.I.M.C. en Praga. "In memoriam: Josef Suk. Otakar Ostreil"». Necrológica de Suk, músico checo (violinista del cuarteto checo) y compositor. Necrologica de Ostreil, director y gran promotor de músicos contemporáneos.

1571. LOS LIBROS. NOTAS DEL JUEVES. *El Sol*, 26-09-1935. «T. S. Eliot y el teatro isabelino». II. Segunda entrega del estudio del teatro ingles y el libro de ensayo de Eliot mencionado en el artículo del 19-09-1935 en el periódico *El Sol*.

1572. LA VIDA MUSICAL. *El Sol*, 01-10-1935. «La A. de C. M. Inaugura su curso». Concierto inaugural celebrado el día anterior, Kurt Engel, pianista. Schubert: *Sonata en la menor, op.42*. Nordio: *Humoresca*. Bach: *Fantasía y fuga en mi menor* (versión de Liszt). Prokofiev: *Sugestión diabólica*. Stravinsky: *Estudio*. Debussy: *Suite pòur le piano (danza)*. Chopin: *Rapsodia húngara*.

1573. LA VIDA MUSICAL. *El Sol*, 02-10-1935. «La decimotercera reunión de la S.I.M.C. en Praga. "Jenufa", la obra maestra de Janacek. El teatro en Praga». Representación en el Teatro Nacional de Praga de la obra de Leos Janácek: *Jenufa*. Valoración de la obra como representación de la producción lírica nacional. (Comparación con *La Dolores* de Bretón).

1574. CONCIERTOS. *El Sol*, 05-10-1935. «Orquesta Clásica». Concierto celebrado el dia anterior, Orquesta Clásica dirigida por José Franco (nuevo catedrático de Conjunto vocal e instrumental). María Rodrigo: *Rimas infantiles*. Kodaly: *Noche de estío*. Bach: *Concierto en fa* (de los conciertos de Brandeburgo). Haydn.

1575. LA VIDA MUSICAL. El Sol, 06-10-1935. «La XIII reunión de la S.I.M.C. en Praga. Obras nuevas. La música de la Mitteleuropa en el momento actual». Interpretación de música de *factura reciente* de los países de Europa Central. Consideraciones sobre el *sinfonismo del Norte: melos* como sinónimo de melodía actual, reacciones contra el impresionismo. Obras de Karl Mosser y Le Corbousier.

1576. LA VIDA MUSICAL. *El Sol*, 08-10-1935. «La decimotercera reunión de la S.I.M.C. en Praga. La música de cámara. (I)». Comentario sobre los autores y obras interpretados en la sección de música de cámara del festival. Destacan Finke: *Concertino para dos pianos*. Susskind: *Rechenschaft über uns*.

1577. LOS LIBROS. NOTAS DEL JUEVES. *El Sol*, 10-10-1935. «Las ventanas de la casa Guidi». Referencias al poema de Elizabeth Browing sobre el atardecer en Florencia.

1578. LA VIDA MUSICAL. *El Sol*, 13-10-1935. «Orquesta Clásica Miaskowsky. Martín Pompey. K. Engel». Orquesta Clásica, dirigida por Franco. Miaskowsky: *Sinfonía en re*. Schumann: *Sinfonía en la menor* (con Engel como pianista), Martín Pompey: *Suite en estilo antiguo*. Haendel: *Concierto grosso en sol menor*.

1579. LA VIDA MUSICAL. *El Sol*, 15-10-1935. «La decimotercera reunión de la S.I.M.C. en Praga. La música de cámara (II)». Interpretación de obras de Alexander Moizés: *Quinteto* (para flauta, oboe, clarinete, fagot, y trompa). Webern: *Concierto para nueve instrumentos*.

1580. LA VIDA MUSICAL. *El Sol*, 17-10-1935. «Mina Krokowsky, en la A. de C.M.» Recital de violín por Mina Krokowsky, Bach. *Sonata en sol menor*. Paganini: *Preludio y allegro, Campanella*. Bloch: *Baal Shem* (suite). Vitali: *Chacona*. Chausson: *Poema*. Ries: *Moto perpetuo*.

1581. LA VIDA MUSICAL. *El Sol*, 19-10-1935. «En el centenario de Camilo Saint-Saëns. Orquesta Clásica». Repaso a la estética de Saint-Saëns y a su evolución compositiva. Orquesta Clásica, dirigida por J.M. Franco, conmemora el centenario de Saint-Saëns: *Concerto en sol menor, op. 22*. Scarlatti: *Las mujeres de buen humor* (ballet) orquestado por Tomassini. Bacarisse: *Primer cuarteto*.

1582. LA VIDA MUSICAL. *El Sol*, 20-10-1935. «El supuesto derribo del teatro de la ópera. Una carta y una respuesta». Comentario de Salazar sobre la carta que recibe, y su respuesta, para informarle sobre el derribo, reforma, traslado de la temporada de ópera a otros teatros, etc. Situación del Teatro Real. Repercusión en otros periódicos.

1583. LA VIDA MUSICAL. *El Sol*, 27-10-1935. «Orquesta Filarmónica. E.H. Asiain. Isabel Martí-Colin». Concierto extraordinario de la

Orquesta Filarmónica dirigida por Pérez Casas, organizado por la Union Radio; Asiain interpreta de Tschaikowsky: *Concierto.* Isable Matin-Colin, interpretó de Liszt: *Concierto en mi bemol.* Coperin: *Le soeur Monique.* Fragmentos de la óperas de Rameau: *Castor y Pollus* y Weber: *Freyschutz.*

1584. LA VIDA MUSICAL. *El Sol,* 29-10-1935. «La decimotercera reunión de la S.I.M.C. en Praga. La música de cámara. (III)». Comentario sobre la interpretación de obras para piano de Wladimir Vogel, de Sandor Veresz y de Sandor Jeminitz. También obras de Bading: *Sonata para violín y piano.* Boleslaw Woytowicz: *Berceuse para canto y acompañamiento instrumental.*

1585. LA VIDA MUSICAL. *El Sol,* 05-11-1935. «La XIII reunión de la S.I.M.C en Praga. La música de cámara (IV)». Interpretación de obra de Raymond Chevreuille: *Cuarto cuarteto.* Dallapiccola: *Divertimento en quatro esercizi.* Petrassi: *Introduzione e allegro.*

1586. LA VIDA MUSICAL. *El Sol,* 10-11-1935. «Orquesta Filarmónica. La "Bunte Suite", de E. Toch». Orquesta Filarmónica, dirigida por Pérez Casas, concierto celebrado el día anterior. Schumann: *Sinfonía del Rin.* Beethoven: *Segundo concierto para piano y orquesta* (con la participación de Cubiles). Toch: *Bunte suite.*

1587. LA VIDA MUSICAL. *El Sol,* 12-11-1935. «La decimotercera reunion de la S.I.M.C. en Praga. La música orquestal. I. A. Schoenberg y Alban Berg». Orquesta de la Sociedad de Radiodifusión Checoslovaca dirigida por Heinrich Jaloetz, Schoenberg: *Variationes.* Orquesta Filarmónica Checa, dirigida por Georg Szell, Berg: *Lulú* (fragmentos orquestales).

1588. LA VIDA MUSICAL. *El Sol,* 13-11-1935. «Sociedad internacional para la música contemporánea. Decimocuarto festival en

Barcelona, mes de abril de 1936. Un llamamiento a los compositores españoles». Comunicación oficial de que la próxima reunión internacional de música contemporánea tendrá lugar en Barcelona en Abril de 1936. Llamamiento a los compositores y orquestas españolas para que participen al máximo en el festival. Relación del presidente del Comité de Madrid, Barcelona y secretarios. El comité internacional de Barcelona estará formado por Ernest Ansermet, Kurt Riisager, Antón von Webern, Joan Lamote de Grignon y Boleslaw Woytowicz.

1589. LA VIDA MUSICAL. *El Sol,* 17-11-1935. «Orquesta Filarmónica. E. Halffter. El "Macbeth" de Strauss». Comentario sobre el rumor de la retirada de subvenciones a las orquestas y sociedades. Concierto de la Orquesta Filarmónica, dirigida por Pérez Casas. E. Halffter: *Sonatina.* Strauss: *Macbeth.* Comentarios sobre la obra de Strauss y la actividad compositiva de Ernesto Halffter. Conciertos de Beethoven con Cubiles al piano. Beethoven: *Concierto para piano en do menor.*

1590. LA VIDA MUSICAL. *El Sol,* 20-11-1935. «Prokofieff en Madrid. Robert Soerens». Breve repaso a la composición de Prokofieff; Concierto de Prokofieff (piano) y Soerens (violín), Haendel: *Sonata en la mayor.* Debussy: *Sonata.* Bach: *Chacona.* Próximo estreno del *Concierto para violín y orquesta* de Prokofieff. Orquesta Sinfónica, concierto matinal el día 17, Bach: *Concierto en re menor,* (para dos violines, Rafael Martínez, Abelardo Corvino). Hindemith: *Mathis der Mahler.* Victorino Echevarría: *Preludio fantástico.*

1591. LA VIDA MUSICAL. *El Sol,* 22-11-1935. «Rubinstein. Dimitri Shostakowitch». Comentarios sobre los conciertos en el pasado de Rubinstein y la producción musical de Shostakowitch. Concierto de Rubinstein con obras de Schostakowitch.: *Preludios, Siglo de oro* (ballet). Bartók:

Preludio bárbaro. Bach: *Fantasía y fuga en re menor.* Brahms: *Capriccio.* Debussy: *Suite* (preludio).

1592. LA VIDA MUSICAL. El Sol, 23-11-1935. «Mendoza Lassalle y la Orquesta Sinfónica». Comienzo de la carrera como director de orquesta de César Mendoza Lassalle (sobrino de Jose Lassalle). Interpretación con la Orquesta Sinfónica de obras de Beethoven: *Coriolano.* Tschaikowsky: *Sinfonía Patética.* Schubert: *Sinfonía incompleta.*

1593. LA VIDA MUSICAL. *El Sol,* 24-11-1935. «La decimotercera reunión de la S.I.M.C. en Praga. La música orquestal II». Alois Haba (propulsor en su momento de la música en cuartos de tonos), comentario sobre obras de este compositor, *La madre, Los sin trabajo, La nueva tierra, El camino de la vida* (todas óperas); comentario sobre las nuevas técnicas compositivas y la *corriente luciférica.* Obras de Clement Vautel.

1594. LA VIDA MUSICAL. *El Sol,* 26-11-1935. «Orquesta Filarmónica. La subvenciones. Debussy. Beethoven». Restricciones económicas por parte del Ministerio de Instrucción pública en la vida de las orquestas, efectos y posibles soluciones. Concierto de la Orquesta Filarmónica celebrado el día 23, Debussy: *Preludio a la siesta de un fauno, Printemps* (suite). Beethoven: *Triple concierto.*

1595. LA VIDA MUSICAL. *El Sol,* 27-11-1935. «Orquesta Sinfónica. Una sinfonía de Schubert». Concierto de la Orquesta Sinfónica dirigida por Weingartner, Schubert: *Sinfonía incompleta.* Bacarisse: *Los Heraldos.* Bach: *Passacaglia.* "Un nuevo cuarteto", concierto presentación en la Sociedad Filarmónica del "Cuarteto Amis». Beethoven*: La Malinconía.* Ravel: *Cuarteto.*

1596. LA VIDA MUSICAL. *El Sol,* 28-11-1935. «Casella y su trío en la S. de C. M.» Concierto del trío formado por Casella, Poltroniori y Bonucci. Casella: *Siciliana y Rigodon.* Sanmartín:

Concierto a tres. Beethoven: *Trío en do op. 70, nº 1.* Brahms: *Trío en do, op.87.*

1597. LA VIDA MUSICAL. *El Sol,* 30-11-1935. «Kurt Schindler. Janine Cools: "In memoriam". Rubinstein.- Temianka. Soetens». Fallecimiento de Schindler (gran amigo e investigador del folklore español) y Cools.

1598. VIDA MUSICAL. *EL Sol,* 01-12-1935. «La decimotercera reunion de la S.I.M.C. en Praga. La musica para orquesta. III.» Comentario sobre la interpretación de obras de Slavko Osterc: *Concierto para piano con instrumentos de viento.* Karl Amadeus Hartmann: *Miserere.* Pierre Octave Ferroud: *Sinfonía en la mayor.*

1599. LA VIDA MUSICAL. *El Sol,* 03-12-1935. «Orquesta Filarmónica. Askenase. Prokofieff» Bacarisse (*Corrida de Ferias*). Askenase interpreta los *Estudios* de Chopin en la Sociedad Filarmónica. Se anuncia el estreno del Concierto de Prokofieff.

1600. LA VIDA MUSICAL. *El Sol,* 04-12-1935. «Sergio Prokofieff, en Madrid. Sus obras. Su concierto para violín.» Salazar hace un repaso de algunas de sus obras y su interpretación en España, así como de las líneas generales de su estética. Prokofieff: estreno absoluto del *Concierto para violin* (Robert Soetana), *Sinfonía clásica.*

1601. LA VIDA MUSICAL. *El Sol,* 06-1935. «El centenario del Ateneo» Fiesta para conmemorar el centenario del Ateneo, (bajo el apoyo de Pittaluga y Esplá), Orquesta Sinfónica dirigida por Arbós. Schumann: *Sinfonía nº 4,* Mendelssohn: *Concierto para violín y orquesta* (Iniesta). Chopin: *Concierto para piano y orquesta* (Cubiles). «Una cátedra de guitarra en el Conservatorio», Regino Sainz de la Maza, designado como catedrático de guitarra en el Conservatorio Nacional de Música de Madrid.

1602. CONCIERTOS. *El Sol*, 07-12-1935. «Menuhin». Orquesta Sinfónica. Ionel S. Patin. Concierto del director rumano. Obras de Liszt (*Concierto en mi bemol*), Wagner y Berlioz. Una obra del compositor rumano Sabin V. Dragoi (*Divertissement rustique*).

1603. LA VIDA MUSICAL. *El Sol*, 08-12-1935. «Las Memorias de Igor Stravinsky. El "Scherzo" sobre "La vida de las abejas". Pérez Casas, Antón y la Orquesta Filarmónica». Comentario sobre el volumen escrito por Stravinsky: *Cronique de ma vie*, editado por Denöel et Steele, París en la primavera de 1935. Aparece su traducción al castellano por Guillermo de Torre en la edición Sur de Buenos Aires. Orquesta Filarmónica, Pérez Casas, Stravinsky: *Scherzo fantástico*. Ravel: *La Valse*. Beethoven: *Concierto para violín y orquesta* (con Luis Antón, concertino de la Filarmónica).

1604. LA VIDA MUSICAL. *El Sol*, 10-12-1935. «Bach y Haendel, en el concierto dominical. Las "Cantatas de iglesia" y las "Pastorales". Otros conciertos». Conciertos extraordinarios de Navidad, Orquesta Sinfónica, Masa Coral de Madrid, Rafael Benedito, Bach: *Cantatas de iglesia* (pequeño comentario sobre la cantata como estilo compositivo en Bach). Haendel: *Cantata Pastoral* (solistas Ochaner, Jiménez y Valenzuela). Concierto de la contralto húngara Rosettte Anday, el día anterior en la Asociación de Cultura Musical, obras de Weingartner, Herbay, Reinite y Winckler.

1605. LA VIDA MUSICAL. *El Sol*, 11-12-1935. «Eduardo M. Torner y sus "Estudios folklóricos". La música en la época de Lope de Vega». Centro de Estudios Históricos, sección de folklore musical, reciente publicación de Torner: *Colección de Temas folklóricos* (*música y poesía*), Faustino Fuentes, editor, Madrid, 1935. Concierto de música de la época de Lope de Vega, como acompañamiento a una exposición conmemorativa del dramaturgo, presentado por Torner.

1606. LA VIDA MUSICAL. *El Sol*, 13-12-1935. «El segundo recital de Menuhin». Franck: *Sonata*. Bach: *Sonata*. Tartini: *Sonata*. Bruch: *Concierto*. Brahms: *Danzas húngaras* (comparación con la interpretación de obras tocadas en el primer concierto).

1607. LA VIDA MUSICAL. *El Sol*, 14-12-1935. «Hoffman». Recital del pianista Josef Hoffman. La Orquesta Filarmónica y José Cubiles terminan la interpretación de todos los conciertos de Beethoven.

1608. LA VIDA MUSICAL. *El Sol*, 17-12-1935. «Pablo Casals y Madrid. Casals en la Orquesta Sinfónica». Concierto matinal celebrado el dia 15 en el Monumental Cinema, el alcalde de Madrid, Álvarez Villamil, le ofrece el título de *Hombre de Madrid* a Casals. Orquesta Sinfónica con Casals, Dvorak: *Concierto para violoncello*. Haydn: *Concierto para violoncello*.

1609. LA VIDA MUSICAL. *El Sol*, 19-12-1935. «El cuarteto A.M.I.S.» Presentación oficial en la Sociedad Filarmónica del cuarteto formado por **Antón**, **Meroño**, **Iglesias** y **S**antos Martín. Obras de Beethoven: *Cuarteto en fa mayor, op. 50, nº 1*. Mozart. Haydn.

1610. LA VIDA MUSICAL. *El Sol*, 25-12-1935. «Pablo Casals. Compositor y director de orquesta. Orquestas Sinfónica y Filarmónica". Orquesta Sinfónica, Casals director. Brahms: *Primera sinfonía*. Casals: *Canciones* (Badía como solista vocal). Granados: *La maja y el ruiseñor, Tonadilla*. Casals: *Sardana para treinta y dos violoncellos*. Orquesta Filarmónica, concierto del día 21: Esplá: *Nochebuena del diablo*. Beethoven: *Sinfonía Pastoral*. Milhaud: *Serenata*.

1611. LA VIDA MUSICAL. *El Sol*, 28-12-1935. «Alfredo Cortot en la Sociedad Cultural. Pulcinella". Concierto en la Sociedad de Cultura Musical del pianista francés Alfredo Cortot. Schumann: *Kreisleriana*. Debussy: *The Children's Corner*. Vivaldi: *Concierto de cámara*. Representación de la obra de Stravinsky: *Pulcinella*, por la compañía de León Woizikowski en el Teatro de la Zarzuela.

1936

1612. LA VIDA MUSICAL. *El Sol*, 03-01-1936. «Los concursos nacionales. La Masa Coral de Madrid".Comentario respecto al fallo del Jurado (Turina, de la Parra y Torner, no se indica si E. Halffter dimitió de su cargo en el jurado) del concurso nacional de música, composición orquestal (declarado desierto) y composición de canciones (ganado por Julio Gómez). Programación de la Masa Coral de Madrid.

1613. LA VIDA MUSICAL. *El Sol*, 09-01-1936. «El profesor Sachs en el Instituto francés. La Masa Coral". Conferencia de Sachs en el Instituto Francés, origen y evolución de la danza. Concierto de la Masa Coral de Madrid, y conjunto orquestal reunido por Rafael Benedito, concierto le pasado día 5. Beethoven: *Novena Sinfonía*. Schubert: *Sinfonía incompleta*, *Gloria* (de una misa).

1614. LA VIDA MUSICAL. *El Sol*, 12-01-1936. «Los festivales de la S.I.M.C. en Barcelona. Los programas de los conciertos internacionales". Salazar da cuenta del dictamen del jurado reunido en Barcelona para la celebración del próximo festival de la S.I.M.C. El programa constará de tres conciertos encargados a la Orquesta Pau Casals, Orquesta Sinfónica de Madrid y Orquesta Filarmónica de Madrid. Se señalan también obras seleccionadas para su interpretación, directores, solistas, etc., así como el contenido de los tres primeros *conciertos de orquesta* y los dos primeros de *música de cámara*.

1615. LA VIDA MUSICAL. *El Sol*, 14-01-1936. «Cuarteto Gertier". Presentación de cuarteto húngaro-flamenco en la Asociación de Cultura Musical, el día anterior. Beethoven: *Cuarteto en mi menor, op. 59, nº 2*. Mozart: *Cuarteto en do mayor (K. 465)*. Haydn: *Cuarteto en sol mayor (op. 54, nº 1)*. «Masa Coral", concierto matinal el día 12, con grupo orquestal y Rafael Benedito como director, Haendel: *Cantata pastoral* (Alcis y Galatea)". Concierto del grupo Cantores Clásicos, el día 12 con obras de Juan Vázquez.

1616. LA VIDA MUSICAL. *El Sol*, 16-01-1936. «El Concurso Nacional de Música. La enseñanza de la guitarra en el Conservatorio". Diferentes cartas como respuesta al artículo del pasado ocho de Enero, de Salazar, sobre el Concurso Nacional de Música, réplicas. Publicación del programa para guitarra en la cátedra de dicho instrumento en el Conservatorio de Música de Madrid.

1617. FOLLETONES DE *EL SOL*. LA VIDA MUSICAL. *El Sol*, 17-01-1936. «"Dos grandes desaparecidos en 1935: Paul Dukas – Alban Berg". Necrológica de Paul Dukas y de Alban Berg.

1618. LA VIDA MUSICAL. *El Sol*, 22-01-1936. «Masa Coral. El «Magnificat". Instrumentos antiguos". Concierto Masa Coral, Bach: *Magnificat*. Trío Hispánico Húngaro, Buxtehude: *Trío* (violín, viola da gamba y clavicordio). Rameau: *Trío* (violín, viola da gamba, quintón). «Madeleine Grey, en la Asociación de Cultura Musical". Concierto de Grey con la Orquesta Clásica, José Mª Franco director. Ravel: *Chanson a boire*. Francesco de Lacerda: *Trovas portuguesas*. Maria Rodrigo*: Rimas infantiles*. Bach. Cimarrona*: Melodías hebraicas*.

1619. LA VIDA MUSICAL. *El Sol*, 24-01-1936. «René Winberg en el Instituto Francés". Concierto de Winberg en el Instituto Francés, programa de Schumann. Debussy: *Suite pour le piano* (*tocata*), *Le tombeau de Couperin* (*rigodón*), *Jeux d'eau*. Fauré: *La isla alegre*. Ravel: *Oiseaux tristes, Le Gibert*.

1620. LA VIDA MUSICAL. *El Sol*, 26-01-1936. «El "Cancionero de la Residencia" y los músicos de la época de Lope de Vega". I. Reseña de los actos y ediciones para celebrar el tercer centenario de Lope de Vega durante 1935. Cancionero de Jesús Bal o de la Residencia, trascripción (tratamiento de doce autores polifonistas) y criterios de interpretación de la música española de la época de Lope de Vega, referencia al grupo Cantores Clásicos Españoles).

1621. LA VIDA MUSICAL. *El Sol*, 28-01-1936. «Un oratorio de Lamote de Grignon en la Masa Coral. Las canciones corales de Grieg". Concierto matinal celebrado el día 26, Masa Coral de Madrid, Lamote de Grignon: *La nit de Nadal*. Grieg: *Nueva patria*, para coro mixto, solistas y orquesta (Grignon, director).

1622. LA VIDA MUSICAL. *El Sol*, 31-01-1936. «El "Cancionero de la residencia" y los músicos de la época de Lope de Vega". II. Sigue el estudio de Salazar sobre el renacimiento inglés y el español, relacionado con el Cancionero de la Residencia y Lope de Vega. Referencias a los cancioneros de Barbieri y Pedrell.

1623. LA VIDA MUSICAL. *EL Sol*, 02-02-1936. «El "Cancionero de la Residencia" y los músicos de la época de Lope de Vega". III. Continúa el estudio de Salazar sobre la música del renacimiento, en el presente artículo se centra en formas musicales e instrumentos.

1624. LA VIDA MUSICAL. *El Sol*, 04-02-1936. «El "Cancionero de la Residencia" y los músicos de la época de Lope de Vega» IV. Salazar se ocupa de la vihuela, de Juan de León, Cabezón y Byrd.

1625. LA VIDA MUSICAL. *El Sol*, 08-02-1936. «El "Cancionero de la Residencia» y los músicos de la época de Lope de Vega». V. referencia a los artículos publicados en la Gaceta de Barcelona (diciembre del 1863 a Marzo de 1864) por Asenjo Barbieri sobre la música en tiempos de Lope de Vega. Más autores de la época: Company, Juan de Palomares, Juan del Vado.

1626. LA VIDA MUSICAL. *El Sol*, 09-02-1936. «El "Cancionero de la Residencia" y los músicos de la época de Lope de Vega» y VI. Final del estudio del Cancionero de la Residencia y de la música renacentista. Comentario sobre las audiciones que han dado los Cantores Clásicos Españoles de la música renacentista española, al mismo tiempo que la publicación de los últimos artículos.

1627. CONCIERTOS. *El Sol*, 11-02-1936. «Uninsky». Recital del pianista ucraniano Alejandro Uninsky, con obras de Scarlatti (tres *Sonatas*) y Brahms (*Variaciones sobre un tema de Paganini*).

1628. LA VIDA MUSICAL. *El Sol*, 14-02-1936. «La música de nuestro vihuelistas en discos. Los criterios acerca de las transcripciones». Comentario crítico sobre la edición de discos de Música renacentista española, en concreto de varios romances y un villancico de un vihuelista español del siglo XVI. Disco nº 17, de la colección de Curt Sachs en la *Antología*. Interpretación de Torner, normas de trascripción e interpretación.

1629. LA VIDA MUSICAL. *El Sol*, 15-02-1936. «La señora Pedroso y José Cubiles en el Instituto Francés». Concierto celebrado el día 13 en el Instituto Francés, concierto de piano a cuatro manos, Pedroso y Cubiles. Obras de Charles Valentín Alkan, Florent Schmitt: *Munich*. Rave*l: Dolly* (suite, dos fragmentos*)*. «Gonzalo Soriano» concierto de este pianista en la Asociación de Cultura Musical, el día 12. Obras de Mozart. Bach. Ravel. Debussy.

1630. FOLLETONES DE *EL SOL*. *El Sol*, 16-02-1936 «Los comienzos del Romanticismo musical en España. Gomis, Carnicer Saldoni». Artículo de Salazar sobre el comienzo del romanticismo musical en España, relación entre historia, acontecimientos políticos y música.

1631. CONCIERTOS. *El Sol*, 22-02-1936. «María Rita O´Farril en la Sociedad Filarmónica». Recital con obras de Schubert, Schumann, Respighi, Fauré, Sibelius, Debussy, María Rodrigo y Turina

1632. FOLLETONES DE EL SOL. *El Sol*, 25-02-1936. «Los comienzo del romanticismo musical en España. Gomis Carnicer. Saldoni (conclusión)». Final del estudio de Salazar acerca del Romanticismo musical español. Se ocupa de Saldoni, Rodríguez de Ledesma, Pedro Albéniz y Masarnáu.

1633. LOS LIBROS. *El Sol*, 03-03-1936. «Libros sobre la danza y el ballet». Consideraciones sobre el libro de Adrian Stokes sobre el Ballet.

1634. LOS LIBROS. NOTAS DEL JUEVES. *El Sol*, 10-03-1936. «Algunos libros recientes sobre crítica y estética musical». Reseña sobre la publicación del libro de Alfredo Parente: *La música e le Arti*, en le editorial Giu, Baterza e Figli, Bari 1936. W.J. Turner: *La música y la vida.*, Editorial Juventud S.A., Barcelona 1936. Enmanuel Buenzod: *Pouvoirs de Beethoven*, Editores R.A. Correa. París. 1936.

1635. LA VIDA MUSICAL. *El Sol*, 12-03-1936. «S. Szpinalski». Concierto celebrado el día 10, pianista polaco Szpinalski, Bach: *Preludio y fuga en la menor*. Beethoven: *Sonata Apassionata*. Chopin. Blancafort: *El parc d´atraccions*. Mompou. Szekigowky: *Pour la jeunesse*. «Sociedad Filarmónica». Concierto en la Sociedad Filarmónica de Madeleine Gonser (violín) y Boris Raubakino (piano). Obras de Beethoven: *Sonata en do menor*. Mozart: *Sonata sol mayor*. Debussy: *Sonata en re menor*. Brahms: *Sonata en re menor*.

1636. LA VIDA MUSICAL. *El Sol*, 15-03-1936. «Las memorias de M. D. Calvocoressi». reseña de la publicación del libro de M. D. Calvocoressi: *Music and ballet*, Faber and Faber editores, Londres.

1637. LA VIDA MUSICAL. *El Sol*, 22-03-1936. «Música de troveros y Minnesinger en discos. I.» Estudios recientes sobre este tipo de música. Impresión de la Societé francesa de Musicologie, canción provenzal del siglo XIII. Impresión ahora en disco por el profesor Sachs dentro de su L´Anthologie sonora, tres ejemplos de troveros franceses del siglo XII y XII (Blondel de Neslee, Ricardo Corazón de León) y de Minnesinger del siglo XIII. Comentario sobre trovadores, troveros, minnesinger.

1638. LA VIDA MUSICAL. *El Sol*, 24-03-1936. «Música de troveros y minnesinger en disco. II». Sigue el pequeño estudio de la diferencia y significado de trovador, trovero, canción popular. Ejemplos de canciones de Minnesinger pertenecientes al disco publicado por Sachs dentro de L´Anthologie sonore. Son obras pertenecientes a Walter de la Vogelweide y de Wolfram von Eschembach. Comentarios sobre la interpretación.

1639. LA VIDA MUSICAL. *El Sol*, 28-03-1936. «Orquesta Sinfónica. La "Balada", de S. Bacarisse. "Gigas" de Debussy. Kachiro Figueroa». Reaparición de la Orquesta Sinfónica en el Teatro Calderón de Madrid, concierto celebrado el día anterior, Arbós. Bacarisse: *Balada* (estreno). Liszt: *Concierto en mi bemol* (Querol). Debussy: *Giga* (primera audición). Sociedad Cultural, concierto de Kachiro Figueroa, violinista; concierto con obras de Mozart: *Concierto en la mayor*. Vivaldi: *Concierto*. Ravel: *Tzigane*. Ernesto Halffter: *Danza de la gitana*.

1640. LA VIDA MUSICAL. *El Sol*, 29-03-1936. «Emilio Pujol y la historia y la técnica de la guitarra. Orquesta clásica. C. del Campo». Publicación de Emilio Pujol: *La Escuela razonada de la guitarra*, editorial Romero y Fernández de Buenos Aires (evolución de la guitarra). Escuela guitarrística de Pujol. Orquesta Clásica, dirigida por José Maria Franco, Conrado del Campo: *Capricho-obertura de Aragón*. Zipoli: *Canzona*.

Jaernefelt: *Preludio*. Graninger. Ivann Know. Boccherini. Lully. Rameau. Mozart: *Sinfonía Praga*.

1641. LA VIDA MUSICAL. *El Sol*, 31-03-1936. «Adiós a Conchita Supervía. Wanda Landowska, en Madrid»

1642. LOS LIBROS. NOTAS DEL JUEVES. *El Sol*, 03-04-1936. «Robin y Marion en Madrid». Comentario sobre el contenido de El juego de Robin y Marion, tema utilizado desde la Edad Media.

1643. LA VIDA MUSICAL. *El Sol*, 02-04-1936. «La primera Sinfonía de Schostakowitz. A. de Larrocha. Orquesta Sinfónica. Otros conciertos». Concierto celebrado el día anterior, Orquesta Sinfónica, Schostakowitz: *Primera Sinfonía*. Presentación en dicho concierto de Alicia de Larrocha («niña prodigiosa»), Mozart: *Concierto en re*. Chopin. Debussy. Concierto de viola en el Instituto francés por Francisco Gil Raul. Laparra: *Suite ancienne*. Mozart.

1644. LA VIDA MUSICAL. *El Sol*, 04-04-1936. «Francisco Costa en la orquesta Clásica. Otros conciertos». Orquesta Clásica y Costa, violinista. Mozart: *Concierto en re mayor*. Desplanes. Saint-Saëns. *Capricho*. Luís Sánchez: *Amaneix*. Concierto en el Colegio Alemán. Schutz: *Pasión según san Mateo* (grupo vocal del centro, K. Boehme).

1645. LA VIDA MUSICAL. *El Sol*, 05-04-1936. «Música de compositores románticos por Cubiles, Cabana Erauzkin». Concierto celebrado en el Lyceum Club, Cubiles interpreta a compositores románticos, Schubert: *Fantasía en do mayor*. Weber: *Rondó brillante*. Schumann: *Phantasiestücken*. Mendelssohn: *Romanzas sin palabras*. Chopin: *Berceuse*. Concierto del discípulo de Cubiles, Cabanas Erauskin en la Residencia de Señoritas de la calle Fortuny, obras de Scarlatti, Liszt, Debussy, Falla, Chopin.

1646. LA VIDA MUSICAL. *El Sol*, 07-04-1936. «Una "Pasión", de Heinrich Schutz, en Madrid. Música de Gabrielli, Schutz y Scheidt en discos». Comentario sobre la trascendencia de la música de Schutz en Alemania en relación con el concierto en el Colegio Alemán de su *Pasión según San Mateo* (artículo de Salazar en *El Sol*, 04-04-1936). Publicación de discos de K. Sachs de su *Anthologie Sonore*, «Conciertos spirituales», otro disco con música profana de G. Gabrielli.

1647. LOS LIBROS. NOTAS DEL JUEVES. *El Sol*, 09-04-1936. «Las crónicas de Igor Stravinsky». Comentario del libro de Igor Stravinsky: *Chronique de ma vie*, segundo volumen, Dondel et Steele editores, París, 1936.

1648. LA VIDA MUSICAL. *El Sol*, 09-04-1936. «La "Sinfonía concertante" de Federico Elizalde. Haendel. Orquesta Sinfónica». Orquesta Sinfónica, primera parte dirigida por Elizalde. F. Elizalde: *Sinfonía Concertante*, con Leopoldo Querol al piano. Comentario sobre la línea compositiva de los últimos años en España. Segunda parte del programa dirigida la orquesta por Arbós. Haendel: *Fire Music*.

1649. VIDA MUSICAL. *El Sol*, 11-04-1936. «El "Réquiem" de Mozart en la Masa Coral». Concierto de la Masa Coral, grupo instrumental y Rafael Benedito como director, concierto celebrado el día anterior. Mozart: *Réquiem*. Gounod: *Gallia* (oratorio, *Lamentaciones*), Tomás Luís de Victoria.

1650. LA VIDA MUSICAL. *El Sol*, 15-04-1936. «Música para clavicordio y clavicémbalo en discos». Distinción entre clavicordio y clavicémbalo. Publicación de discos de L'Anthologie Sonore de Sachs, obras para clavicémbalo, clavicordio y virginal; de Juan Kuhnau: *Sonata bíblica*, otro disco con una obra de Henry Purcell: *Sonata para violín y clavicémbalo*.

1651. LA VIDA MUSICAL. *El Sol,* 22-04-1936. «Los festivales de la Sociedad Internacional de Música Contemporánea en Barcelona». I. Primera entrega de los artículos referentes al festival de la S.I.M.C. en Barcelona, comentario sobre el ambiente musical, y la presencia del presidente de dicha sociedad, Dent. Memorias leídas (ochenta) en el Congreso de Musicología.

1652. LA VIDA MUSICAL. *El Sol,* 24-04-1936. «La XIV reunión de la Sociedad Internacional de Música Contemporánea en Barcelona» II. Salazar aclara que son dos eventos los que se celebran en Barcelona, la XIV reunión de la S. I. M. C. y el tercer Congreso Internacional de Musicología. Comentarios sobre los gastos económicos de ambos eventos, lenguas utilizadas, catalán y castellano.

1653. LA VIDA MUSICAL. *El Sol,* 28-04-1936. «La XIV reunión de la S.I.M.C. en Barcelona». III. Conciertos en residencias privadas de Barcelona, obras de Vicente martín y Soler: *Una cosa rara.* Actuaciones del Orfeó Catalá, Emilio Pujol, Conchita Badía, conferencia de Sachs. Representantes de diferentes secciones nacionales europeas, consideraciones sobre la sede del próximo año. Primera sesión presidida por Arbós.

1654. LA VIDA MUSICAL. *El Sol,* 29-04-1936. «La XIV reunión de la S.I.M.C. en Barcelona». IV. Paláu de la Música Catalana, principal sede de conciertos. Concierto ofrecido por el Orfeó Catalá, obras de autores españoles, Alfonso X el sabio, Flecha, Mateo Ponce, Juan del Encina, Tomás Luís de Victoria. Concierto de la Banda Municipal, dirigida por Lamote, obras de F. Schmitt, Vogel, Ruera, Lamote de Grignon (estreno de *Joan de l'Os*), José Maria de Sagarra.

1655. LA VIDA MUSICAL. *El Sol,* 30-04-1936. «Marian Anderson o mérito y talento». Concierto de Marian Anderson en la

Sociedad de cultura Musical. Obras de Haendel, Bianchini, Mozart, Brahms. Schubert: *Ave Maria*. Colección de *negros espirituales* de Brown.

1656. LA VIDA MUSICAL. *El Sol*, 03-05-1936. «La XIV reunión de la S.I.M.C. en Barcelona». V. Comentario sobre la audición de obras de Alban Berg, Bartók: (*Cuarteto*), Roussel Ibert, Krenek, Szymanowsky y Wellesz. Algunas obras rechazadas.

1657. LA VIDA MUSICAL. *El Sol*, 06-05-1936. «La XIV reunión de la S.I.M.C. en Barcelona». «VI. La música española. I». Música española interpretada en el festival, Gerhard, Blancafort, Rodolfo Halffter, Federico Elizalde, interviene el maestro Arbós, Pérez Casas, Pau Casals, en el Palacio de la exposición; los maestros incluyeron también obras de Esplá, Turina, Falla, E. Halffter, Bacarisse, Sanjuán, Granados, Pedrell. *Conciencia musical*, referencia a Pedrell y a Falla.

1657. LA VIDA MUSICAL. *El Sol*, 07-05-1936. «La XIV reunión de la S.I.M.C. en Barcelona». «VII. La música española. 2º». Comentario sobre el *Conte Arnau* de Pedrell, y la obra de R. Gerhard: *Ariel* (ballet).

1658. LA VIDA MUSICAL. *El Sol*, 09-05-1936. «La XIV reunión de la S.I.M.C. en Barcelona». «VIII. La música española. 3º». Blancafort: *Tres piezas para piano*. Fernando Elizalde: *Sinfonía concertante*. Rodolfo Halffter: *Suite*.

1659. LA VIDA MUSICAL. *El Sol*, 10-05-1936. «Cecilia Chaminade y la música de salón. Sainz de la Maza. G. Cassadó. Orquesta Filarmónica». Conferencia en el Lyceum Club de Gloria de Loizaga: La mujer compositor, (Maria Rodrigo, Cecilia Chaminade). Interpretación de ejemplos musicales. Concierto de Sainz de la Maza antes de su partida a América, Bach: *Chacona*. Mudarra: *Fantasía*. Pittaluga, Tárrega, Llobet, Albéniz, Sors. Concierto de la Orquesta Filarmónica, Pérez

Casas, Conrado del Campo: *La divina comedia*. Haendel: *Concerto grosso*. Concierto de G. Cassadó en los programas Ford, con la Orquesta Clásica dirigida por J. M. Franco.

1660. LA VIDA MUSICAL. *El Sol,* 13-05-1936. «La XIV reunión de la S.I.M.C. en Barcelona». «IX. La música de cámara. I.» Conciertos celebrados en la sala del Orfeó Catalá y en la Casa del Médico. Blancafort: *Tres piezas para piano*. Zenk. *Sonata op. 1*. Ibert: *Concertino da cámara*.

1661. LA VIDA MUSICAL. *El Sol,* 16-05-1936. «La XIV reunión de la S.I.M.C. en Barcelona». «X. La música de cámara. 2º. Bartók». Interpretación de obras de Bartók: *Cuarteto de cuerda nº 5*. Mark Brunswick: *Two movements for String Quartert*. Comentario sobre obras de cámara estrenadas en anteriores ediciones de la S.I.M.C. Los Conciertos. Nathan Milstein con el pianista Leopold Mittmann.

1662. LA VIDA MUSICAL. *El Sol,* 17-05-1936. «Hermann Scherchen en la Orquesta Filarmónica. Brahms. Gerhard. El pianista Caban Errauzkin». Orquesta Filarmónica, concierto dirigido por Scherchen, Gerhard: *Ariel*. Brahms: *Tercera sinfonía*. Mozart. Concierto de Errauzkin en el Ateneo y otro privado en la Asociación de Cultura Musical; calificación de gran intérprete.

1663. LA VIDA MUSICAL. *El Sol,* 19-05-1936. «La XIV reunión de la S.I.M.C. en Barcelona». «XI. La música de cámara. 3º». Obras de André Sourts, Wellesz: *Sonetos*. Blum: *Salmos para soprano y orquesta de cuerda*. Kapral: *Canciones de cuna*.

1664. LA VIDA MUSICAL. *El Sol,* 24-05-1936. «La XIV reunión de la S.I.M.C. en Barcelona». «XII». «Una cosa rara», «ópera de Martín y Soler».Representación por parte de un grupo de aficionados de la ópera de Martín y Soler: *Una cosa rara*, en la sala del Junior F. C. Referencia a la biografía del compositor Martín y Soler escrita por Mitjana.

1665. LA VIDA MUSICAL. *El Sol,* 27-05-1936. «Enrique Iniesta en la A. de C. M.» Concierto anunciado de José Cubiles en la Asociación de Cultura Musical en sustitución del concierto programado y suspendido de Ruth Sienezynska. José Cubiles sufre una caída y le sustituye el violinista Enrique Iniesta, acompañado por Álvarez Cantos. Bach: *Sonata.* Haendel: *Sonata.* Corelli: *Variaciones.* Sarasate: *Capricho vasco.* Glazunov. Couperin. Chopin. «Gonzalez Soriano en el Auditorium».Concierto de Soriano en la Residencia de estudiantes, obras de Bach, Pittluga, Bacarisse, E. Halffter: *Danza de la pastora, Marche joyeuse.* Rodrigo Albert: *Miniatura.* Albéniz: *Albaicin.*

1666. LA VIDA MUSICAL. *El Sol,* 30-05-1936. «El Cuarteto Amis en la S.F. Un cuarteto de Jesús Guridi». Concierto del Cuarteto Amis en la Sociedad Filarmónica, Mozart: *Cuarteto en do mayor, K.V. 465.* Beethoven: *Cuarteto.* Guridi: *Cuarteto.*

1667. LA VIDA MUSICAL. *El Sol,* 31-05-1936. «La XIV reunión de la S.I.M.C. en Barcelona». «XIII. La música para orquesta. 1º». Comentario sobre Alban Berg y su obra. Inauguración de la música para orquesta con la obra de de Berg: *Concierto para violín y orquesta.*

1668. LA VIDA MUSICAL. *El Sol,* 02-06-1936. «La XIV reunión de la S.I.M.C. en Barcelona». «XIV. La música para orquesta. 2º». Krenek: *Carlos V* (fragmentos).

1669. CONCIERTOS. *El Sol,* 06-06-1936. «Ruth Sienezynski, en la Sociedad de Cultura Musical». Recital de la niña de once años, la pianista norteamericana Ruth Sienezynski.

1670. LA VIDA MUSICAL. *El Sol,* 07-06-1936. «La XIV reunión de la S.I.M.C. en Barcelona». «XV. La música para orquesta. 3º». Interpretacion de Boreck: *Praeludium und fuge, op. 10.* Carl Ruggies: *Sun-Treader.* Roussel: *Cuarta sinfonía.* Frank Martín:

Concierto para piano y orquesta. Marcel Mihadovici: *Concierto quasi una fantasía.* Román Palester: *Danse polonaise.*

1671. LA VIDA MUSICAL. *El Sol,* 09-06-1936. «La XIV reunión de la S.I.M.C. en Barcelona». «XVI y último. La música para orquesta. 4º». Lennor Berkeley: *Obertura* (esta obra había quedado pendiente de interpretación en el festival de Praga). Karl Alfred Deutsch: *Sinfonía.* Szymanowsky: *Concierto para violín y orquesta.* Erik Larson: *Ouverture.*

1672. LA VIDA MUSICAL. *El Sol,* 16-06-1936. «Una pianista española: Pilar Bayona». Reseña sobrePilar Bayona como pianista de *excelencia.*

1673. LOS LIBROS. NOTAS DEL JUEVES. *El Sol,* 18-06-1936. «Chesterton y un crítico».

1674. LA VIDA MUSICAL. *El Sol,* 23-06-1936. «Una historia de la música checoslovaca». I. Reseña Salazar la creciente importancia de la música checa en los últimos años; recorrido por los compositores más importantes. Publicación por la editorial Orbis, S.A. de Praga, Vladimir Helfert y Erich Steinhard: *Histoire de la musique dans la république tchecoslovaque.*

1675. LA VIDA MUSICAL. *El Sol,* 30-06-1936. «Una historia de la música checoslovaca». II. Continuación del comentario del libro citado en el artículo de *El Sol,* 23-06-1936; Salazar se ocupa aquí de Smetana y Dvorak.

1676. LA VIDA MUSICAL. *El Sol,* 05-07-1936. «Una historia de la música checoslovaca y III». Salazar, continuando la serie de los artículos 23 y 30 de Mayo de 1936, se ocupa ahora de Fibich y Janacek, enlazando con la generación de aquellos maestros, y la música en el mismo período compositivo en España.

1677. LA VIDA MUSICAL. *EL Sol,* 14-07-1936. «El centenario de Rouget de Lisle y la polémica sobre los orígenes de la Marsellesa».

I. Historia de la Marsellesa, canción inicial de las fiestas de 1790, literalmente el canto era *Chant de guerre pour l'armee de Rhin.*

1678. LA VIDA MUSICAL. *El Sol,* 19-07-1936. «El centenario de Rouget de Lisle y la polémica sobre los orígenes de "La Marsellesa"». II. Comentario sobre Rouget de Lisle, obra de Julián Tiersot.

1679. FALLECIMIENTO DE ANTONIA MERCÉ, «LA Argentina». *El Sol,* 21-07-1936. Necrológica sobre la Argentina, bailarina española fallecida en Bayona.

1680. LA VIDA MUSICAL. *El Sol,* 24-07-1936. «El centenario de Rouget de Lisle y la polémica sobre los orígenes de "La Marsellesa"». III. Tercera entrega sobre la historia oficial de La Marsellesa, Salazar indica la laguna de datos que hay entre 1797 y 1830.

www.ingramcontent.com/pod-product-compliance
Lightning Source LLC
Chambersburg PA
CBHW051534230426
43669CB00015B/2592